DIABOLIQUE

Ghislaine de Védrines
avec la collaboration de Lionel Duroy
et
Jean Marchand

DIABOLIQUE

Document

XO
EDITIONS

© XO Éditions 2014
ISBN : 978-2-84563-642-2

À Guillemette et François.
C'est aussi leur histoire.

À Luigi et Inès.
Ils comprendront un jour.

À tous ceux qui ont aidé et entouré Jean.
Ils se reconnaîtront.

1

Ghislaine

Qui aurait pu deviner, ce matin de septembre 1997, qu'en ce petit homme élégant se dissimulait le diable ? Je viens de prendre la direction de La Femme Secrétaire[1], rue de Lille, à Paris, je traverse la cour à grandes enjambées quand quelqu'un me retient par la manche :

— Ghislaine, vous tombez bien, je voulais vous présenter M. Tilly…

— M. Tilly ?

— Vous savez, le patron de notre entreprise de nettoyage.

— Ah oui, très bien, très bien… Bonjour monsieur, je suis ravie de faire votre connaissance.

— Thierry Tilly, enchanté madame.

— Vous avez fait du bon travail cet été, l'école est tout de même plus présentable. Bon, eh bien je vous laisse, malheureusement nous sommes un peu bousculés ce matin…

Trente-cinq ans peut-être, un imperméable Burberry, de fines lunettes sur un visage poupin – l'air de ces jeunes

---

1. Créée au lendemain de la Première Guerre mondiale, La Femme Secrétaire avait alors vocation à donner une formation de secrétariat aux veuves de militaires. L'école s'est forgée par la suite la réputation d'accueillir essentiellement des jeunes filles de bonne famille pour les préparer au monde du travail.

entrepreneurs diplômés de grandes écoles dont on se dit qu'ils iront loin.

Quelques secondes plus tard, cependant, entrant dans mon bureau, j'ai déjà oublié ce M. Tilly. C'est ma première rentrée scolaire à la tête de cette école et j'ai conscience de m'être mis sur le dos un sacré fardeau.

Neuf mois plus tôt, c'est en parent d'élève que j'ai répondu à une convocation de cette école. Nous sommes alors en décembre 1996 et la direction de La Femme Secrétaire nous annonce… que l'établissement va fermer ! Mais pourquoi ? Et nos enfants ? Que vont devenir nos enfants ? Je me rappelle la sidération des parents. Comment peut-on fermer une école au beau milieu d'une année scolaire ? Plus un sou dans les caisses ! La vénérable Femme Secrétaire, fondée en 1925, est tout simplement en faillite !

Pour nous, parents, l'enjeu se pose dans la seconde : comment sauver l'année de nos enfants ? Notre fille Guillemette doit présenter en juin son BTS d'assistante de direction bilingue. Il faut au moins que l'école tienne jusqu'à cette date. C'est ainsi que naît l'idée d'en reprendre la gestion. Nous sommes quelques parents à l'envisager immédiatement, et en particulier un homme dont les qualités nous serons précieuses pour soutenir notre projet devant le tribunal de commerce : un avocat, Vincent. À la fin de la réunion, nous sommes cinq parents à nous porter volontaires pour sauver La Femme Secrétaire – les étudiantes l'appellent familièrement la Fem'Sec'.

Et voilà comment, à cinquante et un ans, la vie trouve le moyen de me précipiter dans une aventure qui, au fond, me passionne. J'ai moi-même fait des études de secrétariat, et puis j'ai pas mal bourlingué, du service de presse de Citroën où je me suis occupée un temps des grands rallyes vers l'Afghanistan et l'Iran (j'ai même piloté jusqu'en Iran !) à Sonia Rykiel et Givenchy. Au moment où je m'apprête à reprendre La Femme Secrétaire, je sors d'une expérience de trois années comme surveillante générale dans une école privée. C'est dire combien je me sens prête à relever le défi.

Tout semble nous sourire au début. En juillet, j'apprends par un coup de téléphone de Vincent que le tribunal nous confie le destin de La Femme Secrétaire. Puisqu'il est avocat, Vincent a porté notre dossier, celui des parents, et nous avons été préférés à la candidature des professeurs qui, eux aussi, avaient souhaité reprendre les rênes de leur école. Cette fois, nous sommes au pied du mur, à nous d'assurer la rentrée de septembre avec des caisses vides, des inscriptions en chute libre et des professeurs à la fois dépités par leur échec et soucieux de leur avenir. Nous aurions sans doute de quoi trembler, cependant l'enthousiasme de Vincent et des autres parents renforce le mien, de sorte que nous préparons cette rentrée avec les moyens du bord, certes, mais tous confiants en notre bonne étoile.

Il faudrait aller chercher de nouveaux élèves, et pour cela financer une campagne de publicité, il faudrait restaurer les locaux et acheter du matériel informatique, il faudrait… il faudrait… En attendant, nous allons déjà faire un grand ménage à tous les étages de façon à donner au moins l'illusion d'un renouveau, d'une reprise en mains.

C'est là que j'entends parler pour la première fois de Thierry Tilly. Nous sommes en train de chercher une entreprise de nettoyage quand Vincent nous interrompt :

— Mais attendez, j'ai un très bon copain qui peut s'en occuper, il a une boîte qui fait ce genre de travaux et je sais que ses tarifs sont tout à fait intéressants.

— Eh bien alors, foncez ! Si c'est un ami, en plus, il nous fera peut-être un prix.

Décidément, Vincent est notre Providence. Il a joué un rôle décisif dans le sauvetage de l'école, sa connaissance du droit et des procédures nous sert à peu près tous les jours, quelle chance nous avons de compter un avocat dans notre groupe de parents ! Et cet homme sympathique est maintenant devenu un ami, il donne son temps sans compter, il a toujours des solutions pour tout, jamais il ne rechigne à la besogne ni ne se décourage, exactement le genre de personnes avec lesquelles j'aime travailler. Toujours disponible, toujours enthousiaste.

L'entreprise de ce M. Tilly est donc chargée par Vincent de nettoyer nos locaux de fond en comble durant la longue trêve du mois d'août. Et, de fait, lorsque je rentre de vacances, je suis agréablement surprise par le lustre de nos salles de classe et de nos bureaux – on perçoit au premier coup d'œil que l'école a bel et bien tourné le dos au naufrage pour entrer dans une nouvelle ère.

C'est pourquoi je ne suis pas mécontente d'avoir l'occasion de dire à M. Tilly, le jour de la rentrée, tout le bien que je pense de sa mission. À cet instant, je n'imagine pas le revoir puisque son contrat chez nous est terminé.

Pourtant, durant les premières semaines de folie qui suivent la rentrée, il m'arrive de le croiser, toujours d'une élégance irréprochable dans son Burberry, toujours pressé lui aussi. Nous nous saluons de loin et je dois à chaque fois faire un effort pour me remémorer son nom. Il est élégant, oui, mais si lisse, si impersonnel, si passe-muraille... Et d'ailleurs, que fabrique-t-il encore dans nos locaux ?

— Mon ami Tilly ? s'étonne Vincent quand je trouve le temps de lui poser la question.

— Oui, que fait-il encore dans l'école ?

— Eh bien, le ménage ! J'ai retenu sa boîte pour toute l'année, comme ça on est tranquille, au moins c'est un type honnête et ses tarifs sont plutôt en dessous du marché.

— Ah, d'accord. Vous avez bien fait.

Ce nom de Tilly que j'étais incapable de retenir, sans doute parce qu'il était associé dans mon esprit à un visage insignifiant, je vais petit à petit apprécier de l'entendre, et même rêver de l'entendre, car il va rapidement se confondre avec un sentiment de soulagement. Une fois par semaine, je réunis la direction de l'école pour tenter de trouver des solutions aux multiples problèmes que nous devons résoudre. Vincent est toujours présent à ces réunions, nous débrouillant les pires contentieux avec cette maîtrise propre aux juristes, mais il arrive de plus en plus souvent qu'il s'en remette à Thierry Tilly.

— Sur ce dossier, ne vous inquiétez pas, nous lance-t-il, j'ai un ami qui a le bras long, il va nous arranger ça en trois coups de fil.

— Ah, très bien. On peut tout de même savoir qui est cet ami ?

— Tilly, le type qui a l'entreprise de nettoyage.

— Ah bon…

— Oui, il n'a pas l'air, comme ça, mais il connaît du monde, et plutôt des gens bien placés, si vous voyez ce que je veux dire.

Quel réconfort de savoir un tel homme à nos côtés dans cette période si difficile ! C'est ce que je me dis secrètement en adressant un sourire à Vincent.

Aujourd'hui, quinze ans plus tard, tandis que j'écris ce livre, j'essaie de me remémorer comment Thierry Tilly s'est imposé petit à petit à mes yeux comme l'homme providentiel. Il a d'emblée ma confiance puisqu'il nous est recommandé par un avocat, et qu'à l'époque, pour moi, avocat rime avec compétence. Tous ces gens de robe qu'on croise dans les palais de justice ne sont-ils pas là pour nous rappeler qu'il n'y a pas de vie sociale possible sans un strict respect du droit, de la morale ? Les conseils de Vincent, comme ses amis, sont donc automatiquement frappés à mes yeux du sceau de la droiture.

Thierry Tilly est un homme intègre, ça ne fait aucun doute. Résout-il des problèmes durant cette année scolaire 1997-1998 ? Les premiers temps, tout passe par l'intermédiaire de Vincent, jamais je ne lui adresse la parole, mais je peux croire qu'en effet tel ou tel problème a trouvé sa solution puisqu'il disparaît comme par miracle de nos ordres du jour. Je me rappelle clairement qu'évoquant un soir avec Vincent le rôle discret de l'insaisissable Thierry Tilly dans nos dossiers, il m'avait littéralement coupé le souffle en me lâchant d'un ton de comploteur :

— Enfin Ghislaine, vous avez bien compris que si notre dossier de reprise a été préféré à celui des professeurs, c'est que Tilly était derrière.

J'en étais restée sans voix, mais le soir même et les jours suivants, la chose m'était apparue évidente. Comment l'aurions-nous emporté face aux professeurs, nous, simples parents d'élèves sans expérience, si un homme d'influence n'avait pas pesé de tout son poids en notre faveur ? Comme j'avais été bête de croire naïvement en notre bonne étoile ! L'homme au Burberry avait assurément œuvré pour nous en coulisses. Au nom de son amitié pour Vincent ? Sans aucun doute. Sinon, pourquoi se serait-il donné cette peine ? En tout cas, de ce jour, je l'avais regardé d'un tout autre œil, à la fois impressionnée par son pouvoir occulte et touchée par sa bienveillance à notre égard.

Puis, insensiblement, il était devenu plus accessible. J'avais voulu lui manifester ma reconnaissance et, petit à petit, la conversation s'était engagée. Une conversation en pointillés, au fil de nos rencontres fortuites entre deux portes, dans les escaliers ou dans la cour. Lui passait en coup de vent inspecter le travail de ses employés, c'est du moins ce que je pensais, et moi je courais d'un bureau à l'autre.

— Ah, monsieur Tilly, comment allez-vous ?

— Comme un homme pressé !

— Alors je ne vous retiens pas...

— Si, je vous en prie, vous vouliez me demander quelque chose ?

— Je sais par Vincent combien…

— Si je peux vous aider d'une façon ou d'une autre, n'hésitez pas.

— Eh bien je me demandais justement… Vous savez que nous avons un problème d'effectifs. Est-ce que la publicité ?... Enfin, quelle solution vous semblerait la plus intelligente pour faire connaître l'école ?

— Écoutez, j'ai justement rendez-vous dans une heure avec un ami parfaitement placé pour répondre à cette question. Je lui en parle et je vous donne la réponse d'ici deux ou trois jours.

C'est cela, au début, M. Tilly. Un homme éternellement pressé, je dirais même débordé, courant de rendez-vous en rendez-vous, mais cependant toujours attentif à mes soucis. Aujourd'hui, avec le recul, je me rends compte que je n'ai jamais la réponse à mes questions, mais sur le moment, l'attention qu'il me porte suffit à m'impressionner. En dépit de ses responsabilités, de son agenda, des gens influents qu'il rencontre, il prend le temps de m'écouter gravement et il me promet une solution. Il est une oreille attentive et sa bienveillance à mon égard fait écho à tout ce que me rapporte Vincent de son extraordinaire rayonnement. Oui, cet homme fréquente des personnalités si puissantes qu'on ne dit pas leur nom, et cependant il trouve toujours le loisir d'être là pour moi, de m'écouter.

Or j'ai bien besoin qu'on m'écoute durant cette année scolaire 1997-1998. Je donne le change à l'école, je me dépense sans compter, car ce sont des mois cruciaux pour sauver La Femme Secrétaire, mais dans ma vie personnelle je traverse des moments douloureux. En décembre 1997, un deuil cruel nous frappe, mes deux frères et moi. Nous avons perdu notre père deux ans plus tôt et voilà que la maladie nous enlève notre sœur aînée. Elle avait onze ans de plus que moi, j'avais été la baby-sitter de ses enfants, elle avait été parfois une mère de substitution, nos relations avaient été tour à tour orageuses et complices. Sa disparition me précipite dans une immense tristesse et un profond désarroi. Notre mère, mes frères et moi sommes très secoués par ces deuils successifs, en ce début de 1998 si difficile à l'école. Je me sens certains jours fragile comme du cristal, à fleur de peau, les paupières gonflées et le cœur lourd.

Et par malheur, Jean n'est pas à ce rendez-vous que nous impose la vie, ou plutôt le deuil. Jean, que j'ai épousé vingt-deux ans plus tôt, que j'aime plus que tout et qui me le rend bien, traverse alors une des périodes les plus cruciales de sa vie professionnelle. Diplômé de Sciences-Po, juriste, journaliste, Jean est un esprit vif, exigeant, cultivé, curieux de tout. Il a travaillé à *La Croix*, à *Liaisons sociales*, au *Moniteur des travaux publics et du bâtiment,* au *Moci*, il a une haute idée de son métier, de sa *vocation* ai-je même envie de dire tant il pratique le journalisme avec conscience et un sens aigu de l'éthique, mais il est en train de lancer son propre journal. Il est là, certes, à tous nos dîners familiaux, dans notre maison de Fontenay-sous-Bois, au côté de nos deux enfants, Guillemette et François, mais préoccupé, nerveux, manifestement soucieux et peu à l'écoute de ce que je vis au quotidien et de la peine qui m'envahit certains jours.

Cependant, c'est évidemment à lui, Jean, mon plus proche confident, que je livre mes premières impressions sur Thierry Tilly. Je lui dis d'abord mon étonnement, puis mon admiration pour la disponibilité de cet homme qui trouve le temps non seulement de m'écouter, mais de nous aider. Peut-être est-ce inconsciemment une façon de pointer les absences de Jean dans cette période où j'aurais tellement besoin de lui.

Durant cet hiver 1998, les pannes informatiques se multiplient dans les salles de classe. Comment vanter les mérites de l'école, conquérir de nouveaux élèves si nous n'offrons qu'un matériel dépassé et vétuste ? Nous sommes conscients de nous trouver devant une équation impossible : faire de La Femme Secrétaire une école moderne, à la pointe de ce qui s'enseigne en la matière, alors que nous n'avons pas un sou en poche. Je suis secrètement catastrophée et la réunion que je convoque d'urgence sur le renouvellement du matériel informatique s'annonce tendue. Elle l'est, en effet – du moins dans les premières minutes où nous constatons notre impuissance. Vincent nous laisse parler, exprimer notre dépit, puis soudain il intervient :

— Bon, je crois que j'ai la solution : M. Tilly va pouvoir nous aider.

Effet de surprise garanti, il y a un léger blanc autour de la table.

— J'apprécie beaucoup M. Tilly, dis-je assez sèchement, mais je ne vois pas comment, avec une entreprise de nettoyage...

— Ghislaine, Thierry Tilly est à la tête d'une holding, vous vous doutez bien qu'un homme de sa trempe ne se contenterait pas d'une boîte de nettoyage... Et parmi les différentes entreprises qu'il chapeaute figure une branche informatique.

— Ah bon ! Alors là c'est complètement différent...

— Oui, très différent. Si vous en êtes d'accord, je propose donc qu'on lui mette le dossier en mains avec des consignes strictes d'économie et de rapidité.

La décision est aussitôt prise, et les choses ne traînent pas, en effet. Quelques jours plus tard, j'ai la bonne surprise de voir entrer dans l'école de nouveaux ordinateurs et des imprimantes flambant neuves. M. Tilly est là en personne pour les réceptionner. Il va même jusqu'à participer à la mise en route, secondé par un technicien d'origine asiatique qui obéit silencieusement à ses consignes.

Cela achève de conforter la confiance que j'ai en cet homme. Nous avons pu reprendre l'école grâce à lui, sa présence discrète dans nos locaux au cours des premiers mois a permis de régler nombre de problèmes, et voilà qu'il vient de résoudre l'équation impossible de l'informatique, cruciale pour notre avenir. Mieux que cela encore : au nom de l'amitié qu'il nous porte, il a séché un conseil d'administration pour relever ses manches et participer en toute simplicité au branchement de nos ordinateurs. Une forme d'engagement bénévole, et j'allais écrire *militant*, qui me touche au plus profond dans cette période où je me sens si fragile, si seule.

Thierry Tilly commence à revêtir ce jour-là dans mon esprit la stature de l'homme providentiel, du démiurge tout-puissant et protecteur qu'il va incarner à mes yeux dix années durant. Jusqu'à son arrestation, le 21 octobre 2009 à la frontière suisse, et sa mise en détention immédiate pour une liste impressionnante de délits, de l'escroquerie à la séquestration, en passant par la violence avec préméditation sur personne vulnérable et l'abus frauduleux sur personne en état de sujétion psychologique.

2

Ghislaine

Le bel été 1998 ! Comme chaque année nous sommes à Monflanquin, en Lot-et-Garonne, où nous organisons avec Jean un festival de musique, Musique en Guyenne. Monflanquin, deux mille trois cents habitants, c'est le berceau de la famille. C'est là, au château de Martel, propriété des Védrines, qu'Anne, Philippe, Charles-Henri et moi avons passé, enfants, tous nos étés. Scolarisés à Bordeaux, mais à Martel tous les week-ends et pour les grandes vacances. Après la mort de notre père, en 1995, le château est allé à notre plus jeune frère, Charles-Henri, et à sa femme Christine, mais Jean et moi avions déjà pris racine, non loin de la propriété familiale, en achetant dès 1986 une ferme en ruine que nous avons restaurée : Bordeneuve.

Passionné de musique, de culture en général, Jean a eu l'idée de créer Musique en Guyenne en 1985. Il en a pris la direction artistique, moi la direction administrative, et le succès a été immédiat. Au fil des étés, le festival de Monflanquin s'est étoffé, ardemment soutenu par les villageois et la mairie, au point de devenir une étape incontournable des mélomanes qui sillonnent la France à la belle saison. Durant deux semaines, concerts et spectacles attirent un public passionné dans des lieux chargés d'histoire, églises, châteaux (Martel évidemment, mais aussi Roquefère), places de villages, etc. L'originalité du festival, c'est aussi d'accueillir quelque deux cents stagiaires de tous âges désireux de se perfectionner en chant choral, violon, piano, guitare... sous la direction de maîtres reconnus venus du monde entier.

Pour Jean et moi, cette quatorzième édition tombe à point après une année éprouvante. Elle est l'occasion de nous retrouver unis et solidaires autour de ce que nous partageons depuis le premier jour : la culture et le plaisir des rencontres. Quand je l'ai connu, Jean était déjà engagé dans l'organisation d'un festival de musique, celui de Saint-Céré, dans le Lot ; quant à moi, ce n'est pas un hasard si Citroën m'a affectée à la communication de ses grands rallyes : j'aime le collectif et j'ai le goût de l'organisation. Après une année scolaire où nous avons eu le sentiment de nous débattre chacun dans notre coin pour sortir la tête de l'eau, nous voilà enfin ensemble sous le beau ciel du Lot-et-Garonne, heureux de retrouver notre maison, heureux de nous investir de concert, corps et âmes, dans ce festival qui est notre œuvre commune.

La rentrée de septembre 1998 s'annonce sous de meilleurs auspices. Sur le conseil de Thierry Tilly, nous avons abandonné le nom vieillot de La Femme Secrétaire pour Institut de formation supérieure d'assistantes de direction (IFSAD). Il me semble que nous sommes sur la bonne voie puisque les inscriptions sont en hausse, les salles de cours désormais correctement équipées et les professeurs motivés grâce au professionnalisme de la directrice pédagogique, Agnès, une femme remarquable que je me félicite d'avoir embauchée.

Si nous voulons consolider notre réussite encore balbutiante, il faut nous ouvrir sur l'international. Je crois que nous avons tous vaguement cette idée en tête, sans trop savoir comment nous y prendre. C'est pourquoi nous accueillons comme une bouffée d'oxygène l'idée de Thierry Tilly d'organiser des échanges d'élèves avec l'Angleterre où il existe, nous dit-il, une école semblable à la nôtre. Cet homme a décidément réponse à tout, et lorsque dans un tête-à-tête entre deux portes – ces quelques minutes qu'il m'accorde avant de filer à ses affaires – il m'explique ce que pourrait devenir notre école si nous avions l'intelligence de la placer au centre de l'Europe, d'en faire un véritable carrefour d'étudiants en provenance de Londres, de Berlin ou de Madrid, je suis tout simplement éblouie. Vincent a cent fois raison, me dis-je, de nous présenter Tilly comme une personnalité d'exception. Il voit juste, il voit vite, il voit grand, il n'a peur de rien, c'est à la fois un décideur et un visionnaire. Comme nous semblons tous empêtrés dans nos petits soucis, et médiocres, affreusement médiocres, en comparaison d'un tel esprit !

Je me sens secrètement honorée et grandie de pouvoir bénéficier de la proximité et des conseils de cet homme. J'ai maintenant le sentiment qu'un lien de confiance solide s'est établi entre nous, et il m'arrive de plus en plus souvent de lui demander son avis avant de prendre une décision. Comme si je n'étais plus tout à fait certaine de mes choix, de mes raisonnements – moi qu'on disait jusqu'ici autoritaire et fonceuse –, et qu'il me fallait désormais l'autorisation de Thierry Tilly pour avancer.

Un lien de confiance, oui, et même d'amitié. Avec le recul, en y repensant aujourd'hui, je peux dire qu'au fil de nos rencontres Thierry Tilly glisse insensiblement du rôle de conseiller occulte à celui de confident. Je réclame son avis, je lui sais gré du temps qu'il me consacre, je le remercie sans cesse ; il perçoit sûrement ma fragilité dans ces moments-là, aussi s'autorise-t-il à me poser des questions qui sortent du cadre professionnel, et quand il s'excuse par avance, soucieux de ne pas être indiscret, je le rassure et lui manifeste aussitôt ma reconnaissance :

— Non, ne vous excusez pas, je vous en prie, j'ai absolument confiance en votre écoute et si je vous parle des problèmes de mon mari, c'est que de temps en temps j'ai l'impression de perdre pied à force de retourner tout cela dans ma tête.

Bien qu'il ait dix-neuf ans de moins que moi, Thierry Tilly ne cesse de m'étonner par sa maturité, son calme devant les situations les plus complexes, sa capacité d'analyse et sa foi en son propre jugement. Lorsque nous évoquons pour la première fois l'inquiétude que me cause Jean, qui semble de plus en plus fatigué et nerveux, je suis surprise par son humanité. Il veut comprendre, me pose beaucoup de questions sur nous, qui est Jean, de quel milieu social il vient, qu'a-t-il fait comme études ; et moi, ma famille, mes frères et sœur... Je lui parle longuement des miens, de nos racines à Monflanquin, de la propriété familiale de Martel, de la fierté qu'éprouvent mes frères, Philippe et Charles-Henri, à être des Védrines, bonne noblesse protestante, ce pour quoi d'ailleurs ils ont toujours méprisé Jean, tout en nourrissant des complexes devant son immense culture...

— Je crois, par exemple, qu'ils n'ont jamais pardonné à Jean d'avoir créé Musique en Guyenne à Monflanquin. Monflanquin, c'est le fief des Védrines, comment Jean a-t-il osé y implanter son festival ? Et d'ailleurs, mes frères ne nous ont jamais aidés, on ne les a jamais vus au festival alors même qu'ils venaient l'été à Martel.

— Je vois... je vois...

Thierry Tilly m'écoute silencieusement lui livrer petit à petit nos secrets de famille durant cet hiver 1999. C'est moi qui l'informe naïvement du nombre de nos propriétés, le château de Martel et ses terres, notre maison de Bordeneuve, la demeure que vient d'acheter mon frère Philippe juste à côté, les différentes maisons de la famille à Bordeaux...

Avec la même innocence, je l'informe des conflits qui traversent et divisent notre famille. C'est par ma bouche qu'il découvre ainsi que Jean est un peu le mouton noir chez les miens, et il s'en servira bientôt pour le diaboliser, puis me couper de lui avec l'aide de mes frères. C'est par ma bouche qu'il apprend le conflit monumental qu'a généré notre père avant sa mort en décidant que Martel irait au plus jeune de ses fils, Charles-Henri, et non à l'aîné, Philippe, comme le veut la tradition.

— Pourquoi a-t-il pris cette décision ? s'enquiert gravement Thierry Tilly.

Alors j'explique que notre père a toujours eu plus confiance en Charles-Henri qu'en Philippe. Philippe est imprévisible, tandis que Charles-Henri est plus équilibré. Le premier a fait une carrière de commercial à la Shell, le second est médecin gynécologue, honorablement connu à Bordeaux. De surcroît, Charles-Henri a épousé Christine, une riche héritière et notre père a immédiatement songé qu'avec sa fortune, Martel serait à la fois bien entretenu et à l'abri d'un revers, tant il était important, à ses yeux, que la propriété reste dans la famille pour être transmise aux générations futures.

Ainsi Thierry Tilly découvre-t-il que Christine est fortunée – information précieuse dont il tirera bientôt tout le profit possible. Que Philippe a très mal pris que Martel lui échappe et qu'il n'a plus parlé à Charles-Henri durant plusieurs années, jusqu'à ce qu'il achète sa propriété non loin du château, ce qui lui a donné le sentiment d'être réhabilité en quelque sorte.

En dressant devant cet homme le portrait fracturé de notre famille, je ne me doute pas une seconde que je lui donne les clés pour s'immiscer dans les failles et, jouant habilement des rancunes et des frustrations, pour dire à chacun ce qu'il a envie d'entendre, devenir son ami et son confident… pour mieux le dépouiller.

Oui, je suis surprise par son humanité lorsque je lui parle de Jean. Je suis surtout émue par son attention lorsque j'évoque les rapports entre Jean et François, notre fils, qui se sont beaucoup détériorés ces derniers mois. François prépare alors un BTS d'action commerciale à l'IDRAC, une école de commerce, et son père, qui a fait de brillantes études, ne lui cache pas sa déception. Jean n'a manifestement aucune estime ni pour l'IDRAC ni pour le diplôme que prépare son fils, et François en est malheureux. Père et fils ne se parlent plus guère, mais je ne me doute pas qu'en épanchant mon cœur devant Tilly, en lui faisant part de ma tristesse, je lui livre un énième conflit au sein de notre famille dont il va très vite tirer profit pour disqualifier Jean, voler au secours de François et accroître encore l'estime et la confiance que je lui porte.

Avec le recul, je mesure combien la situation de Tilly dans l'école est extravagante. Durant le printemps 1999 il passe sans cesse rue de Lille – à mon grand soulagement, bien entendu –, s'invitant dans mon bureau pour m'écouter et me conseiller, préparant avec moi des réunions auxquelles il n'assiste pas, portant des jugements de plus en plus tranchés sur telle ou telle personne de l'équipe. Je suis la directrice administrative mais je n'imagine plus de décider quoi que ce soit sans son aval, et cependant il n'a aucune qualité officielle pour mettre son nez dans les affaires de l'école, si ce n'est un contrat de nettoyage qui fait qu'un de ses employés passe régulièrement la serpillière sur nos planchers. Prétendument PDG d'une holding qui ne lui laisse pas une minute, cet homme semble désormais se passionner pour le destin de notre école et, dans le même mouvement, pour mes problèmes familiaux… qui me paraissent bien banals vus d'aujourd'hui ! Quels parents n'ont pas eu de tensions avec leurs enfants ? Quelle famille n'a pas connu l'angoisse du chômage ? Mais il faut croire que ces problèmes me perturbent terriblement sur le moment, puisque pas un instant je ne m'étonne que Tilly puisse délaisser ses affaires pour prendre des nouvelles détaillées de Jean, me conseiller sur l'avenir de François, ou s'inquiéter des propos d'Agnès, notre directrice pédagogique.

24

Il faut croire que j'ai énormément perdu de ma lucidité, oui, puisque lorsque l'embauche de Tilly est discrètement évoquée par Vincent – « Ghislaine, est-ce que le plus intelligent, compte tenu du boulot formidable qu'il abat pour nous, ne serait pas de lui proposer de nous rejoindre ? » – je ne pense même pas à m'inquiéter de sa holding ! Comment ça, embaucher M. Tilly ? devrais-je m'exclamer. Mais M. Tilly est un grand patron, il connaît tous les puissants de ce monde, que viendrait-il faire à La Femme Secrétaire, pardon à l'IF-SAD ? Comment imaginer cet esprit lumineux reclus dans un de nos petits bureaux vieillots de la rue de Lille ? Je devrais en rire, bien sûr, ou plutôt saisir en un éclair qu'un Tilly peut en cacher un autre, que cet homme n'est pas celui que nous a « vendu » Vincent depuis le premier jour et que sous le Burberry se dissimule un personnage moins éblouissant. Mais la satisfaction m'aveugle.

— Vincent, c'est une idée formidable ! Comment n'y avons-nous pas pensé plus tôt ?

Tilly dans l'école à plein temps, c'est tout simplement la certitude que nous allons réussir, devenir la grande académie internationale dont nous rêvons. Et puis quel confort psychologique pour moi ! L'homme qui me comprend si bien, qui sait m'apaiser et me conseiller, désormais dans nos murs ! Dans notre équipe ! Je n'aurais pu imaginer solution plus prometteuse.

Cet été 1999 nous ramène tous à Monflanquin, mais avec de meilleurs visages. Le magazine de Jean semble trouver ses lecteurs. Et puis le festival est notre grande affaire et, comme chaque année, nous nous efforçons d'oublier nos petits ennuis pour nous consacrer pleinement aux artistes invités et au public. Je redécouvre le Jean que j'aime, passionné et brillant, merveilleux hôte, capable de dire à chacun un mot intelligent, et dans les coulisses de résoudre en trois coups de fil un problème de dernière minute. Les enfants nous ont rejoints, Guillemette ravissante et épanouie, heureuse de l'année d'études « Affaires européennes » qu'elle vient de boucler en complément de son BTS d'assistante de direction bilingue. François, moins sombre, car il a décidé de quitter l'IDRAC, où il a passé une mauvaise année, pour faire un BTS en alternance. Il compte décrocher un stage à la rentrée et l'idée d'entrer dans la vie active le soulage. Jean et lui, plus détendus, parviennent de nouveau à se parler, et même à rire. Quant à moi, je ne suis pas mécontente de l'année scolaire écoulée et la perspective de nous attacher Thierry Tilly me donne confiance en l'avenir.

Le festival fini, nous nous retrouvons enfin dans notre maison, Bordeneuve, pour de véritables vacances. C'est l'occasion pour les enfants de renouer des liens anciens avec leurs cousins germains, les enfants de Charles-Henri et de Christine. Ils ont peu d'atomes crochus avec Guillaume, l'aîné, qui les regarde de haut, mais François apprécie beaucoup Amaury, le cadet, avec lequel il joue au tennis ou part à vélo dans les bois. Quant à notre Guillemette, elle bavarde avec Diane, la dernière de Christine et Charles-Henri, plus jeune qu'elle, mais vive et intelligente. Ainsi les enfants passent-ils le mois d'août à aller et venir entre Bordeneuve et Martel, les deux propriétés distantes de cinq cents mètres tout au plus.

Il en va de même pour les adultes. Jean et moi allons pratiquement tous les jours à Martel, pour y prendre le thé, l'apéritif ou un repas. Bien que le château soit revenu à Christine et à Charles-Henri, notre mère y habite, et c'est aussi pour nous l'occasion de partager de longs moments avec elle. Alors âgée de quatre-vingt-six ans, maman est dans une forme exceptionnelle, elle a toute sa tête, elle aime s'enquérir de chacun, bavarder avec les jeunes, et elle apprécie encore de se promener à travers ce grand domaine qu'elle a exploité durant un demi-siècle au côté de papa, qui était ingénieur agronome.

Maman est notre mémoire vivante, témoin d'un siècle qu'elle a traversé de bout en bout puisqu'elle est née en 1913, témoin également du poids de la grande histoire sur la composition de notre famille. Nos parents se marient en février 1934 et ont leurs deux premiers enfants : Anne, qui vient au monde la même année, en décembre, puis Philippe, qui naît en 1938. Mais la guerre éclate et nos parents vont se trouver séparés quatre années durant car papa est fait prisonnier. À son retour de captivité, ils ont deux nouveaux enfants, moi en 1946, puis Charles-Henri en 1948. C'est ce qui explique qu'une demi-génération nous sépare, Charles-Henri et moi, d'Anne et Philippe. Une demi-génération et un changement d'époque. Anne et Philippe nous répéteront qu'ils ont été élevés à la dure, dans les principes sévères de l'avant-guerre, tandis que nous avons bénéficié, selon eux, des « idées nouvelles » apparues à la Libération. Ils reprocheront à nos parents de trop nous gâter, nous, les deux petits, ils leur reprocheront leur laxisme et ils en éprouveront toute leur vie un obscur sentiment d'injustice. En donnant le château à Charles-Henri, notre père ranimera violemment chez Philippe ce sentiment d'iniquité, et il divisera durablement notre fratrie.

Cette décision, à rebours de l'usage, a lourdement compté dans l'affaiblissement et la décomposition de notre famille, et donc, à mon sens, dans sa mise en pièces par Tilly. Notre père disparu, c'est Philippe qui aurait dû lui succéder et devenir ainsi l'autorité, le patriarche. Je me suis souvent dit qu'au temps de notre père, jamais un Tilly n'aurait pu s'immiscer dans nos affaires. Philippe aurait-il eu suffisamment de lucidité pour le voir venir, et de force pour nous en protéger ? Je n'en suis pas certaine. Mais je suis sûre, en revanche, que privée de chef, profondément divisée, minée par l'amertume et la jalousie, notre famille a été une proie facile, et j'allais écrire inespérée, pour un prédateur de la trempe de Tilly.

Cette demi-génération qui a créé un clivage entre Anne et Philippe d'un côté, Charles-Henri et moi de l'autre, engendre le même clivage entre nos enfants. Ceux de Charles-Henri et les miens ont à peu près le même âge, ils se retrouvent tous les étés à Martel depuis leurs premiers pas et jouent ensemble. En revanche, ils n'ont jamais eu de liens étroits avec les enfants de Philippe, bien plus âgés qu'eux.

Cette scission va se retrouver dans l'éclatement de la famille en deux clans que va provoquer l'entrée de Tilly dans notre intimité : les trois enfants de Charles-Henri et mes deux enfants vont être embarqués avec nous et placés sous son emprise destructrice durant près de dix ans, tandis que les enfants d'Anne et de Philippe vont demeurer à l'extérieur.

3

Ghislaine

Comme pour fêter joyeusement la rentrée scolaire 1999, Vincent et sa femme Claire organisent une dégustation de vins de Bordeaux dans leur villa du Vésinet. C'est un dimanche après-midi de septembre, le soleil baigne la pelouse, tous leurs amis sont là, et je me réjouis de découvrir parmi eux Thierry Tilly bavardant au milieu d'un groupe d'hommes et de femmes aux visages hâlés, à quelques pas du buffet. Ainsi Jean, qui m'accompagne, va-t-il enfin faire sa connaissance. Il n'est que temps, depuis près de deux ans que je lui parle de cet homme.

— Bonjour Thierry, je me demandais si vous seriez présent... Je suis ravie ! Je vous présente Jean, mon mari.

— Ah, Jean ! Bonjour, j'ai beaucoup entendu parler de vous.

— Moi de même. Je suis heureux de faire votre connaissance.

Je les laisse. Je connais Jean, il va saisir cette occasion pour se faire son idée sur l'homme dont je lui rebats les oreilles depuis que nous avons repris les rênes de La Femme Secrétaire. Je n'ai guère de doute sur l'issue de la rencontre. Passés les premiers échanges de mise à l'épreuve, Tilly et lui vont se plaire, ce sont deux cerveaux curieux de tout, exigeants, enthousiastes – l'un, Tilly, sans doute capable d'une plus grande écoute, mais au final tous les deux animés du même désir d'entreprendre, et surtout de s'ouvrir aux autres.

Ils ne passent pas l'après-midi à bavarder, loin de là, car Vincent est manifestement fier et heureux de présenter Tilly à tous ses invités, mais à deux ou trois reprises, cherchant l'un ou l'autre du regard, je les surprends de nouveau en conversation. J'aperçois aussi Tilly jouant au football avec le fils de Vincent, qui doit avoir une douzaine d'années, et je me fais la réflexion que cet homme est décidément extraordinaire : capable de diriger une entreprise, de discuter d'égal à égal avec de très hautes personnalités et de taper dans un ballon avec un gamin…

La soirée est bien avancée lorsque nous rentrons du Vésinet. Tandis que nous roulons vers Fontenay-sous-Bois, je m'attends à quelques mots chaleureux de Jean sur Tilly, or ce que j'entends me laisse sans voix :

— Ton ami Tilly ne m'a pas convaincu, ma chérie. Comment te dire ? Il est parti dans une grande envolée sur l'équilibre mondial, l'intelligence économique, mais il a surtout proféré pas mal d'âneries. Apparemment, il ne serait pas seulement chef d'entreprise, mais chargé de missions ultra-confidentielles… Enfin bref, si tu veux mon avis, il ne m'a pas paru très… très sérieux.

Je me rappelle que la colère me gagne en écoutant Jean, et que je suis tentée de lui lancer à la figure : qui es-tu donc pour juger cet homme ? Mais je me tais.

Jean devine certainement qu'il m'a heurtée, car il se tait aussi. Il me sait soucieuse pour l'école, il sait combien l'arrivée de Tilly dans l'équipe me rassure, alors en homme attentif et généreux il choisit le silence et regrette peut-être d'avoir semé le doute dans mon esprit.

Non, ses quelques mots ne me font pas douter un instant des qualités de Tilly – ils contribuent, au contraire, à radicaliser ma position. Je me souviens d'avoir pensé, sous le coup de la colère : « Eh bien tant pis pour lui s'il passe à côté d'un homme exceptionnel. Je garderai pour moi seule tout ce qu'aurait pu lui apporter Tilly. »

Jean ne me dit pas, ce soir-là, ce qui l'a convaincu que mon homme providentiel est vraisemblablement un mystificateur : pressentant probablement une certaine défiance chez son interlocuteur, et désireux de gagner son estime, puis sa confiance, Thierry Tilly lui a révélé qu'il était en réalité… agent secret ! Il lui a confié qu'il travaillait pour des organismes internationaux et que ses fonctions à la tête de différentes entreprises étaient en vérité des « couvertures ».

Le stratagème aurait peut-être pris sur un autre que Jean (en ce qui me concerne, Tilly n'avait même pas eu à l'utiliser pour me placer sous sa coupe), mais il avait produit sur mon mari l'effet radicalement inverse à celui escompté. En attendant d'être embauché à l'école un an plus tard, il est officieusement mon « assistant » et il choisit le bureau mitoyen du mien de façon à ce que nous puissions nous concerter rapidement à n'importe quel moment de la journée.

C'est durant cette rentrée scolaire, en octobre 1999, que notre fils François fait sa connaissance. François est alors à la recherche d'un stage pour préparer un BTS de gestion PME/PMI, en alternance cette fois. Alors qu'il passe me voir à l'école, il tombe sur Thierry Tilly. François n'est pas un étranger pour Tilly, je lui ai parlé cent fois du souci qu'il me cause, de sa difficulté relationnelle avec son père, de sorte que Tilly lui ouvre aussitôt la porte de son bureau.

Mon fils, qui a tout juste vingt ans, est immédiatement séduit. Il me le dira le soir même, enthousiasmé par cette rencontre. Jamais il n'avait connu un homme capable d'une telle écoute, me confiera-t-il. Et, de fait, tandis que Jean se ferme aussitôt que François aborde le sujet de ses études, Tilly l'a longuement interrogé sur ce thème, prenant le temps de l'écouter et lui donnant le sentiment d'être dans une grande empathie à son égard.

Quelque temps plus tard, François décroche enfin son stage au Crédit commercial de France (CCF). C'est la fin d'un sujet de conflit avec son père auquel il reproche de ne pas lever le petit doigt pour l'aider. La promesse de son stage en poche, il cherche où s'inscrire pour son BTS, et Thierry Tilly lui propose alors de le faire chez nous, à l'IFSAD. Pourquoi pas, en effet ? Thierry a du mal à me convaincre. Cependant, la veille du début de son stage, François apprend qu'il n'est plus le bienvenu au CCF. Toute son année s'écroule : sans stage, il ne peut pas démarrer son BTS...

Tilly, qui a désormais pris une place auprès de lui et en lequel François a eu immédiatement confiance, le reçoit aussitôt. Tous les deux ont, ce jour-là, une conversation qui va profondément marquer François. Tilly lui révèle, comme il l'avait dévoilé à Jean quelques semaines plus tôt, qu'il travaille pour un service secret international – « supranational », dit-il – et qu'à ce titre il a été informé par ses services que c'est une personne de notre famille, travaillant au Crédit commercial de France, qui a annulé son stage d'un trait de plume. François est stupéfait.

— Mais pourquoi ? Mais qui ?

— Pourquoi ? Pour te nuire, naturellement. Quant au nom de cette personne, je peux te le révéler, mais cela ne doit pas sortir de ce bureau.

— Très bien, je vous écoute.

— Il s'agit du frère de ton oncle.

— Mais je ne le connais pratiquement pas...

— Il veut te nuire, oui. Ne me demande pas pourquoi, je n'en sais rien. Je peux seulement te dire que cette branche de la famille vous veut du mal à vous tous. C'est le renseignement qui m'est remonté par mes services.

Pour la première fois, tirant profit des informations sur notre famille que je lui ai innocemment livrées, Tilly introduit des motifs de conflit entre nous, de façon à isoler ceux qu'il veut placer sous son emprise. Ceux qu'il dénonce ce jour-là ne l'intéressent pas, mais ils risquent de le gêner par la suite en se dressant sur son chemin, aussi décide-t-il d'en faire nos ennemis. Il s'appuie pour cela sur une information juste – la personne en question travaille bien dans la banque où François devait effectuer son stage, mais c'est un pur hasard, il n'est en rien concerné et personne ne l'avait mis au courant.

François est à la fois choqué par cette nouvelle et fasciné par Thierry Tilly – son pouvoir occulte, son intelligence, son écoute et, bien sûr, sa vie d'agent secret. À ce moment-là, l'étoile de son père, qui ne brillait déjà plus que faiblement, s'éteint complètement au profit de cet homme, héros tout droit sorti des romans de John Le Carré.

— Maintenant, tu comprends pourquoi Tilly est un atout pour l'école, lui dis-je.

— Et comment ! Avec lui, rien ne peut plus vous arriver.

— Voilà, exactement : j'ai le sentiment qu'avec lui nous sommes à l'abri de tous les dangers.

Et François ressent la même chose, puisque le jour même Tilly trouve la solution : son stage, il va le faire également à l'IFSAD – il sera son assistant ! Ainsi François sera-t-il élève à l'IFSAD la moitié du temps et employé-stagiaire l'autre moitié. Rien ne s'oppose à une telle organisation et je remercie d'autant plus Tilly de son idée – et de prendre ainsi mon fils sous son aile – que celui-ci est enchanté. D'une très mauvaise nouvelle, Thierry Tilly a su faire une occasion : l'horizon de François s'éclaircit d'un seul coup et cette année qui s'annonçait aussi calamiteuse que la précédente lui apparaît soudain pleine de promesses.

Toute l'école est témoin de la complicité qui s'établit aussitôt entre Tilly et François. Tilly a pris en charge la maintenance des ordinateurs, et ainsi s'habitue-t-on à voir entrer dans les salles de classe le maître et son stagiaire. François est censé apprendre l'informatique au côté de Tilly, il n'apprend rien qu'il ne sache déjà, mais il est, en revanche, de plus en plus fasciné par la double vie de son mentor. Peu importe que Tilly s'y connaisse si peu en informatique qu'il lui arrive de mettre toute l'installation en panne, peu importe puisque sa place à l'IFSAD n'est en réalité qu'une « couverture ». Son influence grandissante sur François, il la tire de son métier d'agent secret et non de sa modeste casquette de bras droit de sa mère à la direction administrative de l'école.

François est d'une curiosité insatiable sur les responsabilités clandestines de Tilly, et celui-ci s'engouffre dans la brèche, l'abreuvant de mille révélations qui le laissent éperdu d'admiration (ces révélations qui n'avaient pas ébloui Jean, bien au contraire, séduisent aisément son fils de vingt ans).

Comme François veut tout savoir, tout comprendre du rôle mystérieux de Thierry Tilly, celui-ci lui propose de l'emmener voir le dernier James Bond qui vient justement de sortir, *Le monde ne suffit pas*. Après la séance, le maître invite l'élève à boire un verre.

— Bien sûr, c'est du cinéma, lui dit-il, mais si tu retires le côté Hollywood, tu peux te faire une idée précise de mes missions.

— Vous voulez dire qu'il peut vous arriver… de tuer des gens ?

— Disons qu'il peut apparaître indispensable pour notre sécurité à tous de supprimer quelqu'un, et qu'en ce cas je peux être amené à en donner l'ordre. À mon niveau, je ne fais pas ce genre de choses, d'ailleurs je ne suis pas armé.

— Mais c'est quoi, votre niveau ?

— Tu sais garder un secret ? Je peux te faire confiance ?

— Vous avez ma parole.

— J'ai le grade de général, mais il ne faut à aucun prix que ça se sache. Tu comprends, n'est-ce pas ?

— Je comprends, vous pouvez me faire confiance.

— Mes missions sont plus complexes que dans le film. Comment t'expliquer ça ? Tiens, par exemple, tu as vu que Strauss-Kahn vient de démissionner de Bercy à cause de ses magouilles à la MNEF ?

— Oui, j'ai vaguement suivi.

— Eh bien c'est moi qui l'ai fait sauter.

Comme ils sont à la terrasse d'un café, à deux pas du siège du Parti socialiste, Thierry Tilly trouve le moyen de pousser son avantage.

— Tiens, regarde qui arrive, tu le reconnais ?

— Oui, François Hollande.

— Eh bien je te parie qu'en passant devant nous il va baisser les yeux…

François me racontera qu'en effet, François Hollande a baissé les yeux et qu'il a aussitôt interprété cela comme une manifestation du pouvoir de Tilly. « J'ai compris, me dira-t-il, qu'il est au courant de choses très graves et que même les plus puissants dans notre pays ont peur de lui. »

Plus rien n'étonne venant d'un homme auréolé d'un tel pouvoir, d'un tel mystère, et c'est pourquoi j'acquiesce immédiatement quand Vincent m'annonce que Tilly a besoin de trouver un logement rapidement et qu'il a pensé qu'il pourrait s'installer dans la loge du gardien.

— Aucun problème, Vincent, la loge est libre. Si M. Tilly en a besoin, qu'il la prenne, bien sûr.

Vincent héberge Tilly depuis des semaines, celui-ci lui a emprunté pas mal d'argent qu'il promet sans cesse de lui rendre mais ne lui rend jamais. A-t-il compris que son ami est un petit escroc ? Tilly nous a été chaudement recommandé par un Vincent drapé dans sa robe d'avocat. Sans sa caution, jamais il n'aurait mis un pied dans l'école. Vincent ne sera cependant jamais inquiété.

À la fin de l'automne, Tilly investit donc la loge du gardien, rue de Lille. Il fait installer une douche et rénover la cuisine aux frais de l'école. Pour François et moi qui connaissons sa double vie, il n'y a rien là de choquant – c'est assurément pour les nécessités du « service » qu'il a pris ses quartiers dans ce discret pied-à-terre. Encore une « couverture », ou quelque chose de ce genre. Il continue d'ailleurs de porter beau, habillé de costumes de marques et chaussé de Weston, et lorsqu'on le voit quitter l'école de son pas vif, le col de son Burberry relevé, on devine qu'il est attendu dans quelque bureau feutré du ministère de l'Intérieur ou des Affaires étrangères.

Quelque temps après son emménagement, il m'explique qu'il serait prudent que l'école embauche un gardien.

— Ah oui, vous croyez ?

— Écoutez, je ne peux pas vous en dire plus, mais les informations qui me remontent me laissent penser que c'est indispensable, et même urgent.

C'est ce jour-là qu'il me parle pour la première fois du danger que représentent les francs-maçons. Je me rappelle que je dois faire un effort pour me remémorer ce que sont les francs-maçons. Un ordre occulte ? Une secte ? Quelque chose comme une émanation de Satan, selon l'Église – c'est à peu près ce qui me revient à l'esprit de lointains souvenirs d'enfance.

— Jamais je n'aurais imaginé que les francs-maçons…

— Ghislaine, c'est bien pourquoi je vous mets en garde.

— Bon, je comprends, eh bien comment faire ?

— Avec votre autorisation, je vais recruter un gardien, ne vous faites pas de souci. Il faut seulement que vous sachiez que les francs-maçons vous veulent du mal, à vous et à votre famille, et que vous devez ouvrir l'œil. Ils sont partout, à l'extérieur de l'école, bien sûr, mais aussi à l'intérieur.

— Comment ça, à l'intérieur ? Vous voulez dire que dans l'école même des gens pourraient vouloir nous nuire, me nuire…

— Oui, absolument. Mais vous n'êtes pas seule, pourquoi pensez-vous que je me suis installé dans la loge du concierge ?

Quelques jours après cette conversation qui m'a profondément troublée, au point que je regarde différemment l'équipe de l'école, me demandant quel professeur peut être franc-maçon et vouloir ma perte, je vois arriver un couple de Polonais flanqué d'un enfant et d'un énorme chien : les nouveaux gardiens. Lui répond au prénom de Jacek, je ne suis pas certaine qu'il comprenne le français, mais Tilly semble sûr de sa recrue et il installe toute la famille dans les soussols de l'école.

Si je n'ai pas encore conscience, après cela, qu'un danger impalpable et sournois nous guette, j'en prendrai la juste mesure en observant la fébrilité grandissante de Thierry Tilly certains soirs. Ce sont les jours où son « patron » vient lui rendre visite dans l'enceinte même de l'école, comme si cet homme voulait se rendre compte par lui-même de l'efficacité des mesures mises en place pour nous protéger. Plus tard, je serai amenée à rencontrer ce haut responsable du « service supranational » où officie Tilly, mais pour l'heure je dois ignorer son identité et surtout, surtout, ne pas le croiser. Thierry Tilly me demande chaque fois de quitter mon bureau dix minutes avant son arrivée et de ne pas me retourner une fois engagée sur le trottoir de la rue de Lille. La demande est un ordre, en réalité, un ordre qui me claque à l'oreille dans le combiné du téléphone, et sur le coup j'en perds un peu la tête au point de me jeter dans l'escalier en oubliant la moitié de mes affaires. Je sais que les deux hommes vont s'enfermer dans le bureau de Tilly, ou plus vraisemblablement dans le mien, et la seule idée qu'une réunion de ce niveau puisse se tenir dans ma sphère privée me coupe le souffle.

Un soir, à la même époque, Tilly me demande de l'accompagner dans les sous-sols de l'école. Il vient de nouveau de me mettre en garde contre les francs-maçons, et soudain il me prend par la manche :

— Tenez, au fait, accompagnez-moi une seconde dans les caves, j'aimerais vous montrer quelque chose...

J'accepte immédiatement de le suivre, perplexe, ne comprenant pas si cette descente dans les caves a un lien, ou non, avec les francs-maçons.

Arrivés là, Tilly avise les sinistres crochets scellés au faîte des voutes :

— Ghislaine, savez-vous à quoi ont servi ces crochets pendant la Seconde Guerre mondiale ?

— Ma foi, non...

— Vous n'avez pas remarqué que l'ambassade d'Allemagne se trouve juste en face de l'école ? Ça ne vous a pas frappée ?

— Attendez... Vous voulez dire...

— Bon, vous avez compris.

J'ai les jambes qui tremblent en regagnant mon bureau. Mais quel rapport y a-t-il entre les francs-maçons et de prétendues atrocités commises par les Allemands dans les caves de l'école ? Aucun, naturellement, encore faudrait-il avoir la tête froide pour s'en rendre compte. La technique de Tilly, c'est exactement ça, je le mesure aujourd'hui : nous épuiser d'informations tous azimuts, sans lien entre elles, mais qui ont pour seul point commun de susciter en vous une violente émotion, ou un profond malaise, l'objectif étant de vous déboussoler, pour que vous finissiez par perdre complètement le fil de la réalité, par ne même plus savoir qui vous êtes.

Et cependant, à peine revenus dans nos bureaux :

— Bon, Ghislaine, maintenant au travail : parlons de la rentrée prochaine si vous voulez bien. Vous savez que demain je repars pour l'Angleterre... Il faudrait que vous me fassiez

38

immédiatement un chèque de 35 000 francs (5 300 euros) pour mes frais de mission.

L'Angleterre occupe une bonne partie de son emploi du temps. Il part là-bas à grands frais pour recruter les étudiants étrangers qui vont nous permettre de doubler les effectifs l'an prochain, d'organiser des échanges et de devenir ainsi la grande école internationale dont nous rêvons. J'ai conscience de notre chance d'avoir pour ambassadeur un homme de sa stature, par ailleurs reçu dans toutes les chancelleries et disposant d'un carnet d'adresses que doit lui envier notre ministre des Affaires étrangères.

C'est durant cette année scolaire 1999-2000, tandis que Tilly multiplie les voyages en Angleterre sans rien en rapporter, si ce n'est des promesses auxquelles j'ai la naïveté de croire, que se radicalise le conflit entre lui et Agnès, notre directrice pédagogique. Agnès, que j'ai moi-même recrutée et dont les qualités sont louées par l'ensemble des professeurs, ne s'est jamais entendue avec Tilly.

Voici ce qu'elle confiera aux enquêteurs le 11 septembre 2009, peu avant l'arrestation de Tilly, et qui donne la mesure de l'emprise qu'avait alors cet homme sur moi :

« Ghislaine me l'a tout de suite présenté comme agent secret ayant beaucoup de relations. J'ai trouvé cela ridicule au début, mais je n'ai pas fait très attention.

« D'emblée, il m'a paru très faux, et je ne lui ai jamais accordé la moindre confiance.

« J'en avais parlé à Ghislaine au moment où il avait été nommé responsable informatique, et son bras droit. C'était à la rentrée 1999. Je lui avais demandé un entretien, pour que cela soit officiel. J'ai dit à Ghislaine que je ne voulais pas travailler avec Thierry Tilly dont je mettais en doute les compétences et l'honnêteté.

« J'ai quitté le bureau pour retourner travailler. Le lendemain, Vincent est venu me dire que je n'avais pas le choix et qu'il était aussi nommé directeur.

« On ne pouvait plus chauffer dans l'école car la cuve de fuel était vide. Quand je disais à Ghislaine qu'il fallait la remplir, elle me répondait que les juifs et les francs-maçons l'avaient siphonnée et qu'il s'agissait d'un complot judéo-maçonnique. Elle disait la même chose avec le téléphone. Quand il fonctionnait, on était sur écoute, ou alors on nous le coupait.

« En février 2000, le 26 ou le 27, Thierry Tilly est entré dans mon bureau à l'heure du déjeuner. Il m'a donné une lettre de licenciement. Il m'a dit : "Vous avez cinq minutes, dans cinq minutes vous n'êtes plus là." Cette affaire a été jugée aux prud'hommes et l'établissement a été condamné à me verser mes indemnités, plus des dommages et intérêts pour licenciement abusif.

« Ghislaine a adhéré à la théorie du complot, et je pense qu'elle se sentait investie d'une mission pour sauver je ne sais qui de je ne sais quoi. »

Très douloureux pour moi à relire aujourd'hui, ce témoignage montre bien que je suis alors prête à tout avaler, y compris les pires âneries, et que je suis devenue incapable d'entendre les propos sensés d'une femme qui a pourtant toute mon estime, comme je n'entends pas les mises en garde de Jean. C'est trop tard, je suis *dans la main du diable*, et je vais bientôt voir Tilly convaincre mes frères de m'y rejoindre.

Jean

La première phrase de Tilly, lorsque son ami Vincent nous présenta, ne fut pas la bonne : « J'ai beaucoup entendu parler de vous. » Je n'ai jamais aimé cette formule faussement flatteuse, d'ailleurs à double tranchant. Je n'étais pas surpris qu'il me connaisse, par Vincent, par Ghislaine. Ma femme m'en avait parlé aussi, comme de quelqu'un qui connaissait un tas de monde et pouvait rendre de grands services à l'école. Je m'aperçus d'ailleurs qu'il en savait pas mal sur moi. Mais son entrée en matière était ratée et ce qu'il me raconta ensuite n'effaça pas ma première impression. Cet homme ne me plaisait pas.

C'était un petit homme à la silhouette sèche, aux mouvements étudiés. Avec ses lunettes et sa mèche sur le front, il avait un faux air de Bill Gates, en modèle réduit. Il avait surtout un air faux. C'est ce qui me frappa le plus. Son visage, légèrement poupin à cette époque, empreint d'une mollesse qui adoucissait ses traits, n'exprimait pas grand-chose et, quand il parlait, il était fuyant. Je le vis rarement sourire, mais alors ce sourire se voulait astucieux, riche de sous-entendus incertains. Le regard pouvait être dur et, je le sus par la suite, les manières aussi. Ni ce jour-là ni plus tard je ne lui trouvai la moindre trace de charisme, de la fascination qu'il exerça sur d'autres, au sein de ma belle-famille. Pour moi, une formule le résuma dès ce premier contact : c'était un passe-muraille. Et, comme d'autres après moi, j'aurais été bien en peine de lui trouver le moindre signe particulier. Il était lisse.

Il m'expliqua d'abord qu'il travaillait dans l'intelligence économique. Je connaissais un peu le sujet par un ami qui dirigeait un cabinet spécialisé, et ce qu'il me dit ne me convainquit pas de sa compétence ni du niveau de ses interventions. L'après-midi s'avançant, je le retrouvai au gré des groupes et des conversations, parlant beaucoup, avec componction et un air entendu.

Il m'entreprit de nouveau. Alors, son discours se précisa. Il faisait plus que de l'intelligence économique, me dit-il. Il appartenait à un service spécialisé, supranational, chargé d'enquêtes et de missions aussi sensibles que confidentielles dans le monde entier. C'était un combattant de l'ombre. Il était… agent secret.

Je le regardai, incrédule. J'étais stupéfait. Un agent secret est censé le rester. Certainement pas se dévoiler auprès du premier venu, même après quelques verres de bordeaux. Au reste, c'était plutôt moi qui les avais bus. Je découvris par la suite qu'il ne buvait pas et mangeait fort peu. Mais j'avais bien entendu. Sans doute me rendit-il service sans le savoir ce jour-là, car je fermai les écoutilles. Impossible de le prendre au sérieux désormais. Son crédit auprès de moi avait fondu avant même d'exister.

Je m'en voulus un peu sur l'instant. Après tout, ma femme, lorsqu'elle me parlait de lui à cette époque, semblait plutôt positive à son égard, même si elle en plaisantait parfois – « Avec lui, c'est toujours demain », disait-elle notamment. Sur la route du retour à Fontenay, coincé dans les embouteillages, je lui racontai, goguenard, ce que j'avais entendu. Je me souviens très exactement de sa réaction : elle n'en eut pas. Elle ne dit rien. Cela ne lui ressemblait pas.

Deux lourdes années plus tard, fin 2001, écrasé par les événements qui nous dévastaient en rafale, je me rappelai cette scène dans notre voiture. Le calendrier était d'une précision diabolique et ne laissait aucun doute : en septembre 1999, un peu plus de deux ans après leur première rencontre, vingt-quatre mois avant mon expulsion musclée de Bordeneuve et l'explosion de notre famille, Ghislaine était déjà sous l'emprise de Thierry Tilly.

J'étais aussi dans sa ligne de mire : nous embarquer tous les deux lui aurait permis de nous dépouiller sans obstacle. Nous nous voyions rarement mais, lorsqu'il m'arrivait de passer chercher Ghislaine à l'école, il se montrait empressé, flatteur, obséquieux avec moi. Il voulait me faire des cadeaux, un radio-réveil, un dictaphone, un ordinateur portable hors d'âge dont je retrouverais plus tard la facture payée par Ghislaine. Il me proposa des piges alléchantes. Un jour il me dit : « Jean, j'ai un rapport économique à écrire sur Matra.

Avec votre talent de journaliste, vous en avez pour trois jours de travail. Je vous paierai 200 000 francs (30 000 euros). » C'était beaucoup d'argent. Beaucoup trop. Je déclinai poliment l'offre. « Désolé, je n'ai pas le temps », répondis-je.

Une autre fois, il alla plus loin. Faute de financements, nous avions dû arrêter le magazine que j'avais lancé fin 1997, *Réussir à l'étranger*, malgré un accueil très prometteur. *L'Express*, que ce titre gênait pour sa rubrique formation et offres d'emploi baptisée « Réussir » et qui nous avait combattus durement dès notre premier numéro, procès (perdu) à l'appui, s'était empressé de récupérer le titre pour une poignée de sous, dès notre dépôt de bilan, à la fin de 1999. Comment faire pour ressusciter un titre sans son titre ? Simple pour Tilly : « Je connais les dirigeants de *L'Express*, j'ai les moyens de les forcer à nous le rendre, m'assura-t-il, et j'ai beaucoup d'argent. Relançons ensemble votre magazine. »

Je n'étais pas très chaud, mais j'avais envie de voir. Il m'invita à déjeuner chez Hédiard, place de la Madeleine, à Paris, pour en parler. Il mit une demi-heure à choisir un plat de pâtes, en mangea trois bouchées et me laissa payer. Il m'emmena aussi visiter des bureaux. À sa manière. Nous prenions un taxi – que je payais, évidemment – et en passant devant les immeubles, il me demandait : « Là, qu'en penseriez-vous ? Et là ? » Drôle de façon de démarrer une entreprise et de choisir les locaux pour installer une rédaction. J'en savais assez. Je coupai vite court à la plaisanterie.

Avant d'en arriver là toutefois, je voulais en savoir davantage sur le personnage. J'allai donc voir celui qui le connaissait le mieux, son ami Vincent. Son cabinet se trouvait avenue de Villiers, à Paris – Tilly y serait un temps domicilié. Il me reçut cordialement et m'en dressa un portrait flatteur : « C'est un garçon bien, dynamique, entreprenant, me dit-il, en qui vous pouvez avoir toute confiance. Il a souffert d'associés indélicats, mais il s'en est bien sorti. » Je lui confiai mon étonnement qu'avec de telles qualités, Tilly consacre autant de temps à une école modeste et à peine convalescente. « C'est parce qu'il croit en son potentiel et veut nous aider à la redresser, répondit l'avocat. C'est un homme de défis. Il connaît beaucoup de monde. Nous avons de la chance de l'avoir avec nous. »

Me renseigner sur Tilly auprès de l'un de ses amis et décliner ses propositions apparemment généreuses n'était sans doute pas la meilleure manière de m'attirer ses bonnes grâces, mais je n'en avais cure. « Thierry a beaucoup d'estime pour toi », me disait Ghislaine. Pas moi. Je ne l'appréciais pas et je n'avais aucune envie de me lancer dans quoi que ce soit avec lui. Il travaillait à l'école de ma femme. Elle était ravie. C'était son affaire et je ne m'en mêlais pas.

4

Ghislaine

Charles-Henri est le premier de mes frères à tomber sous le charme de Tilly. Non pas en face à face, mais au fil d'une conversation téléphonique. Je suis témoin de cet échange, témoin de l'éblouissement de Charles-Henri quand il raccroche :

— Mais ce type est extraordinaire, Ghislaine ! Fabuleux ! Où l'as-tu déniché ?

— Écoute, ça me fait plaisir que tu en conviennes, mais reconnais que je vous parle de lui depuis pas mal de temps déjà...

— C'est vrai. Quel bonhomme ! Quelle intelligence ! En tout cas, merci, nous allons nous rencontrer.

Ce premier coup de fil a lieu entre Paris, où se trouve Tilly, et Bordeneuve, où nous sommes en famille. Ce sont les vacances de Pâques 2000 et sont réunis autour de la table, Charles-Henri et sa femme, Christine, mon autre frère, Philippe, notre mère et moi. Nous évoquons les suites d'un contentieux entre maman et les acheteurs d'une de ses propriétés qui se plaignent d'un vice caché. Le dossier a été confié tout naturellement à Vincent. À plusieurs reprises, ces derniers mois, j'ai par ailleurs demandé conseil à Tilly, dont Vincent dit volontiers qu'il est meilleur juriste que lui. « Il faudrait que je parle à Charles-Henri », m'a finalement expliqué Tilly, et c'est moi qui lui ai suggéré de lui téléphoner.

C'est encore moi qui décroche, ce fameux jour.

— Bonjour Ghislaine, Thierry à l'appareil.

— Vous tombez bien, je suis avec Charles-Henri, on discutait justement du contentieux de maman… Je vous le passe !

J'ignore, bien sûr, ce que raconte Tilly, mais avec le recul je serais capable de reconstituer la conversation tant j'ai appris à connaître son habileté à dire à chacun ce qu'il a envie d'entendre, de sorte qu'en raccrochant, son interlocuteur se sent à la fois conforté et grandi, persuadé d'avoir enfin découvert la perle rare : quelqu'un qui le comprend, adhère à tout ce qu'il pense, mais aussi voit loin, très loin, bien plus loin que lui en vérité, si bien qu'il n'y a qu'à suivre ses conseils pour brûler les étapes et l'emporter contre le reste du monde. C'est ce que j'ai voulu faire à l'IFSAD en m'attachant Tilly. Et c'est ce qui transporte Charles-Henri d'enthousiasme : la conviction d'avoir trouvé l'homme providentiel qui va désormais guider ses pas.

Ce n'est pas une formule creuse puisque, durant ce printemps 2000, Charles-Henri et Tilly vont se rencontrer à trois reprises, dont deux à Paris où Tilly n'a aucun mal à le convaincre de se rendre pour un tête-à-tête d'une heure – ce qui lui impose de fermer son cabinet plus tôt et de bouleverser toutes ses consultations. Que se disent-ils ? Ils parlent de son fils, Amaury, que Tilly s'engage à remettre sur le chemin de la réussite, et Charles-Henri lui en est infiniment reconnaissant. Ils évoquent la menace que représente l'associé de Charles-Henri à propos duquel les services de M. Tilly ont de très mauvais renseignements. Ils abordent enfin la question de l'argent, des placements. Tilly révèle à Charles-Henri que ses services ont eu vent d'une hostilité grandissante

46

des francs-maçons à l'égard de la famille Védrines et qu'il ferait bien de réfléchir à placer son argent à l'étranger. Les banques françaises sont noyautées par les juifs et les francs-maçons, lui explique-t-il, il serait plus prudent de délocaliser votre patrimoine.

Tilly se rend également à Bordeaux, à l'invitation de Charles-Henri, cette fois pour faire la connaissance de Christine. Je me rappelle son hésitation au moment de partir pour la gare :

— Ghislaine, je vais rencontrer votre belle-sœur Christine, comment faut-il que je m'habille ? En costume ou décontracté ?

— En costume, bien sûr ! On ne va pas dîner chez Christine en tenue décontractée.

Je ne sais rien de ce qui s'échange durant cette rencontre bordelaise, mais Tilly fait sûrement forte impression puisque l'été suivant, Charles-Henri, Christine et leurs enfants rejoindront le club des laudateurs inconditionnels de Tilly.

Car durant cet été 2000, notre « bienfaiteur » vient pour la première fois passer ses vacances en famille, à Monflanquin, sur les terres des Védrines. Il ne vient officiellement que pour assister à la fin du festival, mais il se dit séduit par le dernier concert, et finalement nous lui trouvons une location dans laquelle il va séjourner tout le mois d'août avec sa femme, Jessica, et leurs deux filles.

Pour ma part, j'ai déjà rencontré une fois Jessica, grande et belle jeune femme au regard un peu perdu, peu bavarde, l'air apeuré parfois, et j'ai mis sa discrétion et sa méfiance sur le compte du métier si particulier qu'exerce son mari, accaparé jours et nuits par des missions ultra-confidentielles à très hauts risques.

Pour célébrer la fin de l'été, Jean et moi organisons un dîner familial dans notre maison de Bordeneuve. Assistent à ce dîner mon frère aîné Philippe, son fils Frédéric, sa fille

Lucile et son fiancé, Guillaume, le fils de Charles-Henri, Jean et moi, naturellement, notre fille, Guillemette, et enfin Thierry Tilly avec Jessica et leurs enfants.

J'ai volontairement placé Tilly en bout de table, de sorte que tout le monde peut le voir et l'entendre et, de fait, il va se comporter en invité d'honneur, monopolisant la parole et se montrant, à mon sens, brillantissime sur tous les sujets abordés, qu'il s'agisse de l'immobilier, de la situation des banques dans le monde, de l'invention de la carte à puce, ou encore de l'histoire de la noblesse à travers l'Europe. C'est durant ce dîner qu'il séduit Philippe, lors d'un aparté où il se dit très choqué que mon frère aîné n'ait pas reçu le château familial, s'engageant à rétablir cette injustice qui lui a été faite. Il compte déjà dans sa manche Charles-Henri, Christine, François et moi. Il peut désormais ajouter Philippe qui viendra me dire son admiration pour « cet homme remarquable, empreint du respect des traditions et cependant porteur d'une vision pour l'avenir de l'humanité ».

C'est également durant ce dîner que Tilly « ferre » Guillaume, l'aîné de Charles-Henri et de Christine, qui vient de terminer l'École supérieure de commerce de Marseille et qui est ébloui par ses envolées sur le commerce international.

Mais d'autres participants sont atterrés, à commencer par Jean qui quittera la soirée avant la fin, au comble de l'exaspération. Il est très intéressant de lire aujourd'hui l'impression produite par Tilly sur les invités de cette soirée, qu'il les ait convaincus ou non – et même si cela ajoute à notre honte, à nous qui avons tout avalé. Ces témoignages ont été recueillis par la police, neuf ans après ce dîner, alors que Tilly entrait en prison :

Lucile, la fille cadette de Philippe : « Tilly prétend travailler pour l'OTAN mais n'est pas autorisé à révéler ce qu'il fait. Il serait docteur en droit. Ma tante n'a pas l'air de s'étonner qu'un employé de l'OTAN, docteur en droit, accepte de monter le réseau informatique d'une école de secrétariat. »

Raphaël, devenu depuis lors son gendre : « Thierry Tilly s'est présenté comme quelqu'un travaillant pour l'OTAN en tant qu'agent secret. Il nous a parlé de disques durs et du fait que l'on pouvait toujours retrouver une trace de ce qui avait été effacé à plusieurs reprises. Il nous a également parlé de téléphones portables cryptés. C'était gigantesque. Tout ce qu'il disait était ridicule. Toute la conversation tournait autour de sa personne. Néanmoins, il posait quelques questions sur nous et nos activités. À la fin du dîner, Ghislaine est venue nous voir pour nous dire la chance qu'elle avait de l'avoir rencontré. En repartant, dans la voiture, nous avons tous eu une crise de fou rire. Tilly nous avait fait l'impression d'être un zouave. »

Guillaume : « Lors de ce dîner, Tilly s'est présenté comme un membre d'une organisation supragouvernementale dont la mission était de garantir les équilibres dans le monde en luttant contre toute forme de corruption. Il avait des connexions avec l'OTAN et l'ONU. Il m'a expliqué que ma famille était infestée de maçons et de rose-croix et qu'il avait pour mission de faire le ménage. Nous devions également nous méfier des homosexuels et des juifs. Tout ce qu'il m'a dit m'a convaincu sur le moment. »

Quant à moi, si d'aventure le doute m'avait effleurée, le contrôle Urssaf qui me tombe dessus dès la rentrée de septembre achève de me persuader des pouvoirs de Tilly. C'est la première fois que l'Urssaf met le nez dans les comptes de notre festival et je passe toutes mes soirées à réviser notre comptabilité des trois dernières années. Un travail phénoménal qui me fait passer des nuits blanches et me ronger les sangs. Je sais que tous ces contrôles se terminent par des redressements et je suis folle d'angoisse et de fatigue.

Le contrôle a lieu à Monflanquin où je m'apprête à redescendre, mon volumineux dossier sous le bras. Le jour dit, Tilly a une réaction qui me laisse un instant stupéfaite :

— Ghislaine, votre dossier, c'est moi qui vais le présenter. Vous ne venez pas.

— Comment ça ? Mais vous perdez la tête ! Vous ne l'avez même pas ouvert, et ce sont trois années de comptabilité... Même moi, je m'y perds.

— Justement. Donnez-le-moi, je m'en charge.

— Vous imaginez les conséquences si...

— Il n'y a pas de « si », faites-moi confiance, tout va très bien se passer.

Nous retournons ensemble à Monflanquin, mais Tilly se rend seul au rendez-vous qui se tient au syndicat d'initiative. À peine plus d'une heure plus tard, il en ressort, impassible, comme à son habitude :

— Voilà Ghislaine, tout est en ordre, vous n'aurez pas un centime de redressement, vous n'aurez même pas à payer les frais de déplacement de l'inspecteur, comme c'est l'usage.

— Non ! Mais comment... comment avez-vous fait ?

— Le dossier est clos, n'en parlons plus.

Je trouve difficilement les mots pour dire mon soulagement après ces nuits de cauchemar. Et surtout mon admiration, ma fascination pour l'homme qui m'a épargné cette épreuve. Du jamais-vu, j'en suis certaine. Je ne peux pas deviner que, des mois plus tard, Jean recevra un avis de redressement, amende à la clé.

Mais ce jour-là, pour moi, il ne fait pas l'ombre d'un doute que Tilly a fait état de ses fonctions à la tête d'un service supranational, de son grade de général, et que l'inspecteur n'a même pas ouvert notre dossier. En somme, Tilly n'a eu qu'à décliner son identité et l'homme, tout comme François Hollande, a baissé le regard et pris la fuite.

Oui, jamais je n'ai ressenti avec autant de force la chance, le privilège immense d'avoir rencontré Tilly et de le compter parmi mes plus proches amis.

Je regagne Paris sur un petit nuage, flanquée de mon héros, l'homme qui fait trembler nos ennemis. Nous pouvons dormir tranquilles puisque l'école de la rue de Lille est désormais équipée d'un réseau de caméras de surveillance. Tilly vient de superviser son installation, estimant que Jacek, notre gardien polonais, risque d'être dépassé par l'hostilité des francs-maçons et des rose-croix à notre égard. Les services de Tilly recueillent sans cesse des informations inquiétantes qui toutes vont dans le même sens : nous, les Védrines, sommes devenus la cible privilégiée des maçons pour les mois à venir. Ils veulent nous ruiner, nous détruire, nous pousser à disparaître car nous sommes la mémoire vivante de ce que fut la noblesse, de ce que fut la grandeur de la France à une certaine époque, et c'est d'ailleurs pourquoi les instances supérieures de Tilly nous ont placés sous protection.

— Ghislaine, vous faites partie des élus, de ceux que nous avons décidé au plus haut niveau de sauvegarder. À ce titre, vos frères et vous n'avez rien à craindre, vous êtes sous ma garde et celle de mes services.

J'ai pu voir avec l'Urssaf que ce ne sont pas des propos en l'air, et je répète à mes frères ces mots réconfortants. Du fait des risques que nous courons, nous éprouvons le besoin de nous serrer les coudes et de voler au secours de maman qui, sans nous, serait une proie facile à quatre-vingt-sept ans.

Dès ce mois d'octobre 2000, nous entreprenons de transférer une bonne partie de nos économies sur des comptes en Belgique, puis en Angleterre, ouverts au nom de sociétés spécialement créées par Tilly et ses services pour mettre à l'abri notre patrimoine – et le faire fructifier ! Il ne nous a pas caché que « le combat » avait un coût, que nous allions devoir l'assumer, mais que ces dépenses seraient largement compensées par les placements à 11 %, voire 14 % par mois, auxquels il avait accès grâce à sa situation et à sa connaissance des marchés mondiaux.

À titre d'exemple, des Sicav sont vendues à la mi-octobre et un chèque de 100 818 euros est remis à Tilly. Un mois plus tard, c'est tout un portefeuille de 129 648 euros qui lui est remis. De mon côté, je verse 126 532 euros sur un compte lui appartenant, tandis qu'un autre lui adresse 122 000 euros.

Près de 500 000 euros sont ainsi placés « sous la protection » de Tilly en l'espace de quelques jours.

Jean

Quand je me rappelle les événements qui marquèrent ce mois de juillet 2000, je ne peux que constater une nouvelle fois l'ampleur du travail de sape accompli en souterrain pendant trois ans, depuis la rentrée de 1997 et le nettoyage de l'école. Tilly, tel un virus, avait pris ses quartiers rue de Lille avant de se propager à notre famille.

J'appris au dernier moment qu'il viendrait passer quelques jours à Monflanquin, à la fin du festival, avec sa compagne et leurs deux filles. C'était sa première intrusion dans notre vie, hors de l'école. Jamais il n'avait mis les pieds à la maison, à Fontenay. J'étais très mécontent. « Thierry vient se reposer, me dit Ghislaine pour m'apaiser. Il a loué un bungalow. Il est en famille. De toute façon, nous sommes tellement pris par le festival, nous ne le verrons pas beaucoup. » Nous le vîmes trop. Et sa présence donna lieu à d'étranges incidents.

Le premier intervint lors du traditionnel dîner du festival. Chaque été, nous profitions de la seule soirée de la quinzaine sans concert pour inviter les musiciens, ceux qui les hébergeaient, notre équipe et les édiles locaux à un grand barbecue, chez nous à Bordeneuve, ou chez le maire de l'époque, que nous prenions alors pour un ami. Nous étions une centaine et c'était l'unique occasion de se détendre et de faire se rencontrer ou se retrouver les uns et les autres. C'était à chaque fois une soirée animée, chaleureuse, où la bonne chère et un petit vin gouleyant contribuaient à la fête dans la douceur de l'été lot-et-garonnais.

Brusquement, en plein dîner, le père d'un de nos proches amis se lève et urine devant tout le monde. Ce geste sidérant serait resté une simple anecdote si le lendemain, à mon arrivée au bureau du festival, un membre de notre équipe, qui travaillait avec nous pour la première fois, n'avait demandé à me voir en privé. Je l'écoutai, ébahi, me raconter que, à l'issue de la soirée, l'étrange vieillard lui avait fait des propositions très précises accompagnées de gestes qui ne l'étaient pas moins.

Je ne savais que croire. Je connaissais bien cette famille et pas du tout ce nouveau venu dans notre équipe. Il me demanda de le dispenser de participer au concert qui devait se dérouler le soir même dans la propriété des enfants de son solliciteur. J'acceptai d'autant plus que l'un de mes neveux assurait avoir été témoin des propositions du vieil homme, la veille au soir, à Bordeneuve.

Cette troublante histoire serait restée à son tour une péripétie un peu glauque si Tilly ne s'était pas empressé de l'utiliser lors du concert final.

Ce soir-là, comme chaque année depuis 1985, l'église de Monflanquin était bondée pour entendre le chœur et l'orchestre du festival interpréter *Les Saisons* de Haydn, sous la direction de l'excellent chef suisse Jörg-Ewald Dähler, un ami de longue date. Les personnalités, les élus se pressaient aux premiers rangs. L'atmosphère était à la fête. C'était notre grand soir.

Il avait bien fallu inviter Tilly et sa compagne, à Monflanquin depuis deux jours. Ils s'étaient glissés au premier rang, juste à côté du vieil homme qui s'était illustré deux jours auparavant. L'entracte se terminait, musiciens et choristes avaient repris leurs places, lorsque je vis soudain le vieillard se lever et quitter précipitamment l'église. Je n'eus pas le temps de réagir. Le chef levait sa baguette.

À la fin du concert, Tilly vint me voir, un sourire satisfait aux lèvres. De sa petite voix doucereuse, il m'expliqua. Le départ précipité de son voisin, c'était lui. Il n'avait eu que deux mots et une date à lui souffler à l'oreille : dossier Wallenberg, 1962. Et l'autre, effrayé, avait compris. Il s'agissait, me raconta Tilly, d'une sombre affaire de ballets bleus, un scandale à l'époque, à laquelle cet homme avait été mêlé.

Je l'écoutai, sidéré. Je ne savais que penser. L'enchaînement des faits entre le dîner, les accusations du lendemain matin et le concert était plus que troublant. Comme si l'un était fait pour étayer l'autre. Qui pouvais-je croire ? Tilly, pour qui je n'avais que méfiance ? Mes amis ? Ou les faits, qui paraissaient éloquents ?

Les événements de juillet 2000 m'apportaient une nouvelle preuve de son mode opératoire. À Monflanquin, il avait visé et marqué deux buts : poursuivre son entreprise de diabolisation de notre entourage pour mieux nous isoler en semant le doute sur certains de nos amis, et consolider auprès de ses admirateurs son profil de professionnel du renseignement, au fait des affaires les plus secrètes et les plus sombres, des dossiers enfouis dans le passé des gens.

Pendant son séjour, qu'il prolongeait tous les jours un peu plus, Tilly n'était pas seul. « Tu ne peux pas les voir, m'expliqua Ghislaine, mais ses collaborateurs ne sont jamais bien loin. Quand il en croise un dans la rue ou sur la place du village, un regard, un clin d'œil leur suffit pour se comprendre. » Je l'écoutais sans rien dire. Sa conviction me troublait. Mais je ne parvenais pas à la suivre. Tilly m'excédait. La veille, il m'avait proposé de me donner la liste des francs-maçons du Lot-et-Garonne – il assurait détenir une liste mondiale. J'avais haussé les épaules : « Pour quoi faire ? » avais-je demandé. « Pour que vous sachiez avec qui vous travaillez », avait-il rétorqué. Je l'avais rembarré. Je le considérais comme un charlatan. J'étais bien loin du compte.

Au début d'août, nous allions vivre un épisode encore plus édifiant. Le festival 2000 était terminé. Nous pouvions souffler. Avant de partir au bord de la mer avec les enfants, nous organisâmes un dîner à Bordeneuve. Plusieurs de nos neveux et nièces étaient en vacances chez leur père en Lot-et-Garonne. Nous avions peu d'occasions de les voir ensemble. C'était le moment. « Tilly et sa femme Jessica sont à Monflanquin, impossible de ne pas les inviter, me dit Ghislaine, la veille. Il travaille avec moi. Je ne peux pas faire autrement. » La perspective de les recevoir à la maison ne me plaisait guère et elle le savait, mais après tout, pensai-je, nous serions nombreux, ils seraient noyés dans la masse. Je me trompais lourdement.

Tilly s'adjugea le premier rôle de cette chaude soirée d'été sur notre terrasse. Pendant tout le dîner, il pérora, tantôt professoral et catégorique, tantôt plus mystérieux et suggestif, surtout quand il s'agissait de lui. Il savait ce que les autres ignoraient. Il connaissait des dossiers auxquels personne n'avait accès. Il émaillait ses propos de détails, d'allusions à des rapports confidentiels, de précisions invérifiables censés leur donner du poids. Il semblait incollable sur quelques grands sujets du moment. Il avait réponse à tout. Et quand il ne l'avait pas, son silence laissait entendre qu'il en savait bien plus qu'il ne pouvait le dire.

Le personnage ne laissa personne indifférent. Certains étaient suspendus à ses lèvres. D'autres dubitatifs et perplexes. Une de nos nièces alerta carrément son père sur les risques d'une telle fréquentation, mais en vain. À l'inverse, notre neveu Guillaume, qui devait par la suite s'illustrer aux côtés de Tilly en devenant son bras droit, ne put s'en empêcher : « Je rêverais de travailler avec vous… Qu'est-ce que je peux faire ? » Une petite graine était semée. Elle allait faire des ravages.

Un étrange incident éclata soudain. Tilly était venu avec un attaché-case. Il l'avait laissé à l'entrée du salon, au bord du passage. Quelqu'un, croyant bien faire, s'apprêtait à le déplacer. « N'y touchez pas, tonna-t-il en l'apercevant. Je suis le seul à pouvoir le porter. Avec tout autre que moi, il est programmé pour exploser. » Les conversations s'arrêtèrent. Les regards se figèrent. Qui était donc cet homme ? À quel monde appartenait-il ?

Cette soirée marqua les esprits. Personne ne devait oublier l'affaire de l'attaché-case, digne d'un mauvais James Bond. Elle allait creuser un peu plus le clivage entre ceux qui croyaient déjà en Tilly – ma femme, sa mère, ses frères, la famille de l'un d'eux – et ceux qui n'y croyaient pas. J'allai d'ailleurs me coucher avant la fin de la soirée, excédé par ses rodomontades.

Au-delà de cette péripétie qui aurait prêté à rire si elle n'avait été suivie d'une tragédie, le séjour de Tilly à Monflanquin suscite aujourd'hui encore bien des questions. Qu'était-il venu faire ? Jauger la famille et évaluer ses biens ? Observer chacun parmi les autres ? Accentuer son emprise sur ceux qu'il tenait déjà ? En approcher de nouveaux ? Sans doute tout cela à la fois, avant de passer à la vitesse supérieure.

Quelques jours plus tard, un cousin de Ghislaine que nous aimions beaucoup vint dîner à Bordeneuve. Un procès opposait alors sa mère, ma belle-mère et leurs deux sœurs – les tantes, comme nous les appelions –, aux acquéreurs de leur ancienne maison de famille, près d'Aiguillon, en Lot-et-Garonne. L'issue paraissait incertaine. « Maman ne craint rien, nos tantes non plus, lâcha-t-il sans malice. Nous nous sommes arrangés pour qu'elles soient insolvables. » Après son départ, Ghislaine explosa : « Décidément, ce sont tous des magouilleurs. C'est encore ma mère qui va payer ! »

Le procès fut gagné et personne ne paya. Grâce à qui ? À un bon dossier, à un bon avocat ? Mais non ! Grâce à l'intervention de Tilly. Mon beau-frère Charles-Henri était spécialement venu à Paris lui demander conseil, peu avant l'été. Il en était ressorti subjugué. « Quel homme ! » s'était-il exclamé en arrivant pour dîner chez nous avant de repartir le lendemain pour Bordeaux.

Tilly savait tout et pouvait tout. En tout cas, il le prétendait. Lorsque François, notre fils, décrocha enfin son bac, présenté en candidat libre en juin 2000, nous allâmes fêter son succès au *Paradis du fruit*, un restaurant en vogue avenue George-V. Arrivé le premier, je vis soudain débarquer Ghislaine, Guillemette, François… et Tilly. Après un premier verre, j'attendis pour commander la suite. Mais il ne partait pas. J'étais exaspéré et ne le cachai pas. Il ne tarda pas à me faire comprendre, en quelques phrases alambiquées, que le bac de François, nous le lui devions. Il avait fait le nécessaire. Je le pris très mal et il le comprit. Il finit par partir. Nous pouvions dîner au succès de notre fils.

Je n'étais décidément pas son ami.

J'allais devenir son ennemi.

Ghislaine

Au début de ce même mois d'octobre, Tilly se rend en personne chez mon frère Philippe, pour sécuriser sa maison. Il ordonne la pose de caméras tout autour, ainsi que de volets renforcés aux fenêtres. À l'occasion de ce voyage, il fait plus ample connaissance avec Brigitte, la compagne de mon frère. Tilly la convainc de se protéger du « complot » des francs-maçons. Elle dira qu'elle n'a pas mis sa parole en doute, pas une seconde, tellement Tilly était à la fois calme et résolu. Puis il lui explique que son mari fait partie de nos ennemis, qu'il tient l'information de ses services, et que s'il s'autorise à la lui livrer, c'est qu'elle court un très grand danger : son mari veut la faire interner pour s'emparer de tous ses biens. « En entendant cela, racontera-t-elle à la police, je me suis mise à trembler de tout mon corps. »

Il lui ordonne de couper immédiatement tout contact avec son mari, lui confie un téléphone crypté car elle est sur écoute, lui dit-il, puis il lui annonce qu'il la place sous sa protection, au même titre que la famille Védrines, et bien qu'elle n'en soit pas véritablement membre. Après avoir eu terriblement peur, Brigitte est un peu réconfortée et le remercie chaleureusement.

Elle songe alors, elle aussi, à mettre son patrimoine à l'abri et, dans le courant du mois de novembre, elle transfère à Bruxelles, sur l'un des comptes ouverts par Tilly, toutes ses économies : 50 000 euros qui dormaient à la Société Générale, et 65 000 euros qui faisaient de même au Crédit agricole. Elle pense avoir au moins sauvé cela des griffes de son mari, en attendant de vendre tous ses biens et d'en confier le produit à notre sauveur.

Le problème de Tilly, on le comprend bien aujourd'hui, ce sont les couples. Soit il parvient à placer le mari et la femme sous son emprise, comme il le réussit avec Charles-Henri et Christine, et en ce cas il peut les dépouiller sans difficulté, soit l'un des deux lui échappe et il lui faut alors sortir le récalcitrant du jeu en le diabolisant, avant d'obtenir que le couple divorce, car sinon le mariage risque de l'empêcher de s'emparer des biens de la communauté.

C'est à cet écueil qu'il se heurte avec Jean et moi. Jean l'a d'emblée considéré comme un charlatan, puis très vite comme un escroc, et Tilly est assez fin pour comprendre qu'il ne le retournera pas. Il doit alors à tout prix se débarrasser de Jean, qui menace de devenir un adversaire, et c'est ce qu'il tente de faire, en ce mois de novembre 2000, en

58

montant une opération, avec l'aide de mes frères, qui va heureusement échouer.

Jean

À la mi-novembre 2000, j'avais pris une semaine de vacances et nous étions descendus, Ghislaine et moi, à Bordeneuve, notre maison de Monflanquin que nous aimions tant. L'automne y était souvent somptueux. Nous étions partis tard de l'école le vendredi après-midi et, à notre arrivée, en attendant que notre maison se réchauffe, ma belle-mère nous avait préparé à Martel un de ces dîners succulents dont elle avait le secret.

Le lendemain, c'était le 11 Novembre et, dans ce Sud-Ouest souvent privilégié, le soleil participait à la cérémonie. Nous étions allés au marché à Villeréal, où nous avions rencontré plusieurs de nos amis. Le dimanche, nous avions tous déjeuné chez Philippe, à quelques kilomètres de là. L'occasion pour lui de remercier un de nos amis qui venait d'installer des volets à chaque fenêtre, avec un savoir-faire dont le mot bricoleur ne suffit pas à rendre compte. Il fallait protéger la maison, avait-il souligné d'un petit air entendu, suggérant une menace qui revenait de plus en plus souvent dans les propos de ma femme et de ses frères.

J'étais en vacances, mais Ghislaine ne l'était pas. Les congés d'automne étaient terminés et l'école reprenait. Il était prévu qu'elle remontât le soir même pour revenir le mercredi. Qu'allais-je faire pendant ces deux jours ? J'avais depuis longtemps le projet d'un pèlerinage à Saint-Céré. C'est dans cette jolie petite ville du Lot que se déroulait chaque été un festival créé en 1961 par Pierre Host, remarquable découvreur de talents. J'y avais participé à la fin des années soixante, comme

59

choriste d'abord, puis dans l'équipe d'organisation. Je n'y étais pas retourné depuis plus de vingt ans. C'était l'occasion. Je fus surpris d'entendre Philippe s'exclamer : « Excellente idée ! Nous irons avec toi. » Je me serais passé de lui, mais je savais que Ghislaine me trouvait fatigué et préférait ne pas me savoir seul sur les routes.

Le lendemain, une pluie drue fouettait la campagne. Nous étions cinq entassés dans la Mercedes de Philippe, sa compagne et sa mère, ma belle-mère et moi. En chemin, il n'avait cessé de me rapporter des ragots sidérants sur sa fille aînée et sur sa femme, dont il allait divorcer en dépit de ses déclarations solennelles. Je ne l'écoutais que d'une oreille car j'étais préoccupé par tout autre chose.

Depuis plusieurs jours, l'entreprise pour laquelle je travaillais attendait la livraison d'ordinateurs commandés à Tilly. Je n'avais pas grande estime pour ce personnage, mais il était en charge de la maintenance informatique de l'école de Ghislaine et, parmi les devis que j'avais reçus, le sien avait été jugé le meilleur par ma hiérarchie et surtout le moins cher. Tilly avait toutefois posé deux conditions qui m'avaient mis en alerte : il voulait être payé avant la livraison et sur le compte de sa société basée à Londres.

À ma grande surprise, c'était mon fils qui avait effectué la première livraison. Mais le matériel ne correspondait pas du tout à la commande et je le lui avais fait remporter. Depuis, l'étrange fournisseur me promettait tous les jours une nouvelle livraison pour… le lendemain. J'avais beau tempêter, menacer, rien ne venait.

J'avais fini par le convoquer dans un café à côté du bureau, pour éviter tout esclandre. Là, stupéfait, je l'avais entendu m'expliquer qu'il ne pouvait honorer notre commande pour des raisons de sécurité nationale. Mon entreprise exerçait des activités illicites, prétendait-il, et son patron lui avait interdit de nous livrer… de simples ordinateurs de bureau et une imprimante. J'étais parti en le sommant une dernière fois de respecter son engagement ou de nous rembourser, et en lui laissant payer les cafés, ce qui était sans doute le pire pour lui.

Ce lundi 13 novembre, j'appelais notre secrétaire toutes les heures. Toujours rien. J'étais furieux et ne le cachais pas.

Nous rentrâmes à Monflanquin. Et là, j'eus une première surprise. Au lieu de me déposer à Bordeneuve, avec ma belle-mère qui devait dormir chez nous pour ne pas avoir froid à Martel, puis rentrer chez lui, Philippe reconduisit d'abord sa compagne et la mère de celle-ci. Je lui en fis la remarque et il me répondit qu'il avait envie de passer un peu de temps avec sa mère, si cela ne me dérangeait pas. Pour moi, mon beau-frère était chez lui à Bordeneuve. J'allai me coucher.

Vers 1 heure du matin, je me levai et vis de la lumière dans le vestibule. Je le trouvai adossé au mur en train de téléphoner.

— Que fais-tu là ? lui demandai-je.

— Je préviens Brigitte que je rentre, me dit-il. Nous avons parlé un peu tard avec maman.

Rassuré, je retournai me coucher. Le lendemain, en me levant, je le trouvai à la même place, son portable toujours collé à l'oreille.

— Que se passe-t-il ? lançai-je exaspéré.

Je n'eus pas le temps d'entendre sa réponse, car le téléphone sonna dans mon bureau.

— Je t'appelle de Bordeaux. Comment vas-tu ? me dit mon autre beau-frère d'une voix qui se voulait enjouée.

— Ça irait beaucoup mieux si l'on me fichait la paix, rétorquai-je, furieux.

Et je raccrochai. Moins de deux heures plus tard, Charles-Henri débarquait chez moi.

Les trente heures qui suivirent resteront parmi les plus dures de ma vie. Car les deux frères n'étaient pas chez moi pour me rendre visite. Ils étaient là pour m'empêcher de sortir. Pour me séquestrer.

— Puisque vous êtes là tous les deux, avec votre mère, je pars faire des courses, dis-je.

— Tu es en danger, tu ne sortiras d'ici sous aucun prétexte, assenèrent-ils d'un ton hystérique.

— C'est ce qu'on va voir !

J'exigeai des explications et leur départ immédiat. Ils bredouillèrent des accusations incompréhensibles à l'égard de mon patron, de mon entreprise – ne les avais-je pas déjà entendues dans la bouche de Tilly ? Nous faillîmes en venir aux mains. Mais ils avaient l'avantage du nombre, du poids et de la violence. Je fis le tour du salon, j'allai à la porte d'entrée, à la porte-fenêtre. Ils avaient retiré les clés. Impossible de sortir. J'étais enfermé.

Dans la cour, devant la maison, je m'aperçus que Philippe avait collé sa voiture contre la mienne, pour m'empêcher de fuir sans doute. Rien n'avait été laissé au hasard.

Pendant que nous nous affrontions, ma belle-mère tricotait tranquillement dans le canapé, devant nous, le nez plongé dans ses mailles. J'aurais voulu la voir s'indigner de l'agression de ses fils, intervenir pour les calmer, pour les ramener à la raison, pour me défendre. Elle ne broncha pas. Je compris. Elle savait. Elle était dans le coup. Je devrais désormais m'en méfier.

En quelques heures, vingt-cinq années de relations affectueuses avec cette dame et amicales avec ses enfants et leurs familles, et tant d'épisodes heureux à Martel, venaient d'être effacées à jamais. J'étais anéanti.

Je commis plusieurs erreurs pendant ma séquestration. La première fut de me croire encore chez moi et d'aller dans ma chambre pour reprendre mes esprits. Quand je voulus en sortir, Philippe se planta dans l'embrasure et m'en empêcha.

« Tu vois ce que ça fait », me jeta-t-il avec un petit sourire nauséabond.

J'étais dans un tel état que je n'en sortis plus. Ils m'appelèrent pour le déjeuner, mais je n'avais pas faim. Je ne me voyais pas m'attabler avec mes geôliers.

J'avais renoncé à toute résistance. Que pouvais-je faire ? Impossible de téléphoner, l'appareil était dans mon bureau et les portables ne passaient pas dans cette ancienne étable aux murs impressionnants. Hurler, mais pour appeler qui ? Briser la porte, un solide battant de chêne ? Sortir par la fenêtre ? Notre chambre était située au rez-de-chaussée et ses fenêtres étaient les seules de la maison munies de barreaux...

Des terreurs m'assaillirent. Si mes beaux-frères étaient capables de me séquestrer avec une telle violence, jusqu'où pouvaient-ils aller ? Allaient-ils m'administrer des médicaments, me faire une piqûre pour m'endormir ? Me plonger dans un état propice à me faire signer n'importe quoi ? Tenter de me faire interner ? Après tout, l'un d'eux était médecin et j'entendais beaucoup parler d'internement dans cette famille depuis quelques mois. Je n'étais pas si loin de la vérité.

Le mardi vers 17 heures, la porte de ma chambre s'ouvrit. Je vis entrer Charles-Henri. « J'ai demandé à un confrère de t'examiner », me dit-il d'un ton sans réplique. Il s'effaça pour laisser passer un inconnu qui me dit aussitôt :

— Je n'entre que si vous le voulez bien.

— Au point où j'en suis, entrez donc, dis-je. Vous allez me tenir compagnie. Mais qui êtes-vous ?

— Je suis le docteur G., psychiatre à Périgueux.

Je lui avançai un fauteuil. Il s'installa et se présenta.

— Je connais bien votre beau-frère. Nous avons fait du syndicalisme professionnel ensemble. Tous les trois tiennent beaucoup à vous et s'inquiètent à votre sujet.

Je lui répondis qu'ils avaient une drôle de manière de s'inquiéter pour moi. Je lui racontai les heures écoulées. Je soulignai la violence de la situation. Il ne réagit pas. Je compris qu'il ne me croyait pas. Son opinion était déjà faite. Son « cher confrère » était passé par là. Il me posa quelques questions de pure forme, nous bavardâmes, comme si la situation s'y prêtait – il ne manquait plus qu'une tasse de thé. Et il conclut :

— Vous voyez, je n'ai pris aucune note. Pour moi, il n'y a rien. Me permettez-vous d'aller rendre compte de notre entretien à vos beaux-frères ? Ils m'attendent.

— Si je vous dis non, que ferez-vous ? Je doute, docteur, que ma réponse change quelque chose.

Il ne me répondit pas et alla les rejoindre au salon.

Je commis alors ma deuxième erreur. J'aurais du réagir, lui emboîter le pas. Sortir avec lui, puisque j'allais bien, selon ses propres termes. Je serais allé porter plainte à la gendarmerie, comme je le ferais plus tard, mais quelle portée aurait-elle eue ? Et qu'aurait fait le psychiatre ? Aurait-il essayé de trouver un prétexte pour m'en empêcher ? N'aurait-il pas pris alors le risque d'engager sa responsabilité professionnelle, déjà bien écornée par son débarquement cavalier chez moi ?

Je ne fis rien.

Au bout d'une heure environ, Charles-Henri rentra dans ma chambre : « Je raccompagne mon confrère et je rentre à Bordeaux, me dit-il. Je suis tout de même content qu'on ne soit pas obligé de t'hospitaliser. »

Le mot était lâché. Ils y avaient pensé. Ils avaient essayé. J'apprendrais un peu plus tard par un proche, également médecin, que faire interner quelqu'un n'était pas si difficile. La signature de deux médecins, l'aval de ma femme qui me disait malade auraient pu suffire. Je me serais rebellé. J'aurais aggravé mon cas. On m'aurait « calmé ». Je n'en serais pas sorti indemne.

Cette terreur me poursuivit longtemps. Au point qu'un neveu médecin, après septembre 2001, me recommanda de l'appeler à la moindre menace.

Le coup n'était pas passé loin, ce mardi 14 novembre. La journée se termina sur cette horreur. Je passai la nuit à échafauder des plans pour m'échapper. Je devais à tout prix appeler à l'aide, prévenir des amis, téléphoner et pour cela m'emparer d'un téléphone. Ce qui supposait de sortir de ma chambre. Mais qui appeler ? À qui confier une situation aussi improbable ? En qui pouvais-je avoir confiance hors cette famille désormais menaçante ? Une idée me vint. J'avais trouvé : mon patron.

Il était 9 heures le lendemain matin lorsque je l'appelai. J'avais réussi à me glisser hors de ma chambre et à me saisir du téléphone. Il était dans sa voiture sur le chemin du bureau. « Je vais te raconter une histoire incroyable, lui dis-je très vite. Ne m'interromps pas. J'ai très peu de temps. Tu dois me faire confiance et ne pas me poser de question. Si je ne t'ai pas rappelé à 13 heures, je te demande d'alerter la gendarmerie. Je suis séquestré chez moi, à Monflanquin, depuis hier matin par mes beaux-frères. Ils sont devenus fous. Il faut me sortir de là. »

Je venais de commettre ma troisième erreur. Mon patron était sidéré. Il me le dit mais ne me posa pas de questions. Jean-Michel était – et est toujours ! – un homme d'action, pragmatique, carré. J'avais confiance en lui. Hélas, il ne fit pas ce que je lui avais demandé. Il appela un de nos amis communs, financier de talent.

— Michel, lui dit-il, tu connais la belle-famille de Jean. Il vient de m'appeler. Voilà ce qu'il m'a dit. Incroyable ! Je ne sais que faire.

— Commence donc par appeler sa femme. Je te donne son numéro.

Autant appeler le loup pour sauver un mouton. Ma femme était dans le TGV pour Bordeaux. « Ce que vous me dites m'inquiète encore plus, répondit-elle. Jean ne va pas bien. Je serai à Monflanquin en début d'après-midi. Je m'en occupe. »

Puisque j'avais un téléphone, j'appelai Ghislaine. Elle était encore dans le train. Elle ne me dit rien du coup de fil de mon président. Je lui demandai d'appeler son frère et de lui ordonner de quitter la maison. « Non », répondit-elle. Si j'avais un doute, il était levé : elle savait. Elle était dans le coup. Je la traitai de tous les noms. Je déversai sur elle ma peur et ma colère. « Je serai là vers 14 heures », me dit-elle simplement.

Elle arriva à l'heure dite. Elle entra dans notre chambre. « Je n'échangerai pas un mot avec toi tant que ton frère et ta mère seront ici », attaquai-je.

Quelques minutes plus tard, je les entendis quitter la maison. Ghislaine revint. Je n'avais rien avalé depuis le lundi midi, deux jours auparavant. J'avais faim. Je me précipitai dans la cuisine pour déjeuner. J'étais muet de fureur. Elle me regardait manger. Brusquement, j'explosai. Ce qu'ils venaient de me faire subir était monstrueux. Honteux. Irréparable.

Elle me laissa parler et m'expliqua. Jamais elle n'avait demandé à ses frères de faire une chose pareille. Elle me trouvait fatigué et s'inquiétait de me voir rester seul. Elle leur avait demandé de veiller sur moi. « Tu les connais, me dit-elle. Ils sont excessifs. Ils n'ont aucune mesure. Ils n'ont rien compris. »

Je l'écoutai sans la croire. Ses propos ne tenaient pas debout. Je connaissais en effet ses frères. De là toutefois à confondre attention et séquestration… Mais, après tant de violence, d'enfermement, de frayeur, après notre conversation brutale du matin, j'étais épuisé. Une partie de mon monde s'était effondrée. Je ne songeais qu'à le retrouver.

Enfermé dans ma chambre, entre détresse et fureur, j'avais pris des décisions définitives. Je m'étais promis de quitter ma femme, de demander le divorce, de l'exclure de ma vie, de ne plus mettre les pieds dans cette maison. Maintenant, ma colère et ma peur retombées, je n'aspirais plus qu'à refermer au plus vite cette terrible parenthèse et à reprendre le cours de notre vie là où il avait été interrompu trois jours plus tôt. Sans rien détruire. Notre famille avait mis un pied au bord du gouffre, je ne voulais pas qu'elle y tombe.

Avec Ghislaine, nous sommes partis arpenter la campagne pendant des heures. Le temps était magnifique. Nous avons parlé, parlé encore, comme nous ne l'avions peut-être jamais fait. Nous sommes allés au fond de notre couple, de notre vie depuis notre première rencontre en janvier 1976. Nous avons parlé des enfants, de nos vingt-quatre années ensemble, de leur richesse comme de leurs failles. Comment les oublier ? Comment accepter de tout balayer ? Même après une telle tornade.

Ma détermination se réduisit à deux décisions. Ce soir, pour respirer un autre air, nous irions dîner et dormir dans le petit hôtel de Monflanquin où, l'été, nous logions des musiciens du festival. Et je ne reverrais plus jamais ses frères et sa mère.

Cette famille n'était plus la mienne.

5

Ghislaine

Pour les fêtes de fin d'année 2000, nous sommes en Lot-et-Garonne. Philippe et les siens chez lui, Charles-Henri, Christine et leurs enfants à Martel, nous à Bordeneuve. Pour la première fois, nous ne déjeunerons pas ensemble le jour de Noël à Martel, autour de maman, dans la belle salle à manger du château familial. Nous resterons avec nos enfants et Sébastien à Bordeneuve. L'épisode violent de la séquestration de Jean par mes frères cinq semaines plus tôt est encore trop présent.

Les rapports entre François et son père ne se sont pas arrangés. Au printemps, il y a eu l'épisode du permis de conduire qui a accentué le malentendu entre eux, et l'hostilité de François à l'égard de Jean. C'est Tilly qui insiste pour que François passe son permis. Notre fils réussit son code, mais le jour de l'examen de conduite, il ne passe pas plus de quatre minutes au volant avant d'être recalé par l'examinateur, sans avoir eu le temps de comprendre quelle faute il a commise.

À son retour à l'IFSAD, révolté par cette injustice, il va immédiatement confier son désarroi à Tilly, son maître de stage.

— Je suis au courant, mes services m'ont prévenu, lui rétorque calmement Tilly.

— Je ne comprends pas… Le type ne m'a même pas laissé le temps de faire mes preuves, c'est dégueulasse !

— Attends, ne t'énerve pas et réfléchis. As-tu remarqué quelque chose d'anormal avant l'examen ?

— Oui, maintenant que j'y pense, juste avant mon passage l'examinateur a reçu un coup de téléphone, ou en a donné un, je ne sais plus. En tout cas, je l'ai vu s'éloigner pour parler au téléphone.

— Très bien. Et tu ne devines pas ce qui a pu se passer ?

— Non… Qu'est-ce que je devrais deviner ?

— Tu veux que je te dise la vérité ? C'est ton père qui a tout organisé pour te mettre en échec. J'avais été prévenu depuis quelques jours, mais je ne voulais pas te décourager.

François est sous le choc quand il me rapporte la nouvelle, et je ne démens pas Tilly, insoupçonnable à mes yeux. S'il le dit, c'est que c'est vrai. Dans mon esprit, Jean commence à être l'objet d'un dédoublement : il y a l'homme que j'aime, pudique, honnête et exigeant, et l'autre, dont je devine à certaines confidences de Tilly qu'il serait membre de la Rose-Croix, dangereux, nuisible. Mais à ce Jean-là, celui de l'ombre, j'évite de songer, je le chasse dès qu'il traverse mon esprit, c'est affolant, trop violent, incompréhensible et insupportable.

Le soir, en rentrant à la maison, François est ivre de colère, d'amertume.

— Alors, comment s'est passé ton permis ? l'interroge innocemment son père.

— Ça se serait parfaitement déroulé si ton réseau ne m'avait pas tiré dans le dos ! lui rétorque François avant de monter s'enfermer dans sa chambre.

Que peut bien penser Jean, si raisonnable, si pragmatique, d'une telle sortie ? Que François perd la tête, qu'il n'a pas supporté d'échouer et dit n'importe quoi ? En tout cas, il encaisse et ne cherche pas à en savoir plus, laissant son fils prendre pour une vérité terrifiante une ânerie monumentale.

À l'automne, en octobre, peu avant la séquestration de Jean à Bordeneuve, il y a eu un nouvel accroc : Jean a bien voulu commander du matériel informatique à Tilly pour l'entreprise dans laquelle il a retrouvé du travail (pour me montrer sa bonne volonté à l'égard de Tilly, sans doute). C'est François qui est chargé de livrer les ordinateurs à son père. Il se rend là-bas en taxi. Ils commencent à déballer, jusqu'au moment où Jean constate que ce n'est pas du tout ce qu'il a commandé.

Il entre alors dans une colère noire :

— Tu remballes tout et tu rapportes ça à ce bonhomme !

François s'exécute, mais Tilly va tirer argument de cette nouvelle déconvenue pour lui expliquer que son père est un malade mental et qu'il faut impérativement qu'il se soigne car il devient dangereux pour sa famille – ce dont François est en effet convaincu.

Tout cela pour dire qu'en ce dernier Noël en famille le père et le fils sont peu loquaces et qu'ils s'arrangent pour se tenir à distance l'un de l'autre.

Par bonheur, Guillemette vient de se fiancer, elle rayonne de joie, du plaisir de vivre et nous entraîne tous vers la lumière. Son fiancé, Sébastien, un jeune homme de vingt-neuf ans, est pianiste. Elle l'a rencontré à notre festival, Musique en Guyenne, et qu'elle épouse un artiste, un musicien de surcroît, comble tous nos vœux. Non seulement Sébastien a toutes les qualités de cœur que des parents peuvent espérer pour leur fille, mais il partage avec nous, et en particulier avec Jean, la culture et l'amour de la musique.

Noël, puis le 1er janvier, sont l'occasion de présenter Sébastien à la famille réunie à Martel autour de maman. Notre famille profondément fissurée, bientôt fracassée, du fait du sourd travail de démolition entrepris par Tilly. La famille de ma sœur, classée avec ses enfants parmi nos ennemis, sans que l'on sache encore pourquoi (mais les services de Tilly, eux, le savent !) ; Philippe, en froid avec ses enfants, parce qu'il a confiance en Tilly et lui transfère tout son argent, tandis qu'eux le considèrent comme un clown, « un zouave », et ne comprennent pas l'aveuglement de leur père ; Charles-Henri, Christine et leurs trois enfants, adeptes inconditionnels de Tilly ; enfin Jean, pratiquement coupé de son fils après les mensonges dévastateurs de notre mentor, et tout près de l'être également de moi, comme si l'amour que nous ressentons l'un pour l'autre ne pesait déjà plus rien face à l'entreprise du diable en personne.

Tilly n'est pas parvenu à faire interner Jean, il remonte donc au front deux mois plus tard, avec cette fois une affabulation monumentale qui va signer le premier acte de notre effondrement.

Le matin du 31 janvier 2001, à l'IFSAD, il demande à me parler de toute urgence. Nos bureaux communiquent par une porte, je me rends donc immédiatement dans le sien :

— Asseyez-vous, Ghislaine. Je dois vous informer d'un événement d'une extrême gravité : Jean est sur le point de partir pour les États-Unis avec la fille d'un haut fonctionnaire qui a déjà deux enfants. Il vous abandonne, vous et vos enfants.

— Jean… Jean nous abandonne !

— C'est très violent, je sais. Mais l'information vient de m'être donnée et j'ai le moyen de retourner la situation si vous le souhaitez, de retenir Jean.

— Je ne peux pas y croire…

— Écoutez, ce n'est vraiment pas le moment de lâcher prise. La situation est celle-ci, nous devons y faire face. Je vais vous expliquer comment procéder avec Jean pour l'empêcher de partir, mais la première chose à faire est d'avertir les enfants.

Je n'ai plus de jambes quand je regagne mon bureau. Jean aime une autre femme, il nous abandonne… C'est donc la fin de notre mariage, de notre famille, de tout ce que nous avons construit ensemble.

Je trouve cependant la force d'appeler Guillemette.

« Maman m'a téléphoné sur mon portable en me demandant de venir déjeuner avec elle, écrira-t-elle au juge d'instruction neuf ans plus tard. J'ai été surprise car il n'était pas dans ses habitudes de prendre une pause pour le déjeuner. Le son de sa voix étant différent, j'ai pensé que quelque chose de grave allait m'être annoncé, mais quoi ? Je n'en avais aucune idée.

« Quand je suis arrivée dans son bureau, maman m'a dit de m'asseoir. Puis François est entré à son tour, et il s'est assis à côté de moi. Alors est apparu Tilly.

« Maman a pris la parole. Elle nous a annoncé que notre père se préparait à nous quitter pour refaire sa vie ailleurs. Apparemment aux États-Unis. En un mot, il nous abandonnait.

« François et moi avons fondu en larmes. En quelques secondes notre vie, notre monde, nos repères se sont écroulés et nous nous sommes sentis désemparés.

« Tilly avait l'expression d'une personne profondément touchée. Il nous a dit qu'il était vraiment désolé, puis il a commencé à nous expliquer quelle était la stratégie pour faire réagir notre père et tenter de le retenir. "Vous allez provoquer une discussion en famille, nous a-t-il dit, et vous verrez ainsi s'il vous aime vraiment, s'il tient à vous."

« Tilly et Jacek, le gardien, nous ont raccompagnés en voiture jusqu'à la maison.

« En arrivant, nous avons demandé à papa de venir s'asseoir dans le salon car nous avions besoin de lui parler. Un peu interloqué, il s'est néanmoins exécuté. C'est maman qui a ouvert la discussion : "Jean, tu t'apprêtes à partir pour les États-Unis avec une femme... à nous abandonner, les enfants et moi."

« Notre père l'a écoutée avec une certaine attention, mais très vite il a endossé le costume du journaliste-reporter, c'est-à-dire qu'il ne s'est absolument pas impliqué affectivement dans la conversation. Il a nié, alors que nous étions certains que Tilly disait vrai, de sorte que cette conversation nous a laissés très tristes et déçus. »

Tout est faux, évidemment, dans cette histoire, Jean n'a jamais eu l'intention de nous abandonner pour refaire sa vie aux États-Unis, et c'est bien pourquoi cette accusation ne le touche pas « affectivement », comme le note justement Guillemette. Sauf que ce sinistre mensonge, destiné à détruire chez les enfants l'image de leur père et à me pousser à rejeter mon mari, s'inspire, comme toujours chez Tilly, d'un fond de vérité : depuis des mois, Jean est invité aux États-Unis, il nous répète cycliquement qu'il va partir là-bas pour quelques jours, et c'est d'ailleurs moi qui ai dû donner l'information à Tilly, semant la petite graine du piège qu'il allait nous tendre.

Tout est faux, Jean traite donc l'événement comme une ânerie de plus, venant après la mallette de Tilly qui explose quand un étranger la touche, son rôle à la tête de services secrets supranationaux, le permis de conduire de son fils qu'il aurait saboté, les caméras que Tilly nous fait installer partout pour nous protéger des francs-maçons… Sauf qu'en se taisant, en décidant d'aller se coucher plutôt que de répondre à ces bêtises, à « ce mauvais procès » qu'on lui fait, Jean nous laisse nous enfoncer dans le récit mensonger de Tilly (mais je suis bien consciente, en écrivant cela, que quoi qu'il aurait pu dire, nous ne l'aurions pas cru, totalement sous l'emprise de notre gourou).

Jean ne part pas. Au lieu de s'envoler le soir même avec sa maîtresse, comme nous l'avait indiqué Tilly, nous le voyons grimper à l'étage pour gagner son lit. Il semble découragé et très las, mais pour un homme qui est attendu à l'aéroport, qui devrait être en train de boucler ses valises pour ne plus jamais remettre les pieds dans cette maison, il est d'un calme stupéfiant et surtout, surtout, il ne passe pas un coup de fil.

Nous penserions encore par nous-mêmes que cela aurait dû nous troubler et nous pousser à mettre en doute la parole de Tilly. Mais c'est exactement le contraire qui se passe, je prêterai à Tilly le pouvoir mystérieux d'avoir retenu Jean et je m'entendrai même le remercier.

Un Tilly parfaitement calme, lui aussi, mais secrètement ravi, sûrement, car le mal est fait : nos enfants ne se remettront pas d'avoir vu en leur père un homme capable de les abandonner.

Celui qui part, finalement, et ça ne manque pas d'ironie, ce n'est pas Jean, mais Tilly.

Un matin de mars, il entre dans mon bureau en coup de vent :

— Ghislaine, je m'envole pour Londres...

— Ah, très bien, je vous débloque une avance pour mission. Combien voulez-vous ? Quand revenez-vous ?

— Je ne reviens pas, je m'installe définitivement en Angleterre.

— Pardon ? Mais attendez...

Il se met alors à me tutoyer :

— Ne me pose pas de questions, s'il te plaît, il me semble que tu en sais suffisamment sur mes activités pour te satisfaire de ce que je te dis.

— Mais comment allons-nous faire pour l'école ?

— Il faut que tu saches une chose : je suis bien plus efficace loin que près. Tu recevras en temps voulu toutes les informations nécessaires par fax ou par mail. Maintenant, je dois te laisser, j'ai un avion qui m'attend.

Tilly quitte la France en l'espace de quelques minutes, abandonnant dans son pied-à-terre - la loge du gardien - tous ses vêtements, toutes ses affaires. Dans l'état d'hébétude où son départ me précipite, je suis incapable de me poser la moindre question et mon inconscient met évidemment ce départ sur le compte de son métier d'agent secret.

En vérité, Tilly vient d'être condamné à une année de prison ferme par la cour d'appel de Chambéry (qui a confirmé le jugement du tribunal correctionnel d'Albertville) et s'il s'enfuit comme un voleur, c'est qu'il en est un, en effet, et qu'il craint d'être arrêté le jour même. Je découvrirai la vérité huit ans plus tard, en même temps que tout le reste, et quelle ne sera pas ma surprise d'apprendre que l'avocat de Tilly dans ce dossier n'était autre que... Vincent ! Le même Vincent, omniprésent dans l'école et jamais à court de superlatifs pour vanter les mérites de son mentor...

Au cours des mois qui ont précédé son départ, j'ai laissé Tilly s'emparer des rênes de l'école. Il est devenu officiellement, en octobre 2000, mon adjoint dans l'organigramme, mais en réalité, c'est lui le patron. Je ne prends plus une décision sans le consulter, j'applique à la lettre ses consignes, et c'est lui qui a élaboré le plan d'avenir de l'IFSAD : transformer l'ex-Femme Secrétaire en une sorte d'université internationale qui accueillerait des étudiants fortunés du monde entier – des Chinois en particulier – pour les initier à la culture et à la langue françaises.

Présenté par Tilly, le projet est extrêmement séduisant et il a en outre le mérite de me dissimuler la situation catastrophique de l'école. Les inscriptions sont de nouveau en chute libre, mais à quoi bon se lamenter puisque nous allons laisser tomber les diplômes français – et donc les étudiants français – pour lancer nos nouveaux programmes en direction des étrangers ?

Cela passe par le licenciement de tous les professeurs, afin de permettre l'embauche d'enseignants de haut niveau qui assureront la réputation de l'école au-delà de nos frontières.

À peine Tilly a-t-il formulé cette exigence que je l'ai acceptée. Je l'écris ici fermement, mais avec peine, soucieuse d'être absolument honnête, et pour que l'on prenne bien la mesure de l'emprise d'un tel homme sur moi : *j'ai accepté le licenciement de toute mon équipe parce qu'il me le demandait.*

Avec son départ, je me retrouve dans une situation insolite : je suis la marionnette d'un directeur qui n'est plus là pour imposer ses décisions – comme il l'avait fait quand il avait licencié en dix minutes Agnès, la directrice pédagogique – mais qui va continuer à tirer les ficelles depuis l'Angleterre jusqu'à précipiter l'école dans la faillite.

Durant ce printemps 2001, l'ambiance devient donc irrespirable à l'IFSAD et François en rend parfaitement compte dans le mémoire qu'il rédigera plus tard pour la justice. Poursuivant seul son BTS, lui aussi se sent partir à vau-l'eau après la fuite de Tilly, avec cette circonstance aggravante qu'il est à la fois mon fils et son « protégé ».

« Tilly part pour l'Angleterre, écrit-il, et je me retrouve de ce fait encore plus isolé. À l'école, la situation est tendue, ma mère n'est pas tout le temps là, je suis donc pris en sandwich entre les professeurs et la direction, représentée par ma mère. Un jour, après le renvoi de deux professeurs, c'est l'émeute à l'école. Lorsque j'arrive, les professeurs, regroupés devant la porte d'entrée, m'interdisent l'accès. Puis, comme j'insiste, faisant valoir qu'ils me font rater mon cours, ils me laissent passer. Mais une demi-heure plus tard, le cours est interrompu et les professeurs me prennent à partie dans la cour. Certains prétendent que Tilly et ma mère ont une relation (ce que je n'ai jamais cru), d'autres que Tilly est son fils caché (ce que je n'ai pas cru non plus). »

Tilly ne ment pas lorsqu'il se dit plus efficace loin que près. Durant tout ce printemps, je l'ai au téléphone trois ou quatre fois par jour. Dès qu'une question se pose, il me donne la solution. Je suis bombardée de fax et de mails m'expliquant point par point que dire aux professeurs, comment gérer telle ou telle situation – j'agis en aveugle, répétant ses consignes au mot près comme un perroquet. À la fin, c'est lui qui m'adresse par fax les lettres de licenciement, écrites de sa main, que je n'ai plus qu'à recopier et à imprimer.

En juin, pratiquement tous les enseignants sont licenciés et les élèves dont la réinscription était attendue en septembre m'adressent tous leur lettre de désistement. Déjà exsangue, l'école paye au prix fort l'ambiance délétère des derniers mois. Il n'y a plus guère que moi pour croire en un avenir radieux, celui que me décrit à longueur de mails Tilly depuis sa retraite londonienne et qui me laisse imaginer une foule d'étudiants chinois franchissant le porche de la rue de Lille, cependant que l'argent coule à flots dans les caisses.

Ainsi l'année scolaire se termine-t-elle dans un silence glacial, dans un vide abyssal, mais ô combien riche de promesses.

6

Ghislaine

Le grand événement de l'été qui s'ouvre, c'est le mariage de Guillemette et de Sébastien, le 1ᵉʳ septembre 2001. Depuis Noël, et en dépit de toutes nos difficultés, le sujet revient sans cesse dans nos conversations. Bien sûr, nos deux jeunes se marieront à Monflanquin, le cocktail se tiendra à Bordeneuve et le dîner, qui rassemblera plus de deux cents personnes, à Martel, la propriété familiale.

En attendant, nos enfants nous offrent pour nos cinquante-cinq ans un long week-end en pleine nature, dans un parc de loisirs en Normandie. Après l'épisode de la séquestration de Jean par mes frères, son faux départ aux États-Unis et ses conséquences dramatiques sur le climat familial, nous partons là-bas vers la fin de juin, comme deux écorchés, soucieux de nous retrouver, de renouer avec la complicité qui nous a permis de traverser le dernier quart de siècle dans un bonheur précieux.

Avec le recul, je vois combien cette tentative pour sauver notre couple est illusoire, puisque le mal est fait. En minant la confiance que j'avais en Jean, Tilly a détruit les fondements de notre amour. Cependant, sur le moment, et comme souvent dans la vie, nous ne voulons pas voir que l'effondrement a déjà eu lieu, que notre fin est déjà largement écrite, et nous nourrissons le rêve de restaurer la foi que nous avions l'un dans l'autre. Comme si Tilly n'existait pas, comme s'il n'avait pas déjà profondément perverti, corrompu mon regard sur Jean et sur le monde en général. Il me tient sous son emprise, il me dicte mes pensées. De la femme libre qu'aimait Jean, il a fait une marionnette paranoïaque et stupide, mais nous sommes tous les deux trop perdus, trop blessés, trop malheureux pour constater le désastre avec lucidité, de sorte que nous nous raccrochons comme deux naufragés aux mots et aux gestes d'autrefois, tout en ayant confusément conscience que nous nous épuisons en vain, que ces mots et ces gestes sont vides de sens désormais, qu'ils ne nous portent plus.

Comment le pourraient-ils alors que je continue de croire que Jean a voulu partir pour les États-Unis avec une autre femme, et que s'il ne l'a pas fait, c'est grâce à Tilly ? Et comment Jean pourrait-il être en confiance avec moi alors qu'il me sait sous l'influence d'un homme qu'il considère comme un escroc ?

D'ailleurs, durant tout le week-end, nous évitons soigneusement de prononcer le nom de Tilly, d'évoquer son ombre tutélaire sur notre couple, sur notre famille, comme si nous savions parfaitement, au fond, que notre maladie, c'est lui. Le sujet est devenu trop énorme ou trop monstrueux pour être abordé simplement et nous en sommes à espérer qu'en nous taisant, en taisant son nom, nous allons pouvoir nous sauver.

Au retour, je mets involontairement le doigt sur la plaie en demandant à Jean de passer rue de Lille : je suis inquiète pour l'école, j'ai envie de m'y arrêter, de parcourir les salles de cours, les bureaux, comme si j'avais besoin de me persuader que mon rêve n'est pas mort, que l'école va bien renaître de ses cendres comme me le promet Tilly depuis Londres.

Tous ces derniers mois, Jean s'est refusé à commenter la dégringolade de l'IFSAD – ç'aurait été évoquer le rôle de Tilly et prendre le risque de susciter un nouvel orage entre nous. Là, cependant, il ne me cache pas son inquiétude : plus aucune inscription pour la rentrée et la promesse d'un afflux d'étudiants chinois qui lui semble pour le moins improbable.

Je l'entends, mais ne l'écoute pas. Il suffit qu'il mette en doute la parole de Tilly pour que je me ferme.

Et soudain, dans sa bouche, ce mot de « divorce » qui m'assomme et vient se loger comme une balle de revolver dans mon cœur. Pourquoi parle-t-il soudain de divorce ? Je n'ai pas écouté le contexte, je n'ai pas saisi la phrase, je n'ai retenu que le mot qui fait immédiatement référence dans mon esprit à son départ pour les États-Unis, à cette femme qui doit l'attendre quelque part.

— Comment oses-tu parler de divorce ?

— Ghislaine, tu as compris ce que j'essaie de t'expliquer depuis un quart d'heure ?

— C'est indécent, voilà ce que j'ai compris. Si tu tiens vraiment à divorcer, attends au moins que nous ayons marié notre fille.

Jean se tait, manifestement abasourdi par la violence de ma réaction. En vérité, comme il me l'écrira plus tard, il songe à « un divorce technique » pour protéger nos biens. Je suis gérante de l'école, nous sommes mariés sous le régime de la communauté des biens et à ce titre ce que nous possédons risquerait d'être engagé en cas de faillite. Jean est simplement soucieux de sauver Bordeneuve et notre maison de Fontenay, mais moi je n'entends pas, focalisée sur ce seul mot de divorce qui signerait notre échec.

Et puis ce divorce m'en rappelle un autre : celui que j'ai vécu avant de rencontrer Jean.

Ma vie amoureuse n'a été qu'un long calvaire avant mon mariage avec lui. J'ai à peine plus de vingt ans quand je me fiance avec Pierre, un étudiant franco-norvégien rencontré à Bordeaux. En mars, il m'offre ma bague de fiançailles avant de s'envoler pour Oslo. En août, je vais l'y rejoindre, nous passons les vacances ensemble et nous devons nous marier à notre retour. J'aime ce garçon, il me le rend largement, nous sommes heureux et nous avons la vie devant nous. Mais il tombe malade au milieu du mois d'août, les médecins décèlent un cancer d'une forme gravissime et sa famille et moi prenons alors l'initiative de le rapatrier en France par avion sanitaire dans l'espoir de le sauver. En vain. Pierre meurt quatre mois plus tard.

C'est ce deuil qui me fait fuir Bordeaux pour Paris où je m'investis à corps perdu dans les rallyes de Citroën. Et c'est comme cela que je retrouve deux ans plus tard un ami d'enfance, Jean-Claude. Nos mères étaient très proches, nous avons joué ensemble petits. Jean-Claude tombe par hasard sur moi en appelant notre service chez Citroën car il souhaite participer à un rallye. Nous nous revoyons, c'est un garçon plein de charme, drôle, fantasque, flambeur, assez perdu en vérité mais nous croyons nous aimer et nous décidons de nous marier. Suivent deux années épouvantables où nous sortons tous les soirs, comme pour nous fuir nous-mêmes, jusqu'à ce que je découvre qu'il a une autre femme dans sa vie. Je suis trop attachée à la loyauté pour supporter ce genre de compromis et nous divorçons très rapidement.

C'est dire si l'évocation par Jean d'un nouveau divorce est pour moi dévastatrice. Incapable d'entendre son argument, je lie son désir de séparation à la présence d'une autre femme dans sa vie, ce qui me replonge dans le traumatisme de ma rupture avec Jean-Claude, comme si l'histoire, décidément, se répétait.

Jean

Ghislaine et les enfants soumis, je reste un obstacle pour Tilly. Rebelle, malgré ma séquestration (premier avertissement...), donc dangereux, mais plus délicat à éliminer. Je suis tout de même le mari et le père. Qu'à cela ne tienne, il ne va pas m'attaquer de front, il va procéder par étapes. D'abord, on s'en souvient, il les convainc que je suis malade. Ce n'est pas ma faute, mais un peu tout de même, puisque je refuse de me faire soigner.

Puis il monte d'un cran : je fais partie d'une secte, j'ai un véritable harem. C'est déjà beaucoup plus grave, mais j'ai encore une circonstance atténuante : c'est mon père qui, dès mon plus jeune âge, m'a initié à cette vie. Tilly l'a écrit à Ghislaine dans un fax effrayant, en date du 3 août 2001, que je trouverai à la maison, dans ses affaires. Dans ce texte dément, il lapide plusieurs de nos amis (Nicole, Nadine, Monique...), m'accuse de monstruosité à l'égard de mes enfants et m'exécute en une phrase : « Psychopathe, pour le reste de sa vie, résultat d'une vie sectaire induite et voulue par le père. »

Plus loin, il renchérit et attribue à l'une de nos plus vieilles amies, Monique, le rôle de « directrice de conscience qui a guidé son chemin initiatique avec les directives quotidiennes de son père » – le mien. Pour mieux diaboliser ce dernier, il affirmera d'ailleurs à Ghislaine détenir une photo de lui en uniforme de SS. Il n'a pas besoin de la montrer : dire qu'il la détient leur suffit. Heureusement, il est intervenu et pourra écrire dans un autre fax que l'ancêtre, comme il désigne mon père, « a été neutralisé ».

Il monte encore d'un cran, un gros. Il annonce à Ghislaine que je vais la quitter et partir m'installer aux États-Unis avec une femme mère de deux enfants. Je dispose là-bas de comptes bancaires qu'il a fait fermer.

Pour accréditer cette fable destinée à m'achever, Tilly, véritable Spielberg au petit pied, organise une double scène. D'abord, une fin d'après-midi, il provoque de toute urgence une réunion à l'école avec Ghislaine et nos enfants. Il a des faits très graves à leur révéler. Il leur annonce que je vais les abandonner. Ils sont bouleversés, incrédules. Il leur indique alors quelle sera ma réaction lorsque, le soir même, à la maison, ils m'accuseront, comme il leur enjoint de le faire : je vais nier. Et en effet, je nie. Il a donc raison.

Pour la seconde scène, destinée à enfoncer le clou de son accusation, à la rendre irréfutable, il enrôle notre amie Monique, qui, au milieu de ses indéniables qualités, a un vilain défaut : elle adore s'immiscer dans la vie des autres, confondant quelquefois générosité et intrusion. C'est ainsi qu'un lundi matin de janvier 2001, Monique me téléphone. Je travaille à un article, à la maison, ce jour-là. Je décroche. « Jean, il faut que je te voie d'urgence, me dit-elle. Tu es en danger. » J'avais déjà entendu ces mots lors de ma séquestration en novembre et lui réponds sèchement : « Écoute, je travaille, je suis pressé, je n'ai pas de temps pour ces sornettes. » Elle insiste. Je raccroche.

Moins d'une heure plus tard, on sonne à ma porte. C'est elle.

— Jean, je suis venue tout de même, me dit-elle à l'interphone, il faut vraiment que je te parle. Ghislaine et toi, vous êtes en danger. Ouvre-moi, je t'en prie.

Je me mets en colère.

— Je te l'ai dit, je travaille. Je ne suis pas prêt. Je ne peux pas te recevoir.

— Quand alors ?

— Je ne sais pas, car je vais sans doute partir en reportage aux États-Unis.

Je ne peux deviner que ce gros mensonge, improvisé pour me débarrasser d'elle, va m'enfoncer davantage en confirmant les propos de Tilly. Car, comme associée de l'IFSAD, Monique l'a reçu par trois fois chez elle. Elle l'a même invité à dîner. Il n'est pas venu sans arrière-pensée : elle a de l'argent et il le sait. Tout au long de la soirée, il n'a cessé de s'isoler pour téléphoner et est reparti brusquement. Très à cheval sur l'éducation, elle n'a pas apprécié. De son balcon, elle l'a vu discuter avec un inconnu au bas de l'immeuble avant de filer dans une voiture rouge.

Mais il a pris le temps de lui confier mon prétendu projet. Il en a appelé à notre amitié. « Il faut faire quelque chose pour Ghislaine, a-t-il insisté, il y a urgence. » C'est en effet le matin même de la venue de Monique à la maison que, selon lui, je dois partir pour les États-Unis. J'apprendrai par la suite, après septembre 2001, lorsque je verrai Monique une dernière fois avant de rompre toute relation, qu'elle a même vu, au coin de ma rue, le taxi qui m'attendait pour me conduire à l'aéroport... Un taxi en face d'une grosse entreprise – une filiale du groupe pharmaceutique Roche –, quoi d'exceptionnel ? Mais, pour elle, ce ne peut être un hasard. Et mon refus de la recevoir, comme mon histoire de reportage aux États-Unis, accréditent la fable de Tilly.

Évidemment, je ne partirai pas, mais la réplique de l'escroc est prête : c'est son action et celle de ses services qui m'ont empêché de quitter les miens.

Tilly n'en a pas fini avec moi. Je ne suis pas entré dans son jeu. Je l'ai menacé. Je suis l'homme à abattre. Il faut me diaboliser une fois pour toutes aux yeux des miens. Porter l'estocade. Je ne suis pas seulement un danger parce que je suis un psychopathe, parce que j'appartiens à une secte, leur explique-t-il. Je le suis surtout parce que je veux les détruire. J'ai engagé un tueur et mis un contrat sur Ghislaine et sur les enfants. Ils vivent désormais sous une menace permanente. Le premier de leurs ennemis, c'est moi !

Le scénariste a bien travaillé. Il n'a pourtant pas encore terminé son œuvre. Il a embarqué Ghislaine et les enfants. Il a échoué avec moi, il travaille donc à m'éliminer. Mais, sans attendre, dès 2000, il a aussi embrigadé ma belle-mère, ses deux fils, la compagne de l'un et la famille de l'autre.

La partie, cette fois, a été beaucoup plus rapide. Très rapide même dans le cas de Charles-Henri, qui, beau joueur pour une fois, reconnaîtra au procès avoir été séduit par Tilly en un coup de fil. L'homme connaît leurs ressorts. L'argent, les placements, la promesse d'un gain facile en font partie, sans oublier ceux qu'il leur a instillés, les ennemis, les francs-maçons. Il sait éblouir Philippe en l'invitant somptueusement à Londres, faire rêver Guillaume en lui faisant rencontrer un milliardaire américain. Mais il y a beaucoup mieux : le nom qu'ils portent, avec son cortège de particule, de titres, d'armoiries, de chevalières, de convictions, d'éducation aussi et le prestige qu'ils y attachent. Une manière pour l'un de briller plus encore dans les salons et, pour l'autre, d'exister quand la vie n'est pas ce qu'on attendait d'elle. De renouer avec la grandeur idéalisée d'antan, de reprendre leur vraie place dans la société. C'est Philippe qui m'a dit un jour : « Nous appartenons tout de même au dessus du panier. » Je ne lui ai pas dit alors à quel panier je pensais.

Tout cela n'intéresse guère Ghislaine (elle ne s'appelle que Marchand !) et encore moins sa mère, mais fait courir les garçons. Tilly le sait. Son séjour à Monflanquin le lui a confirmé. Philippe, une fois remis de sa longue brouille avec son frère, n'a-t-il pas acheté sa maison du Lot-et-Garonne, mal située et plutôt délabrée, parce qu'elle appartenait à un lointain ancêtre ?

Alors Tilly va leur raconter une histoire extraordinaire, digne des romans de chevalerie dont il s'est gavé, enfant. Une histoire qui épouse leurs fantasmes et colle à ce qu'ils ont envie d'entendre.

Il n'est pas seulement agent secret, leur dit-il. Il appartient aussi à une très ancienne société secrète. Une confrérie séculaire (un mot qu'il adore et qu'il met à toutes les sauces), pas bien loin sans doute des chevaliers de la Table ronde. Sa mission : identifier les grandes familles méritantes et assurer leur pérennité en les protégeant de leurs ennemis. Son nom : l'Équilibre du monde. Parce que ces familles et leurs valeurs sont indispensables à cet équilibre, les membres de l'organisation mettent leurs bras à leur service. Et notre famille – du moins la leur – a été choisie. Élue.

L'idée est grandiose. Et ça marche ! En quelques phrases empreintes d'un mystère qui ouvre la porte du rêve, Tilly non seulement ravit leurs oreilles, mais donne un sens, une logique à leur vie. Une continuité. Il les inquiète et les rassure en même temps. Il explique d'un coup les épreuves, les échecs, les déconvenues. Il justifie les ego et les prétentions. Leur passé, leur histoire, les siècles revendiqués sont une richesse reconnue. Leurs ennemis ne sont pas sans lien entre eux, qu'il s'agisse, pour l'un, de l'associé, du banquier ou de la menace d'un accident professionnel et, pour l'autre, de tous ceux qui l'ont empêché d'atteindre le sommet qui lui était promis. Le complot est bien là. Rien ne tient au destin, encore moins au hasard. Grâce à Tilly, tout est clair. Tout s'ordonne comme les pièces d'un puzzle. Quelle chance de l'avoir rencontré !

Ghislaine

En dépit des bouleversements que m'annonce Tilly, Jean et moi partons pour Monflanquin où nous attend comme chaque année notre festival, Musique en Guyenne. Ni lui ni moi ne nous doutons que ce sera la dernière édition, notre dernier été en famille également, puisque Jean va bientôt sortir de notre vie et qu'il faudra attendre le printemps 2010 pour le revoir.

J'ai le souvenir de l'affolement qui me gagne tandis que nous prenons nos quartiers d'été à Bordeneuve. Je suis inaccessible aux explications de Jean sur la nécessité de notre divorce, et je finis par me répéter en boucle : Tilly a raison, si Jean veut tellement divorcer c'est qu'il est malade, il faut qu'il se soigne. Qu'il ait songé à s'enfuir avec une autre femme me renforce dans ce sentiment : cela ressemble si peu à l'homme que je connais, c'est forcément le signe d'un trouble psychique profond.

Nous sommes en pleine préparation du festival quand Tilly vient soudain jeter de l'huile sur le feu, depuis Londres, par téléphone :

— Ghislaine, je viens d'avoir une information capitale par mes services concernant cette Nicole dont tu me parlais l'autre jour.

— Que se passe-t-il ? Nicole est une amie très chère...

— Je sais, tu me l'as dit. Je sais qu'elle est ton bras droit pour le festival et que vous travaillez main dans la main depuis dix ans.

— Depuis toujours, oui, c'est une fille formidable.

— Eh bien détrompe-toi, elle est la maîtresse de Jean.

— Quoi ! Mais enfin...

— Je me doute que c'est un coup très dur pour toi.

— Nicole, la maîtresse de Jean ! Je ne peux pas...

— Tu dois le croire, Ghislaine, car c'est la vérité. Tu te doutes bien que mes équipes ne me donneraient pas une telle information avant qu'elle ait été recoupée dix fois.

— Je suis abasourdie... Nicole est si loyale, si fidèle en amitié...

— Alors écoute-moi : tu vas lui téléphoner immédiatement et lui dire de ne pas venir. Tu m'entends ?

— Je t'entends, oui. Mais comment je vais faire pour le festival sans Nicole ? Ça démarre dans trois jours et elle en sait plus que moi...

— Ton frère Philippe va t'aider avec sa compagne, Brigitte. Ça va très bien aller, ne te fais pas de souci.

Je tremble de la tête aux pieds en raccrochant. S'il y a une amie en laquelle j'avais une confiance absolue, c'était bien Nicole, institutrice à Besançon, ancienne choriste, passionnément engagée avec nous dans l'organisation du festival depuis les premières éditions. Nicole, qui trahit donc mon amitié, ma confiance. C'est épouvantable ! Je dois aller m'enfermer seule un long moment pour reprendre mon souffle, j'ai le cœur qui cogne violemment, le sentiment que je pourrais avoir un malaise.

Puis la colère vient à mon secours, et je trouve la force d'appeler Nicole. En reconnaissant ma voix, elle a le temps de me glisser joyeusement qu'elle boucle sa valise, puis je ne l'entends plus car je chancelle d'avoir à prononcer de telles phrases : « Je viens d'apprendre que tu es la maîtresse de Jean... C'est ignoble... Tu te doutes bien que je ne veux plus te voir à Monflanquin... Jamais ! » Et je raccroche, sans prendre le temps de l'écouter. Dans mon esprit, elle doit être terrassée par la honte, alors qu'en vérité, n'ayant jamais eu la moindre attitude équivoque à l'égard de Jean, elle est tout simplement abasourdie, et probablement en larmes.

Suivant les consignes de Tilly, j'annonce à Jean que Nicole nous fait faux bond, mais je ne lui dis pas que j'ai découvert leur liaison. Je me rappelle la sidération de Jean, sa révolte non feinte qui, là encore, aurait dû me faire douter des propos de Tilly :

— Quoi ! Nicole nous lâche la veille de l'ouverture ! Mais Ghislaine, c'est impossible, voyons ! Je l'appelle immédiatement...

— Non, je te demande de ne pas l'appeler. Je viens de l'avoir, sa décision est irrévocable.

— Soit. Ça ne va pas m'empêcher de lui dire ce que je pense.

À ce moment, Jean a une réaction que j'interprète comme un aveu de culpabilité : il s'installe sur un coin de table et rédige un mot à Nicole.

— Tiens, me dit-il, va lui poster ça !

Je devrais penser qu'un homme infidèle ne demanderait sûrement pas à sa femme d'aller poster une lettre destinée à sa maîtresse, mais je suis si certaine que Tilly m'a dit la vérité que le doute ne m'effleure pas.

Je prends la lettre et au lieu de la poster, je vais l'ouvrir et la lire dans les toilettes. Aucune phrase ne prête à confusion, dans mon souvenir, ce sont des lignes à la fois amicales et sévères, empreintes d'une certaine colère, mais qui se terminent par ces quatre mots : « Tu vas me manquer. »

Dans un autre contexte, connaissant la complicité qui lie Nicole à Jean — musicale notamment —, la phrase n'aurait même pas retenu mon attention. Ici, elle sonne comme le signe incontestable de la duplicité de Jean : si Nicole va lui manquer, c'est bien que depuis des années tous les deux profitent du festival pour vivre une liaison clandestine. Je suis effondrée. Je tiens la preuve que je partage la vie d'un menteur, d'un malade mental, Tilly a raison, car il faut l'être pour coucher avec Nicole tout en envisageant de refaire sa vie aux États-Unis avec une autre.

Notre couple, décidément, me semble en plein naufrage, à six semaines du mariage de notre Guillemette et tandis qu'il faut trouver la force d'ouvrir le festival et de le mener tambour battant en l'absence de Nicole. Je ne sais pas où je puise l'énergie, d'autant plus que Philippe et Brigitte, censés remplacer Nicole, me forcent à une vigilance accrue car ils commettent pas mal d'erreurs, quand ils ne me rendent pas à moitié folle.

C'est le cas surtout de Brigitte, que Tilly est parvenu à terroriser en la persuadant que son mari a mis en place une vaste opération pour s'emparer d'elle et la faire enfermer dans un hôpital psychiatrique (l'objectif du mari, selon Tilly, étant de la dépouiller de tous ses biens – ce qu'il fera lui-même après être parvenu à la séparer dudit mari en lui prêtant son propre dessein). Convaincue qu'elle risque sa vie à chaque coin de rue, Brigitte hésite à sortir et voit en chacun un kidnappeur potentiel. Plusieurs fois par jour, tremblante, le regard halluciné, elle vient me rapporter une scène qui lui a semblé suspecte : une voiture blanche a fait demi-tour au milieu du village, un homme portant des lunettes de soleil s'est vivement plongé dans son journal à l'instant où elle passait devant la terrasse du café, un autre n'est pas descendu de sa voiture alors qu'il était parfaitement garé et n'avait donc plus rien à y faire…

Le festival se termine enfin et, le premier jour d'août, nous filons vers Orange assister aux répétitions de l'un des spectacles des Chorégies dans lequel est engagé Sébastien, le fiancé de Guillemette, comme chef de chant.

Avec le recul, il me semble invraisemblable d'être partie ainsi avec Jean pour une semaine de vacances, alors que je ne lui accorde plus aucune confiance, et qu'à mes yeux c'est désormais un homme malade, à la fois menteur et pervers. Dans le feu de la vie, aveuglés et perdus, nous commettons de telles aberrations – comme si une partie de nous-mêmes se refusait à prendre en considération la réalité, trop cruelle, tandis que l'autre partie en était accablée. Oui, une partie de moi-même continue d'aimer le Jean d'autrefois, tandis que l'autre, sensible aux mises en garde de Tilly qui m'appelle de Londres cinq ou six fois par jour, regarde mon mari comme un homme dangereux.

Notre séjour à Orange est à l'image de cette ambivalence. L'hôtel est agréable, nous profitons de la piscine, Jean rédige des articles que j'ai plaisir à taper, nous assistons aux répétitions dans le théâtre antique, Jean se détend, je le sens attentif et amoureux, je le suis également tout en étant constamment perturbée par les appels téléphoniques de Tilly : « Méfie-toi, Ghislaine, Jean est en train d'organiser quelque chose contre toi ; j'ai été prévenu qu'il avait activé ses réseaux, je ne peux pas t'en dire plus mais sois très vigilante. Ces articles que tu lui tapes, Ghislaine, il faut que tu saches que c'est une technique pour t'endormir. Dans le même temps Jean est en contact avec plusieurs femmes, il se moque de toi. »

Je balance entre le désir de me laisser aller, de prendre la main que Jean me tend et de profiter de ces moments merveilleux, et l'effroi d'être trompée, de me coucher chaque soir auprès d'un malade mental qui organise ma perte. Comment parvient-on à cette capacité de dédoublement ? Quand j'y repense aujourd'hui, je suis tout simplement stupéfaite, je suppose que c'est un réflexe de survie – on s'arrange d'une situation impossible pour ne pas sombrer, ou du moins pour reculer le moment du dernier soupir.

Au retour d'Orange, nous entrons dans la préparation du mariage de Guillemette et de Sébastien à Monflanquin. Même s'il est source de joie, un grand mariage n'est jamais facile à organiser pour des parents, mais je crois que cette fois nous atteignons des sommets du fait des mises en garde incessantes de Tilly.

Lorsqu'il apprend que nous allons recevoir deux cents personnes, il est très inquiet.

— Dans ce contexte, avec ce que je sais de ce que préparent les francs-maçons contre ta famille, il ne me paraît pas judicieux que tu reçoives autant de monde, Ghislaine.

— Nous n'avons plus le choix, les invitations sont parties.

— Alors envoie-moi la liste complète de tes invités, certains risquent de te poser des problèmes, mes services les intercepteront.

Curieusement, quelque chose me retient de me plier à son injonction, et je ne lui envoie pas la liste.

(Ça ne l'empêchera pas, quand je lui dirai, le lendemain du mariage, que deux ou trois amies de Guillemette nous ont fait faux bond, de m'affirmer très calmement : « Si elles ne sont pas venues, Ghislaine, c'est parce que mes équipes ont fait le nécessaire – elles allaient porter un grave préjudice à Guillemette, j'ai pris l'initiative d'intervenir sans te prévenir. »)

Puis c'est la famille de mon beau-frère qui est stigmatisée comme le plus grand des dangers. À l'instant où j'annonce à Tilly qu'un des garçons d'honneur en est issu, il se récrie :

— C'est inenvisageable, Ghislaine, aussi dangereux que de faire entrer le loup dans la bergerie.

— Mais ces enfants sont les cousins germains de Guillemette !

— Ces gens-là ont pour seul objectif de vous détruire. Je peux te dire que si tu les laisses venir au mariage, ils vont mettre la pagaille.

— Comment ferais-je si tu n'étais pas là ?

— Tu les appelles immédiatement et tu leur dis que tu ne veux pas les voir au mariage de ta fille. Si tu savais la moitié de ce que je sais sur eux, tu serais effrayée et tu n'hésiterais pas une seconde.

— Je préfère ne pas savoir.

— Très bien, tu les appelles et tu me tiens au courant.

Je tente de joindre mon beau-frère, mais je tombe sur sa fille, ma nièce, à laquelle j'explique que son père est franc-maçon et que compte tenu de son hostilité à notre égard, je ne souhaite pas qu'il soit présent au mariage de Guillemette, ni lui, ni aucun des siens.

Ma nièce semble assez secouée par ma sortie, ce que je comprends avec le recul. Elle me rappelle un peu plus tard pour me dire que son père souhaiterait me parler et me demande de lui fixer un rendez-vous à la date et au lieu de mon choix. J'accepte de mauvaise grâce parce que je ne me suis jamais sentie à l'aise avec son père, bien plus âgé que moi, distant et dur, et que je trouve pénible d'avoir à lui dire en face que je sais qu'il est franc-maçon et membre d'un complot destiné à anéantir notre famille.

Quand je rappelle Tilly à Londres pour l'informer de ce rendez-vous, il s'exclame :

— Il n'est pas question que tu y ailles, Ghislaine. On dirait que tu ne comprends pas la gravité de la situation : ton beau-frère est en train de préparer un mauvais coup, et toi tu ne trouves rien de mieux que d'aller te jeter dans la gueule du loup.

— Je t'avoue que quand j'ai su qu'il voulait me parler...

— Tu veux que je te dise la vérité ? Si tu vas à ce rendez-vous, tu risques ta peau.

Je me rappelle avoir senti mon sang se figer. Jamais Tilly n'avait été aussi précis sur l'issue de la menace. Ce n'était plus seulement notre patrimoine que nous devions protéger des francs-maçons, mais bel et bien nos vies. Ces gens-là étaient donc prêts à tuer pour que de grandes et nobles familles comme la nôtre disparaissent à jamais.

C'est durant cette même conversation, tandis qu'il me sent fragile et tremblante, que Tilly commence à me suggérer à mots couverts que ma sœur n'aurait pas succombé à une maladie grave mais aurait été, en réalité, assassinée. Je l'entends me dire qu'il a « tous les éléments », qu'il peut « le prouver », et je suis si bouleversée que lorsque je comprends que son assassin ne serait autre que son mari, celui-là même qui envisagerait aujourd'hui de me tuer à mon tour, je reste sans voix. Je ne doute pas un instant que ce soit vrai, mais c'est une nouvelle si terrifiante et inattendue que je ressens le besoin de la laisser cheminer en moi, comme si mon cerveau avait besoin de temps pour l'accepter.

En dépit de toutes ces menaces, le mariage de Guillemette et de Sébastien se déroule magnifiquement, et je me souviens de cet étrange dialogue avec Jean, ce soir-là :

— Jamais je n'aurais pensé que marier sa fille était un tel parcours du combattant ! Enfin voilà, c'est fait, ils sont heureux, et on peut dire que la fête a été réussie.

— Absolument, ma chérie, Guillemette était resplendissante, nous ne sommes pas près d'oublier cette journée.

— Jusqu'à la fin j'ai eu peur qu'un événement vienne tout gâcher… Si tu savais comme je suis soulagée !

Alors Jean m'avait observée, son visage s'était assombri, « Ah oui, avait-il dû penser, encore toute cette folie que Tilly lui fiche dans la tête », il avait semblé hésiter à parler, puis il avait choisi de se taire.

— Dormons, nous l'avons bien mérité.

Jean

Un événement éclaira 2001 et aurait dû l'éclairer plus encore, le mariage de Guillemette et de Sébastien. Ils s'étaient fiancés à la maison, à Fontenay, par un dimanche lumineux d'octobre 2000. Ils allaient se marier le 1ᵉʳ septembre suivant à Monflanquin.

Cette union nous comblait. Nous connaissions bien Sébastien, qui avait participé plusieurs fois à Musique en Guyenne. Nous l'aimions beaucoup et nous étions heureux de l'accueillir parmi nous. Dès janvier, le 1ᵉʳ septembre était devenu le thème mobilisateur de notre vie familiale. Guillemette avait quitté son emploi fin février pour préparer le grand jour et leur installation à Nice. Plutôt que de rester à la maison, elle partait le matin pour l'IFSAD, avec sa mère et François qui préparait à l'école un BTS en alternance. Tous les trois passaient leurs journées rue de Lille. Pourquoi m'en serais-je inquiété ?

Avec l'été revint Musique en Guyenne. Ce dix-septième festival fut de nouveau très réussi, mais étrange. Comme chaque année, les académies firent le plein, le stage de chœur en particulier. Les concerts affichèrent complet. Pendant quinze jours, la musique envahit la bastide de Monflanquin. L'ambiance des stages, des répétitions, des repas pris en commun fut comme toujours festive et chaleureuse. Pour la plupart des deux cent cinquante participants sans doute, pas pour ceux qui nous connaissaient bien. Certains perçurent de mauvaises vibrations. Ils trouvèrent Ghislaine distante, irritable, si différente. Mais il y eut davantage. « Nous ne pouvions pas t'approcher », me dirent-ils ensuite, quand, au cours des mois suivants, la rumeur de notre séisme se propagea parmi les fidèles du festival. « Il y avait toujours un membre de ta belle-famille entre toi et nous, comme s'ils te surveillaient. Pour la première fois, ils étaient partout. Au point que cette édition 2001 avait été baptisée "festival Védrines" ! »

Je ne m'étais aperçu de rien. Et pourtant, alors que j'aurais dû être satisfait de ce nouveau succès, heureux de l'événement familial qui approchait, je ne l'étais pas. Ma séquestration avait laissé des traces profondes. Un malaise indéfinissable me poursuivait. Les enfants avaient leurs activités, leurs projets et étaient peu à la maison. Ghislaine passait beaucoup de temps à l'école, parfois même le week-end. Elle était particulièrement tendre avec moi, mais, depuis novembre, une ombre s'était glissée entre nous. Ma confiance, totale jusqu'alors, ne l'était plus. Je me méfiais. Par moments, je ne la reconnaissais plus. Le téléphone à l'oreille, elle semblait constamment tendue, inquiète, sur ses gardes.

Je me suis souvent demandé après sa disparition si son surcroît de tendresse à cette époque était destiné à me faire oublier ma séquestration, à endormir ma méfiance, ou si elle savait déjà que les jours de notre couple étaient comptés.

Après le festival, nous partîmes pour Orange. Sébastien nous avait fait inviter aux Chorégies, où il était chef de chant au côté de la grande Janine Reiss. Pendant dix jours, une petite musique à trois temps rythma notre vie : le matin, piscine à l'hôtel, au beau milieu des vignes ; l'après-midi, balades dans la région ou répétitions et, le soir, concert ou opéra dans le théâtre antique. C'était l'année de *Don Carlo* et du *Requiem* de Verdi. Ghislaine était mieux, bien même. Plus de téléphone collé à l'oreille. Elle avait retrouvé son sourire, son calme en même temps qu'une silhouette parfaite. Elle paraissait heureuse.

Ce furent des vacances de rêve. Les dernières. Le 12 août, nous étions rentrés à Monflanquin. La récréation était finie. Le mariage approchait.

Cette période d'ultimes préparatifs aurait dû être heureuse. Elle fut éprouvante. Au soir de ma séquestration, j'avais annoncé à Ghislaine ma décision de ne plus revoir sa mère et ses frères. Ma détermination ne résista pas à l'épreuve des faits. Contre toute prudence, j'acceptai en juillet que Philippe, pour la première fois, aide Ghislaine à la comptabilité du festival, ce dont je devais me mordre les doigts ensuite. Devant l'insistance de ma femme, je maintins le concert à Martel, soirée magique chaque été, et le public se pressa dans la cour pour écouter un groupe vocal mythique, les Swingle Singers. Je m'apprêtais à manger une troisième fois mon chapeau en acceptant que le dîner du mariage se déroulât sous la galerie de Martel. Ma fille y tenait. C'était la demeure de ses grands-parents, le château de son enfance. Le lieu était splendide et théâtral à souhait. J'avais cédé. Je n'avais encore rien vu.

Chaque matin, vers 10 heures, Philippe prit l'habitude de débarquer à Bordeneuve, au prétexte de nous aider à préparer les abords de la maison où devait se tenir le cocktail. Au bout d'une heure, il était déjà appuyé sur sa bêche ou sur la tondeuse. Quant à Charles-Henri, je le croisais de plus en plus souvent. Le mariage justifiait tout !

La préparation du 1er septembre fut émaillée de faits étranges. Premier à recevoir une invitation et à y répondre, l'époux de la sœur de Ghislaine était devenu en quelques semaines *persona non grata*. Ma femme et ses frères colportaient des horreurs sur le compte de cet homme douloureusement frappé par la mort prématurée de sa femme à Noël 1997. Ses trois enfants ne tardèrent pas à subir le même sort. Parmi eux se trouvait la marraine de Guillemette, que ma fille aimait beaucoup. « Si je comprends bien, tu ne veux pas de nous au mariage de ta fille », dit-elle à Ghislaine juste avant l'été, alors qu'elle s'apprêtait à confectionner les costumes de ses enfants pour le cortège.

De son côté, Philippe tenait sur ses enfants des propos insensés. À l'entendre, l'un traînait une maladie honteuse, l'autre couchait avec tout le monde. Les deux derniers échappaient de justesse à la calomnie, mais n'étaient pas les bienvenus à Monflanquin. Un seul assista au mariage. Encore ne fut-il pas autorisé à dormir chez son père, comme je l'appris le soir même avec stupeur. Qu'aurait-il vu qu'il ne fallait pas voir ?

Le 1er septembre la moitié de ma belle-famille et avec elle une ribambelle d'enfants manquaient donc à la fête. J'avais assisté stupéfait à cette hécatombe opérée avec autorité par ma femme et ses frères. J'étais sidéré et ne l'avais pas envoyé dire. « Nous en avons appris de belles sur leur compte, m'avait répondu Ghislaine pour toute explication, leur présence est impossible. » Je m'en étais contenté.

J'aurais dû me souvenir alors d'un incident qui venait tout juste de se produire. C'était en juin. Des amis d'une propriété voisine de Martel mariaient l'une de leurs trois filles. Ils avaient fait partie de l'équipe de notre premier festival à Villefranche-de-Rouergue, dans les années quatre-vingt, et nous étions très proches.

Pendant que nous attendions la mariée dans le temple de Monflanquin archicomble, je bavardais avec le seul que je considérais encore comme un beau-frère depuis ma séquestration par les deux autres, le mari de la sœur de Ghislaine. Soudain, ma femme se tourna vers lui et lui dit : « J'ai besoin de te parler. Peux-tu sortir un instant avec moi ? » Il la suivit. Quelques minutes plus tard, je le vis revenir à sa place les larmes aux yeux.

— Que se passe-t-il, lui demandai-je, intrigué et inquiet.

— Ta femme vient de me dire que je ne fais plus partie de la famille, qu'elle et ses frères ne veulent plus me voir.

Ma réaction fusa, sans retenue : « Qu'est-ce que c'est encore que cette connerie ? »

Je crois me souvenir qu'il ne s'attarda pas à la fête, qui n'en était plus une pour lui. Mais il devait me rappeler cette scène lorsque nous nous retrouvâmes chez lui à la fin de septembre. Il avait compris alors que je n'étais pas au diapason des autres. Dans la voiture, en rejoignant la propriété de nos amis où allait se dérouler le dîner, j'attaquai vivement Ghislaine sur ce qu'elle venait de faire. « Tu ne peux pas comprendre », me dit-elle. Comment me contenter d'une telle réponse quand tout se lézardait autour de nous ! Je passai une très mauvaise soirée.

Le grand jour arriva. La veille du mariage, un dîner réunit la famille proche dans la grande salle à manger de Martel. Seuls mes parents, arrivés de Paris l'après-midi, n'étaient pas conviés. Étrange quand on pense à l'accueil affectueux qu'ils avaient toujours reçu de la part de ma belle-famille lorsqu'ils venaient l'été ou à Noël. Je m'étais laissé persuader que le voyage, à leur grand âge, les avait fatigués. Mais on ne marie pas sa petite-fille tous les jours. Et ils ne se seraient pas fait prier pour dîner à Martel.

Le 1er septembre fut une journée magnifique. Le soleil s'était invité à la fête. Guillemette, cheveux courts et sourire radieux, était superbe dans le sobre fourreau immaculé que notre amie Yveline avait confectionné pour elle. Mon gendre ne l'était pas moins, en jaquette, comme les témoins et le… père de la mariée. Les invités avaient fait assaut d'élégance et les chapeaux aussi.

À 14 heures, le maire célébra le mariage civil en faisant un éloge vibrant de… ma belle-mère. À 15 heures, nous traversions en cortège la place des Arcades devant la moitié du village. Quelques minutes plus tard, je pénétrai dans l'église remplie de fleurs et de nos amis, ma fille à mon bras, en compagnie de Mozart. À la sortie, un groupe de jazz accompagna les mariés jusqu'à la calèche qui les ramena chez nous. Le cocktail fut somptueux. Le dîner et le bal aussi.

Un mariage de rêve. Un bonheur sans nuage. Une famille unie, heureuse. Plus tout à fait.

Deux phrases de Guillemette résument bien la distance entre l'apparence et la réalité ce jour-là. À mes parents, elle envoya de Crète une carte postale affectueuse en les remerciant de cette journée « plus belle encore qu'elle ne l'avait imaginée ». Hélas, quand ils la reçurent, ils étaient déjà sous le choc de notre séisme. Dans un mail que je trouvai beaucoup plus tard, le ton de ma fille était tout autre et son jugement terrible : « Mon mariage aurait dû être le plus beau jour de ma vie, mais il ne l'a pas été. »

En attendant, tenus à l'écart du souper de la veille à Martel, ignorés pendant la cérémonie, mes parents le furent tout autant au dîner. Ils avaient été placés à côté de Philippe, peu amène à leur égard. Ghislaine, très élégante dans une robe d'un bleu profond, était étrange, lointaine. Guillemette l'était également avec moi. Pendant le trajet en calèche de la maison à la mairie, elle n'avait pas prononcé un mot. Je mis son silence sur le compte de l'émotion qui m'étreignait aussi. Pendant le cocktail, ma femme disparut de longs moments dans la maison. Quelques mois plus tard, Claire, une des meilleures amies de Guillemette, me raconta avoir vu Ghislaine sortir de notre chambre avec le visage de quelqu'un qui venait de pleurer. Claire s'était inquiétée. Tout va bien, avait répondu ma femme. Toujours l'émotion de l'événement sans doute.

Au début du dîner, devant les quelque trois cents invités, j'improvisai le traditionnel discours du père de la mariée, mélange d'humour et d'émotion. Lorsque ma belle-mère, très chic dans un tailleur fauve, prit la parole à son tour, chacun attendait de la maîtresse des lieux quelques mots simples et chaleureux, à l'image de cette dame affectueuse estimée de tous. Les visages se figèrent en l'entendant enchaîner d'un ton glacial une série de maximes à l'emporte-pièce et demander de ne pas l'applaudir. Un silence embarrassé suivit cette litanie simplette. Puis les conversations reprirent. Par la suite, tous ceux qui me parlèrent du mariage de Guillemette me rappelèrent ce discours étrange et déroutant.

Le lendemain fut pire. Bon nombre d'invités étaient encore là et un déjeuner à Martel nous avait tous réunis, comme souvent à la campagne. Le soleil était au garde-à-vous. La tension de la cérémonie était passée. Nous nous installâmes dehors. Ma belle-mère ne nous rejoignit pas. Elle est fatiguée, déclara ma femme, qui réquisitionna un couple de cousins pour déjeuner avec elle dans le petit salon, les volets clos. Quelques semaines plus tard, j'allai chez eux, à Paris, leur raconter l'explosion de notre famille. Stupéfaits, Christine et Gilles me rapportèrent ce qu'ils avaient vécu à Martel le week-end du mariage : le brusque accès d'agressivité inexplicable de mes beaux-frères à l'égard de Gilles juste avant le dîner et, surtout, les propos sidérants que leur avait tenus le lendemain tante Guillemette, comme il l'appelait affectueusement – ma fille et sa grand-mère portaient le même prénom. « La famille est en danger, leur avait-elle dit. Ma fille aînée n'est pas morte de mort naturelle. » Et Ghislaine et Jean, lui avaient-ils demandé ? « Oh, qui sait ? » avait-elle répondu, soudain énigmatique. Ils étaient sortis de ce déjeuner très inquiets pour l'équilibre mental de leur chère tante Guillemette.

Quand ma belle-mère nous rejoignit dans la cour de Martel, vers 16 heures, mon père et ma mère se levèrent pour l'embrasser. Elle était toujours si chaleureuse avec eux. Je n'oublierai jamais la scène : en s'asseyant, elle tendit tout juste la main à mon père, sans le regarder, puis se tourna de l'autre côté sans plus lui dire un mot. Mes parents étaient stupéfaits.

Quant à moi, pendant ces deux journées tant attendues, j'étais seul, ou plutôt isolé, sans vraiment m'en rendre compte. Nos amis, nos invités m'entouraient, me complimentaient. Je ne pouvais deviner que, le dimanche, Ghislaine tiendrait à Bertrand, mon plus vieil ami, des propos qu'il n'a pas oubliés : « Jean m'inquiète, lui avait-elle dit avec une fébrilité inhabituelle, il est malade, il est sous l'influence dangereuse de son réseau, de son père... » J'étais tout à la fête. La famille, en revanche, se tenait à distance.

Le soir, Guillemette et Sébastien prirent la route de Paris avant de s'envoler pour la Crète le lendemain. Nous étions le 2 septembre. J'étais très ému. J'aurais pu l'être davantage. Car ma fille et son mari ne partaient pas seulement en voyage de noces. Je les voyais pour la dernière fois ensemble. Guillemette, quatre mois plus tard, allait disparaître de sa vie pour toujours et de la mienne pendant cent deux mois.

Notre famille ne tenait plus qu'à un fil. Un monstre s'employait à le cisailler. Il me restait cinq jours.

Ghislaine

Mes deux frères et moi allons chasser Jean de Bordeneuve – et de ma vie – dans des conditions si épouvantables, si humiliantes, qu'aujourd'hui encore il me vient des larmes en y songeant.

Le surlendemain du mariage, je laisse Jean à Bordeneuve et je remonte à Paris pour régler quelques problèmes à l'école. À la demande de Tilly, Philippe et Brigitte m'accompagnent pour m'aider en cas de difficultés. Tilly m'a encore répété combien Jean est mauvais, sournois, dangereux, et je me sens complètement en miettes, partagée entre la tristesse de le quitter après ce beau mariage qui nous a malgré tout rapprochés et la peur de l'homme que me décrit Tilly.

Après une journée passée dans les locaux vides de l'école, je rentre dormir à Fontenay-sous-Bois, toujours flanquée de Philippe et Brigitte.

Je me sens affreusement mal ce soir-là, dans notre maison familiale, sans Jean, écorchée, effrayée, ne comprenant pas ce qui nous arrive, et tandis que je suis assise dans notre salon, hébétée, mon regard tombe soudain, par la fenêtre ouverte, sur un gant de jardinier et un bouquet de fleurs sur la pelouse.

— Philippe, dis-je, tu as vu ce qu'il y a dans le jardin ?

Jean et moi avons l'habitude que des gens, en passant, jettent toutes sortes d'objets par-dessus notre grille, mais dans l'état où je suis ce soir-là, fragile et terrorisée, tout prend une importance démesurée.

102

— Appelle Tilly, me conseille Philippe qui ne lâche plus la main de Brigitte, lui aussi en proie à une frayeur qui le dépasse.

J'appelle aussitôt Tilly à Londres. Sa voix posée me rassure, je ne l'ai jamais vu perdre son sang-froid. Je lui décris ce que j'ai sous les yeux, ce bouquet de fleurs et ce gant de jardinier.

— Ce sont les signes maléfiques du réseau auquel appartient ton mari, me rétorque-t-il très calmement, sans manifester la moindre surprise, comme s'il s'attendait depuis longtemps à l'apparition de tels signes. Le gant signifie qu'on va te couper une main, et le bouquet de fleurs que tu es près de la mort. Alors écoute-moi bien : tu vas les ramasser et les mettre dans un sac, et puis tu les jetteras aux pieds de Jean après avoir fait précisément tout ce que je vais t'expliquer maintenant.

— Ah, très bien, très bien, je t'écoute.

— Ghislaine, la situation est maintenant claire, tu n'as plus droit à l'erreur, mais crois-moi, tout va bien se passer si tu suis à la lettre mes consignes.

Les consignes sont précises et détaillées : après avoir ramassé le gant et les fleurs, je dois prendre dans la maison tous les objets auxquels je tiens, en remplir deux ou trois valises, faire changer les serrures et, tout cela accompli, redescendre en Lot-et-Garonne retrouver Jean pour le confondre.

Je m'exécute en tremblant. Je suis consciente de m'engager dans quelque chose de grave, d'irréversible, mais en même temps j'agis comme un automate, guidée par un homme qui sait, qui m'a été envoyé pour me protéger, tandis que moi je suis perdue, frêle esquif au milieu d'une mer hostile et démontée.

Le surlendemain, nous repartons comme prévu confondre Jean. Les serrures de la maison ont été changées et la voiture est chargée des objets qui me sont le plus précieux.

Avant de gagner Bordeneuve, nous nous arrêtons chez Philippe, pour y déposer mes valises et attendre Charles-Henri. Tilly a insisté pour que je sois accompagnée de mes deux frères durant la confrontation avec Jean qui pourrait être très dangereuse, selon lui.

Le 7 septembre au matin, Tilly m'adresse par mail, dans la boîte de Philippe, les dernières instructions pour mon rendez-vous avec Jean prévu l'après-midi même :

« Ghislaine,
« Voici l'argumentaire concernant Jean :
« ne pas y aller seule comme tu l'envisageais fortement, la présence de tes deux frères est impérative.
« Voici la suggestion pour aborder le rendez-vous de 15 h 30 :
« apporte avec toi le bouquet de fleurs et le gant, puis tu lui dis que tu relèves le gant et de commencer à faire ses bagages, il a pour cela une demi-heure », etc.

Je lis et relis ce mail, puis je le glisse dans mon sac, réconfortée de savoir que dire et que faire à chaque étape de cette rencontre assurément décisive.

Nous partons tous les trois pour Bordeneuve. Comme nous entrons dans la maison, j'aperçois Jean qui descend de l'étage et, suivant à la lettre les instructions de Tilly, je jette aussitôt à ses pieds le gant et les fleurs tout en déclamant le texte que j'ai appris par cœur :

— Jean, voici les signes maléfiques de ton réseau que j'ai trouvés dans notre jardin de Fontenay. Tu as une demi-heure pour faire tes bagages et quitter cette maison.

— Je ne comprends rien à ce que tu me racontes, me rétorque Jean après un instant de stupeur. On va s'asseoir et parler, si tu veux bien.

Parler, c'était exactement ce que redoutait Tilly, je m'en rends compte aujourd'hui, craignant que mon amour pour Jean

104

prenne rapidement le dessus sur son scénario, et c'est bien pourquoi il avait insisté pour que mes frères soient présents.

Hystériques, déchaînés contre Jean, Philippe et Charles-Henri appellent immédiatement Tilly pour lui signaler que Jean et moi parlons au lieu de suivre ses instructions.

Jean me presse de questions. Et là je lance : « Tu fais partie d'une secte et tu as quarante maîtresses. » Jean tente de me raisonner – il ne fait partie d'aucun réseau, d'aucune secte, comment est-ce que je peux croire de telles énormités ? – tandis que mes frères nous tournent autour, le bousculent, au comble de la nervosité, éructant, suspendus à leur téléphone portable pour rapporter à Tilly ce qu'ils entendent.

Après trois heures d'une conversation impossible, Philippe et Charles-Henri commencent à s'emparer par la force de Jean pour le mettre dehors. C'est une scène ahurissante : mes frères, cherchant à attraper Jean par ses vêtements pour le traîner vers la porte, lui parvenant à leur échapper et moi tétanisée, ou plutôt décérébrée, assistant, en le menaçant d'une gifle, à cet épisode monstrueux.

Finalement, Jean ne trouve pas d'autre parade, pour arrêter la violence, que de s'allonger par terre. Mais alors, mes frères l'empoignent par les épaules et les jambes et il comprend qu'ils vont aller au bout de l'inimaginable : le jeter à la porte de sa propre maison de la façon la plus humiliante qui soit. Alors il parvient à leur fausser compagnie et dit très fermement :

— C'est bon, calmez-vous, j'ai compris, je vais faire mes bagages et je m'en vais.

Nous nous retrouvons dans notre chambre : lui d'un côté du lit, entassant ses vêtements dans une valise, et moi de l'autre côté, le regardant faire sans lui adresser un mot. J'ai été sa femme pendant vingt-cinq ans, nous nous sommes passionnément aimés, je suis la mère de ses enfants, mais je ne ressens plus rien à ce moment-là. Tilly a fait de moi une marionnette vide d'émotions, de sentiments.

Sa valise bouclée, Jean sort docilement de la maison, il grimpe dans la voiture, encadré par mes frères. Je monte la dernière et nous le conduisons à la gare d'Agen, où nous l'abandonnons sans ménagement.

Là, devant la gare, tandis qu'il s'éloigne avec sa valise, je suis incapable de lui lancer la dernière phrase incohérente du mail de Tilly que j'ai pourtant apprise par cœur : « Pars sans te retourner et rassure-toi, les êtres non initiés et faibles comme moi, qui n'ont pas d'âme et ne sont tout juste bons qu'à être des objets, peuvent eux aussi ne pas avoir de regrets ni de remords car c'est toujours la vie qui l'emporte contre la non-vie des initiés. »

Débile, truffé de fautes d'orthographe (pour un général sorti de Saint-Cyr cela aurait dû me mettre la puce à l'oreille), ce mail qui a conduit à notre rupture a aussi contribué... à nous sauver ! Le hasard a voulu qu'après l'expulsion de Jean, j'oublie mon sac dans notre maison avec le mail à l'intérieur. Quelques semaines plus tard, venant à Borde-neuve, Jean tombera dessus. En un éclair, il comprendra tout, reconnaissant dans ce texte les phrases horribles que je lui avais lancées. Il tiendra ainsi la preuve que nous sommes sous emprise, et ce texte lui permettra d'engager le combat pour nous sortir de là. Un combat qui va durer plus de huit longues années.

Jean

Figé telle une statue vivante sur le trottoir, devant la gare d'Agen, réfugié derrière le rempart de mes deux valises, je ne vois plus rien. Je n'entends plus rien. Nous sommes le 7 septembre 2001. En moins de trois heures, vingt-cinq années de ma vie viennent de basculer dans une trappe effroyable.

106

Ce matin-là, rien n'annonçait un tel séisme. L'été avait été magnifique dans le Sud-Ouest et prenait tout son temps pour céder la place à l'automne. Je m'étais levé tôt. Plus que quelques heures et Ghislaine allait arriver. Deux jours auparavant, le mercredi, en début d'après-midi, elle était repartie pour Paris afin de veiller aux ultimes préparatifs de la rentrée, à l'IFSAD.

Son départ s'était mal passé. Elle avait tenu à remonter avec notre voiture et ces six cents kilomètres de route seule m'inquiétaient. J'avais tenté de la convaincre de prendre le train et nous nous étions accrochés. Elle avait voulu me rassurer en me disant que son frère aîné partait avec elle. Mais la brusque intrusion de ce personnage imprévisible m'avait inquiété davantage.

Le soir, Ghislaine m'avait appelé de Fontenay. Elle était bien arrivée à la maison. Elle ramassait les feuilles des tilleuls déjà amoncelées dans notre jardin. Elle semblait seule, lointaine et froide. Elle ne me disait pas grand-chose et j'eus pourtant l'impression fugitive qu'elle voulait me parler. Longtemps je devais me rappeler cette conversation étrange qui lui ressemblait si peu.

Pour l'heure, ce vendredi, je l'attendais.

Nous allions terminer le week-end avec notre fils, François, fermer Bordeneuve, et rentrer à Paris. L'été avait été bien rempli, entre le succès du festival et le bonheur du mariage de Guillemette et de Sébastien.

À midi, tout était prêt. Au volant de notre antique 2 CV orange, bien connue dans le pays, j'étais allé faire quelques courses à Villeneuve-sur-Lot, la ville la plus proche. Il ne me restait plus qu'à attendre le début de l'après-midi.

Une inquiétude pourtant ne me lâchait pas. Depuis deux jours, je n'avais pas de nouvelles de mon fils. Quelques minutes à peine après le départ de sa mère pour Paris, le mercredi, François était parti chez sa grand-mère en me disant d'un ton neutre : « Je vais retrouver les cousins à Martel. Tu m'appelles si tu as besoin de moi. »

Je l'avais regardé descendre le chemin de notre maison en direction de celle de ses grands-parents. Sa haute silhouette élancée avait bientôt disparu dans le virage menant à la route. Dans quelques minutes, à moins de cinq cents mètres de chez nous, il serait arrivé. À la fin de la journée et le lendemain, je l'avais appelé à plusieurs reprises pour savoir s'il revenait déjeuner, dîner, dormir à la maison. Sans succès. Seule sa boîte vocale me répondait obstinément.

Ce silence inhabituel m'agaçait et, surtout, me laissait une impression étrange. Je me rassurais en me disant que je savais où était mon fils et qu'il devait être heureux dans cette maison qui faisait partie de sa vie depuis son enfance. Martel, la vaste demeure de mes beaux-parents, que le voisinage appelait « le château », avait été notre point de ralliement pendant vingt ans. À la moindre occasion, à chaque événement familial, pour les vacances, nous y descendions avec bonheur. Nos enfants aimaient beaucoup leurs grands-parents et s'entendaient bien avec leurs cousins germains, dont deux d'entre eux avaient à peu près leur âge.

Le jeudi soir pourtant, lassé et vaguement inquiet d'être sans nouvelles, j'avais fait un saut à Martel. Par ce temps de rêve, la maison était grande ouverte. J'entrai, comme je l'avais fait si souvent depuis ce jour d'avril 1976 où j'y étais venu pour la première fois, avec ma future femme, faire la connaissance de ceux qui allaient devenir mes beaux-parents au mois d'octobre suivant.

La maison semblait vide. Je parcourus les pièces qui m'étaient familières : personne. Je sentais pourtant une présence. Ma belle-mère, avec qui je m'entendais si bien, ne pouvait qu'être là à cette heure proche du dîner. Dans la cuisine, d'ailleurs, un plat mijotait doucement. Mamie, ainsi que nous l'appelions tous, allait apparaître et me proposer de rester avec eux. Mais je ne la vis pas.

J'allais ressortir quand, mu par une brusque intuition, incapable de repartir bredouille, je me dirigeai vers le billard. C'était une pièce vaste et confortable, au milieu de laquelle trônait un billard magnifique constellé de marqueterie. Les jeunes aimaient s'y retrouver pour enchaîner les parties ou simplement bavarder pendant des heures devant la cheminée.

J'ouvris la porte. Ils étaient là : mes deux neveux, ma nièce et François, vautrés sur le canapé. Surpris, ils me regardèrent sans aménité. Je n'étais pas le bienvenu. Aucun ne fit un geste pour venir vers moi, mon fils pas plus que les autres. Je lui fis remarquer qu'il aurait pu répondre à mes appels et me dire ce qu'il faisait. Il me répondit à peine. Je refermai la porte et repartis. Je ne pouvais deviner que je ne le reverrais pas pendant près de neuf ans.

Je rentrai à la maison, dînai brièvement et me replongeai dans la lecture de mon livre du moment. Mais je ne pouvais me départir d'une impression étrange. Je m'efforçai de la chasser. Après tout, que François préférât rester avec ses cousins plutôt que de passer la soirée seul avec son père n'avait rien d'anormal. C'étaient ses derniers jours de vacances d'été.

J'étais pourtant contrarié, un peu triste. Je m'endormis tard. Vivement le lendemain !

Le vendredi matin, après mes courses à Villeneuve-sur-Lot, je déjeunai légèrement. Ma femme était fine cuisinière, les bonnes tables ne manquaient pas dans ce Sud-Ouest gastronome et nous nous rattraperions au dîner. Je n'avais plus longtemps à attendre.

Vers 15 h 30, j'entendis enfin le bruit de moteur tant attendu. Aucun doute, c'était Ghislaine. J'étais au premier étage. Je regardai par la baie vitrée, mais ce que je vis me surprit : la voiture qui venait d'entrer dans la cour n'était pas la nôtre. C'était celle du cadet de mes beaux-frères, Charles-Henri, un break Mercedes gris métallisé dont ce garçon à l'abord plutôt sympathique, mais volontiers bling-bling, n'était pas peu fier.

Je n'eus pas le temps de m'en étonner davantage. Car ceux que je vis descendre de voiture étaient trois : ma femme et ses deux frères. Que venaient-ils faire là ? Pourquoi l'accompagnaient-ils ? Mais ce qui me surprit le plus, sans que j'en aie sur le moment pleine conscience, ce fut leur tenue : aucun n'était habillé pour la campagne, pour le week-end, comme ils l'étaient habituellement. Ils ne ressemblaient pas davantage à des gens qui venaient de faire plus de six heures de route. Mes beaux-frères étaient en costume et ma femme portait un tailleur.

Je les vis se diriger vers la maison. Ils entrèrent, traversèrent le vestibule. Je descendis l'escalier à leur rencontre et ce que je découvris me glaça. Ils étaient au pied des marches, le visage grave, fermé, le regard dur. Méconnaissables. Ma femme s'avança vers moi, encadrée de ses frères les bras croisés, tels des gardes du corps sur le qui-vive. Elle tenait un bouquet de fleurs séchées et un gant de jardin. Sans me regarder, elle les jeta vers moi et me dit : « Voici les signes maléfiques de ton réseau que j'ai trouvés dans notre jardin de Fontenay. Tu as une demi-heure pour faire tes bagages et quitter cette maison. »

L'espace d'un instant, je voulus croire à une plaisanterie. « Qu'est-ce que vous me jouez là, ce n'est pas drôle », lançai-je platement d'un ton qui se voulait ironique. Mais je savais que ce n'était pas une farce. Quelque chose de terrible était en train de se passer. Le temps s'était arrêté et notre vie avec.

Chaque minute des heures qui suivirent est à jamais gravée dans ma mémoire et dans ma chair. Aujourd'hui encore, je ne sais pas comment je trouvai la force de faire asseoir

110

Ghislaine dans un fauteuil devant la cheminée du salon. Je m'assis en face d'elle et, aussi calmement que je le pouvais, alors que mon cœur battait à tout rompre, je lui demandai de m'expliquer ce qui se passait.

« Tu fais partie d'une secte et tu as quarante maîtresses », commença-t-elle comme on récite une leçon. Je bondis. Je la pressai de questions. Elle égrena quelques noms d'amies de notre couple, tous plus invraisemblables les uns que les autres. Et plus je lui répondais que c'était impossible, qu'elle ne pouvait croire une pareille fable, plus elle me semblait lointaine, étrangère, répétant mécaniquement la même phrase : « Tu fais partie d'une secte, tu as quarante maîtresses. »

Je ne ressentais plus rien. Un autre que moi posait les questions, argumentait, pointait les contradictions. J'étais à la fois assommé et en alerte. C'était notre vie qui s'enfuyait. Comme si la femme avec qui je vivais depuis vingt-cinq ans était en train de se décomposer. Je devais tenir bon. Tenter de retenir le temps, de sauver Ghislaine, de nous sauver. Mes beaux-frères, Charles-Henri et Philippe, soudain surexcités, tournaient autour de moi. Ils me bousculaient au passage en hurlant :

— Nous savons qui tu es.

— Bien sûr, répondais-je, je suis votre beau-frère depuis vingt-cinq ans.

— Non, tu as une double vie.

Je sentis la colère monter en moi et leur lançai : « Vous n'avez rien à faire ici, vous êtes chez moi, vous m'agressez, sortez immédiatement ! » Leur réponse, cinglante, me frappa violemment.

— Nous ne sommes pas chez toi, nous sommes chez notre sœur.

— Vous êtes chez moi *et* chez votre sœur. Qu'est-ce qui vous prend ? Pourquoi faites-vous ça ?

— Tu le sais très bien.

Ce n'était plus ma femme que j'avais devant moi. Ce n'était plus mes beaux-frères. Ils paraissaient drogués, « comme s'ils avaient bu », devait me dire plus tard un proche parent du cadet que ce dernier avait agressé verbalement dans le même état à la sortie d'un concert du festival quelques semaines plus tôt. Je ne les reconnaissais pas.

Devant le mutisme de ma femme, je cherchai à provoquer ses frères :

— Je sais sur ordre de qui vous agissez.

Ils s'esclaffèrent :

— De qui parles-tu ? Personne d'autre n'a rien à voir là-dedans ! Nous sommes là pour protéger notre sœur.

Brusquement, Charles-Henri se fit accusateur :

— Des patientes m'ont fait un procès et tu as témoigné contre moi.

— Tu sais bien que ce n'est pas vrai, répondis-je.

— J'en ai la preuve.

— Montre-la-moi !

— Un jour.

J'eus beau nier, lui dire que ça ne tenait pas debout et que je ne savais même pas qu'il avait eu des ennuis professionnels, il n'en démordit pas. À plusieurs reprises, à bout de nerfs, je demandai à Ghislaine de faire sortir ses frères afin que nous puissions parler tous les deux, seule à seul, sans ces derviches hystériques. Elle le fit et ils sortirent, mais pour rentrer derechef.

J'entendis brusquement un bruit de moteur. Ils se précipitèrent et revinrent en me disant : « Nous avons appelé un taxi, il est là. Tu devrais te dépêcher parce que ça va te coûter cher. » Je ne bougeai pas. Au bout d'un moment, j'entendis le véhicule s'éloigner. J'apprendrais plus tard que notre menuisier, une figure locale, était passé nous voir. Ils l'avaient éconduit.

Je regardai le plus brutal des deux. « Tu es décidément l'exécuteur des basses œuvres », lui dis-je avec tout le mépris qu'il m'inspirait. « Quand il s'agit de ma sœur, ce sont de hautes œuvres », me répondit Philippe, de cet air bravache que je lui connaissais, consumant en une phrase tout l'humour dont il était capable.

Trois heures passèrent. Jamais dans ma vie, plutôt heureuse jusque-là, je n'avais côtoyé un tel abîme. J'étais seul contre trois. Ces gens si proches, qui étaient dans ma vie depuis un quart de siècle, que leur arrivait-il ? Comment pouvaient-ils agir ainsi ? « Je suis un soldat, j'obéis aux ordres », me répondit Philippe avec morgue.

Je continuai à presser ma femme de questions. Pourquoi fais-tu ça ? Que se passe-t-il ? Pas le moindre souffle de réponse. Je lui demandai si les enfants savaient ce qu'elle faisait. La question la fit réagir. « Les enfants, me dit-elle, ils sont d'accord. Je vais appeler François, il te le dira lui-même. »

Elle appela notre fils et me le passa. Je lui expliquai ce qui était en train d'arriver. Pouvait-il accepter de voir son père bousculé, malmené, expulsé de sa propre maison ? Sa réponse, lourde de sens au-delà des mots, me bouleversa : « On ne peut jamais parler tous les deux », me dit-il. Et il raccrocha.

Alors Ghislaine me dit : « Nous allons nous séparer. Dans quelques mois, nous nous reverrons et nous dînerons ensemble pour préparer une nouvelle vie. » J'étais effondré.

La tension était à son comble quand brusquement, Charles-Henri dit à son frère : « Ça suffit maintenant. Il est temps. » Ils s'approchèrent, menaçants. Ils tentèrent de m'attraper. Je me défendis. Je vois encore le regard stupéfait de Philippe lorsque je le frappai au visage, envoyant valser ses lunettes.

Mais ils étaient deux, costauds et déterminés. Surtout, ma femme m'acheva en me disant : « Si tu continues, je te gifle ! » Cette gifle que je ne reçus pas me fit plus de mal qu'une vraie. Alors, l'un commença à me prendre par les épaules et l'autre par les pieds. Je ne résistai pas longtemps. Je ne suis pas bagarreur. Je n'allais pas me battre dans ma propre maison. Ces gens étaient devenus fous. J'étais assommé. J'abdiquai.

« D'accord, je m'en vais », dis-je. Ils me lâchèrent. Ma femme m'accompagna dans notre chambre où je commençai à préparer mes affaires. J'entassai tout ce que je trouvais. Soudain empressée et sans doute pour accélérer le mouvement, elle insista pour m'aider, alla dans la salle de bains chercher mes affaires de toilette.

Je lui demandai les clés de notre maison de Fontenay. Elle sembla hésiter, fouilla dans son sac et me tendis le trousseau.

Il me fallut une bonne demi-heure pour boucler mes valises. J'étais hagard. Je n'avançais pas. Je ne savais pas quoi prendre. J'en laissai beaucoup. « Je te les apporterai plus tard », me rassura-t-elle.

Nous sortîmes de la maison. Je montai dans la Mercedes. Les deux frères s'installèrent à l'avant, ma femme et moi sur la banquette arrière, chacun collé à sa portière. Nous n'avions parcouru que quelques mètres quand je m'aperçus que j'avais oublié ma parka. Je le dis. Ils s'interrogèrent du regard et ma femme trancha : « Je vais la chercher. » Elle revint avec le vêtement et nous repartîmes.

Sur le chemin, nous nous arrêtâmes devant une poubelle pour jeter le bouquet de fleurs séchées et le gant de jardin : « Débarrassons-nous de ces horreurs », dit Charles-Henri, avec un mépris qui m'était destiné.

Jamais voiture ne mit aussi peu de temps pour parcourir la cinquantaine de kilomètres séparant notre maison de Monflanquin de la gare d'Agen. Charles-Henri conduisait comme souvent à tombeau ouvert. Tant mieux, pensai-je, si nous nous tuons en route, de toute façon ma vie est finie.

Nous arrivâmes à la gare d'Agen. Je descendis de voiture. L'un de mes beaux-frères ouvrit le coffre, se saisit de mes valises, les posa sans ménagement sur le trottoir. Je commençai à reculer vers l'entrée de la gare sans cesser de regarder la voiture.

C'est alors que se produisit un fait étrange que je n'ai cessé de tourner et de retourner dans ma tête pendant des années. Ma femme sortit de la voiture comme un ressort et se dirigea vers moi, l'air égaré. Que se passa-t-il en elle ? Se rendit-elle compte, l'espace d'un instant, de ce qu'elle était en train de faire ? Du drame qui se jouait ? Voulut-elle se raviser, me retenir ? Je ne le saurai jamais. Ses frères l'appelèrent. Elle se retourna et remonta dans la voiture. Ils partirent en trombe en faisant crisser les pneus sous le regard ahuri des passants.

Je restai planté là, interdit. Je revivais chaque instant de cet après-midi tragique. Pendant près d'une heure, je demeurai immobile, incapable de bouger. Avec mes deux valises, j'étais un obstacle, j'étais une flaque d'eau que les passants et les voyageurs pressés contournaient. Puis une terreur bien terre à terre me saisit : où allais-je passer la nuit ? Dans la rue ? Dans la gare ? Je ne m'en sentais pas la force. Je devais trouver quelqu'un. Je devais parler, raconter, demander de l'aide.

Je commençai à téléphoner à nos amis. Depuis vingt-cinq ans qu'une partie de ma vie était liée à ce Lot-et-Garonne que j'avais appris à aimer, depuis dix-sept ans que je dirigeais à Monflanquin un festival de musique bien installé dans la région, je ne manquais pas de portes auxquelles frapper. J'allais trouver un lit pour la nuit, une oreille pour partager mon désarroi. Mais qui ?

C'était un des derniers week-ends de l'été. Il faisait beau. Je tombai surtout sur des boîtes vocales. Enfin, Rémi me répondit. C'était le plus jeune fils d'une famille qui possédait un superbe château Renaissance à portée de pied de Martel. Depuis des générations, les familles s'appréciaient. Nous étions devenus rapidement très proches et chaque été, la cour de Roquefère, magnifique, accueillait un des principaux concerts du festival. Les parents étaient merveilleux, les enfants ne l'étaient pas moins.

J'imagine aujourd'hui la stupéfaction de Rémi lorsque je lui demandai si je pouvais venir dormir chez eux. Le samedi précédent, sa femme et lui partageaient notre table et notre bonheur au mariage de Guillemette et de Sébastien. Il ne me posa pas de questions. « Nous t'attendrons à la gare », me dit-il simplement. Je sortis de ma torpeur, courus acheter un billet pour Toulouse. Une heure plus tard, je les retrouvai sur le quai.

Nous ne parlâmes pas jusqu'à chez eux. Puis je ne m'arrêtai plus. J'avais besoin d'être précis, de restituer chaque détail, comme si j'essayais de me raconter à moi-même ces quelques heures où ma vie avait basculé. D'autres auraient peut-être refusé ce récit impossible, m'auraient écouté sans me croire et me l'auraient montré. Ce couple formidable, avec lequel nous avions partagé tant de moments heureux et forts, m'écouta sans manifester la moindre incrédulité. Tout juste me posèrent-ils des questions pour me faire préciser un point ou un autre.

Je devais comprendre plus tard – et ils me le dirent – qu'ils m'avaient fait répéter plusieurs fois mon histoire pour voir si je ne me coupais pas, si je n'inventais pas ce récit incroyable. Ils me proposèrent quelque chose à manger que j'avalai à grand-peine. Nous parlâmes une partie de la nuit.

116

J'avais besoin de raconter et de raconter encore. Puis nous allâmes nous coucher.

J'étais épuisé.

Incapable, cependant, de trouver le sommeil.

7

Ghislaine

Le 9 septembre 2001, quarante-huit heures après avoir expulsé Jean de Bordeneuve, Philippe, Brigitte et moi remontons à Paris pour nous installer rue de Lille, dans les locaux vides de l'école. Ce sont les consignes de Tilly : comme nous ne payons plus le loyer, nous devons occuper l'immeuble en attendant d'y ouvrir la nouvelle école réservée aux étudiants étrangers, chinois en particulier. Nous pensons que c'est l'affaire de quelques jours, mais nous allons passer tout l'automne reclus dans nos salles de classe, sans chauffage, dormant à même le sol.

Le premier soir, nous nous partageons l'étage le plus haut, deux vastes salles autrefois destinées aux cours d'informatique, que nous vidons de leurs pupitres. Brigitte et Philippe prennent l'une, moi l'autre. Tilly nous autorisera bientôt à faire rapidement un saut au Vieux Campeur pour y acheter ces fins matelas de mousse qu'on utilise sous la tente, mais dans l'immédiat Brigitte et moi nous faisons des matelas de fortune avec le peu de vêtements dont nous disposons, tandis que Philippe accapare le fauteuil Relax qu'il a découvert à l'infirmerie. Nous n'avons même pas un drap pour nous recouvrir, mais c'est encore l'été et on ne craint pas le froid.

En guise de salles de bains, nous disposons à l'étage même des toilettes et des lavabos (eau froide uniquement) habituellement réservés aux élèves.

Notre seul interlocuteur est Tilly qui, dès le premier jour, nous appelle une dizaine de fois pour s'assurer que nous avons bien fermé toutes les portes sur la rue et que les caméras de surveillance fonctionnent. Nous n'avons aucun souci à nous faire pour les loyers impayés puisque nous sommes sous la protection de ses services supranationaux auxquels l'administration française et la justice obéissent. En revanche les francs-maçons sont de plus en plus menaçants et on ne peut pas exclure qu'ils passent à l'action en dépit de la vigilance des hommes de Tilly.

Le 12 septembre, au lendemain de la tragédie des tours de New York, il me retient longuement au téléphone :

— Ghislaine, tu as compris maintenant pourquoi j'ai fait retarder le départ de Guillaume pour New York ?

Son diplôme de Sup de Co de Marseille en poche, le fils de Charles-Henri et Christine devait en effet rejoindre New York pour effectuer là-bas un stage en entreprise. Tilly lui avait demandé de retarder son départ sous un prétexte quelconque.

— Mais comment… tu veux dire que tu savais ?

— Bien entendu, je savais. Pour tout t'avouer, j'ai été le premier prévenu. Mais garde cela pour toi, hein, l'essentiel est que Guillaume ait la vie sauve.

Si j'avais le moindre doute sur l'omnipotence de notre protecteur, l'étendue de ses « antennes » et l'efficacité de ses services, l'affaire des tours jumelles m'en vaccinerait définitivement. En raccrochant, je suis partagée entre l'émotion de savoir Guillaume passé si près de la mort, et l'ivresse d'être sous la garde d'un tel homme. Certes, notre situation nous vaut d'être la cible des francs-maçons, mais quelle famille peut se prévaloir de bénéficier d'un tel « parapluie » ? En somme, où que nous nous trouvions dans le monde, les agents de Tilly veillent à notre sauvegarde, jamais nous ne les voyons – « Si tu les voyais, Ghislaine, c'est qu'ils ne seraient pas dignes de travailler sous mes ordres et il y a longtemps qu'ils auraient été virés », m'a fait judicieusement remarquer Tilly – mais ils sont bien là, silencieux, prêts à intervenir à chaque instant.

Abasourdi par le mal que je lui fais, Jean me téléphone également plusieurs fois par jour. Je vois son nom s'afficher mais j'ai l'interdiction absolue de lui répondre – et Philippe veille à ce que je respecte la consigne. Que j'échange quelques mots avec Jean et aussitôt Tilly en serait averti. Nous nous fliquons mutuellement. La nuit, une fois seule, j'écoute puis je retranscris dans un cahier les messages de Jean. J'apprends parfois qu'il a passé la journée rue de Lille, sous nos murs, à essayer de m'apercevoir ou à espérer ma sortie. Je suis en pleine ambivalence, torturée, déchirée : je me nourris des mots d'amour d'un homme que je considère par ailleurs comme un dangereux malade qui souhaite ma perte.

Le 13 septembre, je reçois sa première lettre que j'ai par bonheur conservée :

« Ma Ghislaine,

« Je sais que tu crois bien faire en me traitant comme tu le fais. Mais tu te trompes : on ne récolte pas le bien en semant le mal. Au contraire. Ton absence entêtée et les coups terribles que tu me portes nous détruisent et m'éloignent de toi de plus en plus.

« Ils vont bientôt rendre toute réconciliation et tout redémarrage impossible entre nous. Il y a un point de non-retour à ne pas franchir, et nous y sommes.

« Tu es en train, sans t'en rendre compte, de tuer à jamais notre couple, notre amour, ce que, je crois, personne ne veut. Ni les enfants ni moi. Mais toi ? Prends enfin conscience, sans écouter les mauvais conseillers, que personne ne peut supporter l'insupportable. Mets vite fin à ce gâchis monstrueux dont les enfants seront victimes.

« Je t'attends plus que jamais. Ne tarde pas. Il nous reste peu de temps.

« Celui qui t'aime tendrement et espère pouvoir rester ton mari,

« Jean. »

Nouvelle lettre, le 25 septembre, mais qui arrive cette fois le même jour qu'une assignation en divorce déposée par Jean devant le tribunal et qui m'est remise par un huissier.

« Ma Ghislaine,

« Quoi qu'il arrive, quoi qu'il se passe, je veux que tu saches que tu seras toujours ma femme. Une femme que j'aime profondément, complètement, et dont je ne sais pas me passer.

« Tu en as fait assez depuis quinze jours pour que je puisse voir les choses autrement. Mais ce n'est pas le cas. Et tu me manques cruellement, à chaque instant. (…)

« Aujourd'hui, tout me parle de toi et de nos enfants que tu as cruellement tournés contre moi et qui m'évitent. (…)

« Je sais que tu as de gros soucis. Nous pourrions les partager. Nous le pouvons encore. C'est cela un couple. (…)

« Je pourrais t'écrire ainsi pendant des heures pour ne pas rompre le lien, puisqu'en t'écrivant, je te parle. Mais es-tu là pour m'entendre ? (…)

« Tu me disais, il y a très peu de temps : "Tu ne peux pas savoir à quel point je t'aime." Je te dis la même chose aujourd'hui.

« Viens ! Cours te jeter dans mes bras. Ensemble, rien ne pourra t'arriver de mal. Or tu es en danger, Ghislaine !

« Jean. »

Malheureusement, ce n'est pas vers Jean que je cours, mais vers Tilly auquel je livre au téléphone cette lettre d'amour, avant de lui donner lecture de la requête en divorce.

Un Tilly glacial et sarcastique :

— Ghislaine, s'il te fallait encore une preuve que ton mari est un dangereux pervers, tu viens de l'obtenir : il t'explique le même jour qu'il t'aime et qu'il veut divorcer. Tu veux que je te dise la vérité : il veut te rendre folle ! Et il va continuer ce petit jeu jusqu'à ce que tu sois bonne à interner.

Je suis si troublée, si bouleversée que je ne peux qu'acquiescer, incapable de me rappeler ce que m'a expliqué Jean au printemps, puis de nouveau durant l'été : il est urgent que nous divorcions car sinon nos biens vont se trouver engagés dans la faillite probable de l'école et nous risquons de perdre Fontenay et Bordeneuve.

À tête reposée, il n'y a aucune contradiction entre la déclaration d'amour de Jean – « tu seras toujours ma femme » – et sa requête en divorce, un divorce purement « technique », mais j'ai la tête en feu, je me sens rejetée, malmenée, en grand danger, et je suis prête à avaler tout ce que me dit le seul homme capable de me sortir de ce cauchemar dans lequel il m'a lui-même précipitée : Tilly.

Jean

Le lendemain de mon expulsion, je m'éveillai en sursaut. Un poids douloureux m'écrasait la poitrine. Je respirais avec peine. Ma tête était en feu. J'avais rêvé, j'avais fait un cauchemar. J'allais me réveiller dans ma chambre. J'allais retrouver ma femme, notre fils, notre vie. Je fis ainsi connaissance, ce matin-là, avec ces réveils terribles, submergés par une angoisse irrépressible, qui ne me quitteraient que rarement pendant des années et qui me saisissent encore quelquefois.

Ouvrir les yeux et les refermer aussitôt pour prolonger le doute, retarder le retour à la réalité. Ah, ces matins de feu où je refusais l'horreur et lui disputais quelques minutes d'inconscience !

Cette chambre inconnue me rappela à la réalité. Je me levai avec peine et descendis retrouver mes amis. Pour eux, la vie continuait. Ils avaient des courses à faire. Je les accompagnai dans Toulouse. Je serais bien incapable de me souvenir des quartiers que nous traversâmes. J'étais hagard. Mon corps se déplaçait, mes yeux regardaient, mais je ne voyais rien. Un autre que moi accomplissait les gestes de la vie. Il fallait pourtant que je sache, que j'agisse. Il fallait que j'entende Ghislaine, que je lui parle. C'était un coup de folie. Tout pouvait s'arranger.

À 9 heures, en attendant mes amis devant une pâtisserie, n'y tenant plus, je pris mon téléphone et appelai la maison, à Monflanquin. Au bout de quelques sonneries interminables, ma femme décrocha. Sa voix était lourde de sommeil. Je l'avais réveillée.

— Oublions ce qui s'est passé hier, lui dis-je. Je suis à Toulouse chez Nicole et Rémi. Je rentre à la maison.

— C'est trop tôt, me répondit-elle.

— J'insistai : faisons la moitié du chemin chacun. Viens me chercher à Agen. Je prends le train. J'arrive.

La sentence tomba : « Non », jeta-t-elle. Et elle raccrocha.

J'essayai de rappeler. Elle ne décrocha plus. J'étais au désespoir. J'aurais pu, j'aurais dû peut-être prendre le premier train et retourner sans délai à Monflanquin, sonner à notre porte. Aller à la gendarmerie et me faire reconduire chez moi. Mais qu'aurais-je dit aux gendarmes ? Que ma femme et ses frères m'avaient jeté dehors la veille ? Qu'une famille honorablement connue depuis des générations, qui venait de célébrer un mariage en grande pompe sous les yeux de tout le village, était en train de perdre la raison, de répudier ses

123

proches, de se couper du monde ? Qui m'aurait cru ? Et puis je n'en avais pas la force.

En fin de matinée, je rappelai Bordeneuve. Une voix inconnue me répondit. C'était une jeune femme de Monflanquin qui venait quelquefois faire notre repassage. « Il n'y a plus personne, me dit-elle. Votre beau-frère est venu chercher votre femme. Ils sont partis très vite. »

Je retrouvai mes amis. « Je rentre à Paris », leur annonçai-je. Ils me conduisirent à la gare. Nous étions le samedi 8 septembre. Une semaine jour pour jour après le mariage de notre fille.

Ce retour fut une nouvelle épreuve. Après Montauban, le TGV s'arrêta à Agen, où Ghislaine et les enfants étaient si souvent venus me chercher lorsque je descendais en vacances après eux. C'était aussi la gare où, cinq jours auparavant, nous avions reconduit mes parents, encore tout émus du mariage de leur petite-fille. Puis Marmande, autre point de retrouvailles ou de retour sur le chemin des vacances à Monflanquin. Bordeaux enfin où résidaient mes beaux-parents, une partie de ma belle-famille et tant d'amis que nous retrouvions toujours avec joie.

Ces lieux qui emplissaient ma vie depuis vingt-cinq ans furent ce jour-là les stations douloureuses d'un long calvaire.

Vers 19 heures, j'arrivai à Paris. Chargé, fourbu, sans ressort. Je pris un taxi. Il était près de 20 heures lorsque j'arrivai à Fontenay. Notre maison était là, devant moi. Ce n'était pas ainsi que j'aurais dû la retrouver, mais au moins, j'étais chez nous. Le taxi me déposa devant la grille. Je pénétrai dans notre jardin. Je montai les quatre marches du perron et sortis mes clés. Je ne saurai jamais pourquoi un pressentiment m'étreignit. J'approchai la clé de la serrure : ce n'était pas la bonne. Impossible d'ouvrir.

Je revis alors l'hésitation de ma femme la veille, lorsqu'elle avait cherché nos clés dans son sac pendant que je préparais mes valises. Je l'avais remarquée sans y prendre garde. J'en comprenais la raison maintenant : les serrures avaient été changées et elle avait failli me donner les nouvelles clés. Il ne fallait pas que je puisse rentrer chez nous. Je restai devant la porte, interdit. Je fis le tour de la maison, inspectai les volets, la porte de la cave : tout était bien verrouillé depuis notre départ pour Monflanquin le 11 juillet. J'essayai de crocheter un volet. En vain. J'aurais fait un piètre cambrioleur.

J'étais sonné. Je pris alors la plus mauvaise décision possible, aller dormir chez mes parents. Ils habitaient tout près, dans l'appartement de mon enfance. Sans réfléchir, je confiai mes valises au poste de garde de l'entreprise en face de chez moi. La détresse devait se lire sur mon visage car ils acceptèrent, sans me poser de questions.

Quelques minutes plus tard, je montai cet étage familier. Je frappai. Au bout d'un moment qui me parut un siècle, j'entendis la voix de ma mère demander qui était là. « C'est moi », dis-je. Elle m'ouvrit. Son regard interrogateur se voila d'inquiétude.

En quelques phrases désespérées, je fis basculer leur vie. « Je n'ai plus de famille. Ghislaine m'a expulsé de Bordeneuve. Je n'ai pas de nouvelles des enfants. Je ne peux pas rentrer à la maison. Je viens dormir chez vous. » J'ai souvent repensé à ces instants terribles. Vous menez une vie tranquille, heureuse, et soudain on vous annonce un drame qui l'anéantit. Combien de familles ont vu ainsi débarquer le malheur en un coup de sonnette, en temps de guerre notamment !

J'aurais mis un pistolet sur leur tempe, le choc n'aurait pas été plus meurtrier. Une semaine auparavant, ils assistaient au mariage de leur petite-fille. Et voilà que leur fils unique, le père de leurs petits-enfants, venait leur annoncer que tout cela n'existait plus. Mes parents étaient âgés. À quatre-vingt-quinze ans, ma mère était une petite dame alerte et vive, qui en faisait dix de moins. Mon père, de quatre ans son cadet, se déplaçait avec difficulté. C'était un couple formidable, soudé, qui s'aimait depuis soixante-quatre ans. Aujourd'hui encore, je ne me pardonne pas de ne pas avoir su leur épargner cette épreuve.

Leur appartement était une charmante bonbonnière, confortable, coquet, mais minuscule. J'y étais né, j'y avais grandi. Rien ne permettait de recevoir un hôte de passage. Abasourdis par mon irruption, ils ôtèrent un matelas de leur lit et l'installèrent dans le salon. Sans doute ne dormirent-ils pas mieux que moi cette nuit-là. Ma deuxième nuit de cauchemar.

Mes chers parents étaient des lève-tôt. On ne traînait pas au lit chez eux. Dès potron-minet, je les entendis s'affairer dans la cuisine. Il était temps d'en faire autant. J'avalai avec peine une tasse de thé, leur promis de revenir déjeuner et partis pour la maison. Je devais trouver le moyen de rentrer chez moi, de faire ouvrir ma porte. Mais comment dénicher un serrurier prêt à voler à mon secours, un dimanche ?

Dans l'état d'hébétude où j'étais, je n'eus pas le réflexe d'appeler un ami bricoleur. Il me fallait un serrurier, un vrai ! Et je finis par en trouver un. « J'arrive », me dit l'homme. Le malheur fait parfois une pause.

Deux heures plus tard, un grand escogriffe chaleureux débarquait avec sa caisse à outils. Il ne s'attaqua pas à la serrure, qu'il n'aurait pu remplacer aussitôt – je le fis à grands frais quelques jours plus tard. Il réussit à ouvrir un volet, brisa le carreau, poussa la fenêtre. Je pus enfin rentrer chez moi. Quelque temps plus tard, c'est le même chemin qu'emprunterait un cambrioleur pour s'introduire dans la maison. La série noire ne faisait que commencer.

Je regardai autour de moi. Je traversai les pièces sombres et silencieuses, comme pour en reprendre possession. Cette maison, notre maison, où nous vivions tous les quatre depuis avril 1986, me paraissait soudain étrangère. Je ne cherchai pas à refouler mes larmes. Je n'essayai pas de barrer la route aux images qui me submergeaient. Au contraire, je convoquai des fantômes, je provoquai les souvenirs. Ces concerts que nous organisions dans notre salon avec une trentaine d'amis. Les fiançailles de Guillemette et de Sébastien ce dimanche d'octobre 2000 où il faisait si beau. Les déjeuners avec mes parents pour Noël ou pour la fête des mères. Les chambres des enfants où leur petit monde attendait leur retour.

Je retrouvais cette maison du bonheur telle que nous l'avions quittée le 11 juillet, à notre départ pour Monflanquin. Rien n'avait changé. Tout était à sa place, leurs vêtements dans les placards, leurs affaires dans les tiroirs. Mais tout était différent. Je n'étais pas simplement seul, comme il m'était arrivé de l'être pendant quelques jours à la charnière de vacances. J'étais seul et je savais que personne ne viendrait me rejoindre.

Je descendis au sous-sol. Un nouveau choc m'y attendait. La porte en fer qui donne sur le jardin était bardée de vieilles barres de seuil que quelqu'un avait tordues pour en faire des liens. Le doute n'était plus permis. Ceux qui avaient fait cela – seul un homme en avait eu la force – voulaient à tout prix m'empêcher de rentrer chez moi. Or une seule personne savait qu'une voisine avait la clé de cette porte, ma femme. La conclusion était terrible : en me donnant la mauvaise clé de la maison au moment de mon expulsion, elle ne s'était pas trompée, elle l'avait fait exprès. Et le seul homme qui était venu avec elle trois jours auparavant, c'était Philippe, son frère aîné. Ils avaient tout prévu.

Un vertige me prit. Je devais voir du monde. Il fallait que la terre entière sache ce qui nous arrivait. J'appelai nos plus proches amis.

Yveline et Alain furent les premiers à répondre. « Nous arrivons », me dirent-ils aussitôt. J'appelai aussi Bernard, Marie… Tous ceux que je pus joindre. Pas un instant la crainte ne m'effleura qu'ils puissent ne pas me croire, douter de ma santé mentale. Chacun me promit de venir au plus vite.

Une heure plus tard, Yveline et Alain étaient là. Ils habitaient la grande banlieue nord et ils n'avaient pas traîné. Retrouver de si proches amis, témoins de notre vie depuis plus de vingt ans, me fit du bien. Je pouvais leur parler, tout leur dire, ils allaient comprendre.

Yveline n'est pas seulement une styliste de talent, que Ghislaine a connue lorsqu'elles travaillaient toutes les deux chez Sonia Rykiel. C'est un personnage drôle, enjoué, bourré d'énergie, toujours positif. Alain, son mari, menuisier à la Ville de Paris, est un orfèvre du bois, habile en tout, et un homme d'une grande bonté. Avec eux, je repris mon souffle.

Ils étaient abasourdis. Et furieux ! Comment Ghislaine, leur amie depuis si longtemps, avait-elle pu se comporter ainsi ? Qui était-elle devenue pour les tromper de la sorte ? Car ils s'estimaient trompés, trahis dans leur amitié. Huit jours auparavant, eux aussi étaient au mariage de Guillemette. Ils avaient passé plusieurs jours à Bordeneuve avec nous. Alain nous avait aidés à décorer la maison. Yveline avait mis la dernière main à la robe de la mariée qu'elle avait confectionnée pour Guillemette. Ils étaient repartis le 3 septembre.

Au moment où nous évoquions ces événements si proches, nous nous regardâmes brusquement. Le même souvenir venait de nous traverser l'esprit. « Rappelle-toi, me dit Yveline, comme Ghislaine a insisté pour que je reste toute la semaine chez vous. »

Je m'en souvenais très bien. Ghislaine avait en effet insisté, argumenté. Yveline avait hésité et décidé de rentrer à Paris avec son mari. Mais la question n'était pas dans les détails du calendrier. Elle était plus troublante. Que se serait-il passé si Yveline était restée avec moi à Bordeneuve ? Si Alain était revenu avec Ghislaine le vendredi ? Rien sans doute. Comment m'expulser en leur présence ?

Ces questions en appelaient d'autres. Ghislaine savait-elle ce qui allait se passer le 7 septembre ? Pressentait-elle le drame ? Était-il donc prévu ? Autant de questions évidemment sans réponses, mais qui nous laissèrent perplexes. Un petit oui d'Yveline six jours plus tôt et le cours des événements aurait pu être différent.

Nos amis me redonnaient espoir. Leur présence me rassurait. « Ça ne durera pas, m'assura Yveline. Je connais Ghislaine, elle ne se laissera pas faire. Elle tient à toi. Tes enfants aussi. » Il leur fallut bientôt rentrer chez eux. Je les vis partir avec peine. Mais je savais qu'ils seraient toujours là. Et ils le furent.

Bernard sonna. Il habitait à deux pas, à côté de chez mes parents. Sa femme et lui étaient de vieux amis. Leur fille aînée et notre fils avaient le même âge. Bernard était consultant dans une grande organisation patronale. C'était un praticien des situations de crise. Il avait la tête sur les épaules. Il connaissait Ghislaine. Comment l'imaginer sous la coupe de quiconque ?

Arriva Marie. C'était la fille de Jean, un vieil ami de Condom, dans le Gers. Jean, je le connaissais depuis la fin des années soixante lorsque, étudiant, j'appartenais à l'équipe du festival de musique de Saint-Céré. Chaque été, un concert de Saint-Céré s'exportait à Condom et il faisait partie des organisateurs. C'était aussi un ami de Ghislaine qui, lorsqu'elle travaillait au service de presse de Citroën, avait connu le concessionnaire de Condom qu'il était alors.

Au téléphone, je n'avais dit que quelques mots à Marie de ce qui venait d'arriver. Comment expliquer un tel séisme en quelques instants ? À la maison, elle m'écouta et me raconta à son tour. Quelques jours après le concert de fin juillet à Condom, nous avions invité à déjeuner Jean, sa femme et Marie. Ils étaient repartis de ce déjeuner sans comprendre. Ghislaine avait été distante et froide, Guillemette presque incorrecte. Une atmosphère glaciale, comme s'ils n'étaient pas les bienvenus. La fatigue du festival sans doute. La préparation du mariage, peut-être. À la lumière de ce que je lui apprenais, Marie faisait le lien avec ces heures déroutantes, si peu conformes à notre vieille amitié. Je n'avais rien remarqué alors. Mais ses propos me marquèrent d'autant plus qu'ils allaient être suivis de beaucoup d'autres découvertes.

La présence de mes amis m'avait réconforté. Et, comme j'allais le découvrir soir après soir, j'allais mieux en fin de journée. Mais, pour ce deuxième jour sans ma famille, le moment tant redouté était arrivé. J'étais seul.

Je dus m'endormir au petit matin. Je ne pouvais me détacher des images de ma femme me signifiant mon expulsion, de la sauvagerie de ses frères. Je la revoyais me jetant aux pieds le bouquet de fleurs séchées et le gant de jardin. Je la revoyais descendant de la voiture à Agen et se précipitant vers moi, hagarde, pour disparaître aussitôt.

Je me réveillai la tête lourde et brûlante. Et, comme à Toulouse trois jours auparavant, comme de nombreux matins à venir, je ne savais plus où j'étais. J'allais me lever, appeler Ghislaine à Bordeneuve. Nous allions bavarder comme nous en avions l'habitude, en attendant de nous retrouver. Mais le répit indulgent que le temps m'accordait était bref et la réalité regagnait inexorablement du terrain. Je la repoussais. Tout cela n'était qu'un cauchemar. Rien n'était arrivé.

C'était un cauchemar parce que la réalité en était un. Il fallait donc continuer à appeler mes amis, faire savoir à tous ce qui arrivait à notre famille. Ce deuxième jour d'après devait être le premier de la riposte. L'action allait me galvaniser. Cette folie ne pouvait durer. J'allais y mettre bon ordre. Ghislaine et les enfants allaient reprendre leurs esprits, réagir. Notre vie ne pouvait exploser ainsi. Nous allions être de nouveau réunis. Heureux.

Brusquement je fondis en larmes. Guillemette, ma fille, où était-elle en ce moment, au huitième jour de sa lune de miel avec Sébastien ? Que savait-elle ? Ghislaine, lors de mon expulsion de Bordeneuve, m'avait affirmé que les enfants étaient d'accord avec ce qu'elle faisait. François me l'avait dit au téléphone. Mais Guillemette, ma tendre et belle mariée, avait-elle pu tremper dans cette horreur ?

Il fallait d'abord me lever. Je n'y parvenais pas. Je le voulais pourtant, mais mon corps ne m'obéissait pas. Moi qui avais toujours eu quelque mal à comprendre les états dépressifs, les blocages et les phobies, la crainte des ascenseurs, des ponts ou des avions, j'en étais là moi aussi. Je replongeais sous les draps et me donnais cinq minutes avant un nouvel essai. Je comptais. À cinq tu te lèves. Non, à dix. Je parvins à m'asseoir sur mon lit. Le plus dur était fait. Une autre journée terrible venait de commencer. Je la passai à appeler de tous côtés. D'abord les plus proches, ceux qui avaient été avec nous quelques jours auparavant. Comme Thérèse, la mère de Sébastien.

Je perçus la stupeur de cette femme courageuse au téléphone. Elle m'écouta, puis me posa une rafale de questions. Cela me faisait du bien. « N'oubliez pas, me rappela-t-elle, que nous nous retrouvons samedi prochain pour la fête que j'organise pour le retour des mariés. » Thérèse avait eu cette idée afin de recevoir ceux de ses amis qui n'avaient pu venir à Monflanquin le 1er septembre. Il y aurait du monde, de la musique, quelques-uns de nos amis. « Il faut que vous soyez là, me dit-elle, pour montrer à tous que vous allez bien. » J'allais revoir Guillemette et Sébastien. Sans gâcher la fête, je pourrais parler avec ma fille, peut-être comprendre et éviter qu'elle ne tombe aussi.

Cette conversation me réconforta. D'ailleurs, l'après-midi avançait et, comme tous les soirs, je me sentais de moins en moins mal. Demain, j'irais déjeuner chez mes parents et tâcherais de leur montrer un visage plus confiant. Je continuai mes appels. J'en avais un besoin vital. Le téléphone allait devenir un outil de survie. À chaque fois que je me déplaçais, j'enclenchais le transfert d'appel de la ligne fixe vers mon portable. Plus tard, je veillerais à ne jamais l'éteindre, afin que chacun puisse me joindre à tout moment. Afin surtout que Ghislaine et les enfants puissent m'appeler. C'était mon espoir : qu'ils m'appellent, qu'ils reviennent et que ce cauchemar prenne fin.

Très vite, j'appelai une autre Marie. Avec son époux et leurs trois filles, la musique était au centre de notre amitié. Lui était un musicien et un musicologue avertis. Elle nous aidait à tenir la comptabilité des festivals. Elle avait aussi une autre casquette : elle était très active au sein d'une association antisecte. Or, j'en étais convaincu à l'époque et de nombreux éléments le confirmèrent longtemps, une secte était derrière la métamorphose et l'explosion de notre famille. À partir de ce 10 septembre, Marie m'appela tous les soirs. J'attendais son appel, nos conversations et ses remarques comme une bouffée d'oxygène. Cela dura plusieurs mois, avant de s'arrêter brusquement, sans explication. Le silence fit place à une distance qui ressemblerait plus tard à de l'hostilité. Un paradoxe illisible venant de quelqu'un qui combattait les sectes et l'emprise mentale.

Une autre journée se terminait. J'en reculai le terme pour profiter de la légère euphorie du soir. Car une sourde inquiétude grandissait en moi. Demain, j'irais à la banque. Je regardai la date : ce serait le 11 septembre.

Dès que le caissier me vit, il prévint la directrice de l'agence. Elle me reçut aussitôt. Je la connaissais bien, nous y avions nos comptes et mes parents aussi. Avec beaucoup de gentillesse, elle allait régulièrement les voir et aidait mon père à rédiger sa déclaration de revenus.

Lorsque j'entrai dans son bureau, son regard me glaça. Sans un mot, elle tourna vers moi l'écran de son ordinateur et fit défiler nos comptes : il n'y avait plus que des zéros. Nos économies s'étaient envolées. Je n'avais plus un sou.

Alors la banquière me raconta. Le jeudi précédent, le matin du 6 septembre, ma femme s'était présentée au guichet. En quelques minutes, elle avait transféré l'argent de nos comptes et notre épargne en Grande-Bretagne. Dans une banque dont je n'oublierai jamais le nom : la National Westminster Bank.

Surprise par l'ampleur et la soudaineté de l'opération, décontenancée par le comportement froid et mécanique de sa cliente qu'elle n'avait jamais vue ainsi, la banquière avait hésité. Devait-elle trouver un prétexte pour gagner du temps, s'échapper un moment et m'appeler ? Pouvait-elle différer l'opération, demander des explications ? Mais sous quel prétexte et que lui aurais-je dit à six cents kilomètres de distance. C'était bien Ghislaine Marchand qu'elle avait en face d'elle, elle la connaissait depuis des années. Et nos comptes joints permettaient à l'un comme à l'autre d'accomplir toute opération. Y compris la pire.

Je quittai la banque, pétrifié. Ce nouveau coup disait l'ampleur du drame que nous vivions. Pour l'heure, ma préoccupation était plus terre à terre : comment allais-je payer les impôts qui allaient tomber en cascade, comme chaque automne ? Comment allais-je vivre, tout simplement ?

Il me fallait reprendre mes esprits. Et parler, dire, partager cette nouvelle descente vers l'abîme. C'était pour moi le seul onguent capable d'en atténuer l'impact. Pendant des jours, des semaines, des mois, il me faudrait voir, rencontrer, raconter, expliquer. Loin de me replier sur moi-même, sauf en de rares périodes, j'aurais constamment besoin d'alléger ce fardeau trop lourd pour moi. Trop lourd pour quiconque sans doute. Et je dois reconnaître que la solidarité qui allait m'entourer ne serait pas un vain mot.

J'allai chez mes parents. Quand je repense à tout ce que je leur fis subir à leur grand âge, je m'en veux de m'être ainsi réfugié auprès d'eux. Mais ils étaient ma famille, la plus proche qu'il me restait. J'avais besoin d'eux. Ma mère, fine cuisinière, avait beau me préparer ce que j'aimais le plus, j'étais incapable d'avaler quoi que ce soit. Elle ne disait rien, mais je lisais le désespoir dans ses yeux. Quant à mon père, plus combatif, il était partagé entre la peine et la colère. Mais je voyais bien qu'aucun des deux ne comprenait ce qui se passait. Pour eux, ma femme était partie et mes enfants l'avaient suivie. Leur monde s'était écroulé et leur vie, ou ce qu'il en restait, également.

Le mardi 11 septembre 2001 a marqué l'histoire du monde. Pour d'autres raisons et sans point de comparaison, il a marqué la mienne et celle de ma famille. Et, je l'avoue, chaque fois que je pense à ce jour funeste, je ne peux m'empêcher de revivre davantage ce que je découvris à ma banque qu'à la télévision. Et ce que j'allais vivre encore à la fin de cette journée.

J'étais déjà au lit quand le téléphone sonna. Je n'en étais pas encore à filtrer mes appels comme je le ferais par la suite. Je décrochai. « Allô, papa », entendis-je. L'émotion m'étreignit. Cette voix claire, vive, joyeuse, c'était celle de Guillemette, ma fille.

« Je t'appelle d'Athènes, me dit-elle. Nous avons fait un voyage magnifique. Je voulais vous entendre et vous donner de nos nouvelles, à maman et à toi. Comment allez-vous ? »

J'avais la réponse à une question qui me taraudait depuis quatre jours : ma fille ne savait rien. Rien de mon expulsion, rien du drame qui détruisait notre famille. Rien de ce que je vivais depuis vendredi dernier.

Avant de lui répondre, je la laissai parler, me raconter la Crète, leur lune de miel, leur bonheur. J'avais besoin de l'entendre. Mais je voulais surtout retarder ce que j'allais lui apprendre, le coup que j'allais lui porter au dernier jour de son voyage de noces.

Elle s'arrêta et me dit : « Comment va maman ? Tu me la passes ? » Je me jetai à l'eau. Je lui racontai tout, mon expulsion, mon retour à Fontenay, ce que j'avais découvert le matin même à la banque. J'aurais voulu lui parler pendant des heures, mais je m'arrêtai. Alors Guillemette me dit simplement : « Je ne peux faire attendre Sébastien davantage. Nous devons aller dîner. Tout est prévu. Je te rappelle dès notre retour à l'hôtel. »

Ah que ce dîner à Athènes me parut long ! Une heure ne s'était pas écoulée que j'appelais la réception de l'hôtel. Mais ils n'étaient pas rentrés. J'appelai une fois, deux fois, dix fois. Le concierge finissait par reconnaître ma voix et m'annonçait d'un ton désolé que la chambre ne répondait toujours pas.

Enfin, Guillemette me rappela. Son ton avait changé. La voix enjouée avait fait place à une expression neutre. Elle avait eu sa mère au téléphone. « C'est plus compliqué que ce que tu m'as raconté », me dit-elle. De toute façon, nous rentrons jeudi. Notre avion atterrit à 14 heures à Roissy. Nous viendrons directement à la maison pour prendre nos affaires. Nous nous verrons. »

Ces propos et son changement de ton me glacèrent. Que lui avait donc dit Ghislaine ? Allais-je perdre également ma fille ? J'essayai de me raccrocher au seul point positif : jeudi,

Guillemette serait à Paris. Elle viendrait à la maison et je la verrais. Je n'en demandais pas davantage pour l'instant.

Autant le 11 septembre avait dévasté un peu plus ma vie en même temps que le monde, autant le lendemain fut une journée vide. Une de ces journées intermédiaires qu'aucune lumière ne vient éclairer. Ce ne serait pas la dernière.

Un rythme commençait à s'imposer à moi : une nuit blanche, une pincée de sommeil au petit matin, un réveil effroyable, un effort inouï pour me lever. Certains jours, j'allais déjeuner chez mes parents. Mais j'essayais de ne pas trop leur imposer le spectacle de leur fils seul et défait. Je consacrais mon peu d'énergie à appeler tous ceux auxquels je pensais et qui pourraient peut-être m'aider. Puis la journée s'avançait, les gestes du quotidien m'accaparaient et je reprenais le dessus jusqu'à mes rendez-vous téléphoniques salvateurs. À ce train-là, j'allais perdre dix kilos. J'en avais en trop. Mais c'est un régime que je ne souhaite à personne.

Un voisin, médecin, vint me voir. Il me raconta que, passant devant la maison le jeudi précédent – le matin du hold-up bancaire –, il avait cru apercevoir Ghislaine à la fenêtre de notre chambre. Il l'avait saluée de la main, mais elle avait brusquement reculé dans la pièce. Trop tard, il avait eu le temps de voir que ce n'était pas elle. J'apprendrais plus tard qu'il s'agissait de la compagne de Philippe, entraînée dans ce drame bien malgré elle avant d'y souscrire aveuglément.

Mais ce qui m'occupa le plus ce mercredi, ce fut de me préparer au retour de Guillemette et de son mari. Ils allaient venir récupérer leurs affaires. J'allais retrouver ma fille. Je pourrais lui parler, lui expliquer, comprendre peut-être… À l'écart du tsunami de ces derniers jours, elle allait m'aider.

136

Je ne serais plus seul. À nous deux, nous pourrions enrayer le sinistre engrenage qui broyait notre famille.

Tôt le jeudi matin, je ne tenais plus en place. Pour une fois, la matinée passa comme un éclair. À 14 heures, je commençai à me mettre fiévreusement dans les pas de Guillemette. Leur avion était en train d'atterrir. Ils attendaient leurs bagages. Passaient les contrôles de police. Allaient-ils prendre un taxi ou venir de Roissy en RER ? Dans le meilleur des cas, ils ne seraient pas là avant 16 heures.

L'attente était insupportable. J'avais tant besoin de retrouver ma fille, de la serrer dans mes bras. Mais 16 heures arrivèrent. Je me raisonnai. Les avions ont souvent du retard. Les bagages sont longs à récupérer. Et puis, s'ils avaient pris un taxi, sans doute y avait-il beaucoup de monde sur le périphérique. À 16 h 30, je ne tenais plus en place. À 17 heures, l'angoisse me serrait la gorge. Que se passait-il ? Pourquoi n'arrivaient-ils pas ? Allaient-ils m'abandonner eux aussi ?

Soudain, la sonnette retentit. Mon cœur bondit. C'étaient eux. Je me précipitai à la porte. Sébastien était seul.

— Où est Guillemette ? lui demandai-je.

— Elle était trop fatiguée, me répondit-il. Elle est rentrée à l'appartement.

Je n'étais pas déçu, j'étais anéanti. Je sentais qu'il ne me disait pas la vérité. Guillemette, à vingt-quatre ans, fatiguée, au retour de son voyage de noces, d'un vol de trois heures ? Alors que notre famille vivait un drame et qu'elle savait que je n'attendais qu'elle. Ma fille, à son tour, me lâchait. Avant même de m'avoir revu, de m'avoir parlé.

Je ne puis oublier la demi-heure qui suivit. Sébastien allait et venait dans la maison aussi vite qu'il le pouvait. Il prenait leurs affaires, les descendait dans sa voiture, revenait en chercher d'autres. Il était tendu, fermé, bouleversé. Il avait les larmes aux yeux. Il allait si vite que je ne parvenais pas à échanger trois mots. Il fuyait mon regard autant que mes questions.

Il eut bientôt terminé. La voiture était pleine. Il me dit à peine au revoir, ouvrit la grille et sortit du garage. C'est alors que j'aperçus, garée en face de la maison, la Mercedes de Philippe.

Je devais apprendre plus tard, par mon gendre lui-même, ce qui s'était passé. À la sortie de l'aéroport, celui que j'allais cesser de considérer comme mon beau-frère les attendait. Direction rue de Lille. Pas question de venir à la maison, comme Guillemette me l'avait annoncé. À l'école, ils retrouvèrent ma femme et, au téléphone, celui de mes neveux qui, par son activisme, allait tristement s'illustrer au côté de Tilly. Tous leur interdirent de venir à Fontenay. Ils y seraient en danger et le danger, c'était moi.

Ma fille se rendit aux injonctions de sa mère. Mais mon gendre ne les accepta pas. Pourquoi aurait-il subitement peur de son beau-père ? Il irait à Fontenay chercher sa voiture, ses affaires et les clés de son appartement. Ses clés, qu'à cela ne tienne : ils lui proposèrent de payer un serrurier pour ouvrir sa porte et changer la serrure. Il tint bon, mais céda sur un point : il irait à Fontenay accompagné par Philippe.

Je regardai Sébastien remonter dans sa Ford K et repartir, escorté de la Mercedes. Quel retour de voyage de noces pour ces deux jeunes mariés ! J'étais encore plus seul.

Un seul espoir me restait : dans deux jours, le 15 septembre, aurait lieu la fête organisée par Thérèse, la mère de Sébastien. Elle m'y attendait, elle me l'avait dit. J'allais revoir Guillemette.

À mesure que la date approchait, je devins pourtant hésitant. Quelle allait être la réaction de ma fille ? Ghislaine serait-elle présente ? Et François ? Allions-nous tomber dans les bras les uns des autres ou nous déchirer en public et souffrir un peu plus ? J'hésitais d'autant plus que la veille du grand jour, au téléphone, Thérèse me sembla reculer. Elle n'était plus aussi favorable à ma présence. Craignait-elle que sa fête tourne mal ?

Pendant une partie de l'après-midi de ce 15 septembre, avec Jean-Yves et Marie-Thérèse, deux merveilleux amis chez qui je me réfugiai pendant quelques jours, nous retournâmes la question dans tous les sens. Tantôt nous devions y aller ensemble, pour montrer à ma fille et à tous que j'étais droit dans mes bottes. Tantôt le risque nous paraissait trop grand, l'émotion trop forte et nous y renoncions. Tant et si bien que les heures passèrent et que le temps décida à notre place. Nous restâmes à Fontenay.

J'appris quelques jours plus tard que la fête avait été réussie, mais que ni Ghislaine ni François n'y étaient. Guillemette ne fit allusion à rien. Mais à ceux qui la connaissaient, elle parut lointaine, triste. Absente.

Je sais aujourd'hui comment on peut s'accommoder des circonstances les plus cruelles, dénicher au fond du pire désespoir des consolations et des moments heureux. Au début, je tentais de ruser avec moi-même. Je cherchais par tous les moyens à échapper au cauchemar. Mais ce n'était qu'illusion et j'en trouvais aussitôt la limite.

La plupart du temps, je me contentais de vivre la journée jusqu'au soir. Un jour après l'autre. Et lorsque je n'avais pas d'emploi, ce qui, hélas, m'arriva souvent pendant ces années (j'avais été brutalement licencié en octobre 2001, mon patron ayant pris peur en apprenant notre séisme), je m'occupais au maximum. Je passais beaucoup de temps au téléphone. Je partais marcher pendant des heures. J'enfourchais mon vélo pour de grandes balades sur les bords de la Marne ou dans le bois de Vincennes. Je me remis au chant choral.

M'étourdir ainsi ne suffisait pourtant pas toujours à me repêcher lorsque la douleur de nos vies défaites, de ces années gâchées, plus encore pour les miens que pour moi, me submergeait. Il fallait trouver autre chose. Alors je mis au point ma méthode, sans avoir la prétention d'inventer ce que d'autres avaient dû expérimenter avant moi. Dès que je me sentais sombrer, au lieu de fuir en vain la souffrance, je la regardais bien en face, jusqu'à lui faire baisser les yeux. Et si ça ne suffisait pas encore, je la fixais longuement, sans ciller, pour en faire un objet dérisoire, étranger, dont je pouvais ensuite m'accommoder ou jeter le plus loin possible. Jusqu'à son prochain raid.

Le refus, la révolte me vinrent dès les premiers jours, comme une sorte d'ivresse qui balaye toute prudence. Qu'avais-je de plus à perdre ? L'action me servit de moteur, de ligne de vie et de conduite. C'était simple, carré et cela m'aida à survivre. J'avais un objectif, un seul, il était clair, il structurait ma vie et tout devait y concourir : sortir ma famille de cet enfer.

Je ne faisais d'ailleurs pas de distinction, c'était le groupe entier que je voulais arracher aux griffes de Tilly et de ses complices. J'étais persuadé, et je le disais, à la télévision notamment, qu'en sortir un aurait tôt fait de libérer les autres, que secouer et fissurer l'édifice le ferait s'écrouler. Je ne pouvais imaginer que cette « prétention » et l'action que je menais dans ce but me vaudraient de la part de certains une lourde hostilité, non seulement pendant leurs années sous emprise, ce qui était concevable, mais bien au-delà, ce qui ne l'était plus.

À l'époque, deux objectifs inséparables se confondaient en moi : je voulais sortir ma famille – et *la* famille – de ce gouffre sans fond, afin de revivre avec eux. Cette détermination me valut parfois des sarcasmes. Certains me disaient : « Réfléchis, quoi que tu fasses, rien ne sera jamais plus comme avant. » « J'en ai conscience, répondais-je, ce sera différent, mais peut-être encore mieux qu'avant. » D'autres me reprochaient de « vivre dans le passé ». Je n'avais nul besoin de réfléchir pour leur répondre, sans jouer sur les mots : « Je ne vis pas *dans* mais *avec* le passé, parce qu'il m'est cher et parce qu'il n'a pas fini d'être notre avenir. » Jamais, en tout cas, pendant toutes ces années, le passé n'a gouverné le présent. Il l'a enrichi, il lui a donné sa force.

Avec le temps et les coups qui m'assaillirent et souvent m'accablèrent, mes deux objectifs en vinrent à se disjoindre. Ma conviction de vouloir retrouver Ghislaine et les enfants demeura intacte. Mais la certitude de pouvoir ensuite revivre avec eux se nuança de doutes. Qui allais-je retrouver le jour où je parviendrais à les libérer ? Comment réagiraient-ils ? Dans quel état seraient-ils après un tel traumatisme ? Voudraient-ils encore de moi ?

Je n'avais pas les réponses à ces questions, mais certains les avaient pour moi. Ce sera long, difficile, ils auront besoin de temps, de soins, disaient les mieux inspirés. Vous retrouverez peut-être vos enfants, mais jamais votre femme, assuraient les autres. Du haut de leurs certitudes dopées par l'expertise, ils savaient. Pas moi.

En attendant, je n'avais qu'un cap, dont je ne dévierais jamais : arracher Ghislaine et les enfants des griffes de leurs kidnappeurs et pour cela me battre sans relâche. Mais me battre contre qui ? Au commencement, c'était une secte. J'en étais sûr ou presque. Tant d'indices incitaient à le croire : les déclarations et le jargon de Tilly, son mode opératoire pour diaboliser et évincer les proches de ses proies, dûment décérébrées, isolées, enfermées, dépouillées, et leur métamorphose, leur fascination pour le maître et leur obéissance. Certes, il y avait aussi des différences, mais existe-t-il deux sectes semblables ?

D'ailleurs, si par la suite, avec le confort du recul, tout le monde comprit que ce n'en était pas une, à l'époque les spécialistes n'étaient pas aussi catégoriques. Lors de ma première rencontre, en 2002, avec un haut responsable de la Mission interministérielle de vigilance et de lutte contre les dérives sectaires (Miviludes), je l'entendis me dire que mon affaire était grave et qu'elle lui faisait penser à l'Ordre du Temple solaire. Quand on sait comment ce drame s'est terminé, on peut deviner dans quel état je sortis de ce déjeuner.

Ghislaine

Le 26 septembre au soir, alors que nous sommes enfermés rue de Lille depuis près de trois semaines, Tilly me téléphone :

— Ghislaine, tu prends le premier Eurostar demain matin pour Londres, un rendez-vous capital, je ne peux pas t'en dire plus.

— Bon, mais je n'ai aucune réservation...

— Tu te débrouilles pour être dans le premier train, je t'attendrai à Waterloo.

Cette nuit-là, je ne parviens pas à fermer l'œil : qui vais-je rencontrer ? Que vais-je encore découvrir ?

En arrivant à Waterloo, je ne trouve personne à la descente du train. Tilly a cette habitude, je l'apprendrai par la suite, de toujours nous faire attendre pour entretenir la tension et l'angoisse. Puis il surgit de la foule, impeccablement habillé mais toujours aussi passe-muraille avec son visage poupin, son imperméable et son attaché-case. Calme et tendu à la fois, l'air de maîtriser la situation tout en surveillant chaque mouvement suspect :

— Ah, Ghislaine, pardonne-moi, j'ai eu une urgence... J'ai commandé un taxi de mon service, tu ne t'inquiètes pas, c'est un taxi banalisé mais nous ne risquons rien... Tiens, il est là !

Le chauffeur nous conduit dans le quartier de Chelsea, et bien qu'il soit un agent de Tilly, je dois lui payer la course.

Il est peut-être 10 heures du matin.

142

— Tu veux boire quelque chose ?

— Écoute, si nous avons un peu de temps, je ne dis pas non.

Nous entrons quelque part, nous commandons des cafés, mais alors que je commence à me détendre, Tilly se penche discrètement vers mon oreille :

— Tu vois l'homme au chandail rouge qui a le nez dans son journal ?

— Oui.

— C'est un type du réseau de Jean. Je suis désolé mais il faut partir. Assure-toi de ne rien oublier, surtout, et suis moi.

Nous sortons. Tilly m'entraîne dans un dédale de petites rues. Nous allons reprendre un café mais en attendant, pour des raisons de sécurité, nous brouillons notre piste. Je n'ai pas dormi, je suis épuisée physiquement et moralement, j'accepte donc aveuglément tout ce que me dit Tilly, et je le suis. Nous tournons près de trois heures, il me semble par moments reconnaître un endroit où nous sommes passés un peu plus tôt, puis enfin nous nous asseyons et commandons de nouveau des cafés.

Quand je m'enquiers de savoir qui nous devons rencontrer, Tilly me fait comprendre que je serai prévenue le moment venu.

Toute l'après-midi nous nous déplaçons, Tilly s'éloignant parfois de quelques pas pour téléphoner, ou prendre un appel :

— Pardonne-moi, mais j'ai des consignes à donner.

Je ne sens plus mes jambes, j'ai la tête vide, le sentiment de ne plus m'appartenir, d'être une poupée téléguidée.

Enfin, vers 19 heures, la nouvelle m'est communiquée :

— Ghislaine, nous avons rendez-vous dans une demi-heure avec mon patron. C'est un homme qui a des responsabilités mondiales, tu t'en doutes, or il vient de faire vingt-cinq heures d'avion pour te rencontrer.

C'est un choc. J'acquiesce, mais je ne trouve pas de mots. Je suis à la fois terriblement impressionnée et immensément flattée – en dépit de ses responsabilités considérables le patron de Tilly est donc prêt à faire cinquante heures d'avion pour dîner avec moi !

Une demi-heure plus tard, nous entrons dans un luxueux restaurant espagnol. Tilly se dirige sans hésiter vers une table ronde à laquelle patiente un homme :

— Ghislaine, je te présente M. Gonzalez.

C'est un petit monsieur rond au visage avenant, d'une parfaite élégance, qui m'inspire immédiatement de la sympathie mais ne m'impressionnerait pas si je ne connaissais pas ses fonctions. Il a l'apparence d'un riche marchand de voitures, ou d'un agent immobilier.

La conversation s'engage sans difficultés (durant les quatre heures que va durer ce dîner, Tilly n'interviendra à aucun moment, suivant attentivement ce qui se dit mais me donnant le sentiment d'être au garde-à-vous, confit en dévotion). M. Gonzalez souhaite manifestement me connaître, et il prend le temps de me faire raconter ma vie, mon enfance, ma famille, mes épreuves. J'exprime ensuite la confiance que j'avais en Jean qui m'avait permis de traverser ces épreuves sans m'effondrer, jusqu'à ce que je découvre son projet de nous abandonner, son appartenance à un réseau maléfique – autant de choses que je n'aurais jamais soupçonnées si Tilly ne m'avait pas aidée à les voir. Ainsi, je peux lui rendre hommage devant son patron, avant de poursuivre. À ce moment-là j'avais enfin compris d'où provenait le mal-être de notre fils François, odieusement mis en échec par son père, alors qu'il avait en lui une confiance aveugle.

— Si vous voulez sauver votre famille, m'interrompt alors gravement M. Gonzalez, il faut impérativement que vous vous sépariez de Jean. Je me doute que ça n'est pas facile, mais je vous le dis avec une certaine solennité parce qu'il y va de votre sauvegarde et que ma mission, à moi, Jacques

144

Gonzalez, est de vous tirer des griffes de ceux qui souhaitent votre mort.

Ses mots me pénètrent, je m'entends le remercier. À ce moment-là je ne doute plus d'avoir épousé un monstre.

— Quant à la mort de votre sœur, reprend-il, je crois que Tilly a déjà cherché à vous avertir...

Je sens que je me mets à trembler. Jean, puis maintenant ma sœur, c'est beaucoup dans l'état d'épuisement où je me trouve. J'acquiesce confusément.

— Je dois vous informer, poursuit-il, que votre sœur n'est pas morte d'une maladie grave comme on a voulu vous le faire croire, mais qu'elle a bel et bien été assassinée par votre beau-frère. Mes services ont en mains toutes les preuves de ce que j'avance, sinon je ne m'autoriserais pas à vous livrer une telle nouvelle, vous vous en doutez bien.

— Je vous crois.

— Cela dit, c'est un grand classique, vous savez, quand on veut se débarrasser de quelqu'un, on lui inocule une maladie. Nous avons plusieurs dossiers similaires.

Je me rappelle cette expression « c'est un grand classique », assurément destinée à banaliser dans mon esprit une information qui pourrait peut-être m'apparaître invraisemblable parce que trop énorme... et qui, en effet, me permet de l'accepter.

Jean est un monstre, mon beau-frère un assassin : voilà donc neutralisés les deux seuls hommes de la famille susceptibles d'empêcher le couple Tilly-Gonzalez de faire main basse sur tous nos biens.

Avec le recul, la stratégie du diable me semble évidemment transparente. Mais sur le moment, je ne vois rien et je sors de ce dîner chancelante, hagarde, ne sachant plus qui je suis ni ce que j'attends de la vie. Comment ai-je pu croire en l'amour, en la famille, en la beauté, quand le monde est aussi noir ? Je me retrouve sur le trottoir terrifiée et tremblante.

Sans la présence de Tilly, sans doute aurais-je passé le reste de la nuit à errer dans Londres, ivre de désespoir et d'amertume. En quittant Paris, le matin, je pensais être de retour dans l'après-midi, je n'ai donc ni trousse de toilette, ni vêtements de rechange, ni chambre d'hôtel.

Tilly me conduit dans un hôtel minable où, bien sûr, je ne trouve pas le sommeil et passe la nuit à arpenter ma chambre, effondrée, en sanglots. Vers 5 h 30, suivant ses instructions, je suis de nouveau à Waterloo pour monter dans le premier train pour Paris.

C'est à présent octobre et notre réclusion se poursuit rue de Lille. Ulcérée de voir dans quel état de détresse je vis, dormant à même le plancher avec mes seuls vêtements d'été, Guillemette va m'acheter des draps et une couette. Tilly ne nous autorise qu'une sortie de temps en temps pour aller nous ravitailler au marché, à côté de l'église Sainte-Clothilde. Nous devons nous débrouiller avec un budget minuscule, toutes nos économies et tous nos revenus ayant été « mis à l'abri » sur les comptes belges et anglais de Tilly. Nous préparons les repas dans la cuisine bien équipée de la loge du gardien. Bien que frugaux, ces repas sont nos seuls moments d'échange au milieu de journées interminables. Philippe, qui a toujours été un gros dormeur, en profite pour se reposer, mais Brigitte et moi errons à travers l'école, partagées entre l'angoisse d'une agression soudaine des francs-maçons contre laquelle Tilly nous met en garde plusieurs fois par jour, et le vertige du vide dans un lieu où nous n'avons plus aucun des repères qui organisent la vie – ni livres ni télévision ni journaux ni Internet (le téléphone, non payé, a été très vite coupé), plus aucun lien avec nos amis d'autrefois qu'il nous est strictement interdit de contacter, plus aucun contact avec le monde extérieur en général.

Au milieu d'octobre, Tilly nous autorisera tout de même à acheter une télévision et la *Star Academy* deviendra notre rendez-vous de la journée. Puis il me permettra de faire un saut au Bon Marché pour y acheter du fil et du coton et je me lancerai dans la confection d'une nappe au point de croix.

Mon mutisme ne décourage pas Jean, et puisque je ne prends pas ses appels sur mon portable, il m'écrit.

La veille de notre anniversaire de mariage, le 30 octobre, j'ai le cœur qui bondit en reconnaissant son écriture :

« Ma Ghislaine,

« Ce mardi 30 octobre, ce sera notre vingt-cinquième anniversaire de mariage. Il y aura vingt-cinq ans que je sortais à ton bras de la mairie du XVIᵉ. Un jour de bonheur que je pensais pouvoir marquer par une fête et un voyage dont je te réservais la surprise.

« Hélas, la femme belle, intelligente, active, énergique que j'aime (et admire) par-dessus tout n'est plus là. Je t'aime au-delà de ce que tu peux imaginer et tu me manques cruellement à chaque instant. Tu me manqueras encore plus – si c'est possible – mardi. Comme nos enfants que tu écartes de moi. Il est vrai que la femme que j'aime avait en outre, à mes yeux, une autre qualité : la bonté…

« Que tu étais belle à Orange ! Je t'aime.

« Bon anniversaire,

« Jean. »

Aujourd'hui je pleure en relisant cette lettre et je dois me faire violence pour écrire la vérité : à peine ouverte, j'ai appelé Tilly à Londres pour la lui lire.

— Ghislaine, à l'instant où tu me parles, sais-tu où se trouve Jean ?

— Non, comment veux-tu…

— Je le fais suivre par mes équipes et je peux te dire qu'il participe à une rencontre échangiste. Je ne vais pas te décrire les choses parce que ça te ferait plus de mal que de bien, mais j'ai toutes les preuves sous les yeux, et si je te le dis c'est pour t'aider à te détacher de lui. Il ne pense pas un mot de ce qu'il t'écrit, son seul objectif est de te faire souffrir, de remuer le couteau dans la plaie.

— Oui, oui, je comprends.

— Tu dois trouver en toi la force de ne plus l'aimer, sans cela tu vas finir par en mourir, et c'est exactement ce qu'il cherche.

Folle de douleur, anéantie, je ne suis plus bonne alors qu'à prendre sous la dictée de Tilly la réponse que je vais adresser à Jean :

« Jean,

« Sache que tu me manques terriblement mais que je tiendrai jusqu'à temps que tu te fasses sérieusement soigner pour tes déviances et tu me trouveras alors à tes côtés pour t'accompagner dans ce dur chemin qui t'attend.

« Ce chemin est d'ailleurs commencé, et tu le sais très bien. Il faut un amour sincère et réel, libre de toute influence extérieure pour avoir le courage de t'accompagner sur ce chemin empreint d'une grande solitude quotidienne.

« J'espère que tu auras le courage d'entretenir avec moi une correspondance écrite régulière. C'est la seule correspondance que j'accepterai de toi pour l'instant.

« Je t'aime.

« Ta femme,

« Ghislaine Marchand. »

Je souris tristement aujourd'hui en redécouvrant cet ironique « libre de toute influence extérieure » alors même que mes lettres me sont dictées par Tilly... Toutes, désormais, reprendront inlassablement la même phrase : « Sache que je serai présente à tes côtés lorsque tu décideras de te faire sérieusement soigner pour tes déviances. »

Comme Jean n'est ni malade ni déviant, il n'y a aucune raison pour qu'il se fasse soigner, de sorte que cette semonce absurde de Tilly dresse entre nous un obstacle infranchissable. Elle a l'avantage de ne pas prendre à contre-pied mon amour pour Jean, de paraître le respecter, tout en faisant porter à l'homme qu'il est devenu la responsabilité de notre séparation. De notre séparation « provisoire », me laisse croire Tilly, tant que Jean ne se soignera pas – une façon de me conduire docilement vers le divorce afin de pouvoir ensuite s'emparer de mes biens.

« Nos enfants que tu as cruellement tournés contre moi et qui m'évitent », « nos enfants que tu écartes de moi »... Dans toutes ses lettres, Jean me dit sa souffrance d'avoir été coupé de ses enfants. De sa difficulté relationnelle avec François, Tilly a fait un complot auquel j'ai adhéré, comme à tout le reste : Jean veut la perte de notre fils, il a saboté son permis de conduire et ses études, et maintenant il s'apprête à lui tendre d'autres pièges, bien plus terribles encore...

Jean

La première lettre, datée du 30 octobre, était arrivée en mon absence. Mon cœur bondit : c'était l'écriture de Ghislaine. Je l'ouvris fiévreusement. « Mon chéri », commençait-elle. Mon cœur battait à tout rompre. La suite était terrible. « Je reprendrai une vie normale à tes côtés, écrivait-elle, quand tu auras fait l'effort de te soigner afin de pallier tes problèmes de comportement. Nous serons avec toi pour t'accompagner dans cette démarche que nous savons difficile pour toi, mais salutaire pour l'avenir de notre famille. En attendant, je te confirme mon intention de continuer le temps qu'il faudra à prendre le recul nécessaire avant de penser à un retour à notre vie commune, accompagné de toutes les garanties thérapeutiques. »

Je reçus ainsi sept lettres. Chacune m'était envoyée trois fois, par fax, par courrier simple et en recommandé, « pour être bien sûre qu'elle te parviendra », précisait Ghislaine en post-scriptum. Toutes ces lettres commençaient bien (« Mon chéri… ») et se terminaient tendrement (« Ta femme qui t'aime »). Mais entre les deux, le contenu, invariablement, était accusateur, cruel. Délirant. Elle me demandait notamment de dissoudre Musique en Guyenne « avant qu'il ne soit trop tard », reconnaissait avoir changé les serrures de Bordeneuve « afin que ne puissent y accéder certaines personnes de notre entourage dont l'intention était de nous séparer » et annonçait « vouloir commencer une nouvelle vie professionnelle à l'écart des lobbies sectaires ». Ailleurs, elle faisait allusion à la vente de notre maison de Fontenay et à sa volonté d'avoir « la pleine jouissance » de Bordeneuve, dont elle se disait seule propriétaire. Un thème qui allait devenir permanent. Le délire n'excluait pas le sens pratique.

Ces lettres étaient très dures, mais surtout, je n'y retrouvais pas ma femme. Ce n'était pas son vocabulaire, ses phrases, ses tournures, son style. Elle écrivait les mots d'un autre. Ce n'était pas non plus sa manière de rédiger. Ces lettres étaient trop ordonnées, trop construites et rectilignes, comme si elle avait recopié un brouillon.

Je répondis à chacune d'entre elles. Je réfutai chaque phrase, chaque assertion, pointai les erreurs, les contradictions, les invraisemblances. Elle ne cessait de me dire malade, mais elle m'abandonnait. Elle prétendait m'aimer, mais m'accusait de mille maux et repoussait toute idée de me retrouver. Dans mes réponses, je m'efforçais de garder mon calme, de ne pas être agressif, même si ses propos me faisaient bondir.

Le 1er décembre, en rentrant à la maison, je découvris une nouvelle lettre, tombée du fax. Toujours les mêmes invectives, les mêmes reproches, avec des mots plus cruels encore. « Face aux manigances de ton entourage, écrivait-elle, il faut que tu comprennes que je ne suis pas dupe. Il est temps que tu reprennes le chemin de la dignité. Il doit commencer par la volonté de te faire soigner. » Elle m'accusait aussi de vouloir venir « perturber les fêtes de Noël chez elle avec la complicité de compagnons de route de [mon] infortune ». Et elle concluait : « Tu me laisses tranquille, car je ne plaisante plus. »

C'en était trop ! La fureur me saisit, j'attrapai le téléphone et je l'appelai : « Tu arrêtes de m'écrire de telles horreurs, éructai-je sur sa boîte vocale. Tes lettres sont monstrueuses. Tu es la honte de ta famille. » Je ne reçus plus aucune lettre. Quelque temps plus tard, dans un des mails que nous pûmes intercepter, je découvris qu'elle avait bien reçu mon message. Elle s'en étonnait : « Pourquoi Jean dit-il que je suis la honte de ma famille ? »

Ghislaine

À la fin de l'été, Tilly a demandé à François de rester à Martel avec son cousin Amaury et leur grand-mère. Ils ont interdiction de sortir car la famille de mon beau-frère n'est pas loin et Jean n'attend que cela pour leur faire un coup tordu.

« Septembre, octobre, novembre, je les passerai à Martel, écrit François dans son mémoire au juge d'instruction. Nous pouvons aller à l'Espace forme de Monflanquin, et c'est, avec les parties de football que l'on fait avec Amaury, nos seuls divertissements de la journée. À une seule reprise, nous serons autorisés par Tilly à aller à Villeneuve-sur-Lot dans un magasin de bricolage. Nous nous sentirons totalement perdus.

Nous n'étions pas sortis depuis plusieurs semaines et n'avions vu personne en dehors des voisins. »

Quant à Guillemette, déjà dans la main de Tilly depuis le traumatisme du faux départ de son père pour les États-Unis avec sa prétendue maîtresse, elle devient comme moi son jouet dès son retour de voyage de noces.

« Nous rentrons le 13 septembre 2001, écrit-elle au juge. Deux jours après, un cocktail est organisé par la mère de Sébastien pour recevoir les amis qu'elle n'avait pas pu inviter au mariage en Lot-et-Garonne. Maman ne vient pas compte tenu de la situation délicate, et Tilly me demande d'interdire à mon père et à ses parents de venir à ce cocktail. Je ne reverrai plus jamais mes grands-parents paternels (décédés tous les deux aujourd'hui), ni mon père (pendant plus de huit ans). Tilly va même jusqu'à me faire promettre de ne pas les contacter. »

Les parents de Jean, que j'aimais profondément et qui étaient nos voisins à Fontenay-sous-Bois, sont diabolisés par Tilly. Selon ses services, le père de Jean a fait partie des SS pendant la guerre et cet homme, qui semble si bon, est en réalité un traître qui a du sang sur les mains et dont nous devons nous méfier.

Un matin, Tilly m'entreprend fermement sur mes beaux-parents :

— Ghislaine, ça ne peut plus continuer comme ça, il faut que tu mettes les choses au clair avec eux. Tu n'as pas l'air de te rendre compte qu'ils sont du côté de Jean, contre tes enfants et toi. Mes équipes les surveillent et j'ai toutes les preuves sous les yeux : ils veulent votre perte.

— Bon, mais qu'est-ce que je dois faire ?

— Couper les ponts ! Et dès aujourd'hui ! Si tu les laisses opérer, il ne faudra pas te plaindre ensuite d'avoir des ennuis. Tu vas les appeler immédiatement et leur dire que tu sais tout sur leur passé, sur ce qu'ils préparent contre toi dans l'ombre de Jean, et que tu ne veux plus entendre parler d'eux.

— Ah bon, bon, d'accord.

— Et tu me tiens au courant.

Et je les appelle. Aujourd'hui encore je suis accablée de honte en songeant à toutes les horreurs que je leur ai dites. Comme pour me protéger, j'ai effacé le texte précis de ma mémoire, mais je me souviens d'avoir terminé par cette menace impossible : « Je vous aurai ! » Dire de tels mots à ce vieux couple adorable, déjà effondré par la détresse de leur fils unique, comment est-ce possible ?

Trois semaines plus tard, ma belle-mère mourra sans avoir revu ses petits-enfants, et quand je demanderai à Tilly l'autorisation d'assister à ses obsèques (après l'avoir insultée, ce qui donne une idée de mon délabrement psychique), Tilly se récria :

— Enfin Ghislaine, tu es folle ou quoi ? J'ai des informations selon lesquelles ils t'attendent à la sortie du cimetière avec une ambulance pour t'emmener directement à Sainte-Anne. Si tu veux finir enfermée, vas-y, ne te gêne pas !

Je suis trop perturbée sur le moment pour prendre conscience qu'en France, en tout cas, on ne fait pas interner si facilement le premier venu. Ni pour établir un rapprochement avec la menace similaire formulée par Tilly à l'encontre de Brigitte : son mari la traquerait pour la faire enfermer. Aujourd'hui, sortie de ce cauchemar, je vois combien les recettes de Tilly pour nous terroriser sont à la fois simplistes et répétitives.

Au début du mois de novembre, la monotonie de notre existence rue de Lille est heureusement perturbée par l'arrivée dans l'école d'un homme érudit et charmant : Louis de L. Spécialiste de la Chine où il s'est rendu à maintes reprises, Louis s'installe dans un de nos bureaux avec une double mission : implanter en Chine un hôpital grâce à une fondation créée par Gonzalez, le patron de Tilly, et préparer la venue des fameux étudiants chinois qui doivent permettre de relancer l'école.

J'ai le vague souvenir, écoutant Louis, que Gonzalez m'a en effet parlé, lors de notre dîner à Londres, d'une fondation créée par ses soins – la Blue Light Foundation – dont l'objectif, m'avait-il dit, est la construction d'hôpitaux en Chine. Louis donne soudain une réalité à un projet qui m'avait paru un peu flou, mais surtout il consolide dans mon esprit la stature de grand ambassadeur de l'ombre et d'homme de bien de Gonzalez. Non seulement les hôpitaux sont bien réels, mais notre école va redémarrer car manifestement le nouveau venu dispose d'un carnet d'adresses exceptionnel en Chine.

Pour la première fois, depuis des mois, je reprends espoir. Cette fois, ça y est, les choses bougent : nos ennemis sont tenus en respect par les équipes de Tilly et Gonzalez ne m'a pas oubliée : il m'envoie un homme remarquable qui va me permettre de rouvrir rapidement l'école.

L'architecte en charge de l'hôpital vient nous rendre visite rue de Lille et nous envisageons ensemble les travaux à entreprendre pour accueillir les étudiants chinois. Tilly m'autorise dans la foulée à prendre contact avec un restaurant chinois voisin qui pourrait nous livrer les repas.

Louis est désormais là chaque jour, et sa seule présence me redonne du courage. Il monte des dossiers, travaille sans relâche, et je me mets à sa disposition pour lui faciliter les choses.

Aujourd'hui, je n'ai toujours pas compris comment Gonzalez, authentique escroc, a pu s'attacher cet homme remarquable et tromper sa confiance, comme il a trompé la nôtre. Louis a cru de toutes ses forces en sa double mission, il a engagé sa crédibilité et ses contacts tant pour l'hôpital que pour l'école, avant d'être jeté dehors par les huissiers, comme nous l'avons été nous-mêmes. L'hôpital n'a jamais

vu le jour, l'école n'a jamais rouvert, et Louis a perdu tout
le crédit dont il disposait en Chine. Nous nous sommes
revus bien plus tard, au moment du procès de Tilly et de
Gonzalez, et cet homme intègre m'a dit combien il en avait
été blessé.

8

Ghislaine

En fait d'étudiants chinois, c'est une armada d'huissiers qui se présente à l'école au tout début de décembre 2001. C'est moi qui les reçois, ils sont tous habillés de noir, fermés, peu aimables, et ils viennent, me disent-ils, dresser la liste des meubles et des objets susceptibles d'être saisis pour éponger les loyers impayés.

Je n'ai pas d'autre choix que de les laisser entrer, mais tandis qu'ils arpentent les étages j'appelle évidemment Tilly à Londres.

— Ne t'inquiète pas, je m'en occupe, me rétorque-t-il calmement. L'important c'est que vous teniez les locaux.

Je n'ai pas l'ombre d'une inquiétude, pour moi ces pauvres huissiers perdent leur temps et ils vont bientôt tirer une drôle de tête en s'apercevant que cette école, qu'ils comptaient vider, est sous la protection d'un service supranational rattaché à l'OTAN et à l'ONU.

Vers le 15 décembre, cependant, l'important n'est plus de tenir les locaux, mais de les quitter le plus rapidement possible. Tilly évoque une menace précise des réseaux de Jean et nous demande de partir dans l'heure pour le Lot-et-Garonne. Brigitte, mon frère et moi ramassons précipitamment

156

nos affaires et nous engouffrons dans sa Mercedes qui n'a pas bougé de la cour depuis le mois de septembre.

Nous sommes sur la route, à une soixantaine de kilomètres de Paris, quand mon portable sonne.

C'est de nouveau Tilly, très calme, mais la voix acérée :

— Ghislaine, faites immédiatement demi-tour et retournez rue de Lille : la voiture de Philippe a été piégée, elle va prendre feu d'une minute à l'autre.

— Quoi !

— Tu restes calme, s'il te plaît, et tu ordonnes à Philippe de regagner Paris. Une fois rue de Lille, vous m'appelez.

Abominable retour durant lequel nous n'échangeons plus un mot, la gorge sèche, le cœur à cent à l'heure.

Nous abandonnons la Mercedes dans la cour de l'école et courons prendre le train pour Monflanquin. En arrivant enfin à Martel, nous avons le sentiment de débarquer comme des réfugiés après nos trois mois de réclusion, de nouveau en pleine instabilité, ne sachant plus ce que va devenir l'école et sous le coup d'une menace grandissante – les réseaux de Jean viennent de nous forcer à fuir la rue de Lille, et comme si ça n'était pas suffisant, ils ont tenté de nous brûler vifs.

Deux ou trois jours plus tard, Louis me téléphone, la voix altérée par l'émotion : les huissiers sont de nouveau dans les locaux, ils emportent tout, il n'a déjà plus de bureau, ses papiers sont par terre ; il ne comprend pas, Gonzalez ne répond plus, que doit-il faire ? Et la Mercedes, doit-il la sortir ou la laisser aux huissiers ?

C'est affolant. Que fait Tilly ? Moi qui escomptais que ses services neutraliseraient les huissiers, je m'aperçois que ce sont les huissiers qui semblent avoir neutralisé les hommes de Tilly.

Au téléphone, il ne me cache pas que le combat est rude, non pas avec les huissiers mais avec les réseaux de Jean qui ont monté toute cette opération. Ce sont eux qui tirent les ficelles de notre destin et les équipes de Tilly viennent d'essuyer un revers.

— Ghislaine, quand je t'explique que la situation est grave, que le combat n'est pas gagné, je sais ce que je dis. Ce qui vient d'arriver doit vous servir de leçon.

En attendant, j'ai l'interdiction formelle de répondre à Louis, qui va sortir de ma vie aussi soudainement qu'il y était entré.

Il me semble clair aujourd'hui que cette interdiction avait pour objet de l'empêcher de me faire partager ses doutes sur l'intégrité de son ami Gonzalez, étant entendu que l'écheveau a dû très vite se défaire dans son esprit et la Blue Light Foundation lui apparaître pour ce qu'elle était : une coquille vide, un miroir aux alouettes, incapable de financer quoi que ce soit... à part son président.

Jean

Une question me taraudait sans relâche : où étaient ma femme et mes enfants ? Guillemette et son mari, je le savais. Ils étaient à Paris et partiraient bientôt pour Nice où Sébastien prendrait son poste de chef de chant à l'Opéra, en octobre. Ils me paraissaient à l'abri de la tourmente. Mais Ghislaine, François ?

Un soir, n'y tenant plus, j'appelai Ghislaine sur son portable. C'était la première fois que j'entendais le son de sa voix depuis ce matin du 8 septembre où je l'avais réveillée à Bordeneuve. Nous étions aussi gênés l'un que l'autre.

— Où es-tu ? lui demandai-je, dissimulant mal mon émotion.

— À Versailles, chez des amis.

— Pourquoi as-tu vidé nos comptes ?

— J'avais besoin d'argent pour me réinstaller.

Je lui demandai pourquoi se réinstaller alors que sa place était à la maison, elle raccrocha.

J'avais eu tort de l'appeler le soir. Car cette voix, ces propos, cette distance me brisaient de nouveau. Je tournai et retournai ses réponses toute la nuit : des amis à Versailles... J'avais beau chercher, je ne trouvais pas. Nous avions une nièce à Versailles, dont nous avions longtemps été très proches. Mais, à la veille de l'été, Ghislaine lui avait interdit, comme au reste de sa famille, de venir au mariage de Guillemette, dont elle était la marraine. Je ne la voyais pas accueillir sa tante et lui offrir refuge. Nous avions également de vieux amis à Versailles, mais Ghislaine l'avait citée, le 7 septembre, parmi mes maîtresses supposées.

Restait une piste, celle des nouveaux amis de ma femme, tous ceux que je ne connaissais pas, mais qui gravitaient autour de son mentor. Ces nouveaux amis, n'était-ce pas une secte ? Le mot me hantait. Tant de signes concordaient. À moins que la réalité ne soit plus simple. Je me repassais ses mots en boucle. À force d'examiner chaque possible, de disséquer chaque détail, en procédant par élimination, je parvins à une hypothèse. Sans doute était-elle aussi improbable que réaliste, mais elle s'imposait à moi. Ghislaine n'était pas en Lot-et-Garonne, ni dans notre maison à Bordeneuve, ni à Martel chez sa mère comme je l'avais cru, encore moins à Versailles. Elle était à l'école, rue de Lille, à Paris.

Quelques jours plus tard, réinstallé chez moi après le séjour refuge chez Marie-Thérèse et Jean-Yves, j'appelai de nouveau Ghislaine. J'avais besoin de l'entendre. J'avais surtout besoin de savoir. Je tentai l'école. Il était 21 h 40, je m'en souviens avec précision. Elle décrocha. Toujours la même voix sans expression, si éloignée de celle que je connaissais.

— Bonjour, comment vas-tu ?

— Ça va.

— Les enfants ?

— Ça va.

— Ils sont avec toi ?

— Non. Guillemette est avec son mari.

— Que fais-tu ?

— Je travaille.

— À une heure pareille ?

J'entendais une voix à côté d'elle. Une voix d'homme. Alors, je ne pus m'en empêcher :

— Excuse-moi, tu n'es pas seule, lançai-je. Tu n'as pas perdu ton temps.

— Ce n'est pas du tout ce que tu crois. C'est Alain B., mon nouvel associé.

Je n'en crus rien. J'avais mal, mais je tenais une information d'importance. Mon hypothèse, à laquelle je croyais peu moi-même, était la bonne : Ghislaine était à Paris, à l'école.

Les jours passaient. La tragédie s'installait. Mais la terreur d'une disparition s'éloignait. Je savais où ils étaient, pour le moment. Ghislaine rue de Lille. Guillemette à Paris avec son mari. Quant à François, il ne pouvait être très loin de sa mère, en tout cas en relation avec elle. Je finirais bien par le découvrir.

Je répandis la nouvelle parmi mes amis. Plusieurs d'entre eux allèrent rue de Lille. Certains pour vérifier mes dires, d'autres pour tenter de rencontrer Ghislaine et peut-être de la ramener à la raison. D'autres encore… pour les deux.

Ce qu'ils me rapportèrent ne me rassura pas. Ma femme était bel et bien là et elle était sous bonne garde. Celui qui ouvrait la grande porte cochère, ou plutôt qui l'entrouvrait aux rares privilégiés autorisés à entrer, c'était Philippe, décidément préposé aux mauvais coups.

Lorsque Daniel, un merveilleux ami trop tôt disparu, se rendit rue de Lille et demanda à voir Ghislaine, le cerbère manqua de peu de lui casser la jambe en refermant brutalement la lourde porte. Tous étaient éconduits sans ménagement, avec dans le meilleur des cas une phrase que certains entendraient en d'autres circonstances : « Vous n'avez rien à faire ici. »

Je découvris ainsi que l'école, pour laquelle ma femme s'était battue depuis près de quatre ans, n'en était plus une. Elle était vide. Il n'y avait plus d'élèves, plus de cours, plus de professeurs. Et il n'y avait pas eu de rentrée le 13 septembre. J'allais d'ailleurs trouver dans ses affaires une lettre par laquelle elle annonçait aux étudiants en alternance qu'ils devaient chercher un autre établissement. Cette lettre était datée du 11 septembre. Son retour à Paris entre le 5 et le 7 septembre avait été un faux prétexte.

J'en eus la confirmation quelque temps plus tard par la présidente de l'association des anciennes élèves, que j'avais rencontrée à plusieurs reprises. Je lui téléphonai. Une dame étonnante de dynamisme et de dévouement, que Ghislaine aimait beaucoup et qui le lui rendait bien. Les locaux de l'association se trouvaient au fond de la cour de ce bel hôtel particulier où l'école était installée depuis 1925. Elle me raconta que, depuis la rentrée, il lui était difficile d'accéder à ses bureaux. Pour elle aussi, la porte ne faisait que s'entrouvrir.

Mais ce que j'appris sur les conditions de vie des trois reclus de la rue de Lille me bouleversa. Précaires était un euphémisme. C'était une école, pas un internat. Pas de lits, pas de sanitaires, pas d'eau chaude. Le mot confort était inconnu, l'hygiène réduite à sa plus simple expression. Il y avait bien une cuisine, mais elle était dévolue au couple de gardiens engagés avant l'été, dans d'étranges conditions. Ils allaient d'ailleurs bientôt quitter ce qu'ils commençaient à considérer comme une maison de fous.

La précarité était telle que, l'hiver venu, j'appris que ma fille avait acheté une couette et une couverture pour que sa mère ait moins froid.

Il fallait pourtant parvenir à pénétrer dans l'école. Mais comment faire ? Je ne me voyais pas escalader l'immeuble, en plein Paris « politique », truffé de policiers, en face de l'ambassade d'Allemagne et de ses caméras de surveillance, à deux pas de l'Assemblée nationale et du musée d'Orsay. Je croyais encore à cette époque à la voie légaliste, à celle de la police et de la justice.

Je me souvins alors d'une procédure utilisable en cas de disparition d'un proche, la recherche dans l'intérêt des familles (RIF). Je profitai d'un week-end à Meudon, invité par mes amis Daniel et Véronique, pour me sortir un peu de l'enfer et pour me rendre au commissariat. Je déposai une RIF et portai plainte pour expulsion.

Je dus attendre une éternité avant d'avoir un retour de cette fameuse RIF, qui permet simplement de savoir que la personne recherchée est encore en vie, sans préciser où elle se trouve afin de préserver sa liberté. Enfin, j'appris qu'un policier s'était rendu rue de Lille et qu'il avait rencontré ma femme. Elle n'avait rien perdu de sa superbe. « Vous voyez, je suis là », lui avait-elle lancé. Et d'ajouter, sarcastique : « On me cherche partout mais, comme vous pouvez le constater, je ne me cache pas. »

Je n'en appris pas davantage. Et cette intervention ne changea rien. J'en étais encore à espérer qu'un déclic se produise et rompe l'envoûtement. Mais mon combat, encore balbutiant, était en marche. Il ne s'arrêterait plus.

Pendant ce temps, mes amis stupéfaits ne restaient pas inactifs. Une excellente pianiste, chef de chant à l'Opéra, qui, avec son mari, participait depuis des années au succès de nos festivals, invita à dîner ma fille et mon gendre, qui avait été son élève au conservatoire de Paris. Lorsqu'elle m'appela le lendemain, ce fut pour me décrire une Guillemette murée dans une sourde hostilité, s'abritant derrière des phrases toutes faites pour revendiquer un « secret de famille » qui « ne regardait personne ».

Quelques mois plus tard, le 19 février 2002, Guillemette m'écrirait pour dénoncer le comportement intrusif de cette amie, son « tissu de mensonges », mais aussi celui de Sébastien, qui s'était comporté pendant ce dîner comme « le petit élève docile de son ancien professeur ». Sébastien, lui, me rapporterait ce qu'il avait alors dit à sa femme : « Si tu veux plonger, libre à toi, mais je ne plongerai pas avec toi. »

À quelque temps de là, Yveline, l'inlassable amie, provoqua un rendez-vous avec ma fille, Guillemette, au prétexte de lui remettre le ticket du pressing où elle avait déposé sa robe de mariée. Elle me décrivit la même jeune femme, laconique, froide, distante.

— Tu as eu une enfance malheureuse ? lui demanda Yveline. Tu as quelque chose à reprocher à ton père ?

— Non, répondit simplement ma fille.

Je tentai de me raccrocher à ces quelques mots.

En octobre, Guillemette et Sébastien partirent s'installer à Nice. Je n'avais plus de nouvelles. Je ne connaissais même pas leur adresse. Ils avaient disparu.

Les derniers jours d'octobre 2001 furent parmi les plus sombres de ma vie. J'étais désespéré, mais plus que jamais déterminé à arracher ma famille à cet abîme. La révolte et l'action me galvanisaient. Je n'avais encore rien vu.

Je ne pouvais plus attendre. Il fallait que je sache. Il fallait que j'y aille. Que s'était-il passé depuis mon expulsion musclée ? Où en était notre maison de Monflanquin ? Quelqu'un l'habitait-il ? Monflanquin, c'était vingt-cinq ans de ma vie et Bordeneuve, bien plus qu'une maison de campagne. Le

Parisien que j'étais y avait trouvé une terre d'adoption, une racine nourrie de l'attachement à mes beaux-parents et à leur famille, à des lieux, à de nombreux amis et au festival.

J'appelai Bertrand et Nadine. Pouvaient-ils venir me chercher à la gare d'Agen ? M'héberger quelques jours chez eux ? M'accompagner à Bordeneuve ? Je ne doutais pas de leur réponse. Ils savaient forcément ce qui nous arrivait, instruits par Rémi et Nicole, le frère de Bertrand et sa femme, qui m'avaient accueilli à Toulouse, le soir de mon expulsion. C'étaient des gens de foi, dont l'engagement religieux modelait la vie et les actes.

Quelques jours plus tard, au comble d'une excitation nourrie d'angoisse autant que d'impatience, je me retrouvai devant cette gare d'Agen où une partie de ma vie s'était arrêtée le 7 septembre. J'étais mal. À tel point que, apercevant à la descente du TGV un vieil ami pianiste, je me cachai dans un coin de mur afin qu'il ne me vît pas.

Tôt le lendemain matin, par un temps magnifique, nous parcourûmes les dix-huit kilomètres de Villeneuve-sur-Lot à Monflanquin. Cette route que je connaissais par cœur me paraissait brusquement étrangère, presque hostile. Je n'avais pas les clés de notre maison, mais notre jardinier, Maurice, une figure locale que l'on voyait parcourir les routes sur son éternelle mobylette bleue, en détenait un double. Je passai le prendre.

La maison n'était qu'à quelques centaines de mètres de chez lui et, à mesure que nous en approchions, mon angoisse augmentait. Qui allions-nous rencontrer ? Qu'allait-il se passer ? Que trouverais-je dans la maison ?

Nous gravîmes le chemin. Nous entrâmes dans la cour. Personne. Je pris la clé et essayai d'ouvrir la belle porte en chêne qui s'était refermée brutalement sur moi moins de trois semaines auparavant. Rien à faire. Ma clé n'ouvrait plus. La serrure, ici aussi, avait été changée. Je me précipitai vers le portail du garage. La même déconvenue m'attendait. J'étais exclu de tous les lieux qui nous appartenaient.

Bertrand ne se démonta pas. Il appela un serrurier qu'il connaissait bien. La matinée était déjà avancée quand celui-ci arriva. Le barillet céda enfin. La porte s'ouvrit. Plus mort que vif, j'entrai. La maison était comme figée. Rien n'avait changé depuis mon expulsion. Personne n'avait vécu là.

Je parcourus les pièces le cœur battant, me préparant à tout. Dans notre chambre, le lit n'était pas fait, mon pyjama était encore sous mon oreiller. Mon livre inachevé reposait sur ma table de nuit. Ma femme avait dormi là le 7 septembre, puis était partie à la hâte. Notre vie s'était arrêtée brusquement et la maison en témoignait.

La peur me reprit. Il fallait faire vite. Quelqu'un allait arriver, j'en étais sûr. Je guettais le moindre bruit. Nous repartîmes déjeuner et revînmes rapidement. Je rassemblai quelques affaires et commençai à tout examiner. Ce qui était notre bureau, à Ghislaine et à moi, était dans un état indescriptible.

Soudain, sur une chaise, j'avisai un sac blanc et rouge. Je le reconnus aussitôt. C'était le sac de Ghislaine, celui qu'elle avait porté tout l'été. Je le regardai avec émotion, sans y toucher. Jamais je n'avais ouvert le sac de ma femme.

« Regarde au moins ce qu'il y a dedans ! » me lança Bertrand. Je l'entrouvris, mal à l'aise, et commençai à en examiner le contenu : un peu de monnaie, une brosse à cheveux, un tube de rouge à lèvres… Un papier plié en deux attira mon attention. Je le sortis, le dépliai et blêmis.

— Que t'arrive-t-il ? s'inquiéta brusquement Nadine. Tu es livide. Tu ne vas pas te trouver mal ?

Je n'en croyais pas mes yeux. La feuille de papier que je venais de trouver était un mail adressé le matin du 7 septembre à mon épouse, via son frère aîné. Le nom de l'expéditeur ne me surprit pas. Tilly, le terrible marionnettiste poursuivait son travail de destruction. Il dictait très précisément à Ghislaine ses instructions pour mon expulsion. Tout y était, les mots, les gestes, les attitudes, les actes. Des instructions qu'elle avait suivies à la lettre.

Pendant quelques instants, je ne parvins pas à quitter des yeux ce document accablant. Il disait tant de choses. Là, en une vingtaine de lignes, dans un jargon délirant, s'étalait notre malheur. Sans un mot je le tendis à mes amis. S'il fallait une preuve de ce que j'avais raconté de cet acte d'une violence extrême, elle était là sous nos yeux. Je vis leurs visages changer d'expression à mesure qu'ils lisaient.

Pour moi comme pour tous ceux à qui je montrai ce document dans les semaines et les années qui suivirent, aucun doute n'était plus possible. Ces mots, ces formules, c'était bien un langage de secte. Il donnait brutalement une autre dimension à mon cauchemar. Et si le monstre n'était pas seul ? S'il appartenait à une organisation dont nous ignorions l'ampleur et la puissance ? Le danger n'en était que plus grand.

Je n'étais pas au bout de mes découvertes. Le sac de Ghislaine contenait une autre surprise. Une lettre. Je l'avais écrite trois jours avant le festival à notre amie Nicole, bras droit de Ghislaine chaque été depuis des années, lorsque nous avions brusquement appris, avec stupeur, qu'elle ne viendrait pas à Monflanquin. Sans explication. Je lui écrivais d'un ton un peu sec que nous l'attendions, que nous avions besoin d'elle, qu'elle ne pouvait pas nous laisser tomber ainsi. Nicole ne m'avait pas répondu et toute l'équipe l'avait jugée sévèrement. Brusquement, je comprenais : ma lettre était là, sous mes yeux. Ghislaine ne la lui avait pas envoyée.

Quelque temps plus tard, à mon retour à Paris, j'appelai Nicole. Elle me raconta comment, à la veille de Musique en Guyenne, Ghislaine l'avait prise à partie au téléphone. « Tu devrais avoir honte, lui avait-elle lancé, non seulement tu couches avec mon mari, mais en plus tu fauches dans la caisse du festival. » Nicole, stupéfaite, ne s'était pas démontée :

166

« Coucher avec ton mari, c'est une accusation ridicule, mais piquer dans la caisse, c'est inacceptable, tu ne me reverras plus. »

Ma femme aimait beaucoup Nicole. Elle ne pouvait pas avoir inventé de telles accusations. Un serpent les lui avait soufflées. Avec un objectif bien précis : diaboliser nos amis, les éloigner, faire le vide autour de nous pour mieux nous déstabiliser. Encore une méthode de secte.

Ces découvertes étaient terribles, la première surtout. Mais la journée n'était pas finie. Au milieu de notre bureau trônait une machine dont, j'en étais sûr, le contenu nous réservait d'autres surprises : l'ordinateur. Qu'allions-nous y trouver ? Une véritable mine. Deux dossiers dominaient les autres : IFSAD et Musique en Guyenne. Mais entre l'école et le festival, il y avait tant de pièces à ouvrir, à lire et sans doute à imprimer, qu'il fallait du temps. Or j'avais la hantise de voir débarquer quelqu'un de la famille. Martel était à trois pas. Je les savais violents. Peut-être avaient-ils vu la voiture. Décision fut prise d'embarquer l'unité centrale. Je respirai de m'éloigner de cette maison qui n'était déjà plus tout à fait la mienne.

La récolte fut bonne. Avec le mode d'emploi de mon expulsion, j'avais sans doute trouvé le pire. Mais l'ordinateur recélait des informations précieuses, qui venaient éclairer bien des événements. Sur l'école, sur le brutal limogeage de tous les professeurs en juin précédent, sur le recrutement de nouveaux enseignants dont certains cumulaient les matières et sur l'embauche d'un attaché de direction. Là, sous mes yeux, je retrouvai son nom, toujours le même : Tilly. Son contrat me sidéra, par ses avantages (une prime d'arrivée !), par son salaire, 25 000 francs, auquel s'ajoutait des frais astronomiques payés en livres sterling. Pas mal pour une école qui peinait à se relancer et dont la directrice gagnait à peine

13 000 francs par mois (moins de 2000 euros), dont elle laissait la moitié dans les caisses pour ménager les finances.

Je découvris surtout un extrait du livre de caisse de Musique en Guyenne qui me bouleversa. À la date du 28 juillet 1999, une ligne me crevait les yeux : honoraires, 185 000 francs (près de 28 000 euros). En liquide donc et au bénéfice du même prédateur. Une somme énorme pour un festival aux budgets serrés. Une somme, surtout, qui ne correspondait à aucune prestation pour le président et directeur artistique que j'étais. Pour une raison simple : en juillet 1999, je ne connaissais pas cet homme.

Je ne pouvais le croire. Ma femme adorait le festival. Nous l'avions bâti et développé ensemble, dans le village de sa famille. Qu'elle ait pu lui porter un tel coup en disait long sur le pouvoir de cet escroc, sur son emprise, sur ses méthodes. Il ne lui suffisait pas d'avoir dévalisé nos comptes, d'avoir mis l'école à sac. Tout allait y passer.

Je prenais plus encore la mesure du piège dans lequel notre famille était tombée. Il fallait pousser plus loin mes investigations. Il fallait surtout agir vite, sans perdre une seconde. Rentrer à Paris et revenir le plus tôt possible.

Dans l'immédiat, j'appelai un homme pour qui j'avais alors une réelle affection, Bertrand, le seul beau-frère qui me restait. Il était l'époux de la sœur de Ghislaine, disparue à la fin de 1997 dans des conditions très dures. Il ne savait rien du cauchemar que je vivais. Je lui relatai les événements depuis le 7 septembre. Son silence au bout du fil en dit long sur sa stupéfaction. « Il faut qu'on se voie rapidement, me dit-il. Viens à Bordeaux. Je t'attends. » Je n'avais pas de voiture. Il réfléchit et me proposa de le retrouver dans sa maison de campagne, non loin de Tonneins. Nous ferions chacun la moitié du chemin.

Nous nous retrouvâmes avec émotion dans cette vaste ferme restaurée avec goût, où tant d'événements familiaux nous avaient réunis. Il faisait très beau et nous nous assîmes sur une marche, au soleil, comme deux pauvres hères abandonnés. Cela me faisait du bien d'être avec ce témoin de notre vie heureuse.

Ce qu'il m'apprit ajouta à ma stupéfaction. Invité parmi les premiers au mariage de Guillemette, il avait vu, sans comprendre, ma femme changer de ton et d'attitude à son égard quelques semaines plus tard. Tant et si bien que, comme ses deux filles, son fils et leurs familles, tous si proches de nous depuis toujours, il avait compris qu'il ne serait pas le bienvenu le 1er septembre. Aucun d'entre eux n'était là. C'était toute une partie de ma belle-famille qui avait été écartée. Mais ma femme et mes enfants – et moi, croyait-il ! – n'étions pas les seuls à avoir pris nos distances. Depuis plusieurs mois, les frères de Ghislaine et ma belle-mère en avaient fait autant.

Alors, ses enfants avaient voulu en avoir le cœur net. Pourquoi ce soudain ostracisme à leur égard ? Ils avaient attendu que le festival soit terminé et, le 31 juillet, ils étaient allés à Martel pour rencontrer leur grand-mère et essayer de comprendre. Mal leur en avait pris ! Là, dans la maison de leurs grands-parents qui était aussi celle de leur enfance, à laquelle tant de souvenirs les rattachaient, ils avaient été accueillis avec brutalité. Leur oncle Philippe avait tenté de leur interdire l'entrée. Appelé au téléphone à Bordeaux, Charles-Henri leur avait intimé l'ordre de sortir immédiatement. Ma femme avait accouru de Bordeneuve pour prêter main-forte. Quant à leur grand-mère, un ami présent ce jour-là me le raconta, elle n'avait pas esquissé un geste pour calmer le jeu et retenir ses petits-enfants. Ils étaient repartis bouleversés.

Ce que j'apprenais là faisait de nouveau sonner l'alarme. Mon expulsion n'était pas un acte isolé. Je n'étais pas le seul exclu. Nous subissions une attaque en règle. Le diable était entré dans notre famille.

Je rentrai à Paris le cœur lourd. Quitter Monflanquin, c'était m'éloigner à nouveau des miens, de tout ce qui me les rappelait. Passer, peut-être, à côté d'autres informations. Pire encore, rater une chance de les apercevoir, de les rencontrer, de leur parler. Pourtant, au fond de ma tristesse, une petite lueur brillait désormais. Tout ce que j'avais découvert en quelques jours prenait forme et nourrissait ma soif d'action. Sans compter la solidarité de plus en plus active non pas de la famille, mais de mes amis, en Lot-et-Garonne comme à Paris.

Je n'eus guère de temps pour me laisser aller à la moindre euphorie. La réalité se rappela à moi sans ménagement. D'abord les impôts, comme chaque année, débarquèrent dans ma boîte aux lettres. Comment y faire face ? Je n'avais plus d'argent.

Des amis me proposèrent de m'aider. Je refusai. Je ne voulais pas entrer dans un engrenage dont l'issue est rarement heureuse. Je me tournai donc vers mes parents. Je les retrouvai à notre banque et ils me donnèrent une partie de ce qu'ils destinaient à François, comme ils l'avaient fait pour Guillemette au moment de son mariage. Plus que généreux depuis toujours, ils m'auraient tout donné tout de suite. Mais c'était impossible et je ne le voulais pas.

À la banque avec eux, je constatai, à leur immense tristesse combien cette épreuve était cruelle, à leur grand âge. Ce qui nous arrivait appartenait à un autre monde que le leur. Ils ne voyaient qu'une chose : leurs petits-enfants avaient disparu, leur belle-fille avait abandonné leur fils et ce fils était seul.

Ils avaient vécu deux guerres et leurs souffrances. Un jour de 1914, mes grands-parents maternels avaient dû fuir leur maison et ma mère, qui avait huit ans, n'avait pu emporter que sa poupée. À leur retour, ils n'avaient retrouvé que des ruines. Quant à mon père, né en 1910, il avait été prisonnier cinq ans en Allemagne. Peu avant leur rencontre en 1937, l'une avait perdu son père et l'autre sa mère. La vie ne les avait pas épargnés, mais en 1946 leur était né plus qu'un fils, une joie, un bonheur. Et ce bonheur était détruit.

Grâce à leur aide, je pus négocier un délai de paiement à la trésorerie, où un fonctionnaire compréhensif, sur ma bonne ou plutôt ma mauvaise mine, m'accorda dix mois. J'avais éteint un feu.

Je ne respirai pas longtemps. Le lendemain débarqua la première menace d'interdiction bancaire. Des chèques émis par ma femme étaient arrivés dans un compte vide… La banquière me rassura, elle s'en occupait. L'après-midi elle me rappela : elle avait réussi à joindre Ghislaine et à obtenir que la somme fût couverte sans délai. « J'ai fait ma grosse voix », me dit-elle, peut-être pour me dérider un peu. J'en étais incapable. D'autres alertes survinrent. À chaque fois, je colmatais les brèches mais il s'en ouvrait de nouvelles.

C'est à cette époque que cette femme énergique me proposa de m'appeler chaque matin pour faire le point et m'alerter s'il y avait lieu. Je guettais la pendule. Le téléphone sonnait. Je courbais l'échine. « Rien aujourd'hui », me disait-elle. Je respirais, jusqu'au lendemain. Un jour après l'autre, telle allait devenir ma philosophie.

Un matin, elle me raconta que Guillemette, vers la fin de septembre, était venue à l'agence, flanquée d'un homme de forte corpulence – Philippe, à l'évidence. Comme ma femme le 6 septembre, ma fille avait demandé le transfert de tout ce qu'elle possédait sur un compte à Londres. Inutile de chercher, il s'agissait de la même banque, du même numéro et du même bénéficiaire. La banquière, qui voyait la scène se répéter, s'en était émue. Guillemette n'avait pas l'air bien. Elle regardait la moquette et son oncle répondait à sa place. Quel est le motif de ce transfert, demanda-t-elle ? Convenances personnelles, répondit-il. Ma fille venait de repartir quand mes parents arrivèrent à la banque. Ils ne surent jamais qu'ils avaient failli tomber sur leur petite-fille, qui venait d'envoyer à son mentor les 150 000 francs qu'ils lui avaient donnés pour son mariage. On avait frôlé le drame.

Je ne pouvais me contenter de me défendre. Je devais reprendre l'initiative. Mais à qui m'adresser ? J'avais déjà rencontré des magistrats. Ils m'avaient écouté, mais étaient restés évasifs. Grâce à un ancien ministre de l'Intérieur, j'avais été reçu à un bon niveau de la hiérarchie policière, pour m'entendre dire que ma femme vivait certainement une aventure torride avec quelque amant. Comment trouver un meilleur levier, définir une vraie stratégie pour combattre les kidnappeurs de ma famille ? Le temps était venu de consulter un avocat.

Je fis la connaissance de Pascale un dimanche matin. C'était une grande et belle jeune femme, à l'énergie communicative. D'emblée, sa clarté et son allant me rassurèrent. Depuis près d'un mois je me démenais dans tous les sens. Il me fallait une ligne d'action. Pascale me l'apporta.

Son premier conseil me glaça. « Il faut engager une procédure de divorce », me dit-elle. C'était un mot terrible, à l'opposé de ma volonté de retrouver les miens et de reprendre notre vie. Pascale l'avait compris : « Vous n'allez pas divorcer pour vous séparer de votre femme, me dit-elle, mais pour vous protéger, protéger les biens qu'il vous reste et ceux de votre famille. Il ne s'agit pas d'un objectif, mais d'un moyen. »

C'est ce qu'elle dit à la magistrate qui nous reçut au palais de justice de Créteil quelques jours plus tard. Pascale avait décroché un rendez-vous en urgence. Tout était sombre ce jour-là, le temps, la pluie, l'horrible bâtisse stalinienne en béton, une femme en pleurs qui en sortait... J'entrai dans la salle d'attente derrière Pascale, terrorisé à l'idée que Ghislaine pût être là. « Mon client aime sa femme et ne veut pas divorcer », lança Pascale à la présidente ébahie. Je ressortis de là avec l'attribution de mon domicile, qui devait me garder de toute intrusion hostile.

Lors d'une des trois audiences de conciliation auxquelles Ghislaine ne vint jamais, je constatai que le dossier du juge ne contenait que deux types de pièces : deux courriers de ma femme et les copies des lettres que je lui avais adressées depuis mon éviction pour tenter de la raisonner, de lui dire que je l'aimais et qu'ils me manquaient tous les trois. Comment avait-elle pu ?

Pendant que nous travaillions ensemble ce dimanche-là, le téléphone sonna. Au bout du fil, personne. Je raccrochai. Il sonna de nouveau. Cette fois, j'entendis quelqu'un respirer bruyamment en forçant son souffle. Je raccrochai. Trois fois de suite, le même appel retentit. Au suivant, mon avocate prit le combiné et écouta : la même respiration forcée, agressive, menaçante. Douze fois de suite en moins de vingt minutes, le même appel se répéta. « Venez avec moi, me dit-elle alors, je vous emmène porter plainte au commissariat. Je ne serai pas votre avocate mais votre témoin. »

Cette plainte, évidemment, n'aboutit jamais. Classée sans suite, comme tant d'autres que je déposai tout au long de ces années, y compris celle concernant le détournement de fonds du festival. Mais cette initiative me rassura et me permit de prendre la mesure de cette avocate avec laquelle j'allais me battre pendant six ans.

J'eus par la suite plusieurs autres appels anonymes. Un jour, le message fut plus explicite : « On va venir avec des gros bras et on va vider ta maison. » Puis cela cessa.

À cette époque, j'avais peur. Une peur obscure me tenaillait, partout où je me trouvais. Je sursautais au moindre bruit. Lorsque je sortais, je ne reconnaissais plus mon quartier, où pourtant je suis né et que je n'ai quitté que pour des reportages à travers le monde. Tout me paraissait hostile, inquiétant. Chez moi, je vivais volets clos, rideaux tirés. Je n'allais presque pas dans le jardin que j'aimais tant et où l'automne, certains jours, se prenait encore pour l'été.

À la suite des menaces téléphoniques, j'avais barricadé ma porte d'entrée et je passais par le sous-sol pour sortir. Au point que, lorsque des amis m'invitaient à dîner, je leur demandais de venir me chercher et de me raccompagner, non pas devant ma porte, mais à l'intérieur de la maison. Je ne me reconnaissais pas.

Ce fut une des périodes les plus noires de ma vie. Car non content de s'attaquer à moi, le démon qui détruisait notre famille allait bientôt ordonner à Ghislaine de s'en prendre à mes parents. Cruellement.

Le premier appel eut lieu le 13 septembre 2001 vers 22 heures. Ma mère décrocha et Ghislaine lui demanda de lui passer mon père. Très vindicative, elle l'accusa d'appartenir à une secte. « Cessez de manipuler votre fils », grinça-t-elle. Elle ajouta qu'elle avait contacté l'Observatoire des sectes, avant de lancer : « Je vous aurai. »

Le téléphone sonna de nouveau le dimanche 16 septembre à 19 h 20. Ghislaine demanda à parler à mon père et lui dit :

— Pourquoi avez-vous offert un crucifix à votre fils ?

— Nous lui en avons donné un pour sa première communion, il y a des années, répondit mon père.

— Non, récemment ! jeta-t-elle. (Et elle raccrocha.)

Le troisième coup de fil eut lieu le lundi 17 septembre à 19 heures. D'une voix plus calme, elle demanda à mon père s'il connaissait le dossier X, le dossier Y, le dossier Z.

— Je ne comprends rien, lui dit mon père.

— Cessez de mentir, lança-t-elle. (Et elle raccrocha.)

La cruauté de ces appels atteignit son but : mes parents étaient assommés. Comment leur bru depuis vingt-cinq ans, qu'ils aimaient beaucoup et qu'ils avaient tant gâtée, pouvait-elle tenir des propos aussi hargneux et incompréhensibles ? Mais cet épisode eut un autre effet : j'étais de plus en plus convaincu d'être aux prises avec une secte.

C'est à cette époque que, pour étayer mon dossier de divorce, mon avocate me demanda de récolter des attestations.

174

Il ne s'agissait pas de nuire à ma femme, mais de montrer comment, en quelques mois, ses propos, son vocabulaire, son comportement, son physique même (elle avait perdu douze kilos !) avaient changé. Puisque tous nos amis s'accordaient à trouver Ghislaine étrange, différente, qu'avaient-ils remarqué ? Depuis quand ? Personne ne se déroba. Je recueillis vingt-sept témoignages. Ce fut terrible de lire sous la plume de nos proches sa descente aux enfers.

9

Jean

Ma mère mourut le 19 novembre. À plus de 95 ans, la mort n'était pas une intruse. Mais elle survenait au milieu d'une tragédie familiale qui avait plongé mes parents dans une tristesse indicible. Je ne me consolais pas de la voir disparaître sans qu'elle ait revu ses petits-enfants, désespérée de me savoir abandonné, anéantie par une tornade incompréhensible. Je ne pouvais non plus m'empêcher de voir dans ce que nous vivions la cause de son brusque décès. Pour moi, elle était morte de chagrin, même si mon père m'assurait que non.

Mes parents étaient des rocs et je les voulais éternels. J'avais tellement besoin d'eux ! Quatre jours auparavant, la vivacité de cette petite dame d'un mètre cinquante était intacte et je l'avais vue partir faire ses courses de son pas toujours alerte. Dans son quartier, c'était une figure, toujours gaie et positive, et leur couple suscitait la sympathie et l'admiration.

Trois jours plus tôt, j'avais dîné chez eux. Ma mère, plus encore qu'à l'accoutumée, avait parlé d'abondance, racontant avec une sorte de ferveur sa vie heureuse à Lille avec ses parents dans les années vingt. Elle avait adoré sa ville

176

et j'avais appris ce soir-là une foule d'anecdotes qu'elle ne m'avait jamais racontées. Comme si elle avait brusquement besoin de revivre son passé avec les deux hommes de sa vie. Nous en avions été surpris, mon père et moi.

J'étais reparti assez tard et, sur le pas de sa porte, elle m'avait regardé descendre l'escalier avec une intensité telle que j'avais failli remonter les marches pour l'embrasser encore une fois. Nous allons nous revoir très vite, pensai-je avec une retenue que je regrette encore, et je n'en fis rien.

En cette mi-novembre, j'étais déjà au plus bas. Il y avait à peine dix semaines que ma famille et ma vie avaient explosé et chaque journée était une épreuve. Je perdais pied.

Le dimanche, j'avais retrouvé un peu d'énergie en allant déjeuner chez un vieil ami. Fin cuisinier, il m'avait régalé et ces quelques heures avec un témoin de mes 20 ans, puis de ma vie de famille, m'avaient ragaillardi. J'étais rentré à Fontenay à pied et cette heure de marche soutenue par un froid sec et lumineux m'avait fait du bien. Arrivé à la maison, j'appelai mes parents, comme je le faisais chaque jour. Personne. Tant mieux, pensai-je, ils aiment toujours autant sortir.

Quelques instants plus tard, vers 19 heures, le téléphone sonna. C'était mon père. Je n'oublierai jamais sa voix lourde d'émotion et ses cinq premiers mots : « Nous vivons des heures tragiques. » Il m'expliqua que, depuis la veille, maman n'allait pas bien. Elle n'avait pas dormi, ne s'était pas alimentée. Elle avait passé sa journée aux toilettes. Inquiet, il s'était décidé à entrouvrir la porte et il l'avait trouvée appuyée contre le mur, souillée et visiblement épuisée. Et pourtant – que de fois il me le raconta les larmes aux yeux –, elle lui avait souri.

Je lui demandai s'ils avaient appelé leur médecin. « Nous n'avons pas voulu le déranger un dimanche, me dit-il. » J'étais furieux et le lui dis. J'appelai SOS Médecins. Puis je fonçai chez eux. Ma mère était allongée par terre dans le salon. Elle était à demi consciente mais lorsque je lui demandai comment elle se sentait, elle réussit à balbutier : « Ça va bien. »

Le médecin arriva. « Il faut l'hospitaliser d'urgence », me dit-il. Il appela le Samu. Vingt minutes plus tard, alors que je venais de la hisser dans un fauteuil, cinq gaillards, infirmiers et pompiers, envahirent le petit appartement. Je reverrai toujours l'expression de terreur indicible de ma mère quand elle vit le médecin lui poser une perfusion et les infirmiers déplier le brancard. Elle avait compris. Sans états d'âme, ces professionnels qui en avaient vu d'autres commencèrent à l'emmener. Je les suivis dans l'escalier et jusqu'à l'ambulance. La nécessité d'agir vite qui m'avait mobilisé s'effaçait maintenant devant la peur et l'effondrement. Je parlais à ma mère : « Ce n'est rien. Ils t'emmènent pour des examens. Dès demain, tu seras de retour chez toi. Tu es la meilleure des mamans. Je t'aime tant. »

Le lendemain matin, j'appelai les urgences. Une jeune médecin me dit sans ambages : « Votre mère a bien dormi, mais ne tardez pas, ses fonctions vitales baissent très vite. » Je passai chercher mon père et, le temps de remplir les formalités, de l'installer dans un fauteuil roulant pour lui épargner les couloirs et trouver le service où maman avait été transportée, ce que nous aperçûmes en arrivant au seuil de la chambre nous glaça. Ma mère était allongée, immobile, les yeux grands ouverts, le regard fixe, tournée vers la fenêtre. Sans un battement de cils. Seul le mouvement régulier de sa chemise de nuit indiquait un souffle de vie. « Elle est dans le coma, prévint le médecin, mais à un stade où il est probable qu'elle vous entende. »

Chaque minute des trois heures qui suivirent est à jamais gravée dans ma mémoire. Aussi lourdes à raconter aujourd'hui qu'à vivre ce jour-là. Les médecins hésitaient. De quoi ma mère était-elle en train de mourir ? Car le doute n'était plus permis, même si mon père et moi refusions de nous y soumettre. Radios, symptômes, analyses les aiguillèrent vers un diagnostic : « Une ischémie mésentérique », conclurent-ils. Ils nous expliquèrent qu'il s'agissait d'une sorte d'infarctus de l'intestin.

Je les pressai d'intervenir, de tout faire pour la sauver. Impossible de laisser ma mère disparaître ainsi, sans rien tenter ! « Après 70 ans, une intervention est vouée à l'échec », m'expliqua le médecin, qui nous consacra tout le temps que j'attendais de lui. Je suppliai. C'était ma mère ! Ils firent venir un anesthésiste. Il l'examina. « Elle ne survivra pas à une anesthésie », énonça-t-il au pied de son lit. Entendit-elle tomber la sentence ?

Éperdu de douleur, je ne tenais pas en place. Tantôt je restais près d'elle, je lui prenais la main, je lui parlais, je lui disais combien je l'aimais. Tantôt je sortais de la chambre pour téléphoner. J'appelais ma femme, j'appelais les enfants. J'accablais leurs boîtes vocales de messages de détresse et de reproches : ma mère, votre grand-mère va mal, très mal. Elle est en train de mourir. Aucun message. Aucun appel. Ils ne réagissaient pas. Ma mère, qui les aimait tant, était au seuil de la mort et ils me laissaient seul.

Entre deux appels, je remontais dans la chambre. Mon père était assis auprès de sa femme. Il ne la quittait pas des yeux. Il ne disait mot. Sa douleur était muette.

Brusquement, je vis ses paupières trembler un instant, puis se figer. Sa poitrine ne bougea plus. « C'est fini », dit mon père. Il ne pleura pas. Pas ce jour-là en tout cas. Mais quelques instants plus tard, j'entendis monter du fond de sa poitrine une longue plainte, sourde, effroyable, comme je n'en avais jamais entendu. Un sanglot. Ce fut tout. Je l'entends encore.

Je venais de perdre ma mère. Il venait de perdre sa femme, sa compagne, sa complice. Soixante-quatre années de leur vie venaient de prendre fin avec celle qu'il aimait.

« Ne t'inquiète pas, je tiendrai le coup », me dit-il doucement. Aujourd'hui encore, la dignité dont mon père fit preuve ce jour-là et jusqu'à son décès le 15 juin 2004 continue de faire mon admiration.

J'étais incapable de bouger. Je lui demandai de lui fermer les yeux. Nous la contemplâmes de longues minutes pour conserver son image à jamais.

Il était tard lorsque nous nous résolûmes à partir. Comme deux automates, nous rejoignîmes la voiture. Le pilotage automatique nous ramena chez mes parents – chez mon père désormais. Je dormis avec lui cette nuit-là et pas mal d'autres. J'étais effondré. Je ne cessai de pleurer des jours durant.

Il fallait maintenant organiser les obsèques. Je m'y attelai donc. Seul. Pas tout à fait, car un ami força une fois encore mon admiration et mon affection. Le matin de mon rendez-vous aux pompes funèbres, Jean-Yves me téléphona. « Je serai avec toi tout à l'heure », me dit-il simplement. Et ce cadre dirigeant d'un grand groupe industriel ne me quitta pas de l'après-midi.

Nous n'étions pas seuls non plus, mon père et moi, le jour des obsèques. Tous nos amis étaient là. Le seul beau-frère qui me restait était venu de Bordeaux. Nièces, neveux et cousins s'étaient libérés. Mon père n'en revenait pas de voir tant de monde. L'explosion de notre famille était toute récente et chacun était sous le choc. Des amis de Monflanquin avaient envoyé une magnifique couronne. Les témoins de notre vie étaient encore tout proches.

Mais trois personnes manquaient cruellement ce jour-là : Ghislaine, Guillemette et François. Ils n'étaient pas là pour dire adieu à leur belle-mère et grand-mère. Ils n'étaient pas à mes côtés dans cette nouvelle épreuve. Leur absence en disait long sur le drame qui dévorait notre famille.

J'avais rédigé le faire-part comme si rien n'était arrivé. Ma femme, nos enfants et Sébastien y étaient à leur place. Je le leur envoyai. Quelques jours plus tard, je reçus de

Guillemette et de François les mêmes lignes laconiques : « Mon cher papa, je viens d'apprendre le malheur qui nous frappe tous, le départ de grand-mère. Sache que je suis plus près de toi que jamais et je t'envoie tout mon amour pour t'aider dans cette épreuve. » Ce n'était pas leurs mots. Une main étrangère avait tenu la leur.

J'appris par la suite que Sébastien avait voulu ajouter quelques lignes personnelles, affectueuses, à mon intention. Ma fille le lui avait interdit et avait eu cette phrase terrible : « Ce n'est pas elle qui aurait dû partir en premier. »

Trente mois plus tard, lorsque mon père disparaîtrait à son tour et que je leur adresserais un faire-part où ils étaient tous de nouveau à leur place, je serais convoqué à la gendarmerie de Vincennes : ils avaient porté plainte, pour harcèlement…

Au début de novembre, un matin, peu avant le décès de ma mère, le téléphone sonna. La voix que j'entendis me fit bondir d'espoir. C'était Sébastien.

— Je t'appelle, me dit-il d'un ton embarrassé, parce que je suis à Paris pour des répétitions. Il commence à faire frais à Nice et Guillemette voudrait récupérer des vêtements chauds. Pourrais-tu les apporter à mon hôtel, près de la salle Gaveau ?

Je ne lui promis rien. J'étais furieux. Ma fille ne m'avait pas donné signe de vie depuis son appel le soir du 11 septembre et brusquement elle se rappelait mon existence parce qu'elle avait froid. Il n'était pas question que j'y aille.

C'est ainsi que l'après-midi même je déposai deux gros sacs de vêtements et de chaussures à l'hôtel où était descendu mon gendre. J'avais le secret espoir de le voir, mais il n'en fut rien. Avant cela, je le rappelai.

— Je viendrai, mais à une condition. Promets-moi de me téléphoner de temps en temps pour me donner de vos nouvelles.

— J'ai eu envie de le faire à plusieurs reprises, me répondit-il. Mais Guillemette me l'avait interdit et, si elle m'avait interrogé, j'aurais été incapable de lui mentir sans me trahir.

Sébastien tentait de préserver son couple et il avait raison. Il tint parole et m'appela deux fois.

La seconde fois, c'était entre Noël et le jour de l'An. J'avais vu arriver ces fêtes, si heureuses depuis vingt-cinq ans, avec terreur. Ce serait les premières sans ma famille, sans ma mère. Tous ceux que le malheur a frappés savent ce que sont alors ces périodes de liesse programmée.

Le jour de Noël, nous ne le passâmes pas seuls, mon père et moi : nos merveilleux cousins Suzanne et Dominique nous invitèrent, entourés de leur famille dont nous étions si proches. Et pour la fin de l'année, je fus invité chez Marie-Laure et son mari, dans leur superbe maison de Carnac. Ils avaient eu la belle idée, pour me changer les idées, de m'offrir une thalassothérapie. En dehors des séances de soins, je marchais pendant des heures le long de la côte. En larmes.

Ghislaine

Pour ces fêtes de Noël 2001, nous nous retrouvons donc en famille à Martel. Ne manquent que Jean et Guillemette. Notre fille habite maintenant Nice où son mari est entré à l'Opéra, mais il est entendu qu'elle nous rejoindra pour fêter le Nouvel An.

Étrange Noël que nous célébrons frileusement, nous serrant les coudes, avec ce sentiment propre à tous les rescapés, à tous les miraculés, que la guerre gronde tout autour de nous et que nous sommes chanceux d'être encore en vie. Philippe et Brigitte ne se lâchent plus la main, lui a

182

perdu sa chère Mercedes dans la bagarre et elle, amaigrie, le regard fiévreux, tremble à chaque bruit de moteur en se rappelant que son mari la cherche pour la faire interner. Maman a compris que ses deux gendres voulaient notre perte et elle a récemment raccroché au nez de Jean, qu'elle adorait autrefois, en lui lançant : « Monsieur, je ne vous connais pas. » Charles-Henri et Christine, qui ont déjà mis « à l'abri » des francs-maçons une grande partie de leurs capitaux, vivent suspendus aux consignes de Tilly qui leur téléphone plusieurs fois par jour.

Quant à moi, j'ai perdu mon école, en dépit de ses promesses mirobolantes, en dépit des « je m'en occupe, ne te fais pas de souci », mais je suis si ahurie de ce qui nous arrive que pas une seconde je ne songe à lui demander des comptes – c'est tout de même lui qui a expédié l'école dans le mur en me faisant licencier les professeurs puis miroiter l'arrivée des Chinois. Dans un état normal, je le vois clairement aujourd'hui, il est la première personne contre laquelle j'aurais dû me retourner, la première personne dont j'aurais dû mettre en doute les décisions et l'autorité. Or pas une seconde je n'y songe. Quand j'y pense en rédigeant ce livre, je suis sidérée par mon incapacité à réfléchir, à me poser les bonnes questions, sidérée par mon absence absolue de lucidité. Mais c'est exactement cela le système Tilly : nous précipiter dans une tempête permanente, de sorte que nous n'ayons jamais le loisir de nous retourner, car tandis que tout s'effondre derrière nous, ce qui s'annonce est encore bien plus effrayant.

Certes, l'école est perdue, mais aussi invraisemblable que cela paraisse, je n'en parlerai plus jamais à Tilly car la priorité ce n'est plus l'école, mais bel et bien de sauver notre peau face à la détermination nouvelle des réseaux de Jean qui ne reculent plus devant l'impensable : saboter notre voiture... pour nous tuer !

Guillemette nous rejoint à Martel comme convenu, le 30 décembre, pour fêter le Nouvel An. Sébastien ne l'accompagne pas car il a trop de travail à l'Opéra.

Le matin même du jour où elle doit regagner Nice, Tilly me téléphone, manifestement pressé, la voix métallique :

— Guillemette est encore là ?

— Oui, tu tombes à point, elle s'apprête à partir...

— Eh bien retiens-la, il ne faut à aucun prix qu'elle rentre, elle est en danger.

— Oh ! Tu as appris quelque chose ?

— Mes équipes travaillent, tout cela demande encore à être vérifié, mais il semblerait que Sébastien la trompe, il aurait passé les deux dernières nuits avec des prostituées. Je crains que Jean et lui...

— Mon Dieu !

— Oui, je t'avais déjà fait part de mes doutes sur ce garçon, et malheureusement ils se confirment. Donc, tu retiens Guillemette. Excuse-moi, j'ai plusieurs urgences, je dois te laisser, mais je te rappelle plus tard.

Guillemette blêmit lorsque je lui fais part de la mise en garde de Tilly. Elle a une foi absolue en lui et je vois au vacillement de son regard que la confiance qu'elle avait en Sébastien se fissure brusquement. Le doute s'immisce dans son esprit et la fait trembler imperceptiblement.

Durant ses fiançailles, il est exact que Tilly n'avait pas cessé d'égratigner la belle image que j'avais de Sébastien. Selon lui, il n'était pas l'homme qu'il donnait à voir. Tilly ne m'en avait pas dit beaucoup plus, mais son insistance à le dénigrer m'avait poussée à lui dire un jour : « Écoute, si tu penses que ce mariage est une folie, je peux tout arrêter. Après tout, ils peuvent très bien vivre ensemble sans être mariés. Même si cela doit choquer dans la famille, je m'en fiche. » Ce à quoi Tilly avait aussitôt rétorqué : « Non, tu dois respecter les sentiments de ta fille, elle aime ce garçon, laisse-la se marier avec lui. »

Derrière cette injonction paradoxale – Sébastien n'est pas honnête, mais laisse Guillemette l'épouser –, ce que je vois aujourd'hui, c'est la perversité de Tilly : il fallait que ce mariage eût lieu pour qu'il puisse ensuite le détruire, et détruire ainsi Guillemette s'il y parvenait.

« Sauver » Guillemette d'un Sébastien prétendument diabolique, c'est le nouveau combat qui tombe à pic pour nous faire oublier la perte de l'école et l'attentat avorté perpétré par Jean en sabotant la Mercedes (sur lequel Tilly préfère sans doute éviter que je m'appesantisse trop, tant c'est énorme et extravagant).

Ne voyant pas revenir sa femme, Sébastien lui téléphone. La réponse de Guillemette est tout aussi extravagante : « Nous ne pouvons pas aller à la gare, la voiture a été sabotée. » Puis elle évoque des problèmes à l'intérieur de la famille et je devine que, tout comme Jean au début, Sébastien doit percevoir que sa femme ne lui dit pas la vérité, que quelque chose de grave est en train de se mettre en place dont il n'a pas les codes.

Quand Tilly apprend que les deux jeunes mariés se sont parlé, il est furieux, et il interdit à Guillemette de prendre désormais son mari au téléphone. « Thierry me fait comprendre que je dois terminer ma relation avec Sébastien, écrit sobrement Guillemette dans son mémoire au juge d'instruction. Il serait corrompu par mon père et l'autre partie de la famille. »

Elle n'en dit pas plus, comme pour ne pas réveiller en elle une souffrance abominable, dévastatrice, celle dont nous sommes les témoins impuissants durant ce terrible mois de janvier 2002. Sébastien appelle tous les jours, de plus en plus fébrile, de plus en plus angoissé, et nous refusons de lui passer sa femme. Bientôt, sur les consignes de Tilly, c'est Christine qui le prend au téléphone, Christine dont il ne peut pas ignorer qu'elle n'a aucune sympathie pour Guillemette, et réciproquement (comme quoi la perversion de Tilly se loge aussi dans les détails). Oh ! les hurlements de folie de Guillemette qui résonnent dans toute la maison, puis ses sanglots, sa détresse, à l'instant où Christine raccroche au nez de Sébastien… Quatre mois plus tôt, elle épousait cet homme adorable, elle était heureuse et resplendissante, et à présent, complices inconscients du diable, nous nous liguons tous pour anéantir son beau rêve.

Guillemette ne dort plus, ne mange plus, en quelques jours seulement elle n'est plus que l'ombre d'elle-même, petit visage maladif et blême aux yeux creusés par la souffrance. Son calvaire est également le mien, je la prends la nuit dans mon lit pour tenter de la réconforter, partagée entre la nécessité de la protéger (car je crois Tilly, je n'ai aucun doute sur la dangerosité de Sébastien) et la conscience aiguë de sa douleur.

Suis-je suffisamment lucide pour me rendre compte que Tilly détruit le couple de ma fille exactement comme il a détruit le mien, en recourant strictement au même procédé – ton mari est un débauché, un maniaque sexuel, un dangereux malade ? Non, car je crois que si j'avais été capable de faire le rapprochement, j'aurais peut-être perçu la monstruosité de Tilly et le doute se serait alors installé dans mon esprit. La vérité, c'est que je ne suis plus capable d'aucun recul, d'aucune réflexion, prisonnière des événements qui s'enchaînent à une vitesse vertigineuse et seulement soucieuse de ne pas m'effondrer.

Jean

« Eh bien moi, je vais aller les voir à Martel ! » C'est ce que me dit crânement Marie-Laure au début de janvier 2002. Amie d'enfance de Ghislaine, ses parents ont été depuis toujours des intimes de mes beaux-parents. Sa sœur aînée et son mari sont pour nous des amis très proches. Ils ont acheté et restauré avec goût une jolie maison près de Cancon, où nous sommes allés fréquemment dîner et piquer une tête dans la piscine.

De cette vieille famille du Lot-et-Garonne, Marie-Laure était celle que je connaissais le moins. J'avais été d'autant plus surpris et touché lorsqu'elle m'avait appelé en novembre 2001 pour me témoigner une solidarité à laquelle je ne m'attendais pas. Avec son mari, elle m'avait invité chez elle, à Carnac, pour ma première fin d'année sans famille et m'avait offert une thalassothérapie. J'avais été ému par tant de gentillesse.

Ce petit bout de femme battante et entreprenante ne s'était pas arrêté là : c'est elle qui m'avait mis en relation avec un ancien ministre de l'Intérieur. Et elle avait appelé Ghislaine. La conversation avait été aussi brève que mouvementée. À Marie-Laure qui lui disait ce qu'elle pensait du bon-homme Tilly et lui conseillait de le fuir à toutes jambes, ma femme avait répondu par un « occupe-toi de tes fesses ! » qui laissait peu de place au raisonnement. Mais il en aurait fallu plus pour désarçonner notre amie. Puisqu'elle venait en Lot-et-Garonne voir sa mère au début de l'année, elle irait à Martel. Ne serait-ce que pour présenter ses vœux à ma belle-mère.

En chemin, ce vendredi 4 janvier, juste avant d'arriver au château, elle m'appela. « Je te téléphone en sortant », me dit-elle. C'est ce qu'elle fit, moins d'un quart d'heure plus tard, encore abasourdie.

Tout était allé très vite. Il faisait déjà nuit et la cour comme la maison étaient plongées dans l'obscurité. Marie-Laure avait monté les marches du perron. Elle avait sonné et sonné encore. Pas de réponse. Pas un bruit. La maison semblait déserte.

Elle allait repartir lorsqu'une petite lumière avait surgi dans le vestibule. Ce qu'elle avait vu alors derrière la vitre de la vieille porte ocre rouge l'avait sidérée.

Ils étaient tous là, assis, immobiles, dans le noir. La petite lumière, c'était la guirlande du sapin de Noël. Elle n'eut pas le temps d'en voir davantage. Soudain, la porte s'ouvrit et ma belle-mère sortit sur le perron. Marie-Laure ne l'avait jamais vue ainsi, hagarde, échevelée, furieuse, littéralement hors d'elle. « Je viens voir Ghislaine, dit-elle, je suis inquiète pour elle et pour Jean. » Elle ne put ajouter un mot. En la menaçant de sa canne, ma belle-mère éructa : « Ghislaine est en lieu sûr. Tu n'as rien à faire ici. Nous sommes en danger. Ça fait vingt-cinq ans que ça dure. Va-t'en ! » Elle n'entendit pas Marie-Laure lui répondre : « Vous êtes devenus fous ! Vous allez être ruinés. » Elle rentra dans la maison et claqua la porte.

Marie-Laure, depuis son échange pétaradant avec Ghislaine deux mois plus tôt, savait à quoi s'en tenir. Elle ne s'attendait pas à être invitée à prendre le thé au petit salon. Mais pas davantage à une réaction aussi violente. Démente. Ceux qu'elle venait de voir n'avaient plus rien de commun avec la famille qu'elle avait connue. Les amis avaient changé. On les avait changés.

La scène que vécut Marie-Laure ce jour-là n'était pas une péripétie exceptionnelle, une mise en scène destinée à l'impressionner ou à la faire fuir, puisqu'elle arrivait à l'improviste. Ce que vit notre amie avait une tout autre portée. Elle contenait la plupart des ingrédients de leur nouvelle vie.

Ils étaient regroupés à Martel dans le noir, parce que Tilly le leur avait prescrit. Il ne leur avait d'ailleurs pas pris que la lumière. Il leur avait également ôté la mesure du temps. Interdit les montres, les pendules, les calendriers. Non content d'avoir confisqué leur libre arbitre, leur volonté, leur autonomie, il les privait de leurs repères. Dans tous les domaines, affectif, familial, professionnel, mais aussi maté-riel et temporel. Il ne faisait pas que les décérébrer, il les dépersonnalisait. Comme des prisonniers dans un camp. Ou dans une secte.

Pourquoi opère-t-il ainsi ? Pour mieux les déstabiliser et les tenir. Tout est bon pour entretenir la confusion, la précarité, la peur et rester le seul point fixe, le sauveur, l'unique recours. Il y a eu et il y aura encore les menaces, les séparations brutales, les coups de théâtre, les urgences, les nouvelles fracassantes. Il y aura aussi les humiliations. Et toujours la terreur.

Attention toutefois aux conclusions hâtives et tellement tentantes ! Le jour où Marie-Laure débarque à Martel, ils ne sont pas rassemblés dans le noir et le silence pour se livrer à la méditation ou à quelque cérémonie occulte. Il n'y aura jamais ni gri-gri, ni incantation, ni trémoussements plus ou moins hypnotiques, ni pratiques sacrificielles. Les seuls sacrifices, d'ailleurs plutôt inhumains, seront ceux de ces années perdues et traumatisantes. Jamais aucune référence religieuse ou philosophique ne sera associée à l'emprise de Tilly. Il est loin de tout ça. Et c'est là où s'arrête l'aura du gourou. Il utilise une partie de la panoplie sectaire parce que ça marche, parce que ses outils sont au point. Il n'a pas d'état d'âme. Pas plus que de sens moral, comme le confirmera une étude graphologique que je ferai réaliser à partir d'un document de sa main. C'est un pragmatique. Un prédateur. Pas un prédicateur.

Il faudra du temps avant que j'abandonne la piste de la secte et que cette peur me quitte. Un avocat qui s'intéresse aux dérives sectaires entretiendra ma conviction et l'orien-tation de mon combat en dressant un jour une liste de ces pratiques et en les comparant à ce que nous vivions. Ce jour-là, pour une fois, il aura raison. Tout y est. Sauf la revendication métaphysique ou religieuse et le recrutement d'autres adeptes. Et puis des faits inquiétants appuieront nos angoisses. Certains, une nuit, entendront des cris provenant du château. Des chiens aboieront. Une lumière sera aperçue dans la cour. J'en serai averti. Il n'en faudra pas davantage pour que la machine à imaginer le pire se mette en marche. Et il y a de quoi. Ils sont devenus si étranges. Si différents.

Parmi les témoins de leur métamorphose extérieurs à la famille, Maryse m'en apprendra beaucoup sur leur vie et leur comportement à Martel.

Maryse et son mari ont été engagés comme gardiens en 1999. Ils sont logés dans les bâtiments de l'ancienne ferme, juste avant la cour. Charles-Henri a eu la main heureuse. Ils sont sympathiques, actifs, droits et courageux. D'emblée, le courant passe avec ma belle-mère et avec mon beau-frère. Ce dernier, avec une gentillesse qui les touche, les aide à remettre leur logement en état. Après la tempête de Noël 1999, qui a abattu plusieurs dizaines d'arbres magnifiques de la propriété, le mari travaille d'arrache-pied avec lui pour dégager ce qui peut l'être, manier la tronçonneuse et faire du bois. Ma belle-mère échange des livres avec Maryse. Les nouveaux gardiens ont proposé de créer un potager sur l'un des flancs du pré qui entoure le château. Ils y travaillent dur et ne manquent jamais de partager leur récolte. C'est l'occasion de bavarder un peu. La vie est belle quand les relations sont bonnes.

À partir de 2001, le climat change. Maryse et son mari s'étonnent de les voir tous réunis, mais n'en soufflent mot. Ils ne vont bientôt plus reconnaître leurs patrons. Les surprises se multiplient. Les incidents aussi.

Fini les échanges de livres, les conversations chaleureuses. Les contacts se tarissent. La porte du château reste fermée et les visages aussi. Maryse dépose maintenant les légumes sur le rebord de la fenêtre de la cuisine et si d'aventure elle se hasarde à sonner, la main qui entrouvre la porte prend le sac et la referme aussitôt. Ils ne se disent plus bonjour, ils détournent la tête à leur passage. Charles-Henri est devenu ombrageux, agressif même. Un jour, brusquement, il apostrophe son gardien et se met en colère. Une autre fois, avant que les ponts ne soient coupés, Maryse a parlé avec ma belle-sœur d'un livre qui l'a intéressée : il y est question d'une secte. Celle-ci a eu un mouvement de recul.

Maryse et son mari ne comprendraient pas ces changements d'attitude s'ils n'entendaient pas la rumeur qui monte alentour. Et qui parle de gourou, de secte.

Je connais Maryse et son mari. Nous les avons invités un soir, peu après leur arrivée à Martel, à prendre un verre à Bordeneuve. Je l'appelle. Tout ce qu'elle me raconte alors me bouleverse un peu plus.

Une scène parmi d'autres me serre la gorge, car mon fils y est présent. Une fin d'après-midi, le mari et la femme remontent du potager. Dans la cour, François et son cousin Amaury jouent au ballon. Les deux garçons connaissent bien le couple. Pourtant, dès qu'ils les aperçoivent, ils se précipitent dans la maison. « Comme s'ils avaient vu le diable », conclut Maryse, embarrassée d'ajouter à ma peine.

Ils ne sont pas au bout de leurs surprises. Un matin, ils reçoivent une lettre recommandée. Ils doivent quitter Martel sans délai. Quelques jours auparavant, ils ont croisé Charles-Henri. Il ne leur a rien dit.

Tilly a obtenu ce qu'il voulait. Leur confiance est aveugle et leur dépendance totale. Ils appliquent ses instructions. L'une d'elles est particulièrement terrible : « Soyez méchants, leur a-t-il dit. N'êtes-vous pas menacés ? Pas de quartier pour vos ennemis ! Le monde vous en veut. Il faut rendre coup pour coup. » Ils obéissent. Leur attitude à l'égard de Maryse et de son mari n'est pas le seul exemple. Pas plus que leur soudaine et incompréhensible hostilité vis-à-vis de mes parents au mariage de Guillemette. Et nous n'en sommes qu'au début.

Ghislaine

Tilly décide de nous envoyer à la rencontre de Sébastien. Dans son discours, il s'agit de tenter l'impossible pour que Guillemette et son mari se réconcilient, en dépit de ses « déviances sexuelles » et de son appartenance au réseau de Jean. Mais la stratégie que met en place Tilly pour le retour de Guillemette à Nice est exactement à l'opposé, je le vois aujourd'hui, de ce qu'il aurait fallu faire pour leur donner une petite chance de se retrouver.

Au tout début de février, nous recevons l'ordre de descendre à Nice flanqués de mon neveu Guillaume. C'est un petit commando qui se met en route – Guillemette, Guillaume et moi – comme si nous allions au-devant d'un homme dangereux, en tout cas trop dangereux pour laisser Guillemette tenter seule l'aventure.

La consigne est d'arriver le soir dans les environs de Nice, de dormir à l'hôtel (Tilly nous a désigné l'hôtel depuis Londres, un établissement sordide comme d'habitude), de façon à surprendre Sébastien à 6 heures du matin chez lui. Pourquoi le surprendre ? Et pourquoi à 6 heures du matin – l'heure habituelle des descentes de police ? Nous sommes si conditionnés par Tilly que nous ne nous posons ni la question de surgir à trois, ni la question de l'heure, certainement les pires conditions pour reprendre le fil d'une relation amoureuse.

Tout se passe donc au plus mal, à l'inverse de ce que Guillemette et moi avions espéré, mais assurément tel que Tilly l'avait prévu.

Nous sonnons donc à 6 heures et il nous faut insister pour tirer Sébastien du sommeil (on se couche tard à l'Opéra). Un Sébastien terrifié lorsqu'il comprend que nous sommes plusieurs derrière sa porte. Voilà un mois que nous refusons de lui passer sa femme au téléphone, et soudain elle est là, mais accompagnée et à une heure impossible. Pourquoi ne l'a-t-elle pas prévenu ? Pourquoi ne s'est-elle pas donné les moyens d'organiser un tête-à-tête à un moment favorable, en fin d'après-midi par exemple ? Inévitablement, Sébastien songe à un coup tordu. D'autant que Tilly a raison sur un point : abasourdi par notre attitude depuis un mois, éperdu de chagrin, Sébastien a appelé Jean, son beau-père, pour tâcher de comprendre le soudain rejet de Guillemette. Il n'a pas adhéré au « réseau » de Jean, qui n'existe que dans la fable inventée par Tilly, mais Jean a pu lui expliquer que nous étions tous sous l'emprise d'un redoutable escroc et que celui-ci était capable de nous pousser à commettre des actes effrayants – et Jean lui a raconté comment nous l'avions jeté hors de sa propre maison.

Autant dire que Sébastien n'est pas disposé à nous ouvrir sa porte et que sa frayeur n'a probablement d'égal que la nôtre : car de notre point de vue, le mari de Guillemette est un assassin en puissance, tout aussi décidé que Jean à nous supprimer.

Tilly a donc réussi cette gageure de mettre en présence, sur le même palier, deux de ses proies terrorisées l'une par l'autre par la seule force de ses mensonges.

La première chose que fait Sébastien, c'est naturellement d'appeler Jean, le seul susceptible de comprendre immédiatement la situation et de lui donner un conseil intelligent.

Puis il entrouvre sa porte et autorise Guillemette à entrer, mais sans nous. Elle hésite. « Tilly m'avait conseillé de ne pas entrer seule, écrira-t-elle dans son mémoire, et il m'avait interdit de manger ou de boire – "Il pourrait t'empoisonner."

« Lorsque j'entre dans l'appartement, poursuit-elle, je suis choquée et triste car je remarque tout de suite que Sébastien ne porte plus son alliance. Je le lui dis et il me répond : "Mais je peux la remettre." L'appartement est en désordre, sale, et notre chambre paraît avoir été occupée par une autre femme. Déjà !

« Nous discutons, plus exactement nous essayons, sachant que Sébastien se prépare… il doit partir travailler. Nous nous apprêtons à sortir de l'appartement quand je découvre Sébastien comme jamais je ne l'avais vu auparavant : il se saisit d'un grand couteau de cuisine puis se dirige vers l'entrée. Je lui ordonne d'un ton sec de poser ce couteau. Je le lui répéterai trois fois avant qu'il se décide à le poser. Il me dira par la suite que cela ne m'était pas destiné. »

Sur le palier, nous entendons les hurlements de Guillemette : « Sébastien, pose ce couteau ! Pose ce couteau immédiatement ! » Guillaume et moi sommes alors plaqués contre le mur, les jambes flageolantes : dans notre optique, Sébastien est parfaitement capable d'attenter à la vie de Guillemette, puis de sortir et de nous poignarder.

Mais il apparaît finalement mains nues, amaigri, le regard halluciné, profondément différent du garçon épanoui que nous avons marié cinq mois plus tôt. Il accepte, comme je le propose, de nous accompagner prendre un café.

« La discussion n'a abouti à rien, écrira encore Guillemette dans son mémoire, parce que Sébastien était complètement hermétique à nos paroles, et nous, convaincus des affirmations de Tilly. Puis Sébastien est parti travailler, à aucun moment il n'a voulu changer son emploi du temps malgré la situation. J'ai interprété son comportement comme le signe que tout était terminé entre nous. D'ailleurs, un mois plus tard, le jour de mon anniversaire, j'ai reçu sa demande de divorce. »

Je me rappelle cette discussion au café, ce dialogue de fous, devrais-je écrire, tant nous avions mis de fougue à essayer de le convaincre qu'il était en danger dans le réseau de Jean, que les hommes de ce réseau pouvaient se retourner contre lui… et lui paralysé, le regard agrandi par l'effroi, ne trouvant rien à répondre, nous observant tous les trois comme si nous étions des extraterrestres, ou des malades mentaux. Avec le recul, je ne suis pas étonnée qu'il ait préféré renoncer et divorcer rapidement. Il faut la force et l'entêtement de Jean, nos vingt-cinq années de mariage et nos deux enfants pour choisir de se battre contre une telle folie.

Guillemette reçoit effectivement, pour ses vingt-cinq ans, le 7 mars 2002, une assignation en divorce identique à celle que m'avait adressée Jean six mois plus tôt rue de Lille. Le lendemain, apprenant la nouvelle par ma bouche, Tilly a le ton satisfait d'un homme qui vient de réussir un joli coup.

— Parfait Ghislaine ! Parfait ! s'exclame-t-il. Maintenant, vous allez vous organiser toutes les deux pour que les choses aillent vite, et le meilleur moyen pour cela c'est que vous preniez le même avocat.

— Ah, je n'y avais pas pensé.

— C'est bien pourquoi je te le dis. Tu prends ta fille avec toi et vous filez immédiatement à Agen choisir un avocat. Renseigne-toi, prends celui qui a la réputation d'être le plus dynamique. Je te rappelle ce soir.

Matraquée, décérébrée, j'interprète la satisfaction manifeste de Tilly comme une preuve supplémentaire de son sens moral : après avoir sauvé la mère des griffes d'un monstre, il vient de sauver la fille. Chargé de l'équilibre du monde au sein de l'ONU et de l'OTAN, bienfaiteur de l'humanité, Tilly a toutes les raisons à mes yeux de se féliciter d'avoir mené à bien cette double mission.

La vérité m'apparaît autrement aujourd'hui : je devine le malin plaisir qu'a dû éprouver ce grand pervers à faire divorcer la mère et la fille en même temps, et par le même avocat. En six mois seulement, il sera donc parvenu à casser nos deux mariages et à si bien diaboliser Jean et Sébastien que nous les avons expulsés de nos vies avec une violence, une inhumanité dignes des grands moments de l'Inquisition.

Jean

Je tressaillis de joie lorsque le téléphone sonna ce soir-là, au début de janvier, en reconnaissant la voix à l'autre bout du fil. C'était Sébastien. Il ne m'avait pas oublié. Les fêtes tant redoutées étaient derrière nous. 2001 avait été une *annus horribilis*, mais je voulais croire en 2002. Demain serait forcément meilleur qu'aujourd'hui. Ma joie fut brève.

« Me voilà dans la même situation que toi, me dit-il d'une voix blanche. Guillemette devait rentrer dimanche soir. Elle avait son billet de retour. Mais elle n'est pas revenue. Elle m'a appelé de Martel pour me dire que personne ne pouvait la conduire à la gare d'Agen parce que la voiture avait été sabotée. Je n'ai pas pu en savoir plus, elle a raccroché. Depuis j'essaye de la joindre à Martel, mais je tombe tout le temps sur le répondeur. »

J'avais essayé moi aussi, à de nombreuses reprises, d'appeler Martel, où je les savais tous depuis Noël. Une seule fois, quelqu'un avait décroché. C'était ma belle-mère. « Bonjour mamie, c'est Jean », avais-je dit. « Allô, allô », me répondait la voix, comme si elle ne m'entendait pas. « Mamie, c'est Jean », avais-je insisté. Sa réponse m'avait glacé : « Monsieur, je ne vous connais pas. » Et elle avait raccroché.

J'étais bouleversé par ce que m'apprenait Sébastien. L'entreprise de démolition continuait. Ma fille et son mari, que je croyais protégés, étaient à leur tour tombés dans la toile destructrice de Tilly. Pourquoi Guillemette était-elle allée à Martel ? Pour passer quelques jours avec sa grand-mère qu'elle aimait profondément ? Ou pour d'autres raisons au cœur de la tragédie qui dévorait notre famille ? Qui était à Martel à ce moment-là ? Ma belle-mère, François et les cousins, comme ma fille l'avait assuré à son mari avant de partir ? Ou d'autres aussi, ma femme notamment ? Et dans ce cas, ma fille et son couple n'étaient-ils pas en danger ?

Les réponses à ces questions arrivèrent les unes après les autres.

Un premier doute fut bientôt levé, le plus important : ma femme était à Martel. Des amis qui passaient sur la route longeant la propriété l'avaient aperçue dans la cour. Ils m'avaient appelé aussitôt, comme tant d'autres le feraient pendant toutes ces années, me dotant très vite d'un service de renseignements efficace.

Cette information venait corroborer ce que je savais par ailleurs : Ghislaine ne pouvait plus être à l'école, où elle avait campé dans le plus grand dénuement avec son frère et sa compagne pendant près de quatre mois. Pour une raison simple : l'école, moribonde avant l'été, privée de professeurs et d'élèves à la rentrée, avait cessé d'exister en novembre. La société avait été mise en liquidation avec un lourd passif. Je l'avais appris en ouvrant le courrier de Ghislaine, qui arrivait encore à la maison à cette époque, et j'avais pris langue avec l'administrateur en charge de la liquidation. Difficile de se maintenir dans ces lieux où débarquaient chaque jour huissiers et liquidateurs pour faire place nette.

Apprenant cela, j'étais allé faire un tour à l'école dans les derniers jours de décembre. La porte était ouverte. Le sinistre cerbère avait disparu. Et j'étais entré dans la cour, très ému de retrouver ces lieux où j'étais venu si souvent aux jours heureux et où ma femme avait habité depuis sa disparition. Je m'étais enhardi à monter le grand escalier. Des hommes allaient et venaient, mais personne n'avait fait attention à moi. J'étais reparti calciné.

Ghislaine avait donc rejoint les autres, juste avant Noël. Et ce n'était pas seulement sa grand-mère que Guillemette était venue voir, c'était sa mère. Le danger était là. Et le pire était arrivé. Ma fille était entrée à son tour dans le groupe. Dans la secte ?

Brusquement, un mail en date du 5 décembre adressé au cadet de mes beaux-frères prenait tout son sens. Comment était-il entré en ma possession ? La tournure grave que prenaient les événements avait décidé mon gendre à « casser » le mot de passe de Guillemette et de quelques autres. Et ce virtuose aussi à l'aise avec un clavier d'ordinateur que devant son piano avait réussi. Une seule boîte avait résisté, celle de Ghislaine. Peu importait ! Nous avions bien assez d'informations avec les autres car ils se transféraient les mails.

Que disait ce courriel du 5 décembre 2001 ? Il annonçait tout simplement, trois semaines à l'avance, que Guillemette devait être séparée de son mari et embarquée à son tour. « Il est temps, il faut arrêter que Ghislaine se cache derrière les difficultés de sa fille dues à un petit con immature », écrivait Tilly dans son jargon à l'orthographe approximative. Sa conclusion était sans ambiguïté : « L'opération pour aider Guillemette a déjà commencé. »

Tout devenait clair à présent. Tant que Guillemette restait un électron libre à Nice auprès de son mari, Ghislaine était le maillon faible du groupe. Il lui fallait ses deux enfants avec elle. Sinon, à tout moment, elle pouvait lâcher prise et faire échouer l'opération de destruction. Le prédateur devait intervenir. Vite.

Une fois à Martel, Guillemette ne devait plus pouvoir en sortir. Pas question de la laisser repartir pour Nice, rejoindre son mari. Car « le petit con immature », c'était lui. L'ultime obstacle encore dressé devant la prise en main de toute la famille. J'avais été évincé. Il devait l'être aussi. Non pas en l'expulsant de chez lui, comme moi, mais en kidnappant sa femme.

Jour après jour, Sébastien appela Martel pour parler à Guillemette. Quand il ne tombait pas sur le répondeur, c'était ma belle-sœur qui lui répondait. Celle que l'on essayerait de faire passer plus tard pour rebelle à la manipulation et à son auteur ne jouait pas un meilleur rôle que les autres. « Guillemette n'est pas là, répondait-elle. Elle est allée faire des courses. » Mais il y avait bien pire : « Guillemette ne veut pas te parler pour l'instant, elle réfléchit. »

Sébastien et moi nous appelions presque chaque jour. Sa détresse décuplait la mienne. Je ne pouvais accepter l'idée que ce jeune couple marié depuis quatre mois se laisse détruire ainsi. « Je vais aller la chercher », me dit-il, déterminé. Il avait raison et j'eus tort : je le lui déconseillai dans l'immédiat. « Nous irons ensemble, lui dis-je, mais pas tout de suite et pas seuls. Nous devons réunir des amis. »

Aller à Martel, provoquer une rencontre par tous les moyens, arracher une explication à ceux que la presse baptiserait deux ans plus tard les reclus de Monflanquin, j'y étais résolu. Mais la plupart de ceux qui m'entouraient tantôt me le déconseillaient, tantôt en faisaient le projet pour plus tard, tantôt encore proposaient carrément d'enlever l'un d'entre eux pendant qu'ils faisaient leurs courses. Le résultat, c'est que rien ne se fit jamais.

Terré au fond de mon lit, ce faux refuge où s'aiguisait mon désespoir, j'écoutais mon gendre. Je mesurais son désarroi à l'aune du mien. Je le revoyais le 1er septembre, au soir de son mariage à Martel. Il s'était assis un instant et m'avait dit : « Jean, je suis heureux. Je viens d'avoir trente ans, j'ai décroché mon premier poste et je viens d'épouser Guillemette. » C'était à peine quatre mois plus tôt.

Notre famille se décomposait sous les coups méthodiques d'un monstre froid et nous assistions, impuissants, à sa destruction. Ses meilleurs alliés, les instruments de cette horreur, étaient nos proches, ceux que nous aimions. Ils allaient l'être de plus en plus.

En février, Sébastien vint à Paris, chez sa mère. Il en profita pour venir me voir. C'était étrange de se retrouver seuls tous les deux, comme deux âmes en peine. Je le revois assis dans le canapé du salon où s'étaient échafaudés tant de projets et préparé leur mariage moins d'un an auparavant. Nous étions très émus l'un et l'autre.

— Que dois-je faire ? me demanda-t-il.

— Je crois qu'il faut demander le divorce, comme je le fais, pour nous protéger. Nous savons toi et moi que nous aimons nos femmes. Il sera toujours temps de nous remarier lorsque nous les retrouverons.

Il était stupéfait et je ne l'étais pas moins de m'entendre lui donner ce conseil insolite et dur. Il allait d'ailleurs sidérer son avocat lorsqu'il lui rapporterait mes propos et notre relation. Avoir son beau-père comme allié ne doit pas être si fréquent en pareille circonstance. Mais rencontre-t-on souvent de pareilles circonstances ?

Je serais resté avec Sébastien pendant des heures tant la présence du mari de ma fille me rapprochait des miens et du bonheur enfui. Il avait vécu avec elle pendant ces quatre mois où elle avait disparu de ma vie. J'avais besoin de le voir, de le regarder. Et de tout savoir.

Alors il me raconta combien Guillemette avait changé depuis leur retour de voyage de noces. Lors de leur déménagement, elle n'avait pas desserré les dents entre Paris et Nice. Installés dans un appartement très agréable en plein centre-ville, elle était souvent sombre, sujette à de brusques crises d'angoisse. Elle passait son temps au téléphone ou sur Internet avec sa mère, ce qui exaspérait Sébastien. Un soir, en allant au cinéma, ils se disputèrent. Guillemette s'enfuit. Il la retrouva à 2 heures du matin dans une cabine téléphonique. Avec sa mère au bout du fil.

Je revoyais ma fille si belle, si heureuse le 1er septembre. Mais son beau-frère attendait Sébastien pour le raccompagner. Je vis repartir celui qui était encore mon gendre avec une profonde tristesse. Quand le reverrais-je ? Où en serait notre famille ? Il me promit de m'appeler dès son retour à Nice.

Il m'appela le lendemain soir. Il venait de rentrer chez lui. Un nouveau choc l'y attendait. Guillemette était revenue en son absence. Elle avait emporté toutes ses affaires. Il me raconta que lorsque le trio infernal était venu, début février, il avait commis ce qui n'aurait pas dû être une erreur. Il lui avait dit qu'il allait passer quelques jours à Paris. Et surtout, il avait remis à sa femme la clé du verrou qu'il avait fait ajouter. Quoi de plus normal ! Il avait simplement oublié que précisément, depuis bien longtemps, rien n'était plus « normal ».

Ghislaine

Nos deux divorces sont en bonne voie et Tilly doit secrètement rêver du jour où, Bordeneuve étant devenue ma propriété exclusive (Jean garderait Fontenay et moi cette maison), il va me convaincre de vendre et de lui confier l'argent afin de le mettre à l'abri des francs-maçons. En attendant, il a une nouvelle mission pour moi : partir à Albiez-Montrond, une station de ski proche de Saint-Jean-de-Maurienne, pour surveiller les travaux d'un ensemble immobilier dont il partage la promotion avec son père.

Je découvre tout cela dans l'espace d'une communication téléphonique et je dois faire un effort pour ne pas m'y perdre : Tilly et son père ont donc investi dans la construction d'une résidence de quatre immeubles, à 1500 mètres d'altitude, et je dois y aller pour faire le point sur les travaux en cours.

— Oui, d'accord, mais pourquoi moi ?

— Tout simplement parce que cet ensemble immobilier vous est destiné, me rétorque Tilly.

— Attends, je ne comprends pas...

— C'est pourtant simple : en retour de l'argent que vous m'avez confié, cette résidence va vous revenir, à vous, les

Védrines, tes frères et toi et tous vos enfants. C'est pourquoi je souhaite que tu deviennes gérante de la SCI qui mène le projet et que vous vous investissiez tous dans sa construction.

— Ah, très bien... Excuse-moi, mais il me faut tout de même un peu de temps pour assimiler autant d'informations.

— Tu vas donc partir là-bas te rendre compte par toi-même que votre argent a été bien investi. Et tu me tiens au courant.

Toujours pressé, accaparé par d'autres missions, Tilly me raccroche pratiquement au nez.

Durant ce mois de mars 2002, je pars donc pour Albiez-Montrond, accompagnée de Guillemette, de François et d'Amaury, dont les vies sont désormais en panne : la première recroquevillée sur son chagrin après avoir vu son avenir s'effondrer, les deux garçons livrés à eux-mêmes après avoir séjourné quelques semaines en Angleterre où ils ont vainement attendu que Tilly s'occupe d'eux, comme il le leur avait promis, mais n'ont fait que traîner d'hôtels en chambres de bonnes.

Arrivés à Albiez-Montrond, nous logeons dans deux studios du fameux ensemble immobilier qui doit nous revenir. Le projet est alléchant et semble en bonne voie : sur les quatre immeubles prévus, deux sont achevés, la carcasse de béton du troisième est construite tandis que les fondations du quatrième ont démarré. Je suis censée surveiller les travaux, mais ils semblent interrompus et quand j'appelle les entreprises elles me répondent qu'elles se remettront au travail quand M. Tilly aura réglé toutes les factures en souffrance. Je suis si convaincue de son honnêteté et de sa toute-puissance que je souris en les écoutant se plaindre : « Ne vous inquiétez pas, voyons, M. Tilly va vous payer », ajoutant à part moi : « S'ils savaient qui est Tilly, ils n'auraient aucune crainte. » Je réclame les factures, supposant que la poste les a perdues, et j'indique à Tilly que je les

202

lui envoie par courrier recommandé : « Pas de problème, Ghislaine, je m'en occupe. »

Je fais la connaissance de ses parents qui tiennent un magasin dans la station. J'apprends qu'ils ont eu leur fils très jeunes. La mère n'a même pas cinquante ans, c'est une femme-enfant charmante. Elle se coiffe comme Mireille Mathieu, porte des jupes d'écolière et se confie dès la première minute : Thierry n'est pas gentil avec elle, ni Jessica, sa femme, elle n'a pas le droit de voir ses petits-enfants. De ce que son père me rapporte, je comprends qu'il est le gérant d'une première SCI qui a financé la première tranche des travaux, tandis que son fils, gérant d'une deuxième SCI, censé financer la seconde tranche, non seulement ne finance rien, mais doit de l'argent à son père. C'est pourquoi le père et le fils ne se parlent plus. Quand le père comprend que je soutiens son fils, que j'ai une confiance aveugle en lui, il cesse de me parler et m'évite lorsque nous le croisons dans la station.

Comme les travaux ne reprennent pas, que le printemps est en avance, nous passons nos journées à nous promener. Amaury et François profitent de la nature et se détendent ; Guillemette a besoin de parler et je fais tout mon possible pour la réconforter. Nous sommes de retour aux studios le soir pour une de nos émissions favorites, la *Star Academy*.

Nous étions partis pour trois ou quatre jours, Tilly nous maintient sur place cinq semaines sans autre tâche que de nous promener – car le chantier demeure en panne – avant de nous faire rentrer à Martel du jour au lendemain.

Depuis les fêtes de Noël, Tilly nous a demandé de nous regrouper à Martel pour éviter un nouveau coup des francs-maçons aiguillonnés par Jean et par mon beau-frère. Les équipes de Tilly, évidemment invisibles, veillent nuit et jour sur Martel, nous n'avons donc rien à craindre à l'intérieur du château. En revanche nous prenons un risque considérable chaque fois que nous en sortons car ses hommes ne peuvent pas être partout.

En regagnant Martel, nous y retrouvons l'ambiance à la fois confinée et rassurante qui prévalait en janvier. Tous les Védrines sont là ou presque (si l'on excepte les enfants de Philippe qui continuent de considérer Tilly comme « un zouave »), regroupés autour de maman qui ne met plus le nez dehors : Philippe et Brigitte, qui se voient comme des miraculés après le sabotage de leur Mercedes ; Charles-Henri et Christine, qui ont abandonné Bordeaux, même si Charles-Henri y retourne pour recevoir ses patientes – et nous ne vivons pas en songeant aux risques qu'il prend ; leur fils aîné, Guillaume, en stage aux États-Unis mais qui revient régulièrement et ne nous inquiète pas, lui, car nous le savons directement protégé par Tilly qui fera bientôt de lui son bras droit ; Amaury, le cadet, qui était avec moi à Albiez-Montrond et qui se trouve dans la même expectative que François : tous les deux attendent de Tilly qu'il décide de leur carrière professionnelle, et pour l'heure ils ne font rien d'autre que regarder la télévision ou jouer au football autour du château ; Diane, la petite dernière de Charles-Henri, qui a été mise en pension à Poitiers à la demande de Tilly, de sorte qu'elle passe ses week-ends enfermée au château et la semaine chez les religieuses à déprimer ; enfin Guillemette et moi.

Au total, nous sommes onze : « Les onze reclus de Monflanquin », comme la presse nous désignera bientôt.

Nous n'avons rien d'autre à faire qu'espérer que le combat engagé à l'extérieur tournera en notre faveur, et en attendant nous nous occupons comme nous pouvons. Maman m'apprend la tapisserie et je consacre cinq ou six heures par jour à recouvrir des fauteuils. De son côté, elle fait une nappe au point de croix pour Tilly, mais il ne faut pas le dire, c'est une surprise. Comme elle se fatigue vite et perd un peu la vue, je lui donne un coup de main. Nous en profitons pour parler, ce que nous n'avions jamais eu le temps de faire, et elle me raconte comment elle a tenu seule toute la propriété durant les quatre années de captivité de papa. Les Allemands étaient autour du château, ils saisissaient les récoltes, on manquait de tout, et elle avait su faire front.

— Eh bien tu vois, dit-elle, c'est de nouveau la guerre et nous faisons front.

— C'est vrai, maman, c'est exactement ça, j'admire ton courage, tu sais.

— Si je ne donne pas l'exemple, qui le donnera ?

Oui, nous sommes en guerre de nouveau, assiégés par un ennemi bien présent mais invisible.

Christine se charge des courses, après avoir obtenu de Tilly l'autorisation de sortir à heures fixes, le temps qu'il mette ses équipes sur le qui-vive le long des routes et aux abords du supermarché.

Nous survivons chichement en rassemblant le peu que Tilly nous laisse : la retraite de maman, celle de Philippe et le chômage de Guillemette (moi, je ne gagne plus rien). Tout le reste – les revenus importants de Charles-Henri, l'argent des ventes de nos derniers biens, les loyers de deux appartements que possède encore maman, etc. – s'en va sur les comptes anglais de Tilly pour financer « le combat ». « Vous ne vous rendez pas compte de ce que mon patron fait pour vous », nous répète-t-il quotidiennement, si bien que nous éprouvons un soulagement à lui envoyer de l'argent, encore de l'argent, toujours plus d'argent, comme si nous avions une dette inépuisable envers lui et son patron. Et quelle dette, en effet, si l'on songe que sans ces deux hommes et leurs agents, plusieurs d'entre nous seraient probablement déjà morts !

Tilly a même demandé à Guillemette et à François de vider leurs livrets d'épargne, ce qu'ils ont fait bien volontiers. Les parents de Jean avaient donné 150 000 francs à Guillemette pour son mariage, et je me rappelle notre écœurement quand Tilly nous a révélé que c'était en vérité de l'argent volé aux juifs par le père de Jean pendant la guerre. « C'est de l'argent sale, vous ne devez pas le garder », nous a-t-il expliqué, et dans l'heure nous le lui avons expédié, soulagés qu'il nous offre cette solution pour nous laver de la honte d'avoir compté dans notre famille le père de Jean.

Nous sommes enfermés à Martel, mais Jean ne nous abandonne pas. Pratiquement tous les jours il dépose un ou plusieurs messages dans la boîte vocale de mon téléphone portable que j'ai l'interdiction de décrocher. Messages que je recopie secrètement dans un carnet, preuve qu'une partie de moi continue de croire en Jean, de l'aimer, de l'attendre, en dépit de toutes les horreurs que j'entends sur lui et auxquelles je prête foi.

Le 23 mai 2002 :

« Bonjour ma chérie, je continue de t'appeler comme ça parce que, quoi que tu fasses, tu restes ma femme. Même s'il est évident maintenant pour tout le monde, et surtout pour les gens qui sont des professionnels de la maladie, que tu es en plein délire, que vous êtes en plein délire, ou alors il faudra que vous démontriez qu'il y a autre chose que l'effet de domination d'un petit mafieux incapable, analphabète, bien connu de la police. (…) Quant à ce que tu fais avec les enfants, c'est tout simplement monstrueux. »

Le même 23 mai, mais un peu plus tard :

« Je me suis un peu exaspéré tout à l'heure, ma Ghislaine, parce que c'est vrai que de vous voir vous détruire… C'est lui le vrai malade mental, ce Tilly de merde, ce petit mafieux… Que tu me coupes de mes enfants, c'est vraiment odieux... Le jour où tu te réveilleras, tu seras choquée, et tu le regretteras amèrement, mais ce sera fait. Détruire le foyer de Guillemette, bousiller une année pour François, faire tout ce mal autour de vous sous l'emprise d'un monstre... même si vous croyez que c'est un type formidable. Le jour où vous découvrirez la vérité sur ce bonhomme, vous allez tomber de votre armoire. »

Le 10 juin :

« Je t'aime Ghislaine, ne l'oublie pas. Quoi que tu aies fait, là où tu es, si on te fait croire que tu es coupable de quoi que ce soit, ne le crois pas. Reviens-moi ! Moi, je t'aiderai de toutes mes forces, quoi que tu aies pu faire. J'adore mes enfants. Embrasse-les pour moi, vous me manquez terriblement. »

Le 21 juin :

« Arrête Ghislaine, je t'en supplie. Arrête, tu en as fait assez comme ça pour briser tout ce que tu as autour de toi, et nous notamment. Personne ne vous veut de mal, on essaie simplement de vous tirer d'affaire et que notre famille se retrouve. Est-ce qu'on t'a capturé l'esprit au point que tu ne puisses pas comprendre cela ? Ma chérie, sors nos enfants de tout ça. Te rends-tu compte que ça fait dix mois que je n'ai pas entendu le son de leur voix ? Vous êtes fous, vous êtes en plein délire. »

Le 25 juin :

« Je sais que vous êtes barricadés, cloîtrés... vous croyez à des dangers extérieurs, vous croyez que nous sommes tous mauvais, on a réussi à vous mettre ça dans la tête et vous n'en démordez pas. Je ne sais pas dans quelle secte vous êtes tombés, dans quelle peur affreuse, mais c'est terrible parce que vous vous trompez, vous *êtes* trompés sur toute la ligne. C'est terrible pour nous, et c'est terrible pour vous parce que vous ne pouvez pas être heureux, on le sait bien. Je vous aime toujours autant, je n'attends qu'une chose, c'est de vous retrouver. »

Martel,
la propriété
familiale
de Monflanquin
(Lot-et-Garonne),
avant le séisme.

© PhotoPQR/La Dépêche du midi/Jean-Louis Amelia

Thierry Tilly, en 1997, au moment de sa première rencontre
avec Ghislaine de Védrines à l'école La Femme Secrétaire.

Juillet/Août 2001. Dernier été avant l'éclatement de la famille.

Les Marchand à Bordeneuve, leur maison de Monflanquin.

Les dernières vacances heureuses, à Orange. Guillemette, Ghislaine et Jean (*de g. à d.*).

Le dernier grand concert de Musique en Guyenne dans la cour de Martel, organisé par Ghislaine et Jean.

En mariant leur fille Guillemette, le 1er septembre 2001, Ghislaine et Jean donnaient l'image d'un couple heureux. Six jours plus tard, sur ordre de Thierry Tilly, Ghislaine et ses frères expulsaient Jean.

**Deux des messages les plus destructeurs envoyés,
dans un jargon délirant, par Thierry Tilly
à Ghislaine de Védrines** (ci-dessous et page suivante).

Dans le fax du 8 mars 2001, Thierry Tilly qualifie Jean Marchand de « psychopathe »...

Expéditeur : tilly thierry		**Destinataire :** ghislaine	
Société :		**Fax** : 0033553719145	D39
Téléphone :			
Fax :		**Date** : 08/03/01 15:00	

Objet :

Message :

1

psychopathie pour le reste de ta vie qui est le resultat d'une vie sectaire induit et voulu par le pere

2

nicole preuve d'amour pour avoir supporte une maitresse sous mon toit, dans mon village

3

nadine████
et les problemes de moeurs inherents a l'entourage de monique

4

monique
role de confidente et de confesseur voire de directrice de conscience qui a guide son chemin initiatique en totale harmonie par rapport a son pere avec les directives quotidiennes de son pere

5

madeleine

le cote facile et accessoire que vous avez tolere comme la fin du demon du midi pour mieux le retrouve...

6

████ caroline, la soeur de celle-ci et la soeur de ████, est ce vous le probleme et la responsable de ca par rapport a ████

7

thierry, c'est un professionnel du camps-adversaire qui t'a tendu la main et qui n'est pas aggresif avec toi malgre toutes tes provocations desesperees et maladives

8

fernando

lui aussi t'a fait comprendre qu'il fallait arrete

tout le monde est encore comprehensif a ton egard parce que ta maladie eclate au grand jour et tout le monde cherche a t'aider mais pour combien de temps ?

si on parlait des enfants et de ta monstruausite a leur regard? c'est une vue de l'esprit ou la demonstration eclatante de ta maladie ,resultat de l'endoctrinement sectaire de ton pere...

alors on parle vraiment de l'essentiel

... Six mois plus tard, le 7 septembre 2001, le gourou ordonne, par un simple mail à Ghislaine, d'expulser manu militari Jean de leur maison de Monflanquin.

De : "Ghislaine MARCHAND" <ghislainemarchand@hotmail.com>
A : thierrythierrytilly@hotmail.com, phdeved@hotmail.com
Objet : Re:
Date : Fri, 07 Sep 2001 14:38:25 +0200

From: "thierry thierry tilly" <thierrythierrytilly@hotmail.com>
To: <ghislainemarchand@hotmail.com>
Date: Fri, 7 Sep 2001 09:06:45 -0500

ghislaine,

voici l'argumentaire concernant jean :

ne pas y aller seule comme vous l'envisagiez fortement
la presence de vos deux freres est imperative

voici la suggestion pour aborder le rendez vous de 15h30 :

apportez avec vous le bouquet de fleurs et le gant
puis vous lui dites que vous relevez le gant et de commencer a faire ses bagages il
a pour cela une demi-heure
il sait tres bien bien pourquoi son univers sectaire n'est pas compatible avec une
vie digne et humaine
vous lui dites que vous etes organise pour que tout se passe de maniere juste
notamment la repartition egalitaire de la vente de la maison de fontenay
que son comportement avec les enfants est tellement monstrueux qu'il devrait savoir
reunir la dignite qu'il lui reste peut etre pour savoir s'effacer proprement

que l'appartenance seculaire a sa secte ne le protegera pas s'il tente la moindre
esquisse de vengeance a l'egard de votre famille et que comme il le sait que le
clan faure ne bougera plus pour lui

puis vous cloturez l'entretien de maniere froide avec cette phrase

tu pars s'en te retourner et rassures toi les etres non inities et faibles comme moi
qui n'ont pas d'ames et ne sont tout juste bon qu'a etre des objets peuvent eux
aussi de pas avoir de regrets ni de remords car c'est toujours la vie qu'il
l'emporte contre la non vie des inities.

je vous rapelle de suite

thierry

Depuis mars 2001, Thierry Tilly s'est réfugié en
Angleterre pour échapper à la justice, à Londres d'abord, à Oxford ensuite.
Sur cette photo, on aperçoit Ghislaine de Védrines qui aide le gourou
à déménager en novembre 2008.

Alors que Thierry Tilly est incarcéré depuis un mois, Ghislaine de Védrines et son fils François, cloîtrés au premier étage de leur maison d'Oxford, s'en prennent aux journalistes qui essayent de les approcher.

À la mi-novembre 2009, apprenant l'arrestation de Thierry Tilly, Jean Marchand se rend à Oxford pour essayer de reprendre contact avec sa famille.

Lors de son procès, au Tribunal de Grande Instance de Bordeaux,
du 24 septembre au 5 octobre 2012,
Thierry Tilly ne cessera de se montrer vindicatif et accusateur,
obligeant parfois la Cour à lui couper le micro.

Tribunal de Grande Instance de Bordeaux :
Jean Marchand prépare son témoignage
avec son avocat Edouard Martial.

Après une nouvelle audience
très éprouvante, Ghislaine
de Védrines et ses deux enfants,
François et Guillemette, ressortent
du tribunal et s'apprêtent
à répondre aux médias.

Remariés en octobre 2010, Ghislaine et Jean renouent avec leur vie.

10

Ghislaine

Je passe une bonne partie de cet été 2002 à Albiez-Montrond avec Guillemette, Amaury, Guillaume et François. Tilly me demande de surveiller le chantier, mais le chantier est toujours aussi désert, les entreprises aux abonnés absents, de sorte que je n'ai rien à surveiller et que nous passons nos journées à nous promener dans la montagne, ce qui est assurément le paradis comparé à ce que nous vivons à Martel, apeurés, entassés et reclus.

Suis-je consciente que ces séjours à Albiez-Montrond sont à la fois inutiles et extravagants dans notre situation? Et d'ailleurs, pourquoi serions-nous menacés de mort en Lot-et-Garonne et parfaitement en sécurité en Savoie? Non, je ne suis plus consciente de rien. Tilly m'a si bien dépossédée de moi-même que je ne me pose aucune question et obéis à ses consignes. Que ces consignes ne riment à rien ne m'effleure pas. En vérité, je ne suis plus qu'un pion dans sa main, s'il me pose à tel endroit et me dit que là est ma place, je suis aussitôt d'accord et rassérénée. La réalité, le monde extérieur n'ont plus d'existence à mes yeux, ils s'incarnent désormais en Tilly qui me dicte chacun de mes gestes et ce que je dois penser.

Un an plus tard, cependant, la réalité me rattrape puisque les huissiers sont à Martel pour saisir nos meubles. Depuis deux ans, Tilly nous demande de ne plus payer aucun impôt et de lui envoyer directement les sommes que nous destinions au fisc. « N'allons-nous pas avoir des ennuis ? l'ai-je interrogé la première fois. – Aucun, ne t'inquiète pas, je m'en occupe. »

Confrontée aux huissiers, diligentés sur plainte du Trésor public, je devrais brutalement retomber sur terre et mettre en doute la parole de Tilly qui prétend toujours s'occuper de tout mais ne s'occupe de rien apparemment. D'autant plus que les huissiers de Martel devraient m'en rappeler d'autres : ceux de la rue de Lille dont Tilly devaient également s'occuper, mais qui n'en ont pas moins vidé l'école avant de la fermer. Eh bien non, même le nez dans les mensonges et les absurdités de cet homme, c'est lui que je continue à croire contre le reste du monde, et quand il me dit de laisser faire les huissiers, que ses services récupéreront mes meubles et me les rendront, je suis rassurée et c'est avec le sourire de celle qui sait – rira bien qui rira le dernier – que je regarde les hommes en noir vider le château.

La réalité, ce sont aussi les gendarmes de Monflanquin qui me convoquent à la suite d'une plainte déposée par Jean pour avoir viré à Tilly de l'argent appartenant au festival Musique en Guyenne.

— Madame, j'ai là suffisamment d'éléments pour vous mettre en garde à vue, me dit sévèrement l'adjudant, désignant du doigt son dossier.

Et moi, souriante :

— Eh bien faites ! Si vous pensez que vous devez me mettre en garde à vue, n'hésitez pas, faites votre devoir.

— Non, je ne le ferai pas.

210

Pourquoi renonce-t-il à me mettre en garde à vue ce jour-là ? Il ne me le dit pas et me raccompagne à la porte sans plus de commentaires. Je riais déjà toute seule en imaginant sa tête quand les services de Tilly se manifesteraient, et voilà qu'il ne veut même pas prendre ce risque, preuve qu'il sait que je suis protégée en haut lieu, que lesdits services se sont *déjà* manifestés, et que la plainte de Jean est tout simplement pulvérisée.

Je ressors de cette convocation sur un petit nuage, plus confiante que jamais en Tilly, sa droiture, sa parole, son pouvoir.

En préparant les fêtes de la fin de l'année 2002 à Martel où nous nous retrouvons, nous ne nous doutons pas que c'est notre dernier Noël dans cette propriété où nous avons grandi dans l'heureuse insouciance de l'enfance. Martel sera bientôt déserté, puis vidé de ses meubles et de ses tableaux, son charmant parc abandonné aux herbes folles, avant que l'ensemble soit vendu à la demande de Tilly.

Nous n'avons aucune idée de ce qui nous attend, en dépit des messages de Jean qui ne cesse de me mettre en garde.

Pour la dernière fois, donc, nous préparons Noël, nous répartissant les tâches comme nous le faisons depuis plusieurs décennies.

Certainement étonnés de ne plus nous croiser dans les rues de Monflanquin, surpris que nous ne leur ouvrions plus notre porte, des voisins déposent des corbeilles de fruits et des salades devant la porte. Mais Tilly nous a interdit d'accepter quoi que ce soit, ses équipes ont la preuve que la plupart de ces produits alléchants ont été empoisonnés, de sorte que non seulement nous ne remercions pas les donateurs (les assassins, devrais-je écrire), mais nous mettons immédiatement toutes ces victuailles à la poubelle avant de nous laver soigneusement les mains.

Ce dernier Noël à Martel est marqué par l'irruption soudaine des gendarmes de Monflanquin. Inquiets que nous ne répondions plus au téléphone depuis des semaines, la sœur et le beau-frère de Christine ont fini par alerter la gendarmerie. Sans doute ont-ils laissé entendre que nous pouvions être pris en otages par des malfrats, car les gendarmes ne sonnent pas à la porte, comme ils en ont l'habitude, mais ils frappent à la fenêtre et dès que nous ouvrons, se retrouvent d'un bond au milieu de la salle à manger alors que nous sommes en plein repas.

Alors moi :

— Eh bien, messieurs, en quoi pouvons-nous vous être utiles ?

— Est-ce que tout le monde va bien, ici ?

— Comme vous pouvez le constater, nous déjeunons tranquillement. N'est-ce pas maman ?

— Absolument. Tout va très bien.

— Nous avons reçu plusieurs appels de personnes de votre famille qui s'inquiètent... Elles cherchent à vous joindre et le téléphone sonne dans le vide.

— Ah bon !

Feignant l'étonnement, je me lève et me dirige vers le téléphone.

— En effet, l'appareil était décroché ! Ça alors ! Je me demande bien depuis quand ?

— Si ce n'est que ça, nous vous avons dérangés pour rien...

— Je vous en prie, voulez-vous prendre un petit verre avant de repartir ?

Après cela, nous rions : si nos ennemis pensaient nous intimider en manipulant ces pauvres gendarmes, ils en sont pour leurs frais !

Au tout début de l'année 2003, alors que la vie quotidienne a repris à Martel, chacun s'occupant comme il le peut tandis que nous imaginons les hommes de Tilly sur le qui-vive, dans les bois, tout autour du château, ce dernier me demande de le rejoindre sans délai à Oxford avec Guillemette et François. Il souhaite que François entreprenne des études dans cette ville et il a un besoin urgent de me parler.

Arrivés sur place, Tilly nous fait faire longuement le tour de la ville en taxi. Nous tournons dans les quartiers les plus déshérités et, à un moment, il fait arrêter le taxi pour nous montrer un appartement insalubre tout en nous expliquant que François aura quelque chose de mieux, de sorte que je ne comprends pas bien à quoi rime cette visite. Si je n'avais pas une confiance aveugle en lui, j'aurais de sérieux doutes sur son état mental car c'est une journée épuisante, faite de propos incohérents, d'initiatives sans suite, et tout cela dans l'urgence, à tel point que nous ne trouvons même pas le temps de boire un café.

Le soir, nous nous retrouvons tous les trois dans une chambre d'hôtel miteuse près de la gare – c'est là que les services de Tilly ont jugé opportun de nous loger pour « des raisons de sécurité ». Tilly envoie alors Guillemette et François se promener car il a besoin de s'entretenir avec moi en tête à tête.

— Ghislaine, il faut maintenant que tu réfléchisses sérieusement à ton couple.

— Pour moi, c'est très simple : je veux retrouver Jean.

Nous sommes en plein divorce, il ne se passe pas un jour sans que Tilly n'évoque « les réseaux de Jean », ses quarante maîtresses, ses nuits d'orgie, les coups qu'il prépare pour nous détruire, ses enfants et moi, en liaison avec la famille de mon beau-frère, et cependant je continue d'espérer renouer avec lui. Cette ambivalence, Tilly ne la connaît que trop, et il veut en finir, il veut me couper définitivement de mon mari dont il pressent qu'il représente pour lui le plus grand des dangers (c'est d'ailleurs au début de cette année 2003 qu'il me supprime mon téléphone portable, comme s'il avait deviné que je me nourris des messages de Jean).

— Tu veux retrouver Jean, je comprends. Et au fond, c'est légitime… Alors voilà ce que je vais faire : je vais immédiatement réfléchir avec mes collaborateurs à la meilleure façon d'arranger ça.

— Ce serait salvateur pour moi. J'ai l'impression que ma vie s'est arrêtée depuis que Jean n'est plus là.

— J'ai bien entendu, Ghislaine, je m'en occupe.

— Mais selon toi, combien de temps vais-je devoir attendre encore ?

— Laisse-moi en parler avec mes collaborateurs et je te donne une réponse.

Vingt minutes plus tard, il est de retour. Il est alors près de minuit et Guillemette est avec moi.

— Alors voilà, Ghislaine, un de mes adjoints vient d'avoir longuement Jean au téléphone. Sa réponse est sans équivoque : il ne veut plus vivre avec toi.

Ces mots, cette phrase : « Il ne veut plus vivre avec toi ! » En dépit de tout ce qui nous sépare alors, c'est comme si on me tirait une balle en plein cœur. Je me rappelle en avoir perdu le souffle. Si je n'avais pas été assise, je serais tombée.

— Mais comment… comment peut-il décider si vite une chose aussi grave ? On ne s'est même pas parlé… j'ai absolument besoin de le voir, de lui parler.

— Ghislaine, nous avons tout tenté pour lui faire entendre raison… Tout tenté, je te le promets, mais il ne veut plus. C'est fini. On ne peut pas forcer un homme…

— Pardonne-moi, mais je ne me sens pas très bien.

Je passe la nuit sans dormir, folle de douleur, me raccrochant à la respiration régulière de Guillemette et de François qui, eux, sont toujours là, preuve que la vie continue, qu'elle *doit* continuer. Pas une seconde je ne doute de ce que vient de me dire Tilly, alors qu'il devrait m'apparaître totalement invraisemblable que Jean discute avec qui que ce soit de l'avenir de notre couple (et encore moins à minuit, avec un prétendu « adjoint » d'un homme dont il m'écrit qu'il est « un petit escroc, un petit malfrat »).

C'est le lendemain que Tilly nous annonce cette chose incroyable, horrifiante : Jean a engagé des tueurs pour nous supprimer, nos enfants et moi.

— Je viens d'avoir l'information par mes services, Jean a mis des contrats sur vos têtes, nous annonce-t-il dans cette chambre d'hôtel pouilleuse.

Alors moi, hagarde, épuisée :

— Des contrats sur nos têtes… Qu'est-ce que ça veut dire ?

— Ça veut dire qu'il a payé des hommes pour vous abattre, Ghislaine. Des Asiatiques. Je vais rapidement en savoir plus, mais en attendant je vous demande de redoubler de prudence.

C'est étonnant comme le phénomène de dédoublement me permet de survivre à de telles horreurs : je crois Tilly, des Asiatiques payés par Jean vont désormais chercher à nous tuer, mais dans le même temps je continue d'espérer de toutes mes forces retrouver Jean, qu'il reviendra sur ce qu'il a dit la nuit même à l'adjoint de Tilly.

Les mensonges de Tilly sont de plus en plus effrayants, mais en dépit de leur énormité ils n'atteignent pas le but escompté : une partie de moi demeure résolument attachée à Jean.

Le même phénomène se produit chez nos enfants. François note bien dans son mémoire au juge d'instruction : « Mon père a engagé des tueurs pour nous éliminer », mais la chose ne retient pas plus son attention, comme si une petite voix intérieure lui soufflait que ça n'était pas sérieux. Pourtant, comme moi, il ne doute pas un instant de ce que nous dit Tilly. Quant à Guillemette, elle oublie carrément de mentionner l'événement.

Pourtant nous allons désormais regarder avec effroi tous les Asiatiques que nous croiserons dans les rues d'Oxford ou de Londres, nous attendant chaque fois à les voir brandir une arme.

Londres, où Tilly me fait venir d'urgence au milieu du mois de mars, accompagnée de Philippe, d'Amaury et de François. Une fois sur place, il m'apparaît assez vite que ma seule mission est de me mettre au service de sa femme, Jessica, qui vient d'accoucher de leur nouvel enfant. Tilly, apparemment submergé de travail à la tête de son service supranational, me demande de veiller à ce que « tout se passe bien » chez lui. Pourquoi a-t-il fait venir Philippe et les deux garçons ? Pour rien, ils vont passer leurs journées à errer sans argent dans les rues de Londres, logés dans une chambre d'hôtel bon marché, et je pense aujourd'hui qu'il voulait simplement leur prouver, et se prouver à lui-même, qu'ils n'étaient que des pions dont il pouvait disposer à sa guise. J'en suis un autre, sauf qu'il fait de moi la bonne de la maison, son esclave, évidemment non rémunérée, et j'imagine combien il a dû sourire de la situation : manipuler une de ses victimes jusqu'à lui faire faire bénévolement le ménage à son propre domicile !

Je suis assez stupide, ou envoûtée, pour songer que c'est un honneur que bien d'autres m'envieraient de servir un tel homme, et j'en fais bien plus qu'il n'en faudrait. Je passe la serpillière, je fais les lessives, le repassage, les courses, les repas, et dans le peu de temps qu'il reste, je trouve encore l'énergie de coudre des petites robes et de tricoter.

Puis un matin, c'est fini, il n'a plus besoin de moi à son service.

— Ghislaine, j'ai des informations très inquiétantes, vous êtes en danger à Londres, tu préviens Philippe et les garçons et vous repartez le plus vite possible pour Monflanquin.

— Mais Jessica...

— Je m'en occupe. Ce qui compte, c'est votre sécurité. Tu préviens les autres et vous prenez le premier Eurostar. Je te rappelle dans l'après-midi.

À peine revenus à Martel, une nouvelle urgence tombe du ciel. Cette fois, c'est Charles-Henri qui est visé. Depuis des semaines, Tilly le plonge dans une angoisse grandissante en lui expliquant qu'il reçoit des informations de plus en plus alarmantes selon lesquelles les francs-maçons, aiguillonnés par Jean, mon beau-frère et sa famille, seraient en train de préparer des dossiers sur des erreurs médicales qu'il aurait commises, dossiers qui pourraient l'envoyer en prison pour le restant de ses jours. Circonstance aggravante : l'associé de mon frère serait de mèche avec nos ennemis, c'est lui qui les informerait.

Or soudain, ça y est, tout est confirmé, les services de Tilly sont en état d'alerte : la chute de Charles-Henri, c'est pour demain. Il faut fermer le cabinet dans la nuit, tout liquider, et fuir.

— Ghislaine, tu files immédiatement à Bordeaux avec ton frère. Vous prenez Guillaume avec vous, c'est lui qui conduira.

— Très bien, mais de combien de temps disposons-nous ?

— Pas plus de quelques heures. Il faut que demain, au lever du jour, Charles-Henri ait disparu sans laisser de traces.

— Entendu.

— Faites vite, faites très vite. Je vous rappelle.

Un quart d'heure plus tard, la peur au ventre, nous roulons à tombeau ouvert vers Bordeaux. Par bonheur, la nuit est clémente. Nous avons pris un break, la plus grosse voiture à notre disposition, espérant que nous pourrons y loger tout ce que contient le cabinet de Charles-Henri. Tilly nous téléphone toutes les vingt minutes, tantôt sur le portable de Charles-Henri, tantôt sur celui de Guillaume, tantôt sur le mien :

— Vous êtes bientôt arrivés ?

— Non, je ne peux pas te dire précisément où nous nous trouvons.

— Faites vite, je reçois des informations comme quoi ils montent une opération pour arriver avant vous.

La nouvelle nous glace le sang. Charles-Henri, très nerveux, presse Guillaume d'accélérer. Guillaume répond vertement à son père, ils s'accrochent durement, tout cela à plus de cent kilomètres à l'heure sur de petites routes de campagne. Quand j'y songe aujourd'hui, je me dis que nous ne sommes pas passés loin d'un accident qui aurait pu nous être fatal.

Parvenus à Bordeaux, nous nous garons tant bien que mal devant l'entrée du cabinet médical et nous nous engouffrons dans l'immeuble.

À présent, Tilly nous appelle tous les quarts d'heure, de sorte que nous devons chaque fois nous interrompre pour lui répondre et que tout en nous pressant il nous fait perdre un temps précieux.

— Où vous en êtes ?

— Nous vidons les armoires, mais nous manquons de sacs…

— Débrouillez-vous, le temps presse, une de mes équipes me signale qu'ils sont en route, vous allez avoir de gros ennuis.

Nous courons, nous n'avons plus de souffle, nous transvasons le cabinet dans le break à une allure folle. Il ne faut laisser aucun document derrière nous car nos ennemis pourraient les utiliser pour faire condamner Charles-Henri.

La dernière image qu'enregistre ma mémoire, c'est celle de mon frère dévissant sa plaque, avant de la lancer dans la voiture et d'ordonner à Guillaume de démarrer. Nous n'avons pas mis plus d'une heure à tout embarquer, mais maintenant nous redoutons de voir surgir deux ou trois paires de phares qui nous immobiliseraient au milieu de la rue. Quel serait alors notre sort ? Mourir sous le feu de tueurs à gages ? Être bâillonnés et conduits vers un lieu de détention où nos ravisseurs nous regarderaient mourir ? Je crois que nous imaginons le pire, tout en songeant que tant que Tilly est là, ses équipes ne nous laisseront pas tomber.

Enfin, nous arrivons devant la maison de Christine et de Charles-Henri, en plein centre de Bordeaux. Il ne nous reste qu'à déverser le contenu du break dans le garage. Ce sont les derniers moments de la nuit, nous faisons très vite car nous devons être de retour à Martel avant que les tueurs de Jean ne puissent se poster en embuscade sur la route.

Sauvés ! Aux premières heures d'un lumineux matin de la fin de mars, c'est avec soulagement que nous nous engouffrons dans la cour du château familial, car nous savons que derrière ses murs, nous ne risquons plus rien. Martel est devenu le seul lieu au monde où nous sommes en sécurité, sous la protection des hommes de Tilly.

Ce matin-là, avant de sombrer dans un sommeil agité, je réécoute le dernier message de Jean dans ma boîte vocale. Il date du 7 mars 2003, jour anniversaire de Guillemette, et il n'y en aura plus d'autres car Tilly va bientôt me supprimer mon téléphone :

« Si c'est mon épouse, toujours chérie quand même, qui entend ce message, je voudrais te demander, Ghislaine, de souhaiter de ma part un bon anniversaire à notre Guillemette qui me manque tant et que j'aime profondément, comme notre François, bien sûr, et toi, malgré tout.

« Bon anniversaire, ma Guillemette chérie. Je t'aime tendrement et tu me manques beaucoup. Je t'embrasse très très fort. »

Comment l'homme qui prononce ces mots, dont chaque intonation est chargée d'une infinie tendresse, peut-il être le même que celui qui a engagé des tueurs pour nous abattre ? Je devrais me poser sereinement la question, comparer le Jean de ce message à celui que me décrit Tilly, et la réponse devrait alors me sauter aux yeux. Mais je ne suis plus capable d'aucune réflexion, et mon cerveau épuisé emmagasine injonctions paradoxales et vérités contradictoires sans être capable d'analyser quoi que ce soit.

De la même façon, relisant aujourd'hui ce mail de Tilly à Christine, reçu également en mars 2003, je me demande comment j'ai pu ne pas douter une seconde des responsabilités de cet homme, qui se prétend saint-cyrien, général au sein de l'armée française. Je le reproduis ici, avec fautes d'orthographe et absence de ponctuation, afin que chacun puisse mesurer son degré de confusion mentale et celui de notre aveuglement. Ce mail, que nous avons lu tous les onze comme un message d'espoir écrit par notre bienfaiteur, m'apparaît aujourd'hui comme un tissu d'âneries :

« Ghislaine va revenir me voir chaque semaine car il faut preparer l'avenir et commencer a gommer toutes les balivernes comportementales du passe c'est le cycle que l on commence et plus l ambiance sera bonne plus on y arrivera et je prends desormais une part plus active a cet aspect du probleme
« Etant donne la strategie de destabilisation mene par j[1] et merguez[2] je vous demanderais de plus recevoir qui que ce soit a l'improviste qui se présenterait c est desormais tres important et c est a cette condition que l on va faire vite
« aussi dans ce cadre la nous allons organiser la semaine prochaine le rendez-vous programme entre charles-henri ghislaine et guillaume
« avec merguez pour en finir avec cette partie la de notre dossier en finissant proprement et clairement et calmement
« pour le reste je prendrais l initiative de vous faire des comptes rendus des que possible

---

1. j : pour Jean.
2. Merguez : une amie de Christine passée, selon Tilly, dans le clan de nos ennemis.

« n oubliez pas que vos comptes rendus et observations me sont precieux pour gommer beaucoup de choses car vous etes precise et objective ce qui n est pas evident dans votre huit clos quotidien et feminin

« sinceres amities

« Thierry. »

11

Ghislaine

« Martel est devenu le seul lieu au monde où nous sommes absolument protégés », ai-je écrit un peu plus haut. C'est effectivement mon sentiment en mars 2003, mais trois mois plus tard cela ne semble déjà plus tout à fait vrai. Le 15 juin, Tilly me demande de quitter Martel pour m'installer chez Philippe, avec maman, Guillemette et François.

Maman a quatre-vingt-dix ans, lui faire quitter brutalement sa chambre, son fauteuil, ses habitudes, me semble très violent et je demande des explications.

— Il faut laisser Christine et Charles-Henri un peu seuls avec leurs enfants, ils ont besoin de respirer, me répond Tilly.

— Est-ce que maman, au moins, ne peut pas rester ?

— Non, tu l'emmènes, j'y tiens absolument. Ce n'est que pour cinq jours. Dans cinq jours, vous reviendrez à Martel.

En fait, nous ne reviendrons jamais à Martel et, au lieu de cinq jours, nous allons rester cinq ans chez mon frère.

Tilly ne peut pas ignorer que les huissiers vont rapidement débarquer à Martel, envoyés par le Trésor public, comme ils l'ont fait à Bordeneuve, puisque nous ne payons plus aucun impôt depuis trois ans. En nous faisant déménager au début de l'été, sous le prétexte de laisser souffler Charles-Henri et

222

Christine, il prévient en réalité une catastrophe dont il redoute sans doute les répercussions sur notre moral, bien entendu, mais surtout sur sa crédibilité à nos yeux.

L'événement intervient en août, au beau milieu de l'été. Des huissiers se présentent à Martel pour établir la liste des meubles qui pourraient être saisis et vendus pour éponger notre dette fiscale. Affolés, Christine et Charles-Henri préviennent immédiatement Tilly à Londres.

— C'est un leurre, vous laissez faire, leur rétorque-t-il. Les choses vont s'organiser et tout ira bien.

« Les choses vont s'organiser », le genre de formules creuses qu'il utilise dans son fameux mail à Christine, mais qui ont malgré tout la vertu de nous rasséréner. Quoi qu'il dise, nous sommes prêts à tout accepter, à tout croire.

Les choses s'organisent si bien que le 2 septembre les huissiers sont de retour, accompagnés cette fois de trois camions de déménagement pour vider Martel. Charles-Henri et Christine nous appellent aussitôt et Philippe et moi accourons pour assister à ce pillage.

Nous ne sommes plus chez nous, ce sont les huissiers qui commandent et les déménageurs obéissent en sifflotant sans se préoccuper de notre présence, embarquant ces meubles qu'ont connus nos grands-parents et parents, qui ont constitué le décor de notre enfance, de tous nos souvenirs, et dont nous pensions qu'ils témoigneraient de l'histoire familiale dans le regard de nos petits-enfants. Le spectacle est terrifiant, et je me revois errant d'une pièce à l'autre, incapable de parler, incapable même de pleurer, sonnée, abasourdie, ne sachant pas si je vais soudain me réveiller et pousser un soupir de soulagement en constatant que ça n'était qu'un cauchemar, ou si je suis malheureusement dans la vraie vie.

Charles-Henri parle, lui, il insulte les huissiers, éructe, tourne en rond, comme pris de folie. Le seul auquel il s'adresse avec amabilité, écoutant ses recommandations et remerciant, c'est Tilly, son bourreau qu'il prend pour son sauveur, notre bourreau qui l'appelle de Londres toutes les dix minutes pour être tenu au courant de la situation.

Tilly parfaitement calme, que j'ai pour ma part à deux reprises, et qui m'explique que nous allons naturellement récupérer tous nos meubles, mais qu'il est important d'aller au bout du leurre pour donner à nos ennemis le sentiment que nous sommes vulnérables. Une fois les meubles saisis, il donnera les ordres appropriés à ses services, et ces malheureux huissiers s'apercevront qu'on s'est bien moqué d'eux.

Je devrais sans doute sourire, le remercier moi aussi, mais la dévastation en marche, l'image de ces pièces soudain vidées de leur âme, au milieu desquelles ne traînent plus maintenant que des papiers jaunis et des flocons de poussière, est décidément trop douloureuse.

Cependant, c'est encore Tilly que je crois, tout comme Charles-Henri, contre la logique des huissiers, de la justice, contre l'implacable scénario de la vérité.

Le soir de ce désastre, nous nous replions chez Philippe. Maman dira plus tard qu'elle a tout perdu ce jour-là. Comment supporte-t-elle cette violence inouïe ? Elle parle de guerre, de courage, d'esprit de résistance, de lendemains lumineux ; elle se remémore le printemps 1945 et le retour de papa et elle dit que de nouveau nous l'emporterons car il y a une justice divine contre l'esprit du mal et contre ceux qui l'incarnent ; elle a confiance en nous, et une confiance aveugle en Tilly.

Nous sommes parvenus à sauver du naufrage son lit, son armoire et son fauteuil, et nous lui reconstituons sa chambre tant bien que mal dans la pièce la plus agréable de la maison. C'est une bâtisse en forme de L. Dans l'une des ailes, je m'installe avec maman, dans la chambre voisine de la sienne. Les deux couples, Philippe et Brigitte, Charles-Henri et Christine, occupent l'autre aile. Les jeunes se logent où ils peuvent, dans les salons ou dans les chambres sous les combles. C'est la première fois que le destin nous contraint à nous installer tous sous le même toit, et les premiers temps nous prenons la chose avec stoïcisme, songeant que, comme nous l'a promis Tilly, chacun retournera bientôt chez lui quand nos meubles seront de retour. Le seul à supporter difficilement la situation est Philippe, qui se sent envahi, à juste titre, et manifeste le désir de se retrouver rapidement maître chez lui.

Jean

Nous sommes à l'été 2003. Depuis un an et demi, davantage pour certains, ils vivent à Martel, en reclus. Ils sortent peu. Ils pressent le pas à chaque tentative de contact. Les lettres recommandées restent sans réponse, d'où qu'elles viennent, y compris d'amis qui cherchent à les faire réagir. Ils s'arrangent en général pour que ce ne soit pas le destinataire qui réceptionne le courrier. Et les lettres s'amoncèlent, comme partout où ils résideront. Cette fois pourtant, c'est une autre affaire. Un commandement d'huissier sonne l'alarme : ils vont être saisis.

À Monflanquin, où je poursuis mon enquête, un agent du Trésor public me raconte. Ils ne payent plus leurs impôts. Ils ne répondent pas aux injonctions. Alors la mécanique administrative se met en route. Ghislaine a beau essayer un soir, à la sortie des bureaux, de convaincre que c'est l'affaire de quelques jours, qu'ils ont déjà réglé l'essentiel de la somme due et qu'ils vont payer le solde, son interlocutrice les a reçus à plusieurs reprises et ne veut plus rien entendre. C'est injuste sans doute, impitoyable aussi, avec un petit rien de revanche sociale qui ne dit pas son nom, mais la famille ne fait pas partie de ceux qui inspirent l'indulgence. Le 2 septembre, par une belle journée de fin d'été, un huissier débarque au château avec deux grands camions de déménagement. Et les gendarmes.

Une vidéo a immortalisé la scène, discrètement filmée par un détective privé. Elle nous montre les nôtres, pour la première fois depuis deux ans. Le camion est à fleur des marches du perron. Un des frères essaye de s'interposer. L'huissier le rembarre sans ménagement : « Laissez-moi travailler ! » lance-t-il à celui qui lui fait face. Les gendarmes ne bougent pas, mais ils sont là. Soudain calmé, le garçon leur fait faire la visite, leur montre les écuries, raconte l'histoire de la famille et de la vieille demeure, comme déconnecté du désastre. C'est tout juste s'il ne leur offre pas une tasse de thé. Mais dans quoi le boiraient-ils ?

À l'intérieur, en effet, les déménageurs s'activent. Ils emportent tout, meubles, vaisselle, bibelots, livres, y compris ce qui n'appartient pas aux contribuables défaillants, notamment à la compagne de Philippe, dont le mari sauvera les affaires une première fois, mais pas une seconde.

Sur le perron, je vois arriver Ghislaine, plus droite que jamais, lunettes de soleil dans les cheveux, vêtue d'une vieille robe marron qu'elle ne mettait plus depuis des années. Je vois passer la femme de Charles-Henri, qui paraît accablée. Je le suis moi aussi en les voyant.

La vidéo s'arrête. La saisie va se terminer. Martel est vide. Le lieu géométrique de la famille, la demeure historique que nous aimions tant est une maison fantôme. Depuis plusieurs semaines déjà, ils se sont installés à quelques kilomètres de là, chez Philippe. C'est la fin d'une histoire.

Huit mois plus tard, le 24 mai 2004, il y a foule sous la tôle surchauffée de la salle des ventes de Villeneuve-sur-Lot. Attirés par une publicité alléchante et par la rumeur qui court autour de cette famille dans la tourmente, les professionnels sont venus de loin. Il y a, il est vrai, tant de meubles et d'objets splendides, et puis de la vaisselle, des livres... Pendant trois heures d'horloge, le marteau du commissaire-priseur s'abat sur le pupitre, comme autant de coups portés à ce qui était ma famille. Tout ce qui faisait la vie de ces gens que j'avais aimés est dispersé aux quatre vents. La puissante table de chêne où des générations se sont restaurées, le fauteuil de cuir élimé dans lequel mon beau-père écoutait la radio et le bureau sur lequel il traitait ses affaires, le canapé du grand salon, la bergère délicate où ma belle-mère tirait l'aiguille… Je verrai tout cela partir sur le toit des voitures et des fourgonnettes. La curée après l'hallali.

Je regrette ce jour-là, comme si souvent ensuite, que la requête de mise sous tutelle de ma belle-mère, lancée par certains de ses petits-enfants, ait échoué – j'échouerai aussi pour Ghislaine. Tant de choses auraient été sauvées. Mais le psychologue chargé d'émettre un avis l'a trouvée parfaite. Il n'aurait sans doute pas vu la tour Eiffel sur le Champ-de-Mars.

Je ne suis pas seul à endurer ces heures terribles. Un de mes neveux, resté du bon côté, est venu avec moi. La tristesse de ce grand gaillard toujours si sûr de lui ajoute à ma détresse. Les yeux pleins de larmes, il va réussir à sauver un magnifique semainier en merisier et en marqueterie dont jadis, tout jeune homme, il a réalisé une copie avec un réel talent d'ébéniste.

Je tente aussi ma chance. J'échoue devant l'envolée d'un superbe vaisselier auquel je tenais vraiment. J'essaie d'enchérir, avec la célérité complice du commissaire-priseur, mais beaucoup d'autres le guignent également et je ne peux pas suivre. Je dois me rabattre sur un buffet campagnard que j'aime bien et sur une paire de fauteuils Voltaire dont le souvenir est vif : c'est dans l'un d'eux que je me suis assis pour tenter de raisonner Ghislaine le jour de mon expulsion. Car, chacun l'aura compris, ce sont des meubles qui nous appartiennent que je suis en train de racheter. Des meubles qui viennent de notre propre maison, de Bordeneuve.

Je devais m'y attendre. Ghislaine n'a pas plus payé ses impôts que les autres. Et le loyer de nos sympathiques locataires, pourtant perçu par le Trésor public pour long-temps encore, ne suffit pas. Je me retrouve donc un jour de 2002, de passage à Monflanquin, huit mois environ avant la débâcle de Villeneuve, face à l'huissier. Il vient à Bordeneuve en repérage. C'est lui cette fois qui fait forcer la serrure de cette chère maison où depuis un an je ne peux plus accéder sans jouer les monte-en-l'air. Il en profite, sous mes yeux, pour filmer toutes les pièces et faire son choix. En a-t-il le droit ? Je ne suis pas en état de me révolter. Au reste, l'homme est malin, il ne me prend pas à contre-pied, il ne sera jamais désagréable avec moi. Sa réputation n'est pas bonne, mais n'est-ce pas le métier qui veut ça ? Et puis, un jour il m'aidera – lors de la vente.

Pour l'heure, il n'a pas mauvais goût. Il choisit quatre de nos plus beaux meubles, peut-être aussi les plus faciles à vendre. Le vaisselier n'est pas un mastodonte lourd et encombrant, mais une pièce équilibrée et raffinée, comme l'armoire Louis XIV. Le buffet campagnard est d'une juste sobriété. Quant aux deux Voltaire, ils n'ont rien d'exceptionnel, sauf qu'ils font la paire. Je m'opposerai à une première vente, en plein reportage pour France 2. Je ne suis pas prêt. À tort, car devant un parterre de particuliers, j'aurais peut-être pu tout sauver à un prix à ma portée. Je n'y parviendrai pas en mai 2004, devant des professionnels.

Septembre 2003 a été fatal à Martel. La famille a quitté le château. Plus tard, c'est le château qui quittera la famille. J'y retournerai quelquefois pendant ces années noires. Dans la cour, les herbes folles et les chardons arrogants auront remplacé nos fêtes et nos joies. Je serai à chaque fois saisi par l'émotion et rares seront ceux qui comprendront mon besoin d'y aller.

Je ne peux me douter de ce qui m'attend. Je ne peux imaginer que Bordeneuve, déjà abandonnée et inaccessible, va bientôt subir le même sort, être dépouillée de tous nos meubles, comme Martel. Pas sur ordre du fisc cette fois, ni par un professionnel. Sur instruction de Tilly, par son bras droit, Guillaume.

Ghislaine

Le 25 septembre 2003, alors que nous sommes reclus chez Philippe depuis trois semaines, les gendarmes de Monflanquin viennent de nouveau nous rendre visite. Nous les connaissons bien, et comme les fois précédentes je leur propose un café.

— Avec plaisir ! me rétorque l'adjudant.

Lui et ses hommes semblent de très bonne humeur, manifestement amusés par quelque chose qui nous échappe.

— Du sucre ? dis-je.

— Ma foi oui ! s'exclame-t-il. (Avant d'ajouter dans une forme d'éclat de rire :) Tout le monde sait que chez les Védrines, on se sucre !

— Pardon ? Je ne comprends pas…

— Vous n'êtes pas au courant ?

— Au courant de quoi ?

— L'article dans *Sud-Ouest*…

— L'article dans *Sud-Ouest* ? Mais à propos de quoi ?

— De vous, madame de Védrines. Enfin, de vous et de votre famille…

— Quoi !

— Tenez, on vous l'a apporté, on pensait bien que vous ne l'auriez pas vu.

Et l'adjudant me tend le quotidien. Toute une page, sous le titre : « Huis clos mystérieux au château de Martel. » Je dois lire trois fois le sous-titre avant de parvenir à en croire mes yeux : « Depuis 2001, à la grande inquiétude de Jean Marchand, sa femme et ses enfants vivent retranchés dans le château familial de Monflanquin. L'ancien mari parle de manipulation mentale. »

— Ça alors !

— Faut reconnaître qu'ils font fort, les journalistes ! reprend l'adjudant sur le même ton rigolard.

Je glisse l'article à Charles-Henri, un peu flageolante, soucieuse de ne rien montrer aux gendarmes mais maintenant pressée qu'ils repartent pour appeler Tilly à Londres. Une fois de plus, les faits lui donnent raison : c'est encore un coup de Jean pour nous abattre ! Il est en train de monter la presse contre nous et, ce faisant, il traîne dans la boue notre nom, notre famille.

Au téléphone, Tilly exulte :

— J'étais au courant, mes services m'ont communiqué cet article dès hier. Je t'avais prévenue, Ghislaine : Jean et ses réseaux iront jusqu'au bout, ils ne reculeront devant rien pour vous abattre. Mais ne te fais pas de souci, j'ai mis mes équipes en alerte, si vous ne bougez pas de chez ton frère, vous ne risquez rien.

Quel soulagement de constater que Tilly savait – preuve qu'il a toujours une bonne longueur d'avance sur nos ennemis et que, bénéficiant de sa protection, de celle de ses services, nous ne risquons rien. Du coup, nous rions de cet article que nous épluchons phrase à phrase dans la salle à manger.

Ce paragraphe, surtout, nous amuse :

« Personne ne comprend comment cet homme (Thierry T.), entré en contact avec Ghislaine Marchand en 1999, aura pu prendre au piège les Védrines. S'il s'agit bien de cela. Avant de se retirer du monde, tous auront exprimé "se sentir en danger de mort" et leur soulagement de se savoir heureusement "protégés par Thierry". Les "ennemis" désignés ? Les francs-maçons, les rose-croix... De la part de membres d'une telle grande famille protestante de la région, succomber à un aussi mauvais scénario d'emprise paraît a priori un peu court. L'Association pour la défense de la famille et de l'individu

230

(ADFI) a d'ailleurs cherché en vain à vérifier la proximité d'une secte dans cette affaire. »

Qu'on puisse parler d'« emprise » et de « secte » à propos de ce que nous vivons nous semble carrément comique. Si les journalistes désignent comme « sectaire » le fait d'être placé sous la protection d'un service secret quand on risque sa peau à chaque instant, alors oui, nous sommes membres d'une secte ! Et pour la première fois depuis bien longtemps nous rions, au point même de nous étouffer.

En haut à droite de la page, un encadré nous fait encore rire, mais ironiquement cette fois : « L'étrange Thierry T. »

Et voici ce qu'il raconte :

« C'est en tant que PDG d'une entreprise de nettoyage industriel que Thierry T. est entré en septembre 1999 dans l'univers des Védrines, via Ghislaine Marchand, qui dirigeait à l'époque une école de secrétariat à Paris. Il provoquait bientôt l'étonnement en affirmant être "l'agent d'un service français top secret" dont la mission était de "lutter contre l'emprise croissante de la franc-maçonnerie en France". Peu à peu, ce beau parleur charismatique prenait l'ascendant sur Ghislaine Marchand et ses proches. Sans domicile connu en France, Thierry T. a dirigé plusieurs sociétés qui ont toutes fini en liquidation frauduleuse. Détenteur de comptes à l'étranger, cet individu a été au cœur de nombreuses enquêtes pour faux et usage de faux, escroquerie, exercice illégal de la profession de banquier… Jamais vu à Martel, on ignore quelles relations il entretient avec les membres de ce huis clos. Si ce n'est que nombre de leurs avoirs finissent sur ses comptes. »

Si nous sourions ironiquement en découvrant ce portrait de Tilly en escroc, c'est que nous savons que toutes ces condamnations ont été artificiellement construites en haut lieu pour lui servir de couverture. Lui-même en a souri quand il a su qu'un des enfants de Philippe avait découvert sur

Internet qu'il avait été condamné à plusieurs mois de prison pour une faillite frauduleuse.

— Lorsque tu travailles dans les services secrets, nous a-t-il fait remarquer finement, le mieux pour ne pas être découvert est de t'inventer un curriculum vitae dans le grand banditisme.

— Ah oui, formidable ! s'est exclamé Philippe.

Nous, qui sommes dans la confidence, nous moquons de la naïveté des journalistes. Ils sont tombés comme un seul homme dans le panneau et ils nous décrivent en petit malfrat un général de l'armée française, un des chefs les plus haut placés des services secrets ! Il y a vraiment de quoi rire. S'ils savaient, les pauvres, ils auraient honte.

Aujourd'hui, c'est moi qui ai honte. Et alors que Tilly est en prison, que nous sommes sortis de son emprise, en particulier grâce à Jean et à ses confrères journalistes qui se sont mobilisés, l'attitude des gendarmes venant nous porter ce premier article de presse me semble choquante.

Comment l'adjudant, qui ne pouvait pas ignorer que les informations données par *Sud-Ouest* sur le passé de Tilly étaient exactes, a-t-il pu non seulement ne rien tenter pour nous porter secours, mais plaisanter sur notre situation de victimes – « Tout le monde sait que chez les Védrines, on se sucre » ?

En d'autres termes, ces gendarmes savaient que Tilly était en train de nous voler, qu'il nous tenait reclus dans ce seul objectif, ils savaient que le journaliste de *Sud-Ouest*, Dominique de Laage, disait vrai, et ils venaient en plaisanter sous notre nez. Pour des hommes investis d'un devoir de protection, c'est à la fois de la non-assistance à personnes en danger et une bien étrange attitude.

Et puisque les gendarmes ne lèvent pas le petit doigt pour nous, Tilly peut poursuivre son hold-up en toute impunité. Durant ce même mois de septembre, il obtient de

Charles-Henri et de Christine qu'ils vendent leur grande et belle maison de Bordeaux. La fermeture du cabinet médical six mois plus tôt n'est pas suffisante, ils doivent maintenant tout liquider à Bordeaux, car ils sont en danger, et ne plus jamais remettre les pieds dans cette ville.

Charles-Henri acquiesce aussitôt, mais Christine traîne les pieds : elle aime cette maison magnifiquement située en face du parc bordelais – pourquoi ne pas la fermer pour quelque temps plutôt que de la vendre ? Quand nous serons tous sortis de cette guerre secrète, plaide-t-elle, nous pourrons y revenir et reprendre notre vie là où nous l'avions laissée.

— Si Christine préfère sa maison à la vie de ses enfants et à la sienne, qu'elle la garde, rétorque sèchement Tilly à un Charles-Henri tremblant. Mais qu'elle ne vienne pas se plaindre ensuite s'il y a de la viande froide.

Cette expression horrifiante de « viande froide », c'est la première fois qu'il la prononce, et nous en avons le cœur glacé. Charles-Henri est livide, nous le sommes tous... et Christine cède. Songer qu'un de ses enfants...

Mais Tilly a compris qu'elle était le maillon faible et il ne l'associe pas à la mise en vente. Avec cette perversité diabolique qui est sa marque, il demande à Guillaume, leur fils aîné, de prendre la tête des opérations avec, pour l'aider, son père, Guillemette et moi.

Depuis le premier jour et son fameux serment d'allégeance – « Qu'est-ce que je peux faire pour travailler pour vous ? » –, Guillaume s'est positionné comme plus royaliste que le roi, plus tillyste que Tilly lui-même, et ce dernier en a fait son homme à tout faire, son nervi, l'exécuteur de ses basses œuvres, ou encore son bras droit, selon le point de vue qu'on adopte.

Guillaume accepte immédiatement la mission et c'est lui qui vide la somptueuse maison familiale de tous ses meubles, tableaux, bijoux et objets personnels. L'ensemble part pour l'Angleterre à bord de deux camions de déménagement.

Charles-Henri et Christine sont alors convaincus que Guillaume et Tilly sauvent ainsi des francs-maçons ce qu'ils ont de plus précieux, de plus intime. En réalité, ils ne reverront jamais rien de ce qui se trouvait chez eux (même pas leurs vêtements) et ils perdent ce jour-là jusqu'à leurs photos de famille, jusqu'à leur correspondance, des biens inestimables pour eux mais qui n'ont aucune valeur marchande. Avec le concours aveugle de leur fils, Tilly ne se contente pas de les ruiner, il leur vole leur mémoire, tous ces souvenirs minuscules qui nous accompagnent la vie durant, il les dépouille de tout comme seul un incendie aurait pu le faire.

Une fois la maison vidée, Charles-Henri, Guillemette et moi partons pour Bordeaux la nettoyer et la mettre en vente. Elle sera rapidement vendue et le montant aussitôt transféré sur un des comptes britanniques de Tilly.

François et Amaury sont à Londres durant cet automne 2003, de nouveau en attente de ce que doit leur proposer Tilly. Au début du mois de décembre, je leur rends visite, pour deux ou trois jours seulement, quand je reçois un appel urgent de Tilly :

— Ghislaine, je suis à New York, tu prends le premier avion possible et tu me rejoins.

— Mais maman m'attend en Lot-et-Garonne !

— Elle peut t'attendre vingt-quatre heures de plus. J'ai une chose extrêmement grave à te révéler.

— Je dois tout de même repasser à l'hôtel.

— Tu prends un taxi et tu fonces, je t'attends à New York.

Dans mon souvenir, je récupère je ne sais où, sans doute auprès de sa femme, Jessica, un pli confidentiel de son patron que je dois lui remettre.

Je parviens à monter dans un avion et durant tout le vol je me torture l'esprit en essayant d'imaginer ce que je vais apprendre. Une nouvelle « extrêmement grave », a-t-il dit. Voilà plus de trois ans que nous sommes embarqués dans cette guerre implacable et silencieuse, nous sommes encore tous vivants, certes, et notre argent est à l'abri, mais au prix de quels bouleversements ! Notre famille déchirée, nos enfants profondément perturbés, maman malmenée, nous tous enfermés les uns sur les autres, et chaque jour la peur qu'un coup fatal soit porté à l'un d'entre nous.

Une fois à l'aéroport, Tilly m'appelle pour me donner l'adresse d'un hôtel.

— Tu prends un taxi et tu m'attends dans le hall.

L'hôtel est lugubre. Je m'assois, face à la porte d'entrée, de façon à ce que Tilly me voit immédiatement. J'ai le cœur qui cogne, terriblement hâte de savoir. Après une heure d'attente, je finis par me figurer le pire : Tilly en danger, blessé, abattu peut-être, et nous abandonnés à notre sort, obligés de fuir Dieu sait où. Que deviendrions-nous s'il n'était pas là ?

Ce jour-là, il me laisse attendre quatre heures. Enfin il surgit, flanqué de Guillaume.

— Excuse-moi, c'est une journée de cauchemar, je n'ai que des urgences depuis ce matin.

Guillaume silencieux, glacial, singeant les mimiques tendues de son patron dont il porte d'ailleurs un des costumes.

Tilly enfouit dans sa poche intérieure l'enveloppe censée contenir les instructions de son patron mais dont je parierais aujourd'hui qu'elle ne contenait rien d'autre que du vide.

— On file au restaurant, nous n'avons pas beaucoup de temps…

Enfin, nous sommes attablés, et il parle :

— Si je t'ai fait venir c'est que je viens d'apprendre une nouvelle que je te demande de garder confidentielle.

— J'ai bien compris, tu sais que tu peux me faire confiance.

— Ça va être un choc, mais tu ne te fais plus d'illusions sur Jean, n'est-ce pas ?

— Je crois que je m'en ferai toujours, si. Il reste le père de mes enfants.

— Justement, Jean a abusé de ta fille, Ghislaine. Jean a abusé de Guillemette.

Je me rappelle avoir eu la sensation que mon cœur allait s'arrêter et peut-être l'ai-je souhaité secrètement.

— Non, ai-je dit, non... je crois...

J'ai voulu quitter la table dans un réflexe de survie, mais je n'y suis pas arrivée, prise de vertige.

— Je suis conscient que c'est difficile à entendre, mais reste assise, s'il te plaît. Nous sommes en guerre, chacun doit faire preuve de courage. De toute façon, le mal est fait, et j'estime que c'est une chose que tu dois savoir.

— Mais comment...

— Comment est-ce possible ? Je ne sais pas. La seule chose que je peux t'assurer, c'est que l'information est exacte : nous disposons de photos que je tiens à ta disposition si tu veux les voir. Jean était avec Sébastien, l'ex-mari de ta fille. Ils ont drogué Guillemette avant d'abuser d'elle, si bien qu'elle n'a aucun souvenir si cela peut te réconforter...

Quelle femme voudrait voir des photos de son mari violant l'un de leurs enfants ? Tilly peut mentir tranquillement, il sait bien qu'après un choc pareil je ne vais pas en plus réclamer des images, ni la moindre preuve, d'ailleurs.

Je m'étonne seulement qu'il ait pu dévoiler cette monstruosité devant Guillaume, et je le lui dis à un moment où ce dernier s'est absenté.

— Guillaume ne dira rien à Guillemette, me rétorque-t-il, ne te fais pas de souci.

— Je sais qu'il ne dira rien, je pensais juste à Guillaume lui-même, au traumatisme que cela va représenter pour lui. Guillemette est sa cousine, il a très bien connu Jean... C'est tellement effrayant...

Je me souviens de la lueur d'étonnement dans le regard froid de Tilly – manifestement, il n'y avait pas songé.

Le lendemain, tandis que je vole dans l'autre sens pour regagner Londres après une nuit blanche, il me semble que

236

ma vie n'a plus aucun sens, aucune valeur. Si François et Guillemette pouvaient se passer de moi, je crois que je préférerais mourir plutôt que de survivre avec ce poids sur le cœur. Que reste-t-il donc de toutes les belles choses sur lesquelles j'avais cru construire mon existence de femme ? Mon amour pour Jean ? Un leurre. Nos enfants ? Les victimes innocentes d'un détraqué sexuel. Notre avenir ? Un chemin de croix entre traumatismes irréparables et menaces de mort.

Je suis trop bouleversée pour prendre conscience que l'homme censé nous protéger est aussi celui par lequel toutes les menaces nous sont formulées. Le seul en vérité à incarner ces menaces, car si je prenais le temps de réfléchir, je me rendrais compte que jamais je n'ai croisé le moindre ennemi, ni lu ou entendu la moindre menace, si ce n'est sous la plume de Tilly, ou dans sa bouche.

Jean

« Alors, tu ne veux toujours pas qu'on en parle ? » Nous étions au printemps de 2002 et l'homme qui m'avait posé cette question était un confrère journaliste. Nous avions travaillé ensemble à *La Croix* vingt ans plus tôt, quand il dirigeait le service Étranger et moi, ensuite, le service Économie-Social de ce quotidien attachant. Il était devenu rédacteur en chef à *Sud-Ouest*, mais nous ne nous étions pas perdus de vue et, quand j'allais à Bordeaux, nous déjeunions ensemble.

Paul savait ce qui m'arrivait. Je lui avais raconté le séisme qui ravageait ma famille et c'était à chaque rencontre notre principal sujet de conversation. L'ami m'écoutait avec attention, comprenant le besoin que j'avais d'en parler. Le journaliste découvrait avec stupeur l'incroyable odyssée d'une famille de la région.

Paul savait également mon combat. Il était aussi choqué que moi de constater que rien ne bougeait. Mes démarches n'avaient aucun résultat. Aucune de mes plaintes n'avait abouti. Mes courriers au procureur de la République d'Agen, comme la fiche d'alerte transmise par l'ADFI, étaient restés sans réponse. Plusieurs de nos amis étaient intervenus auprès de ce magistrat que certains connaissaient personnellement – et qui connaissait la famille –, mais, dans le meilleur des cas, ils s'étaient fait rembarrer. Nos onze reclus comptaient pourtant une dame âgée (ma belle-mère) et, à l'époque, une jeune fille mineure. Les yeux des autorités restaient étonnamment fermés.

Une telle passivité était confondante, étrange même. Autour de moi les questions se multipliaient et montait l'accusation de non-assistance à personne en danger.

C'est dans ce contexte que la question de Paul résonna en moi d'une manière nouvelle. Ma famille avait disparu, mais il m'en restait une autre : ma famille professionnelle, la presse. J'étais bien placé pour connaître son influence. Pourquoi ne pas en appeler à la seconde pour aider la première ? Pour faire enfin bouger les choses.

Je changeai de cap ce jour-là. J'acceptai la proposition de Paul. Une heure après, le café avalé, j'en prenais un autre avec un journaliste de sa rédaction, grand reporter à *Sud-Ouest*, Dominique de Laage. Nous passâmes deux heures ensemble. Il m'écouta sans beaucoup m'interrompre. Je lui racontai une histoire de fous. Et, en dépit de la caution de son rédacteur en chef, il se demanda si je ne l'étais pas aussi.

Ce grand professionnel fit son travail. Il ne se contenta pas de mes dires. Il démarra une enquête. C'est ainsi qu'un après-midi, il me téléphona. « Jean, tu ne devineras jamais où je suis, me dit-il avec le tutoiement immédiat de la confraternité. Je sors de la gendarmerie de Monflanquin par la porte de derrière pendant que ta femme arrive pour porter plainte

238

contre moi. » L'émotion m'étreignit, comme à chaque fois qu'on me parlait d'elle, et je le laissai me raconter.

Dominique était allé sonner à Martel. Par la porte à peine entrebâillée, il avait eu juste le temps de demander à parler à Ghislaine. Le battant avait aussitôt claqué sur une menace qui était déjà une information. Puis il était allé rencontrer les gendarmes. Ces derniers me connaissaient bien, j'allais les voir régulièrement, un peu trop à leur gré sans doute. « Vous allez bientôt pouvoir vous installer dans mon bureau », m'avait lancé un jour l'adjudant de l'époque, avec un humour désopilant. Hélas, j'ai cru comprendre que ses propos variaient selon les interlocuteurs : il me disait que ma famille était bizarre et j'apprendrais par la suite qu'il leur aurait dit la même chose de moi quand il allait prendre un café avec eux.

Pour l'heure, Ghislaine, très remontée, venait de déposer plainte contre le journaliste trop curieux. Ce n'était que le début. Dominique boucla son enquête et rédigea son article. Mais il ne parut pas. Les reclus avaient écrit pour protester. Tout ce qui se disait à leur propos n'était qu'un tissu de mensonges (c'était leur expression favorite), l'enquête de mon confrère était une ingérence intolérable dans leur vie privée. Et le journal avait fléchi.

Les mois passèrent. Je restai en contact avec Dominique. Il était désolé. Alors, avec sa permission, en avril 2003, je me fendis d'une belle lettre à la direction de la rédaction. Je m'étonnai qu'un grand quotidien élude le drame qui ravageait une famille de sa région, qu'il cède à la menace, malgré une enquête sérieuse et, à ce stade de l'affaire, concluante.

Quelque temps plus tard – j'avais bien fait d'écrire –, le grand reporter reprenait son enquête. Et le 25 septembre 2003 paraissait dans *Sud-Ouest*, non pas son premier article, mais une page entière, précise, irréprochable, intitulée « Huis clos mystérieux au château de Martel ». Le coup était parti. Le grand quotidien avait joué son rôle. Il allait le payer cher.

Au terme d'un procès intenté par les reclus, il fut condamné, pour atteinte à la vie privée, à leur verser, contre toute raison, quelque 23 000 euros. Une somme bien lourde pour avoir raconté une histoire vraie. Une somme dont les reclus ne virent pas un cent, mais qui alla rejoindre, après leur défenseur, une poche bien connue de l'autre côté de la Manche.

J'avais ouvert la boîte de Pandore. Et même deux boîtes, l'une déterminante et honorable, l'autre beaucoup moins.

La première boîte fut celle de la presse elle-même. Car avec *Sud-Ouest* sous le bras, je fis le tour des rédactions, où il était bien rare que je ne connaisse pas quelqu'un. Tout le monde s'y mit. *Le Monde* consacra une page à l'affaire, *Libération* aussi, et puis *Le Figaro, L'Express, Le Parisien* et les autres. *Paris Match,* alors dirigé par Alain Genestar, pour qui j'avais commis quelques articles économiques lorsqu'il dirigeait *Le Journal du Dimanche,* publia quatre pages qui eurent un grand impact. *La Dépêche du Midi* suivait déjà l'affaire. Même *Détective* fit tomber mon a priori et mes réserves avec un papier inattaquable.

Il n'en fallait pas davantage pour que la télévision s'empare de l'histoire. Le 24 décembre 2003, sur TF1, le *20 heures* de Patrick Poivre d'Arvor ouvrait la marche, avec un reportage de Pierre Baretti, après deux jours passés ensemble à Monflanquin. France 2, France 3 Aquitaine m'y emmenèrent aussi. Les magazines ne restèrent pas à la traîne, et notamment *Sept à huit.* Puis il y eut Canal+, M6 et la belle équipe de Laurent Delahousse, avec notamment Delphine Kargayan, pour ce qui s'appelait alors *Secrets d'actualité.*
Là, je changeais de genre. Il ne s'agissait plus seulement de reportages, mais d'un récit, d'une reconstitution, notamment de mon expulsion musclée, que nous tournâmes à Bordeneuve, chez mes locataires, toujours aussi accueillants. Je ne

connaissais pas cette émission, diffusée fort tard le dimanche soir. C'était une lacune. Elle eut un vrai succès, tant et si bien qu'elle fut diffusée plusieurs fois.

La balle était lancée. Elle ne s'arrêta plus. M6 ouvrit la porte et ses tournages à sa petite sœur W9, où Paul Lefèvre et Sidonie Bonnec m'accueillirent chaleureusement dans *Enquêtes criminelles.* C'est là, au maquillage, que je rencontrai Jacques Pradel, qui m'inviterait un peu plus tard dans son émission *Café crimes,* sur Europe 1, et, plus tard encore, dans *L'heure du crime,* sur RTL.

Puis les chaînes, toutes les chaînes, recommencèrent et la presse écrite en fit autant, à mesure que l'affaire se précisait, grossissait, rebondissait.

J'avais obtenu ce que je souhaitais : une vraie campagne de presse, qui suive notre tempête et ne la lâche pas. Il ne fallait pas baisser la garde. Il ne fallait pas qu'on puisse oublier les reclus, comme certains étaient prêts à le faire au sein de la famille. Même au risque de leur colère et de leurs menaces. Et quitte à faire des mécontents parmi ceux dont j'aurais pu attendre un peu de solidarité.

La première boîte de Pandore, la presse, en ouvrit en effet une deuxième. D'abord, et c'était prévisible, la multiplication des reportages, des allées et venues autour de la maison de Philippe mit les onze en fureur. Comme ils l'avaient fait pour *Sud-Ouest,* ils essayèrent de s'opposer à des émissions, celle de M6 notamment, et l'on pouvait lire en bas de l'image que « la famille s'était opposée à sa diffusion ». Ils claquèrent la porte au nez des journalistes trop audacieux, comme Pierre Baretti, qui vint carrément sonner chez Philippe, et clamèrent, sous l'œil d'une caméra, qu'ils allaient appeler les gendarmes. Mais la vague était désormais trop haute, rien ne pouvait l'arrêter.

De la part des séides de Tilly, le rejet de la médiatisation, de la téléréalité comme ils l'avaient baptisée pour mieux la condamner, était compréhensible. Tout ce qu'ils voyaient, lisaient et entendaient, à la télévision ou sur Internet dont ils disposaient, leur paraissait d'autant plus faux et scandaleux que chaque mot, chaque image étaient décryptés et réinterprétés par le maître. Voyez les attaques de vos ennemis, leur disait Tilly, et d'abord de ce Jean Marchand, cet affreux journaliste qui vous veut tant de mal. Je vous avais prévenus. Entendez-vous ce qu'ils disent de vous ? Ils entendaient. Et ils ne se voyaient ni dans une secte, ni entre les mains d'un gourou, mais simplement agressés. Injustement assiégés. Et cela décuplait leur peur.

Les réactions de certains membres de la famille, en revanche, et de certains amis, très peu heureusement, ont par trop manqué d'intelligence, voire de dignité. Il ne fallait pas parler de ces choses-là, ébruiter cette affaire, mais la taire, comme une maladie honteuse, quitte à abandonner les onze à leur triste sort, à une tragédie dont on pouvait tout craindre. On se serait cru à un autre siècle, quand les revers, les dérives ou les inconduites devaient rester secrets. Des secrets de famille.

Ce n'était pas par plaisir, ni pour me faire valoir, encore moins pour en tirer profit, comme quelques âmes crédules ont pu le croire, que j'en avais appelé à mes confrères, qui de toute façon auraient fini par dénicher l'affaire et s'y lancer sans moi. C'était pour alerter l'opinion et, surtout, exercer un effet de levier sur la justice, pour dénoncer et rompre le silence et la passivité. Journaliste, j'avais cette chance que beaucoup n'ont pas.

Alors, quand une nièce lointaine, dont le nom ne la rapprochait pas des reclus, m'écrivit un mail pour m'accuser de nuire à sa carrière en médiatisant notre drame, je n'eus aucune peine à lui répondre que, entre sa carrière et le sort de ma famille, mon choix était vite fait. Mais je plaignis beaucoup cette femme, pour qui j'avais eu de l'affection, et qui montrait si peu de hauteur.

242

Les situations exceptionnelles, dramatiques, révèlent déci-dément les vraies natures, l'authenticité et la solidité des relations ou leur vacuité. Je ne sais qui a dit « le courage, c'est quand ça va mal ». Toujours est-il que la fureur des uns et la réprobation des autres ne se calma pas et traîne encore ses relents aujourd'hui. Même si certains profitèrent largement de la médiatisation et y participèrent à leur tour.

En attendant, mon premier objectif venait d'être atteint. Après la première vague médiatique, un magistrat venait de découvrir notre affaire. J'étais convoqué au palais de justice d'Agen.

12

Ghislaine

Triste fin d'année 2003. La plupart des enfants sont à Londres, à la demande de Tilly, et nous fêtons Noël entre « vieux », autour d'un maigre feu de cheminée, claquemurés en Lot-et-Garonne.

La maison de Philippe, du XVIIe siècle, sans aucun confort, est terriblement humide, et nous grelottons en dépit des couvertures dans lesquelles nous nous enveloppons. Nous avons réservé la seule chambre à peu près chauffée à maman, dans les autres pièces il fait à peine dix degrés et, certains matins, l'humidité est telle que les murs suintent et que les sols de pierre sont trempés.

Qu'attendons-nous, qu'espérons-nous, au fond de cette geôle sombre et glaciale à l'intérieur de laquelle nous nous sommes docilement enfermés ? Aujourd'hui, je me demande comment nous avons tenu, me remémorant nos pauvres silhouettes et le poids des malheurs que nous portions chacun sur nos épaules.

Que peut bien penser maman à observer l'effrayant spectacle que nous lui offrons ? Son fils aîné Philippe, mutique, sale et débraillé, brouillé avec tous ses enfants parce que ceux-ci considèrent notre sauveur comme un « zouave », doublé d'un « escroc ». Son autre fils, Charles-Henri, dont elle était si fière, brutalement tombé de son piédestal de médecin et qui erre désormais du soir au matin à la recherche d'une occupation. Enfin moi, sa fille, qu'elle croyait heureuse en ménage et dont elle louait le dynamisme, à présent divorcée et au chômage. Pour clore le tout, son cher Martel vidé de ses meubles et à l'abandon. Maman entrevoit-elle, dans un éclair de lucidité, que toutes ces catastrophes sont curieusement apparues quand Tilly est entré dans notre famille ? Non, à voir son visage s'illuminer quand elle parle de notre « bienfaiteur », c'est le contraire qu'elle imagine : que toutes ces catastrophes auraient été bien plus lourdes de conséquences, bien plus dramatiques, si son « cher Thierry Tilly » n'était pas apparu à temps pour nous tendre la main.

Passons sur Philippe, ardent laudateur de Tilly, qui écrivait déjà un an plus tôt à François : « Nous allons gagner, nous avons *déjà* gagné ! » Philippe que sa foi aveugle en Tilly continue de porter. Certes, il est agacé de devoir nous héberger, mais il dort bien, sûr d'avoir fait le bon choix contre ses enfants, et réconforté à l'idée que son argent travaille à plus de 10 % par mois grâce aux placements miraculeux de Tilly. Non seulement il a échappé aux francs-maçons, mais il est en train de faire fortune et cela mérite bien quelques mois d'inconfort, pense-t-il.

Oui, mais Charles-Henri ? Lui aussi pense que son argent travaille et qu'un jour il sera encore plus riche qu'il ne l'était – je l'entends le dire –, mais comment dort-il quand il contemple l'immensité de sa chute ? C'était un gynécologue réputé, sa femme et lui étaient des acteurs de la vie mondaine locale, lui songeait à entrer en politique dans le sillage d'Alain Juppé, or qu'est-il devenu ? Un homme inactif de cinquante-cinq ans, sans domicile fixe, sans aucun revenu, traqué par le fisc et en délicatesse avec l'Ordre des médecins à la suite de sa fuite inexpliquée et inexplicable. Il a obéi aux consignes de Tilly et pour l'heure il semble avoir tout perdu. Je dis bien « il semble » car il n'en a pas conscience, bien entendu, et il pense que tout cela va renaître, dans un ailleurs de rêve, quand le combat sera gagné.

Son seul problème est que sa femme ne partage pas toujours son optimisme. Elle est parfois prise de doutes qui la poussent à s'opposer à son mari – comme lorsqu'il a fallu vendre leur maison. Mais ce n'est pas une battante, elle cède facilement, par incompréhension ou lassitude, d'autant plus que Tilly a su faire de Guillaume son plus fervent avocat. Si Guillaume le dit, c'est que c'est vrai, pense Christine qui voue un véritable culte à son fils aîné. Partagée entre ses doutes et la foi aveugle de son mari et de son fils en Tilly, elle est embarquée et se réfugie devant la télévision comme si elle préférait ne pas trop penser.

Quant à moi qui ne me suis jamais intéressée à l'argent, je me demande comment je supporte ce cauchemar qu'est devenue ma vie. Cette fois, je n'espère plus retrouver Jean, et je ne le veux plus – je pouvais tout lui pardonner, mais comment oublier ce qu'il a fait à Guillemette ? Je porte comme une croix les destins saccagés de nos deux enfants, et le mien propre. La seule motivation qui me tient encore debout et me fait avancer, c'est le confort de maman – la protéger, lui permettre de traverser décemment les dernières années de sa vie. Maman qui ne se plaint jamais, qui incarne le courage à mes yeux et qui ne manque pas de nous rappeler qu'après la guerre survient la paix et que nous devons croire en des jours meilleurs.

Au début du mois de février 2004, alors que les heures s'égrènent sinistrement chez Philippe – je passe mes journées à tricoter de gros pulls pour toute la communauté avec de la laine datant des années quarante que nous avons retrouvée dans les armoires de Martel –, Tilly me demande de partir immédiatement pour Londres avec Guillemette. Pour des « raisons de sécurité » nous devons quitter le Lot-et-Garonne trois ou quatre jours. En réalité, nous allons rester à Londres plus de deux mois, Tilly prenant manifestement plaisir à nous déplacer comme des pions.

Sur le moment, je suis heureuse car je vais revoir François qui habite Londres avec Amaury depuis le mois d'octobre.

Les deux garçons partagent un minuscule deux-pièces dans le quartier de Chelsea, à deux pas de chez Tilly. Comme Guillemette et moi pensons que notre séjour ne va pas durer plus de trois jours, nous nous installons tant bien que mal dans la chambre de François.

Nous n'avons pas un sou et Guillemette écrira dans son mémoire au juge d'instruction que, pour la première fois de sa vie, elle a connu la faim. Quant à moi, Tilly m'interdit de sortir les premiers temps, sous prétexte que les tueurs de Jean me guettent dans le quartier, et il me fait donc porter le repassage de sa femme, Jessica, qui est ma seule occupation durant quatre ou cinq heures, debout au milieu de la petite chambre de François encombrée de toutes nos affaires.

Après un mois de ce régime de réclusion, affaiblie par le manque de nourriture, j'ai un malaise au milieu de l'après-midi et lorsque Tilly m'appelle (ce qu'il fait trois ou quatre fois par jour), je lui explique que je ne vais pas pouvoir tenir, que j'ai la sensation que tous mes muscles se sont atrophiés et que ma tête ne fonctionne plus du tout.

— Justement, je voulais te dire que mes équipes sont parvenues à neutraliser deux des tueurs asiatiques recrutés par Jean et que tu vas désormais pouvoir sortir, sans trop t'éloigner pour autant. Où aimerais-tu aller ?

— N'importe où du moment que je peux respirer à l'air libre.

— Très bien, il y a un club de gymnastique en face de chez toi, vois si tu peux t'y inscrire.

Durant le deuxième mois, je passe donc toutes mes matinées à faire du sport, tandis que je consacre mes après-midi au repassage du linge de la famille Tilly.

Et les garçons ? Eh bien eux continuent de traîner, désœuvrés, amaigris et pâles. « Notre quotidien est fait de rien, écrira François dans son mémoire au juge, à part des parties de football sur un terrain à cent mètres de l'appartement. Tilly nous promet qu'après toutes ces difficultés nous pourrons faire des études, que certains postes nous attendent, que l'on aura le choix de faire ce que l'on voudra, que l'on sera aidé pour nous accomplir professionnellement, et que tout le reste suivra. Ces conversations reviennent souvent car nous exprimons notre ras-le-bol très régulièrement. Au mois d'avril, peu de temps après le départ de maman qu'il a renvoyée chez son frère, Tilly me demande de faire le guet devant un immeuble qui doit devenir le siège de la Blue Light Foundation, au 13, Regent Street, en plein cœur de Londres. Je dois noter qui entre et qui sort, et ensuite lui faire un rapport. J'arrive sur place aux environs de 7 heures-7 h 30, je suis censé faire le guet depuis un café situé quasiment en face de l'immeuble, et rester là jusqu'à 18 heures-18 h 30. En réalité, faute d'argent, à partir du deuxième jour, j'attends dehors, qu'il pleuve ou qu'il neige... »

C'est le grand retour de la Blue Light Foundation (son président est le patron de Tilly, Gonzalez), qui devait financer des hôpitaux en Chine et que l'on croyait définitivement disparue en même temps que mon école de la rue de Lille. On sait aujourd'hui que cette fondation n'est qu'un leurre que Tilly ressort soudain de son chapeau pour occuper les garçons dont il ne sait que faire – après François, ce sera au tour d'Amaury de surveiller durant des mois l'immeuble du 13, Regent Street, de noter les profils de toutes les personnes qui y entrent et en sortent, inutilement puisque le bâtiment n'héberge aucun organisme appartenant de près ou de loin au tandem Tilly-Gonzalez.

De retour en Lot-et-Garonne après neuf semaines à Londres, une mauvaise nouvelle m'attend : je dois vendre ma petite maison de Bordeaux. Elle n'a pas une grande valeur, mais je la tiens de mes parents et nous avons songé un temps à nous y installer avec Jean. Jusqu'ici, j'ai su résister à Tilly et je suis d'ailleurs la dernière de la famille à posséder encore quelque chose à Bordeaux.

— Les informations qui me remontent sont très inquiétantes, me dit Tilly, vous devez tous avoir quitté Bordeaux le plus rapidement possible.

— Tu sais comme je tiens à cette maison...

— Ça te regarde, Ghislaine, mais je peux t'assurer que tu vas avoir de gros ennuis et, à ce moment-là, il ne faudra pas venir me chercher. Il faut tout de même que tu sois consciente que je fais courir des risques physiques à mes équipes pour vous protéger... Mes hommes risquent leur vie pour vous, alors ta maison, dans la balance...

L'argument fait mouche et je cède – je ne veux pas être responsable de la mort d'un homme sous prétexte que cette maison me tient à cœur. Comme elle est louée, j'annonce aux locataires que je dois la vendre, nourrissant le secret espoir de devoir attendre la fin de leur bail, ce qui reculerait encore la vente (et peut-être alors, la guerre finie, pourrais-je conserver ma maison...). Mais, manque de chance, ils me répondent aussitôt qu'ils sont prêts à acheter, et je vends.

Tilly trouve alors les mots pour me réconforter : l'argent de cette vente que je lui adresse en sortant de chez le notaire, il va le mettre de côté pour financer les études des garçons et leur vie quotidienne. Ainsi mon sacrifice n'aura pas été vain. Avec le recul, je vois bien aujourd'hui à quel point Tilly, tout en distillant des mensonges de plus en plus énormes (l'assassinat de ma sœur par son mari, les tueurs à gages de Jean, le viol de Guillemette par Jean, etc.), est attentif à ne jamais aller trop loin de façon à nous garder sous son emprise : que je m'effondre nerveusement à Londres, enfermée dans la chambre de François, et il m'annonce que ses hommes viennent justement d'arrêter les tueurs et que je peux sortir ; que je lui apparaisse trop blessée par la vente de ma maison (nous craquons curieusement sur des détails, encaissant avec une crédulité à peine imaginable les chocs les plus monstrueux), et il me promet de réserver cet argent à l'éducation et au bonheur des enfants.

Comme souvent dans la vie, c'est par l'argent que s'expriment nos angoisses et nos ambivalences. L'appât du gain, la promesse de placements à 10 %, je le disais, a beaucoup compté dans la stratégie de séduction mise au point par Tilly pour emporter l'adhésion de mes frères. Puis il nous a instillé la peur pour précipiter le mouvement : notre patrimoine devait être rapidement réalisé car sinon les francs-maçons, qui voulaient notre perte, allaient s'emparer de tous nos biens. Ainsi la peur est-elle venue utilement nourrir l'appât du gain : d'un côté, l'on vend à tout-va, dans la précipitation, car l'ennemi menace ; de l'autre, on ouvre des comptes à l'étranger où cet afflux d'argent liquide provoque une forme d'ivresse car on peut imaginer aussitôt ce qu'il va produire avec de tel taux.

Les francs-maçons pensaient nous mettre sur la paille, mais c'est exactement le contraire qui va se produire : grâce à eux, si j'ose dire, et surtout grâce à Tilly, nous allons sortir de cette guerre plus riches qu'avant et pouvoir renaître sous un autre ciel. C'est le sens de l'exclamation de Philippe : « Nous allons gagner, nous avons *déjà* gagné ! »

Mes frères le pensent, et même si pour ma part je n'ai pas pour objectif de m'enrichir, je partage durant les premiers temps l'espoir de notre renaissance.

Les choses se compliquent dans nos esprits lorsque Tilly introduit insidieusement dans ses propos la question du financement du « combat ». Tandis qu'au début nous nous félicitons d'avoir été choisis par son service supranational pour être sauvés (parmi toutes les familles menacées) – choisis, et même « élus », nous dit-il –, nous devons admettre petit à petit que ce sauvetage n'est pas gratuit et qu'il va falloir le financer. Les propos de Tilly à cet égard sont confus, mais dès l'année 2003 il nous explique que « le combat » a un prix et que si l'argent n'arrive pas assez vite il ne pourra plus nous protéger.

Chacun comprend ce qu'il peut dans le climat de peur et de précipitation qu'il entretient par ailleurs autour de nous. À entendre mes frères, je devine qu'ils s'imaginent qu'une partie de leurs gains va servir à financer « le combat », mais qu'au final ils seront largement gagnants tout de même. Quant à moi, je suis trop violemment frappée dans ma vie privée avec la perte de Jean et le mal fait à mes enfants pour m'intéresser si peu que ce soit à mon argent. Au fil des mois et de l'effondrement de tout ce en quoi j'ai cru, je ne suis plus qu'une naufragée sur des flots tempétueux, désireuse d'en finir par moments mais prête en même temps à saisir n'importe quelle raison d'espérer dans un réflexe de survie quasi animal.

Tandis que la réclusion a repris chez Philippe, loin des enfants désormais tous en Angleterre, l'argent véhicule tout ce qu'il nous reste d'énergie et de désir de vivre.

Il n'y a plus rien à vendre dans l'immédiat à part le château de Martel que nous allons bientôt perdre et Bordeneuve (que nous sauverons grâce à Jean), mais Tilly n'en demeure pas moins attentif à récupérer tout ce qu'il peut du peu d'argent qu'il nous reste pour vivre : les retraites de maman et de Philippe. Il nous a déjà pris plusieurs millions d'euros, mais il ne nous vient pas à l'esprit de nous étonner qu'il ait encore besoin de ces sommes relativement modestes pour financer notre protection.

Quand arrive la date du versement des retraites, il peut m'appeler dix fois dans la même journée pour m'indiquer que, selon ses services, les retraites sont tombées.

— Ghislaine, je viens d'avoir un de mes adjoints, l'argent de ta mère est arrivé.

— Mais je viens d'aller sur son compte et je n'ai rien vu…

— Eh bien retournes-y et rappelle-moi, c'est urgent !

Je suis à ce point embuée, décérébrée, que je n'imagine pas une seconde qu'en fait d'« adjoint » et de « services », il a tous nos mots de passe et qu'il consacre son temps sur Internet à guetter l'arrivée des retraites sur nos comptes en banque.

Quand l'argent est bien là, s'engage la discussion sur ce que nous pouvons conserver. Nous sommes six à présent, Philippe et Brigitte, Charles-Henri et Christine, maman et moi – j'estime que 600 euros pour le mois est un minimum, à condition de ne manger que des pâtes et des pommes de terre et de renoncer à tout chauffage, mais Tilly le conteste.

— Ghislaine, je suis certain que vous pouvez vous en sortir avec 400 euros.

— Écoute, je peux essayer…

— Il faut que tu te rendes compte que mes équipes sont sur le terrain nuit et jour pour vous protéger, vos enfants à Londres, vous ici, et que tout cela coûte très cher.

— Si tu savais, je n'en dors plus !

— Alors tu gardes 400 euros et tu m'expédies tout le reste dès aujourd'hui.

Commence alors pour moi une course contre la montre. Je dois appeler un taxi, me faire conduire à Villeneuve-sur-Lot, à dix-huit kilomètres de chez Philippe, en espérant que la poste sera encore ouverte et que je pourrai remplir toutes les formalités pour que la Western Union transfère aussitôt les fonds.

Durant ces heures, Tilly ne me lâche pas, il m'appelle toutes les dix minutes.

— Tu es dans le taxi ?

— Oui, ça y est.

— Si l'argent n'arrive pas ce soir, tu vas me faire perdre une semaine dans les opérations.

— Oh mon Dieu ! Je fais l'impossible...

— Je ne peux pas tout t'expliquer, c'est très dur en ce moment, je parviens à maîtriser de justesse les tueurs de Jean, mais tu dois savoir qu'au moindre retard dans l'arrivée des fonds il y aura de la viande froide.

— Seigneur ! Je ne peux pas faire plus vite...

— Demande au taxi d'accélérer. Attends, un de mes adjoints m'appelle sur une autre ligne... je te reprends.

« De la viande froide », « il ne faudra pas vous plaindre s'il y a de la viande froide », cette expression terrifiante qu'il utilise couramment désormais et qui me glace le sang quand je songe qu'un de nos enfants...

Parvenue à la poste, je me précipite vers le guichet, les jambes flageolantes, en nage. Je songe à Guillemette et à François menacés de mort. Je ferais n'importe quoi pour accélérer les choses.

Tilly me rappelle tandis que je remplis les formulaires en tremblant sous l'œil de la préposée.

— Ça y est, je suis à la poste...

— Fais vite, c'est une question de minutes.

— Oui, oui, je fais le maximum.

Quand enfin j'ai le papier attestant l'envoi, il me reste encore à appeler François pour lui donner les dix chiffres lui permettant de retirer l'argent qu'il ira remettre à Tilly. De nouveau je suis morte d'angoisse à l'idée que François ne décroche pas ou, s'il décroche, à la perspective que mon téléphone ne contienne pas suffisamment d'unités pour me laisser le temps de lui communiquer tous les chiffres (parce que nous n'avons plus que des téléphones à cartes par mesure d'économie). « Une question de minutes », a dit Tilly, et je peux entendre mon cœur cogner.

François a pour consigne de ne me poser qu'une seule question à l'instant où il reconnaîtra ma voix : « Quel est le numéro de code ? »

Je rassemble le peu de sang-froid qu'il me reste pour bien articuler, et quand enfin je raccroche, certaine que l'argent est pour ainsi dire arrivé à destination, j'éprouve un sentiment de soulagement inouï : ça y est, j'ai rempli ma mission, j'ai tout bien accompli selon les consignes de Tilly, je peux enfin souffler.

Au soulagement, se mêle une sorte d'euphorie – certainement le seul moment d'euphorie, presque de bien-être, que j'ai connu durant ces années épouvantables. Puisque j'ai obéi à Tilly, j'ai contribué à éloigner le danger, j'en suis convaincue ; demain ça ne pourra qu'aller mieux, demain mes enfants seront en sécurité… jusqu'à la prochaine fois.

En somme, cet argent que je donne à Tilly me permet d'acheter quelques jours de répit (pour un peu, je le remercierais de me voler, me dis-je aujourd'hui, évidemment en colère contre moi-même), et s'il m'en restait encore, si je pouvais en trouver quelque part, je le supplierais à genoux de l'accepter en échange d'une ou deux semaines de paix intérieure : mes enfants ne sont plus en danger, je peux dormir tranquillement, oh merci mon Dieu, merci !

Jean

Les faits parlent d'eux-mêmes : c'est après la première vague d'articles et d'émissions que je reçus une lettre du procureur de la République d'Agen m'invitant à le rencontrer. Mes plaintes et mes démarches, y compris auprès d'élus du Lot-et-Garonne et d'un préfet qui ne me répondirent pas, n'avaient ému personne. Mais l'aiguillon des médias, comme souvent, a fait mouche. Y a-t-il eu, comme on l'a dit, un coup de fil de la Place Vendôme à Agen pour s'enquérir de cette affaire qui faisait les gros titres ? Je ne saurais le dire. Ce qui est sûr en revanche, c'est que le 24 mars 2004, j'étais dans le bureau du magistrat.

Je sortis de cet entretien galvanisé. Non que j'y aie reçu quelque promesse d'action rapide. Au contraire, le procureur m'écouta, affable et attentif, et m'exposa les limites de son intervention. J'avais en tête, depuis le début, la loi About-Picard, dite loi antisectes, qui réprime l'abus de faiblesse et l'emprise mentale. Mais elle ne pouvait s'appliquer à ce stade parce que seule une victime directe – en l'occurrence l'un des reclus ! – pouvait l'invoquer. Peu m'importait, c'était la première fois que la justice portait attention à notre tragédie, qu'un rouage important de la grande machine se mettait en marche. Le procureur lança une enquête préliminaire, dont fut chargé le SRPJ de Toulouse. Et c'est ainsi que je me retrouvai, au mois de novembre suivant, à l'hôtel de police de la Ville rose. Deux policiers, un homme et une femme, m'attendaient pour m'entendre, mais aussi pour dérouler devant moi les résultats de leur enquête, cantonnée aux années 2001-2003 et à la dimension financière de notre tourmente, la seule qu'ils pouvaient appréhender à ce stade. Un travail de bénédictin, minutieux, rigoureux, mené avec une remarquable compétence et dont la moisson n'était pas moins sidérante que ce que je vivais depuis trois ans.

Pendant près de sept heures, assis sur une mauvaise chaise métallique, mais captivé par la plongée dans cet épais maquis, je les écoutai décortiquer les montages financiers (« du travail de pro », me dirent-ils), démêler les fils de cette escroquerie, aligner les SCI (sociétés civiles immobilières) comme des soldats à la parade. Des SCI dont les associés comme les dirigeants, inconscients des risques que Tilly leur faisait prendre, étaient Ghislaine, Guillemette, François et les autres, et que ces poètes avaient affublées tantôt du nom du chien de la famille, tantôt de celui du ruisseau proche de Martel et parmi lesquelles je retrouvai la SCI du Champ-des-Loups. J'avais découvert son existence en recevant à Fontenay une facture d'EDF pour Bordeneuve à ce nom, alors que j'avais résilié notre abonnement deux ans plus tôt.

Je ne prenais pas de notes, mais les circuits de ce suicide financier s'imprimaient dans ma tête. Surtout, la toile d'araignée s'éclairait sous mes yeux. Tilly n'avait pas besoin de ces sociétés pour déposséder ses adeptes. Mais leur création, dûment déclarée, leur donnait le sentiment d'agir, d'être dans les affaires, de maîtriser leur patrimoine, d'être mieux à même de se défendre à plusieurs que tout seul, et de payer moins d'impôts.

La séance fut si longue que mon vieil ami Bertrand, avocat familier des gardes à vue au même endroit, appela vers 21 heures pour savoir à quelle heure j'arriverais chez lui pour dîner. Nous avions presque fini lorsque l'un des deux policiers se crut obligé de me mettre en garde contre la tentation d'une action musclée à l'égard de l'escroc qui dévorait ma famille. Je pensai alors que si j'en avais un jour l'intention, je ne viendrais pas lui demander la permission.

L'année 2004 s'acheva sur ce début d'action. Au moment où j'apprenais avec tristesse que mon gendre, après près de trois ans d'attente, était en train de refaire sa vie et que c'en était fini de leur couple, l'espoir naissait sur le front judiciaire. C'était encore bien peu, mais je voulais y croire. L'enquête financière était riche, concluante, elle allait forcément avoir des suites. Les policiers, qui flairaient bien davantage, ne m'avaient pas caché leur souhait d'aller plus loin, de travailler avec leurs homologues anglais, belges, américains. Un juge d'instruction s'était intéressé à l'affaire. Il allait à son rythme. Il fallait être patient, vigilant, et ne pas sombrer.

Car pendant ce temps et presque sans relâche, les coups continuaient de pleuvoir sur moi et avec eux l'angoisse du lendemain. Qu'allait-il m'arriver encore ? Qu'allais-je trouver dans ma boîte aux lettres, un avis d'huissier, une lettre recommandée, une énième assignation en justice ? Chaque matin, je reculais le moment de l'ouvrir. J'en étais là. Bien sûr, je m'étais résolu à suivre un traitement pour alléger un peu mon fardeau. Une amie, qui avait vécu des drames bien plus définitifs que le mien, m'avait introduit auprès de son psychiatre, qui me recevait à l'hôpital Saint-Antoine, à Paris, parce que c'était moins cher. Mais malgré la chimie, malgré son écoute, malgré la solidarité de mes amis et mes activités multiples, le cauchemar desserrait rarement son étreinte. Il paraît que je faisais bonne figure, mais lorsque je me retrouvais seul, je n'avais plus de figure du tout.

À une époque, je me souviens, je me mis à avoir très mal aux yeux. Je consultai un ophtalmologue. « Rien d'étonnant, me dit-elle, vos yeux sont secs, vous ne fabriquez plus de larmes. » Était-ce d'avoir trop pleuré ? Les gouttes qu'elle me prescrivit furent efficaces et, surtout, je pleurais de moins en moins.

Le plus dur de ces années noires, où presque tout le fut, me vint de mes enfants. Je n'en avais aucune nouvelle. Je leur écrivais régulièrement, ainsi qu'à Ghislaine, pour les fêtes, pour leurs anniversaires. Je ne manquais pas une occasion de me manifester, de leur dire qu'ils me manquaient, que je les aimais. Je soulignais que les années défilaient, qu'ils passaient à côté de la vie. Parfois, je haussais le ton, je parlais de manipulation, de marionnettes, d'escroquerie. Je dénonçais Tilly. J'usais de tous les registres, en insistant toujours sur ce qu'ils étaient pour moi et sur ma certitude de les retrouver bientôt. Ils ne répondaient pas. Ils n'en avaient pas le droit.

Un jour, ils m'écrivirent. Je reçus de ma fille et de mon fils la même lettre. « Monsieur, nous vous mettons en demeure de nous restituer nos affaires. » Suivaient une date et la menace d'une action en justice si je ne la respectais pas. J'avais beau savoir que ce n'était pas eux, pas leur initiative, pas leurs mots, ces lettres me firent mal. Je leur répondis que leurs affaires les attendaient à la maison, chez eux, chez nous. Je n'en entendis plus parler.

À l'automne 2006, il y eut bien pire. Je trouvai en rentrant chez moi l'avis d'une nouvelle procédure. Guillemette et François m'attaquaient en devoir de secours. Ils avaient besoin d'argent pour vivre et ils m'en demandaient. Non pas en m'écrivant, en m'appelant ou en venant me voir, mais en me traînant en justice.

La lecture des motifs de leur demande me bouleversa une nouvelle fois. Leur argument était simple : ils étaient dans le plus profond dénuement et voulaient travailler, mais ne trouvaient pas d'emploi en Lot-et-Garonne à cause de la campagne de presse. C'est-à-dire à cause de moi.

Je me retrouvai au palais de justice, dans une salle d'attente de cette pyramide de béton gris dont la seule vue m'est devenue insupportable. Je n'avais plus d'avocat : j'avais quitté la première et n'en avais pas encore trouvé d'autre. Mon budget ne m'y incitait pas. J'étais venu seul, résolu à me défendre moi-même. Mes études de droit étaient bien loin, mais j'avais préparé une intervention qui répondait point par point aux allégations de mes enfants.

Une jeune femme arriva. C'était leur avocate. Son point fort n'était pas l'amabilité et je compris à son attitude que le mot adversaire avait un sens précis dans son système de valeurs, au moins professionnel. Nous n'eûmes pas longtemps à attendre. L'audience commençait.

D'emblée, je sus que je n'étais pas en danger. La présidente ne cacha pas son agacement vis-à-vis de l'avocate et son peu de considération pour l'action et les arguments de mes enfants. Ils ne trouvaient pas d'emploi en Lot-et-Garonne ? Pourquoi n'en cherchaient-ils pas ailleurs s'ils voulaient vraiment travailler ? Quant à l'alibi de la campagne de presse, elle le balaya d'un revers de manche. Fallait-il vraiment que j'intervienne ? Ça ne lui semblait pas nécessaire, mais puisque je paraissais y tenir, elle m'écouta.

Ce fut l'une des rares fois où je sortis sans angoisse d'une audience. Quand la décision arriva, je respirai. Mes enfants étaient déboutés. J'avais gagné une bataille. J'étais loin d'avoir gagné la guerre.

Car, trois années plus tard, une nouvelle action serait plus dure encore : Guillemette et François, sur ordre de Tilly, engageraient une procédure pour changer de nom et prendre celui de leur grand-mère. Comment continuer à porter celui de leur père, entaché de tant d'infâmie, de crime et de débauche, leur a soufflé leur mentor ? Par chance, elle n'aboutira jamais. Mais l'apprendre m'aura assommé, une fois de plus.

13

Ghislaine

De l'hiver 2004 à l'été 2005, terrorisés par la proximité des francs-maçons et des tueurs de Jean, nous ne sortons quasiment plus de chez Philippe – notre prison. Durant ces dix-huit mois, nous n'allons plus revoir nos enfants, tous bloqués en Angleterre sous la protection des équipes de Tilly. Nous n'aurons de nouvelles d'eux qu'indirectement, pour moi en entendant la voix de François lors des envois d'argent, sinon par des mails, mais le plus souvent par Guillaume lorsqu'il nous annonce que les hommes de Tilly avaient intercepté deux ou trois Asiatiques alors qu'ils s'apprêtaient à mettre en joue Amaury ou François, Diane ou Guillemette.

Six adultes enfermés pendant dix-huit mois derrière les hauts murs glacés de la maison. Lorsque par hasard quelqu'un sonne à la porte ou qu'un bruit de moteur se rapproche, nous entrons tous les six dans un état de panique absolue et nous retrouvons dans le bureau de Philippe, sans avoir à nous donner le mot. C'est ici qu'ont été installés les écrans de contrôle des caméras fixées tout autour de la maison.

Qui peut bien venir ? Nous n'avons plus d'amis, ceux que nous fréquentions autrefois se sont révélés être francs-maçons, ou carrément membres des réseaux de Jean, et quand Tilly nous a prévenus, nous avons aussitôt coupé les ponts, en les traitant d'assassins ou en les insultant, comme nous l'avons fait pour Jean. Ceux que nous n'avons pas rejetés ont cessé d'eux-mêmes de se manifester, évidemment prévenus par les journaux de ce que nous vivions, puisque après *Sud-Ouest*, *Paris Match* a consacré un dossier de quatre pages aux « séquestrés volontaires de Monflanquin », jusqu'à Patrick Poivre d'Arvor qui a ouvert le JT de TF1 en exposant notre calvaire à la France entière.

Nous n'avons plus d'amis, nous ne comptons plus que des ennemis.

C'est dire dans quel état nous sommes quand un crissement de pneus arrive à nos oreilles ou que résonne la sonnette de la porte. Qui peut bien oser venir alors que les volets sont clos et qu'il est maintenant de notoriété publique que nous n'ouvrons à personne ? Grâce aux caméras, nous pouvons suivre l'avancée de la voiture, noter son immatriculation pour les équipes de Tilly, puis lorsqu'elle est stationnée photographier son occupant, l'observer s'extrayant de l'habitacle, levant les yeux vers la façade aveugle, se passer une main dans les cheveux l'air de se demander... puis chercher sa serviette sur la banquette arrière, ajuster sa cravate et marcher jusqu'à notre porte.

Elle est soigneusement verrouillée, barricadée de l'intérieur de surcroît, mais tout de même nous tremblons. Qui est cet homme ? Est-il dangereux ? Est-il armé ? Déjà Philippe appelle Londres, au cas où les équipes de Tilly, postées tout autour de la propriété, ne l'auraient pas vu venir. Mais si, elles l'ont parfaitement repéré, Tilly est déjà au courant, bien sûr.

— C'est un huissier, aucune raison de vous inquiéter.

— Ah parfait, parfait... Que faisons-nous ?

— Vous pouvez lui ouvrir. Il va vous remettre un commandement à payer que vous jetterez. Nous contrôlons la situation, je m'en occupe.

Ouf ! Maman retrouve son sourire, nos visages se détendent, Tilly continue d'avoir une bonne longueur d'avance sur les événements, c'est peu dire que nous nous sentons protégés !

Aujourd'hui, bien sûr, je souris de notre ingénuité, de notre bêtise, suis-je tentée d'écrire, car Tilly ne risque pas de se tromper en nous annonçant un huissier puisque seuls les huissiers nous rendent encore visite.

C'en est un, en effet, nous classons son enveloppe sans l'ouvrir – quand il comprendra qui nous protège, le malheureux regrettera d'avoir fait du zèle, pensons-nous, et en dépit de la faim et de notre misérable condition nous sourions avec un rien de condescendance. Le malheureux ignore les ennuis qui l'attendent !

Puis la vie reprend son cours, monacale et sans joie, faite de privations, mais nous sommes portés par l'espoir qu'un jour nous sortirons des ténèbres pour retrouver un bonheur dont nous n'avons aucune idée mais dont maman nous parle avec une lumière particulière dans le regard, elle qui n'a jamais douté, durant la guerre, d'entendre de nouveau les cloches sonner et de revoir son cher mari.

Avec elle, j'alterne tricot et tapisserie pour lutter contre l'ennui, messager sournois de l'angoisse et de la dépression. En dépit de son grand âge, maman ne cède rien, et tant qu'il y a de la laine et du tissu nous nous affairons du soir au matin. Puisque tout le monde grelotte, nous tricotons pour chacun un épais manteau de laine (sans boutons car nous n'en avons pas). Puis, avec les bouts de tissu que nous dénichons ici et là, nous cousons de jolis patchworks pour mettre sur les lits ou sur nos jambes, le soir, au coin du feu.

Je l'ai dit, la maison de Philippe est une geôle humide qui mériterait d'énormes travaux pour devenir simplement confortable. Il a bien d'autres soucis en tête, comme nous tous, mais je parviens tout de même à lui faire admettre que le salon et la salle à manger seraient nettement plus agréables s'il y avait des rideaux aux fenêtres (et quand bien même les volets sont clos).

— Pourquoi pas ? bougonne-t-il. Et tu vas les trouver où, les rideaux ?

— Si tu veux bien nous laisser faire, maman et moi allons les coudre. Ils seront sans doute dépareillés, mais ça sera plus chaud.

Il consent du bout des lèvres et, durant quelques semaines, notre grande affaire, ce sont les rideaux !

Philippe ne fait pas grand-chose de ses journées, sinon regarder la télévision et dormir – il est vrai qu'il a soixante-six ans et le droit de se reposer. Charles-Henri, qui en a dix de moins, s'est lancé, lui, dans les maquettes. Avec les cagettes qu'il a trouvées dans les dépendances de la cuisine, il réalise un somptueux voilier, taillant les bordés un à un avant de les assembler avec les moyens du bord. Il en construira deux superbes durant notre réclusion, me confiant le soin de tailler et de coudre les voiles.

Grâce à maman, attachée aux traditions, nous nous retrouvons tous les six autour de la même table pour les repas. Ces deux rendez-vous rythment les journées et nous contraignent à nous tenir debout, quel que soit le degré d'angoisse, d'épuisement ou d'énervement de chacun. Nous nous efforçons d'être présentables, de nous intéresser aux autres et de bavarder, même si nous n'en avons pas envie, et je mesure aujourd'hui dans quelle déliquescence nous aurions pu tomber si maman ne nous avait pas imposé ce minimum de vie sociale.

Ce sont souvent Brigitte et Christine qui préparent les repas et qui doivent donc se creuser la tête pour inventer un menu avec le peu de nourriture dont nous disposons – des pommes de terre, des pâtes, quelques légumes, de la farine, des œufs, jamais de viande mais parfois un peu de lard ou de poisson...

Une ou deux fois par mois, nous sommes autorisés à aller faire les courses à Villeneuve-sur-Lot. C'est généralement moi qui y vais, après que Tilly a mis ses équipes en alerte pour que je ne sois pas tuée sur la route ou dans le supermarché. Je dispose donc d'un créneau horaire précis, et je réserve un taxi qui me conduit à l'aller et au retour. Si je ne vivais pas dans la peur d'être assassinée, cette sortie de prison pourrait être un moment de détente. Et elle l'est, malgré tout, le plaisir de croiser de nouveaux visages, de me fondre dans la vie, l'emportant sur la crainte de voir surgir un homme armé au détour d'un rayon.

Au retour, je suis tenue de faire un rapport oral à Tilly. Je dois tout raconter par le menu, tout ce que j'ai vu, ou soupçonné, il veut tout savoir pour en informer ses hommes.

— Tout s'est bien passé, remercie tes équipes de ma part, je n'ai pas été inquiétée.

— Tu es sûre que tu me dis tout ?

— Écoute, oui… Le taxi m'attendait à la sortie, comme prévu, nous avons roulé très tranquillement.

— Tu n'as rien remarqué de bizarre pendant que tu patientais à la caisse ?

— Euh, non… Non… Enfin, à un moment, l'homme qui attendait derrière moi a téléphoné.

— Ah ! Et tu ne me le disais pas !

— Ça ne m'a pas paru suspect.

— Eh bien tu te trompes. Tu veux que je te dise la vérité ? Ce type-là a appelé Jean pour lui indiquer où tu te trouvais, nous l'avions mis sur écoute. J'ai toute leur conversation sous les yeux et je peux t'assurer que si mes équipes n'avaient pas été sur place tu ne serais pas là en train de me raconter ton après-midi.

Quand je l'entends ainsi m'expliquer que je suis passée à deux doigts de la mort, j'éprouve à chaque fois un long frisson glacé et je me dis que sans cet homme nous serions tous enterrés depuis longtemps.

Il n'est pas seulement le militaire brillant capable de déjouer les plans de nos adversaires, il sait aussi être profondément humain et trouver les mots pour nous rasséréner, nous redonner espoir quand l'ambiance à l'intérieur de notre geôle devient électrique, irrespirable. Il arrive à Philippe, qui est peut-être le plus fragile d'entre nous, de piquer des crises de colère, ou d'angoisse, dues à l'enfermement. Comme nous sommes tous alors impuissants à le raisonner, j'appelle Tilly au secours qui, dix minutes plus tard, lui téléphone.

Le simple fait d'avoir pour soi seul un appel de Tilly est une telle marque de respect que l'heureux élu s'en trouve déjà mieux – surtout Philippe qui a besoin d'obtenir sans cesse des preuves qu'il compte aux yeux des autres. Après une petite demi-heure de conversation, mon frère est méconnaissable et c'est de lui, d'ordinaire si bougon et défaitiste, que nous viennent les plus belles paroles d'espoir pendant quelques jours.

Il arrive aussi à Christine, qui passe l'essentiel de son temps allongée devant la télévision, les jambes sur la table basse, de perdre confiance et de sombrer dans la dépression. Elle aussi est métamorphosée après avoir écouté son fils l'appeler de la part de Tilly. Selon la personnalité de chacun et son état moral, Tilly sait trouver les mots qui touchent. Par la suite, nous nous transmettons ses phrases, ses expressions, et dans les moments les plus sombres il s'en trouve toujours un pour reprendre un de ses mots et nous tirer vers le haut.

Nos conditions de détention elles-mêmes peuvent changer du jour au lendemain. Ainsi, à la sortie de l'hiver 2005, après douze longs mois de réclusion dans cette maison, Philippe est soudain autorisé à installer un potager dans l'enceinte de la propriété. Aucun d'entre nous n'avait le droit de sortir sous peine d'être abattu par les tueurs de Jean, et voilà soudain que nous pouvons passer de longues journées dehors à retourner la terre. Nous sommes si conditionnés à obéir sans chercher à comprendre que nous ne nous interrogeons pas sur ces brusques revirements. De la même façon, tandis que nous avons dû jeter tous les légumes que les paysans du coin nous ont offerts, nous avons soudain la permission de les manger, et même d'aller les ramasser en toute liberté, comme si plus personne ne cherchait à nous empoisonner ou à nous mettre en joue.

Comment survivent nos enfants pendant ce long calvaire ? Guillemette, que j'ai laissée à Londres, dans la chambre de son frère, en avril 2004 pour regagner le Lot-et-Garonne, résume avec pudeur ces mois d'attente et d'errance dans son mémoire au juge d'instruction :

« Après le départ de maman, nous nous retrouvons à trois dans le petit appartement de François et d'Amaury à Chelsea. Mais Diane, scolarisée à Londres, va venir nous rejoindre.

« Au mois de juin, Tilly nous fait dire par Guillaume que nous devons déménager le soir même. Nous emballons tout, nous sommes prêts à partir, mais à la dernière minute notre déménagement est reporté. Il aura finalement lieu quelques jours plus tard, dans la précipitation et le stress. Nous débarquons alors dans un appartement plus spacieux, voisin de l'ambassade des États-Unis. Le quartier est également plus beau et... plus cher. Mais il n'y a ni lumière ni eau chaude.

« Tilly nous dit depuis le début de notre "combat" que nous sommes très chanceux d'être aidés par des gens comme son patron. Que si nous suivons ce qu'il dit, nous n'aurons pas de problème et que nous sortirons plus forts de tous ces sacrifices, avec la promesse d'une vie future bien plus intéressante. De quoi donc pouvons-nous nous plaindre ? »

C'est à cette période qu'il précipite le plus fragile des enfants, Amaury, dans un cauchemar qui aurait pu très mal finir. Tandis que Guillemette, François et Diane partagent cet appartement insalubre, se nourrissant de produits périmés car ils n'ont pas un sou, Amaury est consigné à Regent Street, dans les locaux prétendument réservés à la Blue Light Foundation. Il a pour mission de surveiller les bureaux vides et d'empêcher quiconque d'y entrer. Il expliquera plus tard au juge que Tilly a cherché à l'humilier et à le détruire en le traitant plus mal qu'un chien. De fait, Amaury va vivre plusieurs mois dans ces locaux déserts, sans lumière ni chauffage, dormant par terre, sans même une couverture, avec l'interdiction formelle de sortir. Son unique repas quotidien lui est apporté par François ou Diane, ainsi placés dans la position de geôliers et qui s'inquiètent régulièrement de son état moral et physique auprès de Tilly. En vain, naturellement.

Quand il apparaîtra qu'Amaury commence à sombrer dans une grave dépression, Tilly lui imposera de retranscrire toutes ses pensées dans un carnet.

« Août 2005, poursuit Guillemette dans son mémoire : un matin à 8 heures nous sommes virés de l'appartement avec une heure pour faire nos valises. Apparemment, un locataire est là pour occuper les lieux. Nous appelons Tilly :

— Vous prenez le maximum et vous partez.

« Nous laissons beaucoup d'affaires personnelles que nous ne reverrons plus. Tilly n'a jamais voulu nous dire où elles se trouvaient. Il finira par nous expliquer que Guillaume, qui était son second, les a probablement vendues… C'est d'ailleurs Guillaume qui est le plus souvent notre interlocuteur car Tilly est occupé en haut lieu, paraît-il.

« Nous quittons donc rapidement cet appartement et nous retrouvons dans la rue sans un sou. Tilly dit alors à François d'appeler maman pour qu'elle nous envoie de l'argent par la Western Union afin de pouvoir rentrer en France. Cet argent sera en fait accaparé par Tilly et nous voyagerons sans billet. Après un long voyage et une nuit dans une gare nous débarquons chez notre oncle et recevons un accueil assez froid de la génération précédente, excepté de la part de notre grand-mère et de maman. »

L'arrivée soudaine des quatre enfants est, en effet, un choc terrible. Voilà dix-huit mois que nous vivons reclus entre vieux, et les jeunes débarquent dans notre retraite comme des chiens fous, à la fois avides de liberté et exaspérés par l'inactivité dont ils souffrent depuis si longtemps. Insensiblement, à force de ne rien faire et de sursauter au moindre bruit, nous sommes devenus des vieillards au teint gris, irascibles et silencieux, et le spectacle que nous offrons aux jeunes décuple sans doute l'angoisse qui les saisit à l'instant où ils comprennent que cette maison est une prison où ils vont devoir s'enfermer avec nous.

Eux sont sûrement sidérés et effrayés de nous découvrir dans cet état de déliquescence, mais il en va de même dans l'autre sens : nous sommes bouleversés de les retrouver affreusement amaigris, le regard fiévreux – avec une lueur d'effroi dans celui d'Amaury qui nous serre le cœur –, les cheveux longs et sales comme s'ils rentraient de captivité, chaussés de baskets éculées et habillés comme des clochards.

En grand pervers, Tilly a voulu faire de ce choc des générations un élément destructeur de plus et il a donc semé les graines de nouveaux conflits susceptibles de nous rendre tous fous : ainsi, Amaury et Diane ont interdiction d'adresser la parole à leur mère, sous prétexte qu'elle est susceptible de nous trahir et de faire échouer le « combat ». Ils ne peuvent parler qu'à leur père et à leur grand-mère, ce qu'ils vont faire, précipitant Christine dans un isolement affreusement douloureux qui aurait pu la rendre malade. Également montés contre moi, Guillemette et François vont, en revanche, passer outre les consignes de Tilly et, après quelques jours difficiles, nous nous retrouverons tous les trois complices comme par le passé.

Diane et Amaury s'installent dans l'aile qu'occupent leurs parents, dans des petites chambres sous les combles. Guillemette et François viennent naturellement dans l'aile que je partage avec maman. François campe dans le bureau qui jouxte ma chambre, tandis que Guillemette partage mon lit, tellement heureuse de me retrouver.

D'emblée, Guillemette se met à la cuisine avec Diane. Ma fille, qui ne pèse plus que quarante-cinq kilos après l'épreuve de son divorce et les mois d'errance à Londres, va faire de la cuisine son combat personnel pour ne pas s'effondrer. Durant les deux années où nous allons vivre cloîtrés tous ensemble – du mois d'août 2005 au mois de septembre 2007 –, Guillemette va accomplir des miracles pour nous préparer des repas de plus en plus inventifs avec trois fois rien.

Nous sommes désormais dix à être reclus chez Philippe, et onze lorsque Guillaume nous rejoint pour de brefs séjours. Pour nourrir la communauté, je dois chaque mois négocier avec Tilly : lui aimerait que je m'en sorte avec 300 euros, tant il a besoin de chaque centime pour nous protéger, mais je parviens généralement à en garder 400. Comment nourrir dix personnes pendant un mois avec 400 euros ?

Guillemette passe toutes ses heures libres sur Internet à chercher et à recopier les recettes les plus économiques. En deux années, elle va remplir onze cahiers de cent pages chacun. Plus de viande rouge, même plus de volaille, nous devenons végétariens par nécessité, mais grâce à elle nous sommes des végétariens privilégiés : elle confectionne un hachis parmentier délicieux où les lentilles remplacent la viande, des gâteaux à la banane ou aux cacahuètes, des plats succulents à base de riz. Quand nous allons faire les courses, elle m'accompagne avec Diane et ce sont elles qui remplissent le caddie en fonction de leurs recettes. Quant à moi, j'ai une calculette à la main et j'entre le prix de chaque produit. Lorsque j'arrive à la somme allouée par Tilly, nous arrêtons les courses – à nous de nous débrouiller pour ne pas mourir de faim.

Tilly nous autorise à présent à aller cueillir les fruits sur les arbres et, les mois fastes, s'il nous reste de quoi acheter du sucre, nous faisons de délicieuses confitures.

C'est également elle qui nous sert à table de façon à ce que chacun ait exactement la même portion. Pour le pain, dont nous manquons cruellement, elle prend soin de couper une tartine par personne et mes frères, gros mangeurs de pain, doivent s'en satisfaire.

Avec la promiscuité et la faim qui nous tenaille, les repas deviennent bientôt les moments où s'expriment toutes les tensions et les souffrances accumulées – ces repas dont maman avait voulu faire le dernier lieu de convivialité. Philippe, qui n'a jamais beaucoup aimé François, perd le sens de la mesure et se met à l'insulter à table pour un oui ou pour un non. Il le traite de « fin de race » ou, injure suprême, lui rappelle qu'il est « le fils de Jean Marchand », le tueur, le dépravé, l'homme par la faute duquel nous vivons en prison. Après quelques mois, abasourdi par tant de haine, François ne prendra plus ses repas avec nous, et Guillemette, toujours adorable, lui portera son assiette dans sa chambre.

Philippe perd pied et ses rapports avec les jeunes deviennent impossibles. Comme Amaury et François, rendus fous par l'enfermement, tentent au moins une partie de football par jour, entre le potager et les lilas, il se met à leur hurler dessus parce qu'il arrive au ballon d'atterrir dans les fleurs.

— Philippe, je t'en supplie, ils ont vingt ans, laisse-les se détendre un peu...

— Je suis ici chez moi, c'est moi qui commande !

Les jeunes ne peuvent plus se projeter dans rien et cette absence d'avenir s'ajoute à la détention et à la faim. J'observe François se replier sur lui-même, s'enfermer dans le silence, tout comme Amaury, et j'ai affreusement peur que tous les deux finissent par céder à la dépression et au désespoir.

Guillemette, en revanche, continue à se battre, et je retiens mes larmes quand je l'entends me demander certains soirs :

— Maman, quand est-ce que ça va s'arrêter ?

Je voudrais tellement pouvoir lui répondre : « Bientôt, ma chérie. Tiens le coup encore un mois et tu seras récompensée de ton courage. » Mais nous sommes tous dans la même incertitude, dans la même impuissance, et ce que je peux lui dire en l'embrassant tendrement n'a aucune valeur :

— Nous sommes en guerre, ma chérie, je sais combien c'est dur pour vous qui êtes si jeunes, mais il faut tenir, tenir… Toutes les guerres ont une fin, tu sais, un jour la vie te sourira de nouveau, j'en suis certaine.

Non, je ne suis plus sûre de rien, en réalité, et quand Guillemette éclate en sanglots en m'expliquant qu'elle est hantée par la crainte que sa vie soit fichue, de ne plus jamais connaître l'amour d'un garçon, de ne jamais avoir d'enfant, je me borne à la serrer fort contre moi, tremblant secrètement de chagrin.

J'agis sur ce qui dépend encore de nous, des choses minuscules du quotidien, comme les vêtements. Nous n'avons plus un sou pour nous habiller, et je vois combien Guillemette fait des efforts pour demeurer présentable, soignée, féminine.

— J'ai retrouvé du tissu, ça te ferait plaisir que je te couse une robe ?

Son sourire, soudain !

— Si ça me ferait plaisir ? Mais bien sûr, maman !

Je lui fais une robe, un chemisier, un pantalon, transportée par l'espoir de la revoir sourire.

Guillemette incarne la vie qui ne veut pas céder, et il faut la voir s'activer à la cuisine, servir à table, s'adresser à chacun avec gentillesse, quand nous offrons tous l'image effrayante de la déchéance, de la décrépitude. Mes frères, en particulier, se sont clochardisés au fil des mois. Les rares fois où l'un ou l'autre m'accompagne faire les courses à Villeneuve-sur-Lot, je suis prise de honte en les observant aller et venir dans les rayons, habillés de chemises tachées, de pantalons déchirés, de chaussures trouées. Oh ces chaussures ! Je me rappelle avoir dû appeler Tilly à Londres pendant une demi-heure pour obtenir l'autorisation de leur en acheter des neuves !

« Durant ces deux années, nous occupons nos journées à jouer au foot avec Amaury, qu'il pleuve, qu'il vente ou qu'il neige. C'est notre seul moyen de tenir le coup, écrira François au juge d'instruction.

« Je développe des sentiments de claustrophobie, des sensations de vertige lorsque je me balade dans la campagne. Dès que je regarde au loin, par exemple. Je ne peux même plus monter en voiture.

« Un jour où je dois me rendre à Paris pour Tilly, j'y vais en train. Je ne me sens pas bien, mais je sais que je n'ai pas le choix, que je dois aller au bout de ce voyage.

« La fois suivante, je refuse de faire le voyage en train, je ne m'en sens pas capable physiquement. Je vais donc à Paris en voiture avec maman. Cauchemardesque – dès que maman dépasse les soixante-dix kilomètres à l'heure je ne me sens pas bien, je suis pris de panique. Nous sommes sur l'autoroute et nous avons des impératifs horaires. En dépit de ça, je demande à maman de s'arrêter constamment, je ne peux pas rester dans la voiture. On finit par sortir de l'autoroute et prendre un itinéraire bis.

« De retour chez mon oncle, je fais une crise de panique, j'étouffe dans cette maison, avec des gens qui nous rejettent, à part maman, Guillemette, ma grand-mère, Diane et Amaury. Les autres sont hostiles. Je tremble, je tourne en rond, j'ai l'impression que je vais exploser. »

Ces voyages cauchemardesques à Paris, qu'évoque François, sont chaque fois destinés à acheter des téléphones portables de tel ou tel modèle, et de tel ou tel coloris, pour Gonzalez, le patron de Tilly. Nous passons des heures à parcourir les boutiques pour trouver ceux qu'exige Tilly, avant de les remettre à un intermédiaire. Nous sommes si ébranlés, si détruits psychiquement que nous pouvons croire qu'en effectuant cette « mission », si douloureuse pour François, nous protégeons des intérêts vitaux, les nôtres en particulier.

Quand Gonzalez sera arrêté, la police découvrira chez lui une collection de téléphones portables, dont certains encore dans leurs emballages.

14

Ghislaine

Au début du mois d'août 2006, un événement de taille vient soudain bouleverser l'ordre immuable des jours au sein de notre petite communauté : Christine et Charles-Henri sont appelés d'urgence à Oxford où Tilly vient d'emménager. Voilà plus de trois ans qu'ils vivent coupés du monde et qu'ils n'ont pour ainsi dire plus bougé – Charles-Henri a fermé son cabinet en mars 2003 –, et brusquement ils doivent rassembler les quelques vêtements décents qu'ils ont pu sauvegarder et boucler leur valise.

Tilly leur a manifestement demandé de ne rien révéler de ce qu'ils vont faire en Angleterre car ils nous quittent silencieusement avec des airs de comploteurs (en dépit de notre misère matérielle et morale, nous éprouvons tous une certaine fierté à être désignés pour une « mission » par notre protecteur). La seule chose qu'ils acceptent de nous dire, c'est qu'ils partent pour trois ou quatre jours. En vérité, ils ne reviendront jamais en Lot-et-Garonne et leur séjour à Oxford va se prolonger jusqu'en 2009, année de notre libération.

Ce qu'ils vont faire en Angleterre, je ne le découvrirai qu'en 2008, et encore, partiellement. Il semble que Tilly ait cherché à les appâter avec la Blue Light Foundation, dont le président est Gonzalez. Sa prétendue vocation humanitaire, ses activités en Chine les séduisent. Mais Tilly laisse subitement tomber le sujet pour leur parler de tout autre chose : la Transmission.

Qu'est-ce que la « Transmission » ? Selon Tilly, qui décidément ne manque pas d'imagination, certaines familles de très grande noblesse auraient reçu des rois de France des biens d'une immense valeur qu'ils auraient pour mission de se transmettre de génération en génération sans avoir le droit d'y toucher. Ces biens seraient placés dans des banques à l'étranger et produiraient des intérêts qui ne pourraient être utilisés que pour des œuvres caritatives ou, accessoirement, pour défendre ces mêmes familles dans l'hypothèse où elles seraient attaquées.

Tilly se doute qu'il touche une corde sensible en servant cette fable à Christine qui n'est pas peu fière de son nom et de ses origines. Une autre aurait pu éclater de rire en entendant cette histoire, et il est probable que Tilly n'aurait pas poussé plus loin l'aventure, mais Christine accroche aussitôt et Tilly s'engouffre dans la brèche. Croit-il sérieusement qu'en plus de sa fortune, dont il s'est déjà emparé, elle possède un magot secret venu des rois de France ? C'est assez peu probable. Mais il espère sans doute par ce biais découvrir si elle possède des comptes à l'étranger et, si oui, en transférer le contenu sur ses propres comptes.

Toujours reclus chez Philippe, nous ne savons rien de ce que traversent Christine et Charles-Henri à Oxford. Lorsque Guillaume passe en coup de vent, imbu de ses responsabilités, il prend des airs mystérieux et agacés pour nous expliquer que « les choses avancent », mais il ne nous donne aucune nouvelle de ses parents.

C'est lui qui, en septembre 2007, vient en personne m'annoncer que je dois à mon tour me rendre en Angleterre pour

« signer des papiers ». Tilly m'y attend, paraît-il, et ça sera l'affaire de deux ou trois jours.

Je me rends donc à Oxford et c'est là que je découvre avec effarement dans quel état de détresse et de misère survivent Christine et Charles-Henri.

Ils habitent une petite maison en face de celle qu'occupe Tilly, et quand je pénètre chez eux je constate qu'ils dorment sur des matelas pneumatiques crevés au milieu d'un amoncellement de gravats. Tout l'intérieur de la maison est détruit, en plein chantier, et tous les deux errent au milieu de ces ruines dans une poussière et une saleté indescriptibles. Passé le premier choc, et en dépit des consignes de Tilly qui m'a défendu de leur adresser la parole, j'essaie de comprendre et j'interroge Charles-Henri.

Il m'explique que cette maison et celle de Tilly appartiennent au même propriétaire, et qu'ils ne paient pas de loyer en échange des travaux considérables que Charles-Henri a dû s'engager à effectuer. On lui a promis qu'un ouvrier allait venir le seconder, mais il n'est jamais venu et Charles-Henri mène donc tout seul, depuis plusieurs mois, cette rénovation de très grande ampleur. Mon frère est méconnaissable, amaigri, vieilli, il a le regard vide, le teint gris, les yeux rougis par la fatigue et la poussière. Gynécologue respecté cinq ans plus tôt, il est à présent en piteux état, pieds nus dans des sandales éculées, fagoté de guenilles, le dos rond, les ongles cassés, ses précieuses mains de médecin déformées par le travail manuel.

Ni Christine ni lui n'évoquent la séquestration de cette dernière, que je découvrirai quelques mois plus tard, apprenant du même coup que mon frère a laissé faire, qu'il a consenti, en somme, à ce que sa femme soit enfermée, maltraitée, humiliée. Mais je pressens en les observant qu'un drame s'est joué, qu'ils ne sont plus les mêmes, l'un et l'autre éteints, ou détruits, de l'intérieur.

Quant à Guillaume, j'apprendrai qu'il a été le geôlier de sa propre mère.

Les deux nuits que je passe à Oxford, je dors dans la chambre voisine de la leur, également parmi les gravats et sur un matelas pneumatique qui se dégonfle au fil des heures.

Je ne peux pas oublier le visage de Charles-Henri à l'instant de lui dire au revoir pour regagner la France. « Tu embrasseras maman pour moi », me glisse-t-il. Il tremble, il n'a pas la force d'ajouter quoi que ce soit, et je vois que ses yeux se remplissent de larmes.

— Qu'est-il arrivé à Christine et à Charles-Henri ? dis-je à Tilly un moment plus tard.

— C'est un passage, ils vont très bien s'en sortir.

— Je les trouve… Tu veux que je te dise ? Je suis terrifiée de les avoir découverts dans un tel état de délabrement.

— Ghislaine, tu n'en parles pas. À personne ! C'est bien entendu, n'est-ce pas ?

— Très bien.

Et de la même façon que Charles-Henri a abandonné sa femme aux mains de ses geôliers, j'abandonne mon frère et ma belle-sœur aux mains du diable et de son acolyte sans lever le petit doigt. C'est peu dire que Tilly a fait de nous des sous-êtres, des femmes et des hommes déshumanisés, décérébrés, en perdition.

Le spectacle effrayant que m'ont offert Christine et Charles-Henri a fait passer au second plan l'objet même de ce voyage : signer des papiers.

Mais quels papiers ? Tout un tas de lettres juridiques aux termes desquelles je délègue à Guillaume toutes mes responsabilités, tous mes pouvoirs, tant sur mes biens, mon argent, que… sur mes enfants ! En réalité, Tilly me demande à travers ces lettres de renoncer à ma signature, pour en transférer l'autorité à Guillaume. C'est énorme, monstrueux, invraisemblable… et cependant je signe !

— Si tu veux que les choses avancent, Ghislaine, il faut signer.

Les « choses », quelles « choses » ? Je suis si abrutie que je ne cherche plus à comprendre.

— Mais pour mes enfants... Guillaume ne va tout de même pas...

— Ne t'inquiète pas pour tes enfants, ça ne changera rien.

— Bien, bien... Alors où est-ce que je dois signer ?

De retour en Lot-et-Garonne, je ne dirai rien de l'effrayante détresse de Christine et de Charles-Henri, mais quand je raconterai à mes enfants que j'ai cédé mes pouvoirs à Guillaume, y compris mon autorité parentale, Guillemette entrera dans une colère noire, preuve, me dis-je aujourd'hui, qu'elle a conservé son âme jusqu'au bout, en dépit des monstruosités que Tilly nous a fait commettre.

Philippe et Charles-Henri accepteront également de signer ces lettres déléguant leurs pouvoirs à Guillaume. Sous le prétexte de « faire avancer les choses », nous le savons aujourd'hui, Tilly est en réalité en train de préparer sa sortie : avec ces lettres, il espère en faire l'unique responsable de notre naufrage et pouvoir plaider qu'il a seul décidé de la vente de tous nos biens et du transfert de nos fonds à l'étranger. De fait, Tilly nous incitera bientôt à porter plainte contre Guillaume, censé nous avoir volé notre argent. Et nous le traînerons devant les tribunaux ! Nous irons jusque-là dans l'horreur, dans l'aveuglement, dans la bêtise.

Ce même mois de septembre 2007, je suis à peine rentrée d'Oxford que Guillaume débarque chez mon frère. Sa mission est d'emmener à Oxford Philippe, Brigitte et François dans sa petite Renault Clio. Pourquoi ? On ne le sait pas, c'est un ordre de Tilly et pas plus Guillaume que nous ne discutons ses ordres.

Néanmoins, sachant combien François souffre de claustrophobie en voiture, je m'en inquiète aussitôt auprès de Guillaume.

— Ne t'en fais pas, tante Ghislaine, me répond-il très gentiment (pour une fois), je m'arrêterai autant que le souhaitera François.

— Bon, mais ma crainte, c'est que François soit carrément incapable de supporter ce voyage.

Alors Guillaume, sidéré comme aurait pu l'être un apôtre du Christ en face d'un agnostique :

— Tante Ghislaine, si Tilly dit qu'il peut le faire, c'est qu'il le peut, tu t'en doutes bien.

Et là, je me souviens parfaitement avoir songé : « Mais bien sûr ! Si François n'était pas capable d'effectuer ce voyage, Tilly ne l'aurait même pas envisagé. Guillaume a raison. » Comme si cet homme était doué de pouvoirs surnaturels, capable de sonder à distance les reins et les cœurs.

Il n'empêche, je souffre pour François au moment du départ, en le voyant se plier en quatre pour tenter de loger son grand corps dans l'habitacle minuscule de la Clio. Ils sont quatre adultes à embarquer, plus leurs bagages. La petite voiture a le pare-chocs arrière qui racle les pierres de l'allée lorsqu'elle quitte la maison pour Oxford.

La suite, François l'a relatée dans son mémoire au juge d'instruction :

« Ces derniers temps, monter en voiture était devenu pour moi un enfer, alors quand j'apprends que je dois aller à Oxford en voiture, je suis à la fois content de quitter la maison de mon oncle, que l'on appelait entre nous (Guillemette, Diane, Amaury et moi) la prison, et en même temps angoissé. Guillaume me rassure, il me prête son lecteur mp3. Nous montons tous les quatre dans la Clio, pour quatorze heures de trajet.

« Le 23 septembre, arrivés à Oxford, nous allons à l'hôtel, Philippe, Brigitte et moi, pour deux nuits. Ensuite, je m'installe dans une chambre de location. Pendant quinze jours je serai seul, Tilly passant de temps en temps, Guillaume deux fois.

« Tilly me dit de sortir, qu'ici je ne risque rien. Je vais me promener sans un sou en poche car à l'époque je n'ai pas encore de travail, c'est donc lui qui me donne de l'argent. J'aurai à peu près 25 livres pour deux semaines. Je n'ai ni couvert ni assiette ni verre pour manger et boire, mais ma chambre est payée.

« Le 4 octobre, j'apprends que Guillemette, Diane et Amaury sont arrivés à Oxford, mais je n'ai pas le droit de voir ma sœur pour des raisons de sécurité. »

Au début d'octobre, en effet, Guillaume reparaît chez Philippe au volant de sa Clio, cette fois-ci pour emmener à Oxford les trois autres jeunes. Il ne me donne pas plus d'explication que la première fois, si ce n'est qu'il obéit aux ordres de Tilly.

« Nous quittons la maison de mon oncle, Diane, Amaury et moi, emmenés par Guillaume, raconte Guillemette dans son mémoire au juge. François est déjà à Oxford depuis à peu près deux semaines. Tout se fait encore une fois dans la précipitation et l'angoisse. Nous ne savons pas où nous allons atterrir en Angleterre, même si nous prenons la direction d'Oxford. Je suis lâchée dans un Bed and Breakfast pour la nuit, sachant que Guillaume doit m'emmener le lendemain dans une autre ville, et je n'ai pas le droit de savoir où vont aller Diane et Amaury.

« Le lendemain matin, Guillaume m'apprend qu'il m'emmène à Bristol où je vais vivre seule.

« Tout est absolument inconnu pour moi, la ville, les gens… N'oublions pas que nous vivions en autarcie complète depuis six ans, de sorte que cette immersion soudaine à Bristol est à la fois excitante et effrayante. Je suis donc déposée dans cette ville un vendredi après-midi, seule (Guillaume repart aussitôt, appelé par Tilly). Heureusement, il fait un temps splendide.

280

« Je m'assois afin de reprendre mes esprits. J'ai une chambre réglée pour une semaine dans une auberge de jeunesse et très peu d'argent en poche. »

Le départ des enfants me laisse dans une grande solitude. Nous vivions à huit sous le même toit et je me retrouve du jour au lendemain seule avec maman (quatre-vingt-quatorze ans) dans cette maison lugubre aux volets clos. Quelques semaines seulement, car très vite Philippe et Brigitte nous reviennent, renvoyés par Tilly qui ne sait manifestement que faire d'eux à Oxford. Notre vie de reclus se poursuit donc à quatre durant ce triste automne 2007. Je m'inquiète chaque jour pour les enfants dont nous recevons très peu de nouvelles, partagée entre le soulagement de les savoir enfin libres et l'angoisse d'ignorer comment ils se débrouillent en Angleterre, s'ils ont repris des études, s'ils travaillent, comment ils sont logés, s'ils sont heureux.

Ils se débrouillent remarquablement, comme je le découvrirai plus tard, compte tenu des années d'enfermement qu'ils viennent de traverser.

« Le 9 octobre, raconte François dans son mémoire au juge d'instruction, Diane, Amaury et moi partons chercher du travail. Burger King nous rappelle pour nous fixer un rendez-vous d'embauche. Cinq minutes avant d'y aller, on aperçoit Tilly qui nous demande d'accepter les emplois qui vont nous être proposés. Je ne suis pas d'accord, je ne veux pas travailler chez Burger King, et je le dis. Mais Tilly insiste : "Cela a été assez dur de vous trouver quelque chose, alors maintenant vous le prenez et c'est tout !" (Aujourd'hui, je pense que sa participation pour nous trouver du travail a été de 0 %.) Nous acceptons donc à mon grand désarroi.

« Trois semaines plus tard, je dis à Tilly que je veux changer, il me dit qu'il faut que j'y reste au moins six mois, car ensuite il lui sera plus facile de me trouver autre chose.

Je finis par m'habituer, même si durant les quatre premiers mois mon travail consiste essentiellement à faire la plonge et à nettoyer les toilettes.

« Deux semaines après avoir commencé chez Burger King, Amaury et moi avons une proposition d'embauche chez Zara. C'est un temps plein à se partager à deux, et nous l'acceptons tout en conservant Burger King. Nous assumons donc deux emplois, sans aucun jour de repos, avec des horaires qui nous forcent certaines nuits à ne dormir que trois ou quatre heures.

« Le 31 décembre 2007, alors que je suis en train de prendre un verre avec des collègues, Tilly me téléphone. Il veut me voir d'urgence.

« Quand j'arrive chez lui, nous nous isolons de sa famille pour pouvoir parler. Il me dit que Guillaume commence à avoir la tête qui tourne avec tous les millions qu'il a brassés. Il me dit qu'il est en train de nous faire des coups dans le dos, qu'il va falloir s'en méfier pour que nous ne soyons pas, plus tard, éclaboussés par ses erreurs. Tilly me dit qu'il va falloir se séparer de lui. C'est pour moi un crève-cœur car je me suis toujours bien entendu avec mon cousin. Je dis à Tilly qu'il faut plutôt l'aider que ne plus le voir. Il m'explique alors que le voir peut nous créer de gros problèmes. Tilly me dit que lui et ses équipes vont faire le maximum pour que le comportement de Guillaume ne cause pas de préjudice à la famille, mais qu'en attendant nous devons faire exactement ce qu'il nous dit de faire.

« Bien sûr, Tilly me demande de ne rien dire à Amaury et à Diane avec lesquels je passe le réveillon chez un ami qui travaille avec nous chez Zara.

« Juste avant que je parte rejoindre Amaury et Diane, voyant que j'ai du mal à accepter ce qu'il vient de me dire sur Guillaume, Tilly me reprend à part pour me révéler que Guillaume a violé ma sœur Guillemette, après lui avoir donné des médicaments. Il me le répétera souvent par la suite, quand nous serons en procès contre Guillaume que nous accuserons de nous avoir volé notre patrimoine.

« Je me souviens en particulier d'une fois, dans un pub, où Tilly me dit, comme pour me faire entrer la chose dans le crâne : "N'oublie pas qu'il a sauté ta sœur !" Mais moi je reste sans réaction. Alors il ajoute : "Tu comprends ce que je viens de te dire ?" Toujours pas de réaction de ma part. C'était pour moi inimaginable. Cela me donnait envie de vomir. »

En découvrant le témoignage de François, je prendrai conscience que Tilly utilise toujours le même stratagème sordide pour discréditer celui qu'il veut abattre et nous convaincre de l'abattre à notre tour. Il avait accusé Jean d'avoir violé Guillemette après l'avoir droguée, et voilà que Guillaume aurait commis le même crime.

Mais restons sur le sort des enfants en Angleterre, pour évoquer justement celui de Guillemette, abandonnée seule à Bristol.

« Je dois trouver du travail et une chambre chez l'habitant le plus rapidement possible, poursuit-elle dans son récit au juge d'instruction. Le lundi suivant mon arrivée (soit deux jours après), j'ai la chance de trouver les deux. Je commence en tant que serveuse dans un pub. C'est la première fois de ma vie que je fais ce type de travail. Je ne vais y rester que deux mois, tellement la manageuse, jalouse, est dure avec moi. Comme je raconte la manière dont elle me traite à ma logeuse, celle-ci me présente le patron d'un des meilleurs restaurants italiens de Bristol qui m'engage sur-le-champ. Je quitte ainsi mon premier job et je commence dans ce nouveau restaurant où tout me paraît plus facile. »

Épouvantable Noël 2007, loin de mes enfants, entre maman, que les privations et l'âge ont rendue silencieuse, et Philippe et Brigitte, qui semblent perdre confiance au fil des mois. Que sommes-nous donc devenus ? Des fantômes, des ombres, des spectres, oubliés de tous ceux que nous avons aimés, oubliés du monde, terrassés par tant d'épreuves que nous avons perdu toute maîtrise de nos destins respectifs et qu'à présent nous survivons chacun dans notre coin, incapables même de nous retrouver sous le même toit pour Noël.

Qu'allons-nous devenir ? Il me semble que jamais je ne pourrai être plus seule et malheureuse que ce 24 décembre, si loin de Jean, sans nouvelles de Guillemette et de François, ayant tout perdu, sauf peut-être mon âme puisque je continue de penser avec une infinie tristesse à la belle famille que nous formions avant cette tornade.

15

Ghislaine

Le 3 janvier 2008 au petit matin, un appel de Tilly me tire brutalement de l'état de prostration où je me trouve.

— Ghislaine, j'ai besoin de toi de toute urgence à Oxford.

— Il n'est rien arrivé de grave, j'espère ?

— Je ne peux rien te dire, prends le premier train et rejoins-moi.

Je suis folle d'angoisse, affreusement contrariée de devoir laisser maman, mais je devine à la voix métallique de Tilly qu'il n'y a pas une minute à perdre et qu'il a bien d'autres soucis que de répondre à mes inquiétudes.

J'enfourne quelques vêtements dans un sac – je ne sais pas si je pars pour plus de trois jours, mais si c'est le cas je suis résolue à revenir chercher maman – et je me fais immédiatement conduire à la gare.

Arrivée gare Montparnasse après un voyage épouvantable où j'ai imaginé le pire pour Guillemette et François, j'ai un nouvel appel de Tilly :

— Où es-tu, Ghislaine ?

— Je viens d'arriver à Paris.

— Alors tu fonces gare du Nord et tu prends le premier Eurostar.

— Tu sais que comme ça, à la dernière minute, je vais payer un prix exorbitant, et je n'ai plus un sou...

— Tu prends le premier Eurostar, je te dis, quel que soit le prix du billet.

— Dans ce cas, je vais devoir faire un chèque sans provisions.

— Ça n'a aucune importance, d'ici là ton compte sera approvisionné, je donne immédiatement les consignes en ce sens.

La peur au ventre, n'ayant rien pu avaler depuis le matin tant j'ai l'estomac serré, je me retrouve enfin en route pour l'Angleterre.

Amaury m'attend à Londres, amaigri et mutique. Il ne sait rien des raisons de ma venue, à moins qu'il ait pour instruction de ne pas me répondre. Nous prenons l'autocar pour Oxford et je continue de me ronger silencieusement.

À l'arrivée, Amaury me fait entrer dans une maison glaciale et misérable.

— C'est ici que tu habites ?

— Oui.

— Avec les autres ?

— Non, seul.

Je comprends à ses explications, fragmentaires et confuses, que François et Diane vivent ailleurs, qu'il est en effet seul à loger dans cette maison qui appartient, me précise-t-il, au même propriétaire que celles qu'occupent Tilly, Charles-Henri et Christine. Un salon, une salle à manger et une cuisine en bas, deux chambres et une salle de bains à l'étage.

Amaury m'installe dans une des pièces du haut, humide et froide, sur une chaise, à côté d'un lit non fait, il m'apporte quelques journaux anglais et il disparaît. Étant donné l'empressement qu'a mis Tilly à me faire venir, j'imagine qu'il va surgir d'une minute à l'autre. Je me trompe. Les heures de cette fin de journée s'égrènent sans qu'il se passe rien et je reste prostrée et grelottante sur ma chaise jusqu'au retour d'Amaury.

Il est tard, peut-être 22 ou 23 heures. Amaury se prépare à dîner mais ne m'offre pas de partager son repas. Je me fais un café au lait dans mon coin, et comme il monte se coucher dans la chambre voisine de celle où j'ai patienté, je m'allonge dans la mienne, recroquevillée sur le matelas, le cœur glacé, remerciant silencieusement maman de m'avoir prêté son manteau de mouton.

Le lendemain matin, enfin, je vois surgir Tilly. Il s'étonne, ou feint de s'étonner de ma mine défaite, de mon épuisement.

— Non, rien de grave, Ghislaine, les enfants vont bien, mais je dois tous vous réunir rapidement. J'appelle immédiatement Philippe pour qu'il nous rejoigne.

— Philippe ? Mais qui va s'occuper de maman ?

— Ne t'inquiète pas, j'ai tout prévu, m'interrompt-il sèchement : j'ai demandé à Guillemette de regagner la maison de Philippe pour s'occuper d'elle. Elle peut faire ça, c'est l'affaire de huit jours.

J'acquiesce, je ne sais rien de la situation de Guillemette qui travaille depuis un mois dans ce restaurant italien de Bristol où elle se sent bien, je l'apprendrai bientôt. Je m'en remets complètement à Tilly, puisqu'il me dit qu'il a tout prévu, je suis tranquillisée – enfin, autant qu'on puisse l'être dans cette existence où je ne maîtrise plus rien. Mais soudain, il me vient une autre inquiétude :

— Attends, il y a un problème : Philippe est incapable de voyager seul.

— C'est prévu, Ghislaine. Diane part pour la France le chercher.

En réalité, rien n'est prévu, je m'en rendrai compte plus tard. À l'instant où Tilly m'annonce le départ de Guillemette et de Diane pour faire taire mes angoisses, ni l'une ni l'autre ne sont prévenues. Une fois de plus, il fait preuve de sa stupéfiante capacité à réagir dans la seconde, me « vendant » pour un plan mûrement réfléchi une opération qu'il vient d'improviser.

Le jour même, Guillemette, arrachée à son travail, s'envole de Bristol pour le Lot-et-Garonne.

« Tilly me demande de partir en catastrophe pour la France m'occuper de ma grand-mère, raconte-t-elle dans son mémoire au juge. Je dois donc annoncer la chose à mon employeur. Au début, c'est seulement pour une semaine. J'y resterai plus d'un mois.

« Régulièrement, Tilly me fait appeler mon employeur pour reculer la date de mon retour. Je fus très chanceuse car lorsque je suis rentrée, il m'a reprise le soir même. Tilly m'expliquera que c'est parce que je suis appréciée dans mon travail et qu'il a agi en haut lieu pour que tout se déroule bien. »

De son côté, Diane ramène Philippe, qu'elle est allée chercher à la gare de Calais. Mon frère s'installe comme moi dans la maison d'Amaury, lui dort dans le salon, sur le canapé.

Il ne reste plus alors qu'à faire venir Charles-Henri et Christine de la fameuse maison où ils survivent au milieu des gravats pour que nous soyons au complet. C'est du moins ce que je crois.

— Non, me répond Tilly, je préfère que nous commencions avec Charles-Henri seulement. Je ferai venir Christine plus tard, si nous avons besoin d'elle.

La réunion s'ouvre à l'étage, dans ma chambre à coucher, en présence de Guillaume, désormais présenté par Tilly comme « le gestionnaire du patrimoine de la famille ». Philippe, Charles-Henri et moi, chacun planté sur une chaise, faisons face à Guillaume et à Tilly. Ce dernier ouvre la discussion et, pour la première fois, nous parle à tous de la Transmission.

Notre famille, nous explique-t-il, aurait reçu des rois de France des richesses considérables avec pour mission de les transmettre aux générations futures sans y toucher – sauf dans le cas d'une agression visant à nous détruire. Ces richesses reposeraient dans les coffres d'une banque à l'étranger, et le moment serait venu, selon Tilly, de les récupérer pour financer « le combat ».

— Je dois vous dire, ajoute-t-il à l'appui de cette révélation, que votre protection coûte de plus en plus cher à mes services et que nous comptons sur les fonds de la Transmission pour garantir votre survie.

— Jamais entendu parler d'une chose pareille, s'étonne Philippe, mais c'est plutôt une bonne nouvelle !

— À condition de retrouver ce patrimoine qui, selon nos renseignements, se présenterait sous la forme de métaux précieux.

— Parce que tes services ne l'ont pas localisé ?

— Non, c'est bien pourquoi je vous ai réunis : en tant que Védrines, vous êtes les seuls dépositaires du nom du lieu où se trouve aujourd'hui ce patrimoine, ainsi que des codes permettant d'y accéder. Je vous demande donc aujourd'hui de me communiquer ces informations.

Je me rappelle avoir été la première à réagir :

— En tout cas, moi, je n'ai pas été mise dans le secret. Tu sais, les filles, dans nos familles, ça ne compte pas pour grand-chose.

— Mon idée, concède Tilly, c'est que Charles-Henri a dû savoir, puisqu'il est l'héritier du château.

— Oui, mais je n'ai aucun souvenir d'une quelconque Transmission, je l'ai déjà dit.

— Moi non plus, ajoute Philippe, ça ne fait référence à rien de précis dans ma mémoire.

— L'un d'entre vous sait, peut-être même les trois, insiste vivement Tilly, mais le poids de ce secret vous a paru si lourd que vous vous êtes empressés de tout oublier. J'en suis convaincu.

— C'est possible, concèdent mes frères, mais le fait est que ça ne nous dit rien.

Un débat s'engage alors entre nous, chacun tentant de retrouver au fil de ses souvenirs, et avec l'aide des deux autres, si au cours de telle ou telle entrevue avec notre père, celui-ci n'aurait pas soudain changé de ton pour confier à l'un d'entre nous un secret de cette importance. Je suis certaine de ne pouvoir en être la dépositaire, mais je me prête à ce jeu, d'autant plus que je suis témoin du profond trouble de mes frères. Nous savons tous que les parents délivrent parfois des messages qu'ils jugent fondamentaux à leurs enfants, et que ceux-ci, gênés par la solennité du moment, ou simplement distraits, peuvent parfaitement ne pas en retenir un mot. Charles-Henri surtout se creuse la tête, et lui y pense depuis des mois puisqu'il a consenti à ce que Christine soit séquestrée quelque temps plus tôt pour la forcer à retrouver un secret similaire – celui du legs reçu des rois de France par sa famille.

Et finalement, c'est de nouveau vers Christine que convergent nos intuitions : nous tombons tous les trois d'accord pour penser que notre père, qui avait une confiance aveugle en elle et qui lui faisait beaucoup de confidences, a fort bien pu la choisir comme unique dépositaire d'un tel fardeau. Parce que épouse de Charles-Henri, elle a hérité du château familial avec lui ; parce qu'elle est infiniment respectueuse des traditions et de l'esprit de famille, sans doute bien plus que nous ; enfin, parce qu'elle a sur l'argent le regard avisé et prudent de ceux qui en ont beaucoup.

Christine est désignée comme l'unique détentrice de la Transmission et Charles-Henri se dit maintenant certain qu'elle sait, qu'elle a dû savoir, du moins, car il lui revient qu'à maintes reprises notre père a pris sa femme à part pour lui parler. Philippe et moi renchérissons, nous rappelant combien Christine était curieuse de tout et posait sans cesse des questions à notre père – combien rapporte la propriété ? est-il nécessaire de provisionner de l'argent en vue de tels ou tels travaux ? etc. – quand Charles-Henri, lui, ne posait jamais aucune question, donnant le sentiment de n'être pas intéressé par le patrimoine familial.

Nous nous échauffons mutuellement, et bientôt il n'y a plus aucun doute dans notre esprit : Christine est la seule à pouvoir nous permettre de mettre la main sur cet argent si précieux pour notre sauvegarde.

— Très bien, dit Tilly, vous ne bougez pas d'ici, j'envoie les jeunes la chercher.

Diane et François, qui patientaient en bas pendant notre réunion, sont chargés de ramener Christine.

Voilà plus d'une année qu'elle survit dans les gravats, privée de tout, et en particulier de la plus élémentaire dignité, de sorte qu'elle nous apparaît dévastée, amaigrie, l'ombre d'elle-même.

Elle demeure un moment à nous regarder depuis le seuil, l'air de ne pas en croire ses yeux, incapable de parler, puis Tilly la fait asseoir et la met au courant de notre réflexion collective sur la Transmission, avant de conclure par cette phrase en forme de sentence :

— Christine, votre mari, Ghislaine et Philippe sont tous les trois d'accord pour penser que vous détenez le secret du lieu où se trouve la Transmission. Je vous demande de bien réfléchir et de nous dire ce que vous savez.

— Je n'ai aucun souvenir, aucun… balbutie-t-elle.

— C'est normal, mais ça va vous revenir, la réconforte Tilly.

— Mais qui aurait pu me confier cette information ?

— Votre beau-père, Jean de Védrines.

— Mais alors je me souviendrais de quelque chose… Et pourquoi moi ? Je ne suis qu'une pièce rapportée !

— Papa t'adorait, dis-je, il s'est bien plus confié à toi qu'à moi, souviens-toi.

— Bon... bon... peut-être.

— Ghislaine a raison, renchérit Charles-Henri, papa avait une grande confiance en toi.

— Oui, plus qu'en ses enfants, abonde Philippe, sur ce ton amer qui lui est habituel aussitôt qu'on évoque la question de l'héritage.

— Rien... Je ne me souviens de rien...

— Eh bien il va falloir vous creuser la cervelle, Christine, tranche durement Tilly, changeant brutalement de ton, parce que nous sommes tous d'accord, ici, pour penser que vous êtes la seule à détenir le secret !

— Que je me creuse la cervelle... Oui, je veux bien essayer, mais...

— Il n'y a pas de « mais », nous allons y passer le temps qu'il faudra et vous allez retrouver dans votre mémoire ce que vous a confié votre beau-père sur la Transmission. De toute façon, c'est désormais pour vous tous une question de vie ou de mort, et je pèse mes mots : j'ai impérativement besoin de cet argent pour continuer à assurer votre protection. Est-ce clair ?

Christine acquiesce, nous acquiesçons également, déjà animés dans mon souvenir d'une forme de colère contre celle qui détient les clés de notre survie.

Tout est en place pour que se joue maintenant, avec notre consentement, l'épisode le plus dégradant, le plus horrifiant de ce drame qui n'en finit plus. Diabolique, Tilly a trouvé le moyen de nous jeter les uns contre les autres, si ce n'est pour nous entre-tuer, du moins pour nous arracher le cœur et l'âme, dans l'espoir sans doute que nous sortirons de là irrémédiablement détruits, incapables de relever la tête, notre propre image littéralement fracassée.

292

Tilly lève la réunion et nous fait descendre dans la pièce qui fait office de salon. Il retire la poignée de la fenêtre pour que personne ne puisse plus l'ouvrir, il ferme hermétiquement les rideaux. Il nous demande de lui remettre nos montres et nos téléphones.

— Voilà ce que nous allons faire, dit-il : vous ne sortirez pas de cette pièce tant que vous n'aurez pas retrouvé le secret de la Transmission. L'un d'entre vous au moins le connaît, Christine vraisemblablement. Débrouillez-vous pour l'aider à s'en souvenir et pour la faire parler. Tant que vous n'aurez pas l'information, vous n'aurez pas le droit de dormir et vous n'aurez rien à manger. Du café, du thé, quelques biscuits, rien de plus. Y a-t-il des questions ?

Non, aucune question, nous sommes à la fois abasourdis par ce qui nous arrive et profondément en accord avec le traitement impossible, inhumain, que nous inflige Tilly. Nous pensons qu'il répond à la terrible situation d'urgence dans laquelle nous nous trouvons : si la Transmission n'est pas très rapidement découverte, ses services ne nous protégeront plus et nous serons abattus comme des lapins par les tueurs de Jean.

Nous vivons depuis des années dans la peur de ces tueurs, néanmoins rassérénés à chaque instant par la présence de Tilly, c'est dire combien la perspective qu'il puisse nous abandonner nous précipite dans une terreur sans nom. Tout, plutôt que ça. Nous sommes prêts à tout endurer, à bien des sacrifices encore, pour garder la protection de Tilly et de ses équipes.

Notre peur n'est pas vaine puisque dans le temps même où nous descendions de la chambre, Tilly, descendu cinq minutes avant nous, est tombé nez à nez avec l'un de ces tueurs ! J'ai presque honte, aujourd'hui, avec le recul, de mentionner cet événement tant il m'apparaît invraisemblable, évidemment mensonger, mais sur le moment nous le croyons et nous sommes glacés d'effroi : alors qu'il passait par la cuisine, Tilly s'est heurté à un homme armé qui venait de forcer la porte et s'apprêtait à nous abattre. Rompu à ce type de combat corps à corps, Tilly l'a immédiatement neutralisé et mis en fuite.

— Je viens d'empêcher quelqu'un de vous massacrer, nous dit-il très calmement comme nous débouchons en rang d'oignons de l'escalier.

— Mais empêcher qui ? m'enquiers-je, les jambes déjà flageolantes.

— Ghislaine, réfléchis ! Un des tueurs du réseau de Jean, bien sûr. Regarde !

Et il nous montre sur le sol des traces de pas.

À l'instant où il ferme la porte du salon et tourne la clé dans la serrure, nous nous retrouvons tous les quatre emprisonnés dans cette pièce étriquée totalement coupés du monde et de la marche du temps, puisque nous n'avons plus l'heure et que bientôt nous ne saurons plus s'il fait nuit ou jour.

Durant les premières heures de ce huis clos, nous nous efforçons d'associer nos bonnes volontés pour raviver nos mémoires, nous aider mutuellement à retrouver ce moment capital où notre père a confié à l'un d'entre nous le secret de la Transmission. Philippe et Charles-Henri ont pris place sur le canapé de skaï, Christine s'est installée dans le fauteuil, et j'ai approché une chaise pour fermer le cercle. Nous sommes déjà très fatigués, à bout de nerfs, mais aussi profondément désireux d'aboutir car nous avons compris du discours de Tilly qu'à l'instant où nous lui livrerions l'accès à la Transmission, notre calvaire s'achèverait. Nous avons compris qu'avec cette fortune considérable venue des rois de France, Tilly et ses équipes pourront enfin nous protéger *définitivement* des réseaux de Jean et des francs-maçons. Nous pourrons alors nous reconstruire, renaître à la vie après ces huit années de cauchemar.

Philippe, qui a sans doute besoin de parler pour calmer son angoisse, commence à nous expliquer les différents mécanismes pour ouvrir un compte à l'étranger et faire fructifier son capital. Il semble si bien s'y connaître que je vois petit à petit l'étonnement se peindre sur les visages de Charles-Henri et de Christine, et que le doute me gagne : est-ce que Philippe ne serait pas le dépositaire du secret ? Après tout, c'est lui l'aîné, et même si notre père a préféré donner le château à Charles-Henri, il a fort bien pu lui confier le soin de veiller sur la Transmission avant de la laisser à la génération suivante, celle de nos enfants.

Quand Philippe se tait et que nous nous retrouvons durant un long moment silencieux, la lumière sinistre du lustre creusant un peu plus nos visages blêmes, j'ai le sentiment que nous venons de franchir une étape. Je me dis que sans même s'en rendre compte, Philippe a entrepris de parcourir le chemin dans l'autre sens et que la mémoire va lui revenir.

N'est-il pas en train de recomposer le passé, tandis que je l'observe se frotter le front pensivement ? N'est-il pas en train de se souvenir du jour où notre père l'a appelé dans son bureau pour lui parler de ce legs sacré des rois de France ?

Charles-Henri aussi doit s'interroger car il le regarde intensément.

Nous nous taisons, suspendus aux lèvres de Philippe. Que va-t-il dire maintenant ? Si seulement nous pouvions l'entendre : « Ah, mais tenez, il me revient brusquement que l'année de mes vingt et un ans... » Alors nous serions sauvés ! Je peux déjà sentir mon cœur cogner, d'émotion, d'impatience.

Mais soudain, c'est Christine qui se met à parler.

Elle qui semblait anéantie deux heures plus tôt, quand elle a surgi au milieu de notre réunion, hagarde, paraît avoir retrouvé une certaine vitalité.

Elle renchérit sur ce que vient de dire Philippe, pour le corriger, pour nous expliquer que les choses ne se déroulent pas exactement comme ça, et il se passe alors un phénomène étrange : tandis que Philippe tombe de son piédestal de grand gestionnaire de fortune au fil des propos de Christine, c'est elle qui m'apparaît maintenant comme une initiée parmi les initiés.

Décidément, nous ne nous trompions pas quand nous la présentions quelques heures plus tôt à Tilly comme une habile financière, et certainement celle qu'aurait élue notre père pour porter le fardeau de la Transmission. Non, nous ne nous trompions pas, et plus Christine parle, répondant à nos questions avec empressement, plus ma conviction grandit qu'elle est bien celle qui sait.

En nous enfermant, Tilly nous a indiqué qu'il demanderait à chacun à tour de rôle de lui faire un rapport sur l'avancée de notre réflexion collective. J'ai été chargée du premier compte-rendu et, quand il vient aux nouvelles et me prend à part, je lui dis mon sentiment que Christine est au courant. Cache-t-elle à dessein le secret par loyauté envers notre père ? Par loyauté envers les rois de France ? Ou bien l'a-t-elle enfoui si profond dans sa mémoire qu'elle en a véritablement perdu la trace ? Je ne sais pas, et je fais part à Tilly des différentes hypothèses qui me traversent.

— Très bien, Ghislaine, me dit-il, alors débrouille-toi avec tes frères pour la faire parler.

Il referme la porte et nous entendons de nouveau la clé tourner dans la serrure.

Christine est si fragilisée qu'elle est prête à reconnaître qu'elle a peut-être su le secret...

— Tu es certaine que tu ne le caches pas ?

— Si je le savais, je vous le dirais.

— Alors tu vas fouiller dans tes souvenirs, tu dois le retrouver !

296

— Oui, oui, je veux bien essayer.

Je crois qu'à ce moment-là nous avons tous déjà largement basculé dans une forme de folie, poussés par la terreur d'être tués si nous n'obtenons pas de résultat, et si malmenés depuis des années que nous n'avons plus aucun discernement.

Toute notre attente et nos espoirs se portent sur Christine... et Christine, qui devrait contester, se rebiffer, ne se révolte pas. Elle accepte de croire avec nous qu'elle détient la clé de notre sauvegarde, elle accepte en somme d'être celle que l'on va sacrifier sur l'autel de notre peur.

Pour l'aider à se souvenir, nous l'asseyons sur un tabouret face au mur. Sans le formuler, nous pensons qu'en la faisant souffrir nous allons l'aider à plonger plus vite dans sa mémoire. Et nous pensons aussi, plus secrètement, que si elle nous ment, la souffrance va la faire parler. Insensiblement, nous plaçons nos pas dans ceux des tortionnaires.

Elle est assise face au mur, elle n'a pas le droit de se retourner, et à tour de rôle l'un d'entre nous prend place dans le fauteuil, juste derrière elle, pour la surveiller.

Elle doit réfléchir pour retrouver le secret de la Transmission et nous faire part régulièrement de ce qu'elle découvre dans les ténèbres de son passé. Durant les premières heures, elle travaille avec docilité, elle dit tout ce qui lui traverse l'esprit et nous l'encourageons, nous l'accompagnons, même si rien dans ses propos ne nous met sur la voie du trésor. Ce sont des choses incohérentes qui ne mènent nulle part.

À chacune de ses apparitions, Tilly nous encourage à poursuivre – « Elle va parler, je le sais, continuez ! » – et puisqu'il y croit, nous y croyons également.

À un moment, tandis que Charles-Henri est chargé de la surveiller, assis dans le fauteuil, elle évoque soudain la Tunisie où ils ont vécu au début de leur mariage.

Quand Tilly vient aux nouvelles et qu'on lui rapporte cela, il bondit aussitôt sur l'information :

— Mais votre père a fait également son service militaire en Tunisie !

— Ah oui, c'est exact.

— Et vous ne faites pas le lien ? Cherchez, si elle parle de la Tunisie, c'est que l'argent doit être là-bas !

Nous croyons détenir enfin une piste et nous harcelons Christine, mais ses réponses sont de plus en plus incohérentes.

Puis elle s'affaisse sur son tabouret. Son mari recourt alors à une technique utilisée en médecine pour l'empêcher de s'endormir : il lui pince violemment le lobe des oreilles. Elle pousse un cri de douleur et se redresse aussitôt.

Depuis combien d'heures sommes-nous enfermés ? Douze heures ? Vingt-quatre heures ? Quand l'un d'entre nous fait mine de sombrer dans le sommeil, nous le forçons aussitôt à se relever, à marcher dans la pièce. Christine n'a pas le droit de fermer l'œil, mais nous non plus. Nous sommes tous les quatre engagés dans le même combat pour notre survie.

Quand nous avons besoin d'aller aux toilettes, ou de boire, nous frappons à la porte pour qu'on vienne nous ouvrir.

C'est comme cela que nous découvrons que Tilly a fait de nos enfants nos geôliers, nos kapos. Selon les heures, ils ne sont pas tous présents derrière la porte, mais il y en a toujours un ou deux pour nous escorter jusqu'aux toilettes, nous défendre d'entrer dans la cuisine pour y prendre quelque chose à manger, ou nous interdire de sortir, au cas où nous déciderions soudain de nous enfuir.

Parfois, nous croisons Tilly. Il s'est fait un lit de fortune dans la salle à manger, les enfants lui préparent ses repas, ses costumes et ses chemises propres sont suspendus dans le vestibule. Il n'est probablement pas là tout le temps, pris par ses responsabilités écrasantes, mais sa présence exceptionnelle nous montre clairement qu'il supervise l'opération, que ce qui se joue dans cette petite maison d'Oxford est décisif pour notre avenir.

Inlassablement, nous reprenons l'interrogatoire de Christine, mais le manque de sommeil et de nourriture fait bientôt de nous des sortes de somnambules, allant et venant à travers la pièce pour ne pas tomber de sommeil, balbutiant des phrases sans suite, chancelants.

Pour nous maintenir sous tension, Tilly appelle son patron devant nous, assis dans le fauteuil au milieu de notre prison, et nous sommes ainsi témoin de ce qu'il livre de nous en haut lieu. Il y a ceux pour lesquels « les choses avancent » – et je suis la mieux placée, objet de ses louanges pour l'énergie que je mets à chercher le lieu du trésor – et ceux pour lesquels ça n'avance pas : Charles-Henri, sur qui continue de planer le doute, et surtout Christine qui ne fait rien, qui refuse de se souvenir, qui va tous nous conduire au cimetière par sa mauvaise volonté, son entêtement à dissimuler la vérité.

Il faut accélérer le mouvement car notre épuisement commence à nous jouer des tours : Philippe souffre du ventre, il n'est plus capable d'interroger Christine, ni même de tenir des propos cohérents ; Charles-Henri dort debout, s'accrochant au dossier du canapé pour ne pas s'effondrer ; quant à moi, je n'ai plus aucune lucidité, aucune conscience de ce que je fais et je pourrais sans doute en venir à frapper Christine dans ma hâte d'en finir.

Nous montons d'un cran la pression sur elle en lui interdisant d'aller aux toilettes tant qu'elle ne nous aura pas livré le lieu où se trouve le legs royal. Christine finit par se faire dessus sans rien avoir dit et le spectacle de ses enfants la soutenant sous les aisselles pour la conduire à la salle de bains dans cet état, épuisée, tremblante, la mâchoire pendante, demeure sûrement pour nous tous l'une des images les plus traumatisantes de ce drame.

Ce n'est pourtant pas fini. Comme rendu fou par son silence, Tilly vient lui-même mener l'interrogatoire. Et il hurle sur Christine, et la frappe dans le dos à plusieurs reprises.

Et nous laissons faire.

Et Charles-Henri, son mari, laisse faire.

Et nos enfants, derrière la porte, sont témoins de cette horreur.

16

Ghislaine

Après combien de jours de séquestration Tilly nous dit-il que faute de remettre la main sur la Transmission il va falloir vendre Martel ?

Il me semble que j'entends cela pour la première fois dans une espèce de coma et que, sur le coup, ma colère contre Christine en est décuplée. Parce qu'elle ne veut pas parler, ou parce qu'elle a perdu la mémoire, nous risquons de perdre la propriété familiale, le lieu de tous nos souvenirs d'enfance.

Guillaume, si proche de Tilly, se souvient que ce dernier aurait évoqué cette possibilité dès la réunion dans ma chambre, avant que commence notre séquestration et en présence de Christine, sa mère. Relatant cette réunion, il dit au juge d'instruction : « Tilly nous explique que si ma mère nous dit où est la Transmission, les problèmes de sécurité se régleront dans l'instant, qu'en revanche, si elle ne nous dit pas où est la Transmission, on sera obligé de vendre Martel. J'entends à ce moment-là mon père, Ghislaine et plusieurs personnes dire à ma mère : "Non, Christine, tu ne peux pas laisser faire ça." »

Je n'ai pas la mémoire de cette scène, ni le souvenir que « plusieurs personnes » – sous-entendu les jeunes, la génération de Guillaume – participent à cette réunion. Mais peu importe. Ce qui compte, pour moi, est ici de déterminer si Tilly a vraiment cru à cette histoire de Transmission ou s'il l'a inventée pour nous faire accepter l'inacceptable comme seule solution de rechange pour financer notre protection : la vente de Martel.

Je crois que dans un premier temps, cette fable lui permet de nous sonder pour savoir si nous n'aurions pas des comptes à l'étranger que nous lui aurions dissimulés. Puis, constatant que nous n'avons rien de tel, il pousse à l'extrême le filon de la Transmission, dramatisant l'enjeu – « si vous ne me donnez pas cet argent, je ne pourrai plus vous protéger et vous allez être tués l'un après l'autre » –, pour nous présenter comme une solution salvatrice la vente de Martel.

Toujours est-il qu'il me sort soudain de notre prison pour m'envoyer en Lot-et-Garonne donner Martel en caution d'un gros emprunt. Ce n'est alors qu'une solution provisoire, assure-t-il, en attendant que la Transmission soit trouvée. Dès qu'elle le sera, nous rembourserons l'emprunt et Martel sera sauvé.

Oh, ce départ, ce voyage, après ces jours et ces nuits sans sommeil, sans nourriture !

Tilly fait brutalement irruption dans notre pièce :

— Ghislaine, urgence absolue, je ne peux plus payer mes équipes, tu files avec Guillaume en Lot-et-Garonne hypothéquer Martel et tu reviens avec l'argent.

— Là, tout de suite ? Mais je ne sais même pas quel jour nous sommes, j'ai besoin de dormir, de me laver...

— Si vous êtes tous tués dans les vingt-quatre heures tu n'auras plus besoin ni de dormir ni de te laver ! Urgence absolue, tu sais ce que ça signifie dans notre métier...

— Bien... Bien...

— Guillaume est prévenu, il t'attend dans la voiture. Vous partez immédiatement.

Par chance, Guillaume est encore à peu près en état de conduire. Assise à côté de lui, je souffre atrocement de la lumière du jour, je suis prise de nausées, de vertiges. Je sombre sans doute puisque je n'ai aucun souvenir de la route jusqu'à Douvres.

Nous traversons la Manche, puis la France, et là j'ai le souvenir du mutisme de Guillaume.

— Tante Ghislaine, me rétorque-t-il quand je l'interroge sur ce que nous venons de vivre, balançant entre coma et lucidité, je te rappelle que Tilly nous a interdit de parler durant ce voyage.

— Ah pardon, je n'ai pas entendu.

— Nous avons interdiction d'évoquer quoi que ce soit, comme de parler de l'un ou de l'autre. C'est une question de sécurité.

— Très bien, je comprends, alors taisons-nous.

Nous avons rendez-vous avec un notaire de Valence-d'Agen, mais auparavant, nous devons récupérer maman dont la signature est indispensable pour hypothéquer Martel.

Maman a-t-elle conscience en me voyant surgir, amaigrie et tremblante, les cheveux sales, les orbites creusées, que je reviens de l'enfer ? Elle n'en laisse rien paraître, à la fois digne et disponible, seulement soucieuse de nous aider dans cette guerre dont on ne voit pas le bout.

Nous partons avec elle pour Valence-d'Agen. Le notaire avait promis de nous recevoir à 11 heures, il nous fait attendre jusqu'à 5 heures de l'après-midi. Maman, Guillaume et moi réfugiés dans un café – maman ne comprenant pas, épuisée, empêchée de s'allonger à son grand âge…

Enfin, nous sommes reçus, et rien ne se passe comme prévu. Le notaire nous indique avoir reçu le matin même une lettre anonyme, accompagnée de coupures de journaux nous présentant comme des gens bizarres, des « séquestrés volontaires », nous dit-il. Il en a évidemment parlé à la personne qui était disposée à nous prêter de l'argent et celle-ci, du coup, s'est ravisée. En résumé, nous avons fait tout ce long voyage pour rien car le notaire n'a plus personne pour accepter Martel en gage de l'argent qu'il nous faut.

Guillaume et moi mesurons l'ampleur de la catastrophe : si nous ne rapportons pas la somme prévue, nous allons tous mourir sous les balles des tueurs de Jean.

Alors Guillaume explique au notaire que nous ne pouvons pas repartir comme ça, qu'il va appeler son père à Oxford et que nous allons tenter de trouver une solution. Guillaume feint de parler à son père, mais je comprends assez vite que l'homme qu'il appelle « papa » est en réalité Tilly. Un Tilly fou de colère, qui exige que l'on revienne avec les fonds, qui menace, qui éructe, puis qui finalement parle de vendre Martel purement et simplement.

— Vous allez tous y passer, et il ne va plus vous servir à rien, votre château ! À vous de voir, moi j'en ai plein le dos de me battre pour vous. Une famille de dégénérés ! D'incapables ! Voilà tout ce que vous êtes !

Après trois heures de débat entre le prétendu père de Guillaume et le notaire, une solution est enfin trouvée : Martel va être bel et bien vendu 460 000 euros à la personne qui devait nous prêter cet argent, mais un acte sous seing privé stipulera que nous pourrons racheter la propriété au bout de cinq ans, à condition d'avoir versé 51 000 euros chaque année.

Nous rentrons de Valence-d'Agen avec le sentiment d'avoir sauvé notre peau et le soulagement, ou l'illusion, d'avoir également sauvé Martel. En réalité, Tilly sait parfaitement que c'est un marché de dupes et qu'il ne nous laissera jamais payer les annuités pour récupérer Martel.

Oui, ce jour de janvier 2008, la propriété familiale est perdue.

Revenue à Oxford après quarante-huit heures sur les routes sans avoir pu m'allonger, je retrouve la maison d'Amaury et ses reclus : Charles-Henri et Christine, fantomatiques ;

Philippe, couleur de craie, le regard traversé d'éclairs d'effroi ; Diane, Amaury et François, nos geôliers, rasant les murs, silencieux, portant tout le malheur du monde sur leurs maigres épaules. Le régime de détention s'est assoupli, mais aucun des reclus n'a encore été autorisé à quitter la maison, à part moi. Christine, de nouveau malmenée en mon absence, n'a finalement rien dit de la Transmission.

C'est alors qu'il se passe un événement inattendu dont on peut dire aujourd'hui qu'il fut le premier coup porté à l'emprise de Tilly sur nous tous : Philippe craque.

Nous sommes tous de nouveau dans le salon de la petite maison où nous avons vécu ces jours et ces nuits d'horreur, Tilly nous explique comment fonctionnent ses équipes et l'utilisation qu'il fait de notre argent, quand soudain Philippe l'interrompt. Philippe *s'autorise* à l'interrompre : « De toute façon, dit-il d'une voix lourde et sardonique, si on prend tout ce que vous nous racontez depuis le début et qu'on le retourne, vous n'êtes qu'un escroc ! »

La phrase est confuse, incompréhensible, mais le mot « escroc » est prononcé, parfaitement audible, et il est suivi d'un instant de stupeur.

Tilly s'est tu. Philippe, adossé à la fenêtre, les mains dans les poches, le regarde fixement comme s'il allait lui sauter à la gorge.

Alors moi :

— Mais tu perds la tête, Philippe !

— Je sais ce que je dis.

— Alors explique-toi, lui demande calmement Charles-Henri, me donnant le sentiment que, soudain, lui aussi est ébranlé.

— Il n'y a rien à expliquer, Charles-Henri, dis-je, les faits parlent d'eux-mêmes : aujourd'hui, Amaury est sauvé, il ne se drogue plus, il est sorti de la dépression ; François a retrouvé confiance en lui et il travaille, alors qu'avec Jean il était en échec et ne faisait rien ; quant à Guillemette, elle n'a qu'une hâte, c'est de revenir en Angleterre et de reprendre son travail. Si vous voulez bien les regarder objectivement, les choses ont énormément progressé, et tout cela n'aurait pas été possible sans Tilly. Il faut vraiment être aveugle pour ne pas le reconnaître.

Je vois Charles-Henri acquiescer.

Il y a de nouveau un grand silence.

Philippe et Tilly continuent de se fixer.

— Méfiez-vous, lâche soudain Tilly, il a un couteau dans sa poche !

Il n'en faut pas plus pour semer l'effroi et la réunion se disloque. Philippe sort ses mains de ses poches avec un ricanement goguenard – « Un couteau ! Et pourquoi pas un 7.65 aussi… » – mais l'instant de flottement est passé. Tilly est parvenu à reprendre la situation en mains, à faire passer Philippe pour un dangereux déséquilibré.

Et malheureusement, dans les minutes qui suivent, Philippe lui donne raison en se comportant comme une personne effectivement prise de délire.

Il vient me retrouver dans la cuisine où je me suis réfugiée, bouillonnant, hystérique :

— Ghislaine, tu es en train de creuser ta tombe avec ce Tilly !

— Tais-toi, Philippe ! Tu perds la tête.

— Vous êtes tous aveugles, aveugles, aveugles…

François déboule à ce moment-là de l'escalier et, entrant dans la cuisine, il se heurte à Philippe. Est-ce que celui-ci prend peur après tous ces jours où les enfants ont été nos geôliers ? Est-ce que François se montre menaçant, croyant peut-être que Philippe est en train de m'agresser ? En tout cas, sur la défensive, ou ivre de colère contre les jeunes, Philippe frappe violemment François au visage.

Le coup de poing est d'une telle force que François tombe à la renverse.

306

Je hurle :

— Non ! François ! Au secours !... Au secours !...

Charles-Henri se précipite, nous entourons François qui se tient la mâchoire, nous l'aidons à se relever, mais dans le même temps, Diane est accourue, Philippe se jette sur elle et la mord violemment au bras.

À son tour elle hurle.

Charles-Henri tente de s'interposer entre sa fille et son frère, l'une qui sanglote maintenant, tandis que l'autre bredouille des mots sans suite et semble bon à enfermer.

C'est une bousculade sans nom, ponctuée de cris de douleur et de sanglots, et c'est à ce moment-là que Tilly reparaît, glacial, la voix plus métallique que jamais :

— Qu'est-ce qui se passe ici ? Vous vous rendez compte du spectacle que vous offrez ? Si vous n'arrêtez pas immédiatement de vous battre, ça va aller très mal pour vous, je vous le garantis. Croyez-vous sérieusement que je vais continuer à mobiliser mes équipes pour protéger des malades mentaux qui se battent entre eux comme dans une cour d'école ? Vous cessez immédiatement ce cirque ou je leur donne l'ordre de lever la protection autour de la maison. Le quartier est truffé de tueurs, il vous restera au mieux vingt-quatre heures à vivre. Est-ce que c'est clair ?

Les mots de Tilly ramènent chacun à la raison. Philippe s'éclipse vers l'étage, Charles-Henri donne les premiers soins à Diane dont le bras saigne, profondément entamé par les dents de son oncle, puis il se préoccupe de François qui n'a pas de fracture, par chance. Christine, également accourue, assiste à cette scène extravagante avec l'air halluciné, ou terrifié, d'une bête traquée.

Un calme relatif est retombé sur la petite maison d'Oxford. Les jeunes partent travailler, mais nous, la génération des parents, demeurons enfermés, en semi-liberté : nous avons le droit d'aller et venir entre le rez-de-chaussée et l'étage, de manger le peu qu'il y a à la cuisine, mais nous n'avons toujours pas la permission de sortir. Tilly nous a rendu nos montres et nos téléphones : nous sommes le 27 janvier 2008, ce qui signifie que nous sommes enfermés depuis vingt-quatre jours !

Guillaume et moi avons de nouveau rendez-vous, le 29 janvier, avec le notaire de Valence-d'Agen, cette fois pour signer l'acte de vente de Martel, Guillaume étant porteur de toutes les procurations nécessaires.

Le 28 au matin, nous reprenons donc la route, laissant Charles-Henri, Christine et Philippe enfermés à double tour.

Le 29 janvier, nous signons l'acte notarié, et lorsque j'entends Guillaume demander au notaire de verser l'argent de la vente sur son compte, j'acquiesce avec ferveur. Je sais que, dès réception des fonds, Guillaume les transférera à Tilly et j'ai terriblement hâte que cette opération soit close car je vis dans la hantise qu'un des enfants soit tué.

Le soir, nous retrouvons Guillemette, maman et Brigitte. Guillemette, qui avait quitté son travail le 3 janvier pour huit jours, est comme une pile électrique, persuadée que son patron ne va pas la reprendre, exaspérée par l'incertitude dans laquelle Tilly l'a maintenue. Je m'efforce de la rassurer, incapable cependant de lui raconter par quel enfer nous sommes passés durant cet effroyable mois de janvier.

Ce soir-là, Tilly m'appelle d'Oxford. Il est satisfait, il aura sous huit jours l'argent de Martel pour payer ses équipes. Il n'évoque plus la Transmission. Tout semble être rentré dans l'ordre dans son esprit.

Je devais faire l'aller-retour, mais il a changé d'idée : il me demande de rester auprès de maman, et il ordonne à Guillaume de revenir immédiatement en Angleterre avec Brigitte.

Guillemette, de son côté, prend l'avion pour Bristol, son patron la reprenant aussitôt. Quant à Brigitte, elle est le moyen qu'a trouvé Tilly pour se débarrasser en douceur de Philippe.

Sur le moment, faire venir Brigitte me semble un geste humanitaire de la part de Tilly – il a senti que Philippe allait très mal, me dis-je, et il compte sur Brigitte pour le réconforter. Aujourd'hui, bien sûr, mon analyse est différente : Tilly a compris que Philippe est devenu extrêmement dangereux pour lui, qu'il est tout près de le percer à jour, et s'il fait venir Brigitte, c'est pour l'exfiltrer en espérant sans doute qu'une fois revenu dans sa chère demeure du Lot-et-Garonne, il s'endormira sur sa colère et ses soupçons et qu'il n'entendra plus parler de lui.

Tilly voit juste, c'est exactement ce qui va se passer. De retour en France, et alors qu'il est convaincu que Tilly est un escroc, Philippe ne va curieusement rien tenter pour nous sortir de là. Jusqu'à la fuite de Christine, quatorze mois plus tard, en mars 2009. Alors, seulement, il sortira du silence pour s'associer aux démarches entreprises par Jean, puis Christine, pour alerter la justice.

Mais revenons à ce début d'année 2008. Le 5 février, Brigitte et Philippe rentrent en Lot-et-Garonne. Cette fois, ils ont été autorisés à prendre l'avion, Tilly n'a manifestement pas voulu courir le risque d'une nouvelle crise de nerfs de mon frère. Elle va cependant avoir lieu, mais chez lui, et c'est moi qui vais en faire les frais.

Ils sont là depuis la veille quand, au moment de passer à table pour le déjeuner, Philippe, le nez dans le buffet, s'aperçoit qu'il lui manque deux assiettes frappées des armoiries familiales.

— Ghislaine, c'est toi qui m'as pris mes assiettes ?

— Ah, pas du tout !

— C'est moi, dit Brigitte aussitôt, soucieuse de calmer le jeu. Je les avais apportées à Oxford en pensant que ça te ferait plaisir et j'ai oublié de les remettre à leur place.

Mais je vois bien que Philippe ne la croit pas, en proie à un bouillonnement intérieur qui le fait marmonner, s'agiter en tous sens et nous fusiller du regard.

Le déjeuner se passe dans une tension pénible, mais sans incident, moi veillant à ce que maman mange correctement, Brigitte surveillant Philippe du coin de l'œil.

Cependant, à peine sommes-nous sortis de table que mon frère entre dans le bureau qui me tient également lieu de chambre à coucher.

— Tu pourrais frapper, Philippe, j'allais faire la sieste...

Non seulement il ne s'excuse pas, mais il ferme le verrou de la porte derrière lui.

— Qu'est-ce que tu fais ? Qu'est-ce que tu veux ? dis-je en me relevant.

— Tu vas appeler Tilly immédiatement !

— Oui, très bien...

— J'ai besoin de 50 000 euros, je veux qu'il me les donne tout de suite.

— Cinquante mille euros... Tu veux que je lui demande 50 000 euros ?

— Tout de suite, tu m'entends ! Tout de suite !

Et comme sans doute je ne saisis pas mon téléphone assez vite à son goût, il explose, se rue sur moi.

— Philippe, ai-je le temps de crier, mais tu deviens fou !

— Il est en train de nous ruiner et toi tu ne vois rien ! hurle-t-il. Tu ne vois rien, rien, rien...

La scène qui suit est effrayante. Philippe me secoue par les épaules, puis il me pousse violemment sur le lit, il grimpe à califourchon sur moi et commence à me frapper le visage et la poitrine à coups de poing. Une avalanche de coups qui me laissent entrevoir que je vais mourir, noyée dans le sang qui me remplit la bouche, incapable de me défendre. Puis il s'empare de la ceinture de mon peignoir, il m'enserre le cou et tente de m'étrangler. Je ne sais pas où je trouve la force d'éviter le pire alors que je me sens déjà suffoquer. Mais j'arrive à me libérer par miracle dans un sursaut désespéré. Il prend alors un oreiller et m'en recouvre le visage pour m'étouffer.

Je serais sans doute morte si Philippe ne s'était pas repris dans un éclair soudain de lucidité. Car c'est lui qui met un terme à ce coup de folie et me libère. Il se redresse, me voit en sang ou ne me voit pas, je ne sais pas, mais il quitte la pièce, laissant battre la porte, et l'instant d'après je l'entends parler au téléphone, comme un homme à bout de souffle qui vient d'échapper à une terrible catastrophe :

— Venez vite, il se passe des choses très graves, j'ai failli tuer ma sœur...

Je l'entends haleter, il va et vient dans la salle à manger tandis que lentement je reprends mes esprits. À qui parle-t-il ?

— J'ai failli tuer ma sœur, répète-t-il. Oui, tout de suite... Venez vite, ça ne va pas du tout...

Et puis :

— Bien... bien... Je vous attends.

Après avoir raccroché, il continue d'arpenter les pièces en tenant des propos qui me semblent à la fois stupéfiants et complètement incongrus :

— Où sont les journalistes ? Je vous attends, messieurs, j'ai des choses à dire. Je veux parler, le huis clos, c'est terminé, je vais tout dire. L'histoire Tilly, c'est fini, fini. Ce type est un escroc, où est mon argent, je veux qu'il me rende mon argent, je n'ai plus un sou...

Un quart d'heure plus tard, les gendarmes de Monflanquin font irruption dans la maison. C'était bien à eux que parlait Philippe.

Le spectacle que nous leur offrons est éloquent : mon frère leur répète qu'il vient d'essayer de me tuer, tout en glissant qu'il n'a plus d'argent, que Tilly est un escroc, qu'il nous a tout volé – une logorrhée dont le sens est certainement difficile à saisir pour qui arrive de l'extérieur –, et moi, plantée au milieu de la salle à manger, tremblante, le visage en sang, méconnaissable, comme je le constaterai un peu plus tard devant une glace en comptant mes ecchymoses et en constatant que j'ai les lèvres en bouillie.

Les gendarmes pourraient en apprendre long sur Tilly et sur ses méthodes pour nous dépouiller, mais ils passent de nouveau à côté de cette occasion, considérant sans doute que Philippe est dans un état de démence qui ne permet pas de prendre au sérieux ce qu'il raconte.

Ils appellent d'ailleurs un médecin, plutôt que de l'écouter et d'enregistrer sa déposition.

Pour ce que je parviens à saisir de ce qui se passe autour de moi (dans l'état de souffrance où je me trouve), le médecin est si frappé par l'état de mon frère qu'il téléphone lui-même aux pompiers pour le faire hospitaliser d'urgence en psychiatrie. Vingt minutes plus tard, les pompiers embarquent Philippe qui ne leur oppose aucune résistance. Maman et moi ne le reverrons que deux semaines après, quand il sortira de l'hôpital.

Philippe évacué, la question se pose de mon état. Tandis que le médecin s'en va, les gendarmes me demandent si je souhaite porter plainte. Non, j'estime sur le moment qu'on ne recourt pas à la justice en famille, et je refuse toute action contre Philippe.

Le soir même, cependant, je change d'avis après m'être fait incendier par Tilly et Charles-Henri qui estiment tous deux qu'à travers cette crise et les coups qu'il m'a portés, Philippe a clairement signifié qu'il nous trahissait pour rejoindre l'ennemi, c'est-à-dire Jean et les francs-maçons, et qu'il était donc de mon devoir de porter plainte contre lui. Je le ferai trois jours plus tard, et elle sera classée sans suite.

Philippe est en effet passé dans l'autre camp, puisque quand il revient chez lui, tout juste sorti de l'hôpital, il est accompagné de ses filles. Elles l'aident à prendre quelques affaires, sans nous adresser la parole, comme si nous étions des pestiférés. Nous devinons qu'elles ne veulent plus le laisser seul et vont l'héberger quelque part, dans un lieu secret.

Durant ces étranges moments où nos routes se croisent, dans un silence tendu, Philippe sort soudain de ses gonds et me menace de son poing. L'une de ses filles s'interpose – « Papa, arrête avec Ghislaine, ça suffit maintenant ! » – mais je vois bien que mon frère n'attend qu'une chose, c'est de recommencer à me frapper, et je prends l'initiative de rappeler les gendarmes.

C'est donc en leur présence que Philippe et les siens quittent leur maison familiale, nous abandonnant, maman et moi, au milieu de l'hiver dans cette sombre bâtisse.

Que faire ? Que décider ? Je me sens complètement perdue, à la fois sans argent pour prendre une décision et sous la menace de nos ennemis qui viennent de retourner l'un des nôtres et vont donc apprendre bon nombre de nos secrets.

C'est une fois de plus Tilly qui décide à ma place, par Guillaume interposé :

— Tante Ghislaine, je viens d'avoir Tilly au téléphone, tu as deux heures pour quitter cette maison. Tu prends quelques affaires, tu ramènes mamie avec toi et vous partez. Je viens vous attendre à Calais.

— Ta grand-mère a quatre-vingt-quinze ans, Guillaume, je ne peux pas lui imposer un tel voyage.

— Tilly dit qu'elle supportera très bien la route. Faites vite, vous êtes en grand danger. Je pars pour Calais vous attendre.

Jean

Lorsque le téléphone sonna ce matin-là, j'étais loin d'être préparé à ce qui allait arriver. Mes confrères continuaient à suivre l'affaire, mais la première vague d'articles et d'émissions était passée. Certains reportages étaient rediffusés et l'on m'appelait pour les actualiser en plateau, en quelques minutes. C'était un rythme de croisière parfait, ni silence ni insistance, qui convenait à la situation : à part les procès et les actions multiples dont j'étais l'objet de la part de Ghislaine et de mes enfants, il ne se passait rien.

L'enquête financière, malgré sa richesse et ses révélations, n'avait pas eu de suite. J'avais bondi d'espoir lorsque le parquet de Bordeaux s'était saisi de l'affaire, même si ce n'était que pour blanchiment d'argent, l'abus de faiblesse n'ayant pu être retenu après le rejet des demandes de mise sous tutelle de ma belle-mère et de Ghislaine. Ma joie avait été brève. Tout semblait gelé de nouveau. Un juge d'instruction, le deuxième, ne laissait pas tomber le dossier, mais il n'était pas au sommet de sa pile.

À l'occasion d'un reportage pour France 3 Aquitaine, j'avais fait la connaissance d'un avocat qui menait le combat contre les sectes avec l'objectif de faire renforcer la législation. Il avait pris contact avec le magistrat instructeur et s'efforçait de le convaincre d'accélérer le tempo. Sans grand succès : une de mes plaintes mit trois ans pour aller d'Agen à Bordeaux. Même le fait que je me sois constitué partie civile ne pesait pas lourd. Les jours avec, nous avancions d'un petit pas et tout me paraissait possible, les jours sans, nous piétinions.

Jusqu'au 6 février 2008, lorsque mon téléphone sonna. Au bout du fil, la voix est tendue. C'est la fille de Philippe. « Je suis en voiture, me dit-elle. Papa a… » Et la communication est coupée. Après quelques minutes d'une attente insupportable, elle rappelle : « Papa a téléphoné. Il a tenu des propos très sombres. Il nous aime. Mais la manière dont il le dit nous fait peur. »

Je passai en quelques secondes par tous les états possibles : l'émotion, la joie, mais aussi l'inquiétude que la jeune femme m'avait transmise. Car son appel apportait une bonne et une mauvaise nouvelle. La bonne nouvelle, c'est que Philippe semblait être sorti du long sommeil comateux de l'emprise mentale. La moins bonne, c'est qu'il n'allait pas bien. Comment imaginer le contraire ?

J'apprends bientôt ce qui s'est passé. Philippe n'a jamais séjourné à Oxford aussi longtemps que les autres. Parce qu'il semble commencer à douter, Tilly l'a convoqué au début de 2008 et soumis à une cure de « purification ». Au menu, enfermement, thé et petits gâteaux. Il y a vécu des moments très durs qui l'ont ébranlé davantage, notamment lorsque, en janvier, pendant deux longues semaines, Christine a été séquestrée et brutalisée, en présence des autres, pour lui faire avouer, enfin, où se cache le prétendu magot. Pour la première fois, il s'est rebellé et s'en est pris à Tilly.

Rentré chez lui en Lot-et-Garonne, avec sa compagne venue le chercher, celui qui va bientôt passer pour un traître à la cause a retrouvé Ghislaine et leur mère. Il est à bout. Il explose. Une très vive altercation éclate entre le frère et la sœur. Il n'est plus très loin d'émerger de l'emprise, elle y est toujours. Il est brutal, violent – il me le dira lui-même. A-t-il failli la tuer avec le cordon de sa robe de chambre ? Failli ou tenté ? Elle le croit, il le nie. Toujours est-il qu'elle a des traces, les fait constater par un médecin, mais ne porte pas plainte. C'est son frère, tout de même.

Philippe a eu peur. Il appelle les gendarmes. Ils arrivent. Ils l'emmènent à l'hôpital de Villeneuve-sur-Lot, d'où il part pour La Candélie, près d'Agen. La Candélie, c'est un établissement psychiatrique. Son état et les sept années d'emprise l'imposent.

Un curieux incident se produit pendant cette hospitalisation : Ghislaine débarque avec le maire du village proche de Villeréal où réside Philippe. Ils viennent voir le patient. Les uns me parleront de commando venu le récupérer. Pour Ghislaine, il ne s'agit que de venir prendre des nouvelles de son frère avec un élu enfin responsable. Un commando à deux, composé d'une femme et d'un homme d'âge mûr, vraiment ? Le burlesque s'invite un instant dans le drame. Le service d'ordre refoule les visiteurs indésirables. L'incident est clos.

Depuis plusieurs années, les enfants de Philippe ont pris leurs distances avec notre séisme. Notre proximité des débuts s'est étiolée. L'un me reproche durement la médiatisation, qui, dit-il, lui fait du tort parce qu'il porte le nom de la famille. Un autre, au contraire, m'approuve et me l'écrit. La cadette a fini par se marier, en 2006, cinq ans après la date prévue, elle m'a invité et cela m'a touché. Pas question ce jour-là d'évoquer le père absent, ni les autres. Le père du marié, lui, m'a pris à part. Je connais déjà cette belle voix de baryton, familier des grandes scènes lyriques : je l'ai engagé en 1988 pour chanter *Le Barbier de Séville*. Comment imaginer qu'il deviendrait le beau-père d'une nièce dix-huit ans plus tard ?

L'homme, sympathique, ne mâche pas ses mots ce jour-là. La dernière fois qu'il a vu Philippe, il l'a trouvé insupportable, ne parlant que de lui, avec emphase et prétention. « Il était mûr pour quelque chose de ce genre », me dit-il. C'était l'été 1999.

Le réveil de Philippe remet les sentiments en ordre. Il retrouve ses enfants. Ils ne s'arrêteront pas là. Il doit retourner chez lui, chercher ses affaires. Mais Ghislaine, leur mère et sa compagne s'y trouvent. Pas question d'y aller seul. Ni d'en revenir seul.

Le 22 février, au début de l'après-midi, Philippe et ses deux filles arrivent chez lui, avec les enfants de sa compagne. Il fait très beau pour la saison. Portes et fenêtres sont ouvertes. Ghislaine somnole au soleil. Sa mère se repose à l'intérieur. La surprise est totale.

« Bonjour Ghislaine », lâche la fille aînée de Philippe en passant auprès d'elle. Ghislaine sursaute, bondit, tente de s'interposer, se précipite sur son téléphone. Elle appelle son mentor. Mais que peut-elle faire face à un petit groupe calme et déterminé, qui s'empresse de plier bagage en emmenant la compagne de Philippe malgré ses réticences ? « Quittez vite cette maison, enjoint Tilly à Ghislaine, Jean va venir vous tuer. »

Ghislaine réunit quelques affaires à la hâte, aide sa mère à se préparer. Elle appelle un taxi. Elles détalent, sans clé pour fermer la maison. Guillaume vient les chercher à Calais. Dans la nuit, elles sont à Oxford. Elles y resteront jusqu'au bout.

Quelques jours plus tard, Philippe me rappelle. Il se repose chez des amis, à Nancy. Puis il rentre à Paris. Je l'invite à déjeuner à l'Assemblée nationale, où je travaille alors. Sa fille aînée est venue avec lui : pour l'accompagner ou par crainte de ma réaction ? Lorsque je l'aperçois dans le couloir, le visage gris, le regard perdu, la démarche incertaine, mon ressentiment se dissipe. Nous n'étions pas très proches avant cette tragédie, ses violences et celles de son frère ont fait des dégâts irréversibles en moi. Mais son désarroi me touche. Il ne s'agit pas de pardonner, ni même d'accepter. Il s'agit d'écouter, d'entendre et, peut-être, de comprendre.

La suite des événements me montrera que j'ai été bien naïf ce jour-là et pendant les mois qui vont suivre.

Nous allons nous revoir. Il est bien seul. Non que ses enfants l'abandonnent, mais ils ont leur vie et ne peuvent être toujours à ses côtés. Brigitte ne l'abandonne pas davantage, mais elle a retrouvé sa famille, ses enfants, sa mère, ainsi que son mari, dont Tilly l'a séparée et qui disparaîtra bientôt. Je dîne avec elle, un soir au printemps. Elle est très claire, elle a besoin de temps, de recul, elle a beaucoup subi et perdu elle aussi. Son compagnon, notre famille, elle a « déjà donné », me dit-elle sans acrimonie, comme on énonce une évidence.

Dans le studio minuscule et sinistre du XVIe arrondissement de Paris où on l'a installé, Philippe tourne comme un ours en cage. Je vais déjeuner avec lui. Nous allons faire des courses. Il regarde les rayons comme s'il ne les voyait pas. Il ne sait que choisir. Difficile de reprendre pied et goût à la vie quand on a passé plus de sept ans dans la dépendance, la soumission et la fiction.

Nous parlons pendant des heures. Je veux tout savoir. J'en ai besoin. Il a vécu avec eux, avec Ghislaine, avec mes enfants. Il sait. À travers lui, je les touche, je les entends, je les vois.

Il est prêt à tout me raconter, bien sûr, et c'est ce qu'il fait. Il va même plus loin : « Je signerai tout ce que tu voudras », me dit-il. Une sotte retenue me privera de le prendre au mot sans attendre, moi que le petit Guillaume qualifiera un jour d'opportuniste, un mot bien compliqué pour lui. Si j'avais su…

Il y a une chose, en revanche, pourtant prioritaire, qu'il ne fait pas tout de suite : porter plainte, se constituer partie civile. Il attend. Trop. Or il est, lui, en tout cas aux termes de la loi, une victime directe. Il n'en a pas la force ou n'en sent pas l'urgence. Après tout, il est sorti. Il est d'ailleurs féroce avec les autres, ceux qui sont encore sous la férule de Tilly. « Ils ne comprennent rien », dit-il. Alors nous perdons du temps, comme me le dira, exaspéré, un avocat qui s'intéresse à notre affaire. J'insisterai, ses enfants aussi et un jour il m'appellera pour me dire, presque triomphalement : « Ça y est, je l'ai fait. »

Je vais aller passer trois jours chez lui, en Lot-et-Garonne, en septembre, dans la maison où ils ont vécu tous ensemble. Beaucoup des affaires de Ghislaine et de mes enfants sont là et je suis venu les chercher, avec son accord bien sûr. Je couche dans le lit de Guillemette, dont les draps n'ont pas été changés. L'émotion me submerge. Mais je ne sais plus pleurer.

Je repars de chez lui ma voiture pleine. J'en laisse autant derrière moi, loin d'imaginer qu'un jour, Ghislaine et les enfants ne retrouveront pas tout. Des petites mains indélicates seront passées par là. C'est médiocre, mais sans importance. Car Philippe, dans l'euphorie de sa sortie, m'a donné le principal, des informations capitales : leurs adresses en Angleterre. Le moyen de retrouver les miens et peut-être les autres, en tout cas d'essayer.

Je préviens la meilleure amie de Christine. Elle bondit, elle vient avec moi, elle s'occupe de tout, c'est promis. Mais, deux jours avant le départ, elle recule. Elle a peur. La solidarité a ses limites, le courage aussi. Tant pis pour elle. Je n'attends pas. Je fonce.

17

Ghislaine

Oh, cette arrivée avec maman dans la petite maison d'Oxford ! Depuis deux ans, elle ne se déplace plus qu'avec un déambulateur, le voyage en voiture l'a épuisée. C'est donc une très vieille dame, flageolante et à bout de souffle que Guillaume et moi soutenons pour la conduire jusqu'au salon, cette pièce où Tilly nous a tenus emprisonnés tout le mois de janvier, cette pièce où nous avons martyrisé Christine.

Quel va être notre destin maintenant ? Nous n'avons pratiquement plus d'attaches en France et, en Angleterre, nous sommes éparpillés dans de pauvres logements, insalubres pour certains. Charles-Henri et Christine s'installent dans un nouvel appartement. Guillemette est dans une chambre à Bristol et je ne sais pas quand je vais la revoir. François, Amaury, maman et moi, nous nous retrouvons dans cette maison de sinistre mémoire.

Rien n'est adapté pour une personne d'un si grand âge. Maman ne peut plus monter un escalier, or les toilettes et la salle de bains sont à l'étage. Elle a besoin d'un lit modulable, or elle ne dispose que du canapé pour s'allonger. Quand Tilly me téléphone, je le mets au courant de la gravité de la situation.

— Très bien, me dit-il, je demande à Guillaume de te faire livrer immédiatement un lit et un fauteuil pour ta mère.

Mais ce lit et ce fauteuil n'arrivent pas et quand je me plains auprès de Tilly, il me répond que c'est Guillaume qui ne veut pas s'en occuper.

En attendant, maman et moi survivons comme des réfugiées dans cette pièce à peine chauffée : maman sans aucun confort en dépit de son corps douloureux, et moi dormant toutes les nuits dans un fauteuil auprès d'elle. Pour les toilettes, nous ne disposons que d'un vulgaire seau de ménage, et je mesure l'humiliation que doit éprouver ma mère quand je lui demande de s'arranger de ce seau. Avec ce courage incroyable qui est sa marque, elle conserve sa dignité, me remercie d'être là et évoque encore une fois la guerre durant laquelle elle a supporté bien pire, dit-elle. Maman trouve encore la force de sourire.

Enfin, après huit jours de ce régime, le lit et le fauteuil sont livrés et nous pouvons dormir l'une et l'autre allongées.

Pour des raisons de sécurité, il m'est strictement interdit de sortir. Depuis quand suis-je ainsi privée de la liberté la plus élémentaire ? Je ne saurais même plus le dire, tant je me suis résignée à vivre recluse, me cognant aux murs, la peur au ventre du matin au soir. Cependant, tandis que j'écris ce livre, il me vient le désir de calculer : ma séquestration remonte à ce jour de juin 2003 où nous avons quitté Martel pour nous enfermer chez mon frère, et même à septembre 2001 lorsque j'étais enfermée dans l'école. En somme, je vis enfermée depuis près de sept ans ! Comment est-ce possible ? Comment ne suis-je pas devenue folle ?

Et de nouveau, je me retrouve prisonnière à Oxford. Tilly semble très soucieux de moi, car quand je m'étonne que les enfants puissent circuler librement, pour aller travailler en particulier, tandis que je ne peux pas mettre le nez dehors, il me laisse entendre que ma situation est bien différente, que les réseaux de Jean donneraient très cher pour me retrouver et que les informations qui lui remontent tendent toutes à prouver que je suis en tête de liste des personnes les plus recherchées.

Ce sont donc les jeunes qui nous ravitaillent, puisqu'il n'est même pas envisageable pour moi de courir jusqu'au super-marché le plus proche. Comme ils n'ont pas plus d'argent que moi, Tilly leur demandant de lui remettre la quasi-totalité de ce qu'ils gagnent en échange de la protection qu'il leur assure, ils nous apportent des restes qu'ils récupèrent sur leur lieu de travail. Nous nous débrouillons comme cela pour nous nourrir, consacrant le peu d'argent que nous avons à acheter du lait, du café, du thé et un peu de sucre.

Maman et moi sommes enfermées depuis deux ou trois semaines, peut-être, quand survient un événement qui prend l'allure d'un véritable coup de tonnerre.

Le 12 mars 2008 en fin de matinée, les mouvements suspects d'une voiture attirent mon attention. Elle est passée lentement une première fois, puis elle revient, roulant à plus faible allure encore, et il me semble qu'elle s'est pratiquement immobilisée à hauteur de notre maison. Au lieu de se garer, cependant, elle disparaît. Que cherche-t-elle ? Impossible de voir si le conducteur est un homme ou une femme.

Soudain, on sonne à notre porte. Cela n'arrive jamais, nous sommes ici incognito, sous la protection des services de Tilly, et quand Guillaume ou lui viennent nous rendre visite, nous en sommes toujours avertis.

Par chance, ce matin-là, François et Amaury sont présents. La panique nous saisit aussitôt : les équipes de Tilly auraient-elles manqué de vigilance, laissant approcher un des tueurs de Jean ? À moins que ce ne soit le facteur ou un démarcheur…

Amaury grimpe à l'étage jeter un œil par la fenêtre qui donne sur la rue, tandis que François et moi nous rapprochons de maman.

Maman, étonnamment lucide :

— Qui ça peut-il être ? N'ouvre pas surtout !

— Non, bien sûr, et s'il y a le moindre doute, j'appelle Tilly...

Mais Amaury revient, livide, tremblant :

— C'est oncle Jean !

— Quoi !

— Je l'ai vu, j'en suis sûr...

— Allez vite vous assurer que tout est bien fermé en bas, j'appelle immédiatement Tilly.

Je tremble au point que j'en laisse tomber mon téléphone. Jean qui nous traque depuis tant d'années, en chair et en os à notre porte ! Philippe a donc parlé, car sans lui, jamais Jean ne nous aurait retrouvés. Mais que font les hommes de Tilly ? Comment ont-ils pu le laisser approcher ?

Tilly est parfaitement calme quand il apprend la nouvelle :

— Eh bien oui, Jean est à Oxford, Ghislaine. Ce n'est pas vraiment un scoop, j'ai été immédiatement prévenu. Tu n'as pas remarqué que ça fait deux jours que je t'avertis de sa venue ? Tu n'as pas entendu ce que je te répète ?

— Ah, non, dans l'état d'épuisement où je me trouve...

— Je te dis les choses, mais tu ne m'écoutes pas.

— Excuse-moi, je suis désolée...

Tilly ment, naturellement, il ne m'a rien dit du tout, je le sais parfaitement aujourd'hui. Je suis capable de reconstituer chacune de nos conversations téléphoniques dans les quarante-huit heures qui ont précédé l'arrivée de Jean, mais à ce moment-là je ne m'appartiens plus et je préfère douter de moi, de ma raison, plutôt que de l'homme qui dirige mes pas.

— Je suis désolée...

— Alors écoute-moi bien, maintenant, voilà ce que vous allez faire : tu vas dire à François d'aller ouvrir, de marcher sans crainte vers son père, de lui casser la figure puis de le piétiner en le sommant de ne jamais remettre les pieds chez vous.

— Je dois dire à François de frapper son père ?

— Absolument, et de le piétiner, Ghislaine, c'est très important pour la suite.

— Et si Jean est armé ?

— Il n'est pas armé, mes équipes sont formelles, elles le suivent depuis Londres, François ne risque strictement rien. Tu penses bien que sinon Jean n'aurait pas pu vous approcher.

— Attends, reste en ligne, j'explique à François ce qu'il doit faire.

Mais quand j'annonce à François qu'il doit frapper son père, puis le « piétiner », je le vois pâlir un peu plus et faire non de la tête.

Nous sommes tous les quatre comme en apnée, saisis par une angoisse terrible et en même temps suspendus au téléphone, comme si notre survie dépendait de ce qui nous est dit.

Or François semble contester les consignes, ce qui décuple notre affolement.

Puis on sonne de nouveau à la porte, Jean est donc déterminé, sans doute prêt à tout, même s'il n'est pas armé, et dans mon affolement je ne trouve rien de mieux à faire que de tendre le téléphone à François.

— C'est François à l'appareil, dit-il à Tilly. Je ne frapperai pas mon père, tu ne peux pas me demander ça.

— Tu dois le frapper, si. C'est très important. Il faut absolument que tu le fasses, tu comprendras pourquoi plus tard.

— Je ne le ferai pas. Déjà me trouver en face de lui et lui dire de partir, ça me semble au-dessus de mes forces.

— Tu vas le faire, c'est un ordre ! Tu vas sortir, le frapper, lui donner des coups de pied quand il sera au sol et lui dire de ne plus jamais revenir. Tu m'entends ?

— Il sonne, je raccroche.

François est d'une pâleur de mort. Il tergiverse un instant, puis je l'entends dire tout bas :

— Bon, j'y vais.

Il n'a plus revu son père depuis l'été 2001 — bientôt sept ans — et je devine l'épreuve que cela représente de se retrouver face à lui dans cette guerre terrifiante que nous livre Jean.

Jean

En prenant l'Eurostar, deux jours plus tôt, le lundi 10 mars 2008, j'ai la conviction que nous approchons du but pour lequel je me démène depuis huit ans. Trois membres du groupe sont sortis. Il en reste huit à sauver, dont Ghislaine et nos enfants. Pour la première fois depuis près de sept ans, ils ne vivent pas dans un camp retranché, dans un bunker inaccessible, comme l'était la maison de Philippe en Lot-et-Garonne. Ils n'habitent pas non plus ensemble à Oxford : Tilly les a séparés, avec, pour certains, interdiction de se voir.

J'ai un atout outre-Manche. Anne et Peter, des amis de trente ans, habitent Londres. Nous les avons connus en Lot-et-Garonne où ils ont une maison, non loin de Monflanquin. Ils parlent un français excellent, ils sont raffinés, cultivés, mélomanes. Ce sont des intimes. Ils savent tout de nous, de notre famille et de notre séisme.

Je les appelle avant de partir. Ils réagissent à la seconde. « Tu viens à la maison, me dit Anne. Je viendrai te chercher à la gare et nous irons ensemble à Oxford. »

Dans la voiture qui nous emmène de Saint-Pancras à leur appartement, je la mets au courant des derniers événements. Notre programme est vite organisé : demain, j'irai à Bristol et le lendemain, nous irons à Oxford. Le soir, avec la délicatesse qui les caractérise, mes amis m'ont réservé une chambre d'hôtel, à côté de chez eux, pour que je sois au calme et autonome.

Pourquoi Bristol ? Parce que c'est là, dans cette ville de l'Ouest toute proche du pays de Galles, que se trouve Guillemette. Ma fille n'est plus en Lot-et-Garonne où elle étouffait et qu'elle a quitté avec soulagement en octobre 2007. Elle n'est pas non plus à Oxford, avec sa mère, François et les autres. Un jour, le 5 octobre, parce qu'il se méfiait d'elle et de ses réactions rebelles, parce qu'il voulait aussi, comme toujours, faire mal en la séparant de sa famille, Tilly l'a expédiée à Bristol, loin de tous. C'est Guillaume qui l'a déposée, comme un paquet, sans lui révéler sa destination, qu'elle découvre en arrivant. Avec pour tout viatique 20 livres sterling et cinq nuits dans une auberge de jeunesse. Après, qu'elle se débrouille !

C'est ce qu'elle a fait, avec courage. En deux jours, cette jeune femme issue d'un milieu plutôt protégé, dont la vie et le couple ont basculé en 2001, a trouvé du travail, dans un pub. L'Angleterre est le royaume des petits boulots et on l'a embauchée davantage pour son sourire et sa jolie silhouette que pour son expérience. La place est plutôt rude et les clients aussi. Mais elle va avoir de la chance : une habituée, banquière, la prend en sympathie. « Vous ne pouvez pas rester là, lui dit-elle, venez habiter chez moi, je vais vous trouver autre chose. »

Quelque temps plus tard, Guillemette entre dans un vrai restaurant, le *San Carlo*. Ce n'est pas une pizzeria de quartier, c'est la meilleure table italienne de Bristol, en plein centre-ville, là où les portefeuilles bien garnis et de nombreux people viennent déguster pâtes et fruits de mer. Le décor se veut chic, les prix le sont aussi et les clients accourent.

Le rythme est intense, exigeant, mais ma fille trouve vite sa place dans ce milieu d'hommes où elle est la seule Française.

326

Au point que, quand Tilly, toujours soucieux de déstabiliser ses adeptes, lui ordonnera par deux fois de regagner d'urgence le Lot-et-Garonne, elle convaincra ses patrons de lui garder sa place. Elle est aimable, souriante, dégourdie et ne craint pas sa peine. Qu'a-t-elle d'ailleurs d'autre à faire que travailler ? Travailler pour vivre et pour engraisser l'ogre, à qui elle doit envoyer sa paye.

Tout ça, je le saurai plus tard. Pour l'heure, j'ai l'adresse que m'a donnée Philippe. J'ai trouvé sur Internet une photo du restaurant. Tôt le matin, je prends le train pour Bristol. Un bus, deux bus. Je suis enfin sur la bonne voie. Je préviens le conducteur. Je scrute chaque vitrine. Et soudain je m'écrie : « C'est là ! » J'ai reconnu l'enseigne. Il me laisse descendre. L'angoisse me saisit. Je vais revoir ma fille. Presque sept ans ont passé. A-t-elle changé ? Et comment va-t-elle réagir ?

Il fait beau mais glacial. Il est à peine 11 heures du matin. Le restaurant est fermé. Je me poste dans l'encoignure de la porte juste en face et j'attends.

Je vois entrer un homme, une jeune femme, puis une autre, mais ce n'est pas ma fille. Le restaurant ouvre et les clients arrivent. Je traverse, j'entre, je regarde autour de moi et demande :

— Je viens voir la jeune Française qui travaille chez vous.

— Il n'y a pas de Française ici, me répond sèchement une vieille femme qui semble être la patronne.

Je suis persuadé qu'elle me ment.

Je ne peux pas partir comme ça. J'attends la reprise du service, en fin d'après-midi. Je vois arriver les mêmes que le matin. Toujours pas de Guillemette. Soudain, je crois la reconnaître. Cette silhouette ! Mais non, ce n'est pas elle. Tout s'effondre.

Je ne puis deviner que le restaurant devant lequel j'ai passé la journée n'est pas celui où ma fille travaille. L'adresse qui m'a été donnée n'est pas la bonne. J'apprendrai plus tard, beaucoup plus tard, que de toute façon, je ne l'aurais pas vue. Ses patrons et toute l'équipe étaient prévenus : si son père la demandait, il faudrait l'avertir tout de suite pour qu'elle ait le temps de s'enfuir ou de se cacher. Le danger, là aussi.

Pour l'heure, je retourne à la gare, le cœur en miettes. Je rentre à Londres chez mes amis. Bredouille. Ils sont désolés et font tout ce qu'ils peuvent pour me redonner courage, à commencer par un excellent dîner. Du courage, je dois en avoir. Car demain, avec Anne, nous allons à Oxford.

Nous partons tôt. Il fait un temps splendide. Nous n'avons pas de GPS et nous hésitons dans Oxford. Anne a consulté un plan, mais ce n'est pas si simple. L'adresse que Philippe m'a donnée oralement m'a égaré : j'ai compris Churchill Road, alors qu'il ne s'agit pas du grand homme, mais de Church Hill Road. Heureusement, Anne a de la ressource. Elle se renseigne, mais il faudra un vieux plan rapiécé que lui donne un clochard au grand cœur pour que nous nous repérions. Enfin nous y voilà.

C'est une petite rue tranquille, en pente douce, à l'écart du centre, où s'alignent de modestes pavillons en brique rouge. Une vraie carte postale de l'Angleterre *middle class*. Nous repérons le 38. Une voiture s'arrête, un homme en descend. Anne l'aborde. Il ne connaît pas de Français dans le coin. Cette maison, c'est la sienne… Nous nous sommes trompés de numéro.

Je vérifie : nous cherchons le 35, pas le 38 ! Nous nous garons un peu plus loin. De ce côté de la rue, les maisons ont toutes un jardin qui donne sur un cimetière où se trouve l'église, d'où son nom. Le quartier est désert et un peu sinistre.

Mon cœur bat à tout rompre. Ce n'est pas le moment de craquer. Le cran, c'est maintenant. Je sonne à la porte. J'attends et sonne encore. Je frappe, recule, scrute les fenêtres. Pas un bruit, pas un mouvement.

Je me glisse le long de la maison et pénètre dans le cimetière. Je suis au bout du jardin et ne vois rien non plus. Devant comme derrière, la maison paraît vide.

Pendant ce temps, Anne fait le tour des voisins pour glaner des informations. « Nous les voyons très peu, lui dit-on. Ils ont l'air très gentils, mais ils ne sont pas causants. Des jeunes partent à vélo le matin et rentrent le soir, parfois très tard. Récemment, nous avons vu arriver une vieille dame qui avait du mal à marcher. C'est une maison dont les locataires changent souvent. Il y a quelques mois, une famille pakistanaise habitait là. »

Je repars à l'assaut. Je sonne et je recule, pour capter le moindre mouvement. Et, au bout d'un moment, je suis sûr d'en voir un : à la fenêtre du premier étage, le rideau a bougé, furtivement. Il y a quelqu'un, c'est certain. Ma belle-mère et Ghislaine sont là, je le sais. Je recommence à sonner.

L'encadrement de la porte est vitré. Un méchant verre dépoli qui ne laisse pas voir grand-chose. Mais, en forçant le regard, je distingue une ombre au fond du couloir. Je la vois mieux maintenant. Cette silhouette qui n'était pas là tout à l'heure et qui semble hésiter, je suis sûr de la reconnaître, c'est celle de François. Je l'appelle doucement : « François, je sais que tu es là, je suis venu te voir, réponds-moi. » Il ne bouge pas.

J'attends, je sonne, j'appelle encore. Rien ne se passe. Il ne m'ouvrira pas. Alors je me résigne. Je rejoins la voiture qu'Anne a rapprochée. Je griffonne quelques mots sur un papier, je les jette dans la boîte aux lettres et remonte, la tête basse. J'ai échoué, comme à Bristol.

Anne met le contact. Je boucle ma ceinture. Elle va démarrer. Et soudain, elle s'écrie : « Va vite ! Il sort. » Je regarde la maison. Il est là, sur le seuil de la porte entrouverte. François, mon fils, que je n'ai pas vu depuis près de sept ans.

Je bondis hors de la voiture. Je traverse. Je me dirige vers lui et là, il me jette ces mots que je n'oublierai jamais :

« Dégage, je ne veux plus te voir. » Je m'arrête, interdit. Je le regarde, il n'a pas changé. Est-ce mon fils qui parle ainsi et que j'entends encore aujourd'hui ?

Il ne bouge pas, figé devant sa porte, prêt à rentrer, en tout cas je le crains. J'avance à peine et il m'arrête :

— Reste où tu es ou j'appelle la police.

— Mais pourquoi ? J'ai le droit d'être ici, dans la rue. Je ne cherche pas à rentrer chez toi. Je ne suis pas venu pour t'embêter, mais pour te voir, pour savoir comment tu vas.

— Eh bien ça y est, tu m'as vu.

Alors je me mets à parler. Je lui dis que je suis venu le voir, les voir, parce qu'ils me manquent, parce que je les aime. Je lui demande des nouvelles de sa mère, de Guillemette. Sont-elles là ?

— Tu dois le savoir par les autres.

— Tu veux dire Philippe et sa compagne, ceux qui sont sortis le mois dernier ? Qu'est-ce que tu en penses ?

— Rien.

Je lui propose d'aller prendre un café tous les deux.

— Pour quoi faire ?

— Pour parler, pour te voir un peu plus. Je ne t'ai pas vu depuis si longtemps. Tu me manques, Guillemette et ta maman aussi.

— Non et ne reviens pas.

— Je reviendrai quand je voudrai. Vous êtes ma famille.

— Je suis chez moi. Je vais appeler la police.

— C'est ça, appelle la police. Oui, fais-le. C'est vraiment dommage parce que Tilly va aller en prison, nous y travaillons et, un jour, tu regretteras d'avoir vécu si longtemps au milieu de tous ces mensonges.

— Mais bien sûr.

Il a l'air excédé, hostile, mais pas agressif. « Je vais rentrer », me dit-il, mais il ne rentre pas. Que puis-je faire, que puis-je dire pour le retenir, pour prolonger cet instant ? Je bavarde, je lui parle de la maison qui l'attend à Fontenay. Je lui demande ce qu'il fait. « Je travaille », répond-il. Je le regarde. Je le dévore des yeux pour m'imprégner de ses traits, de son image dont je redoute à chaque instant qu'elle disparaisse.

— Tu te rends compte que je ne t'ai pas vu depuis près de sept ans ?

— Mais si, tu m'as vu en 2003, non en 2004. J'étais dans un taxi, à Paris, à un feu rouge. Tu t'es arrêté en voiture à côté, c'était une Twingo noire et quand tu m'as vu, tu m'as souri.

— Tu es sûr ? Je ne me rappelle pas. Comment te voir dans une voiture ? Si je t'avais vu, je ne me serais pas contenté de te sourire, j'aurais tout fait pour te voir davantage, te retenir. Comme aujourd'hui.

— Moi, je suis sûr que nous nous sommes vus. Maintenant va-t'en, je suis chez moi.

— Je m'en vais. Mais n'oublie pas que tu es mon fils et que je t'aime. Un jour nous nous retrouverons et tu seras désolé de tout ce temps gâché.

Il ne répond pas.

— Je voudrais t'embrasser.

— Non.

Ce non m'achève. Je le regarde une dernière fois.

— Je voudrais que tu embrasses Guillemette et ta maman pour moi. Tu le feras ?

— Oui, je le ferai. Maintenant va-t'en.

Je remonte en voiture. Allons-y, dis-je à Anne. Et nous partons. Je me retourne. François est toujours sur le pas de sa porte et regarde la voiture s'éloigner.

Nous sortons d'Oxford. La campagne est belle. Nous nous arrêtons dans un pub et là, avant d'avaler quoi que ce soit, nous écrivons frénétiquement, chacun de son côté, tout ce que nous venons de voir et d'entendre, pour ne rien oublier. Nous noircissons des pages – et noircir est le mot juste après ce que nous venons de vivre. Cette tâche de scribes nous fait du bien. Et nous parlons. Nous confrontons nos impressions. Tu as vu comment il était ? Tu as entendu ce qu'il a dit ? Anne m'aide à trouver dans chaque mot, dans chaque attitude, des raisons d'espérer ou de ne pas sombrer.

Nous rentrons à Londres, où son mari nous attend avec un dîner magnifique. Impossible de parler d'autre chose que de cette journée sans nom, dont je pourrais presque douter si je ne l'avais partagée avec sa femme.

Le lendemain, le soleil illumine Hyde Park. Je marche de longues heures, dans les premières senteurs du printemps qui approche, avant de reprendre mon train. Cette promenade me fait du bien.

Dans l'Eurostar qui me ramène à Paris, je suis surpris de ce que je ressens. J'ai vécu pendant ces trois jours de nouveaux chocs, durs, dévastateurs. Et pourtant, je ne suis pas effondré. Je ne suis pas aussi mal que je pourrais l'être. Je n'ai pas fait cette tentative pour rien. J'ai appris tant de choses en si peu de temps ! Je sais où ils habitent. J'ai photographié la maison avec mon portable. Je peux les imaginer, reconstituer leur vie. J'ai vu François, j'ai deviné Ghislaine – le rideau qui a bougé, c'était elle, j'en suis sûr. Et si les mots terribles de mon fils résonnent encore en moi, une remarque d'Anne me fait du bien. « François t'a vu, me dit-elle, Ghislaine aussi sans doute. Je suis sûre que ça les a émus. Souviens-toi, ton fils ne t'a pas claqué la porte au nez. Il est resté jusqu'au bout. Ils vont en parler. Tes mots vont faire leur chemin. Quelque chose a changé pour eux. Tu vas voir, ça va bouger, tôt ou tard. »

Anne avait raison. Et cette rencontre aurait pu être bien pire, car j'apprendrai plus tard que Tilly, au téléphone avec Ghislaine pendant toute la scène, la pressait d'ordonner à François de me casser la figure. Mon fils a désobéi : on ne se frappe pas dans notre famille. Mais il faudra encore attendre pour que la conviction d'Anne se réalise. Il faudra aussi traverser de nouvelles épreuves.

Ghislaine

L'alerte a été chaude, mais François est sain et sauf, Jean ne lui a fait aucun mal et, petit à petit, la peur immense que nous avons éprouvée se dissipe. L'après-midi même, Tilly ordonnera à François d'aller porter plainte contre son père, François refusera, et Tilly finira par laisser tomber.

Entre les enfants et moi, un phénomène étrange se poursuit : Jean incarne le danger absolu puisqu'il nous traque avec des tueurs, il incarne la déloyauté puisqu'il a voulu nous abandonner, le crime et la débauche également (j'ai enfoui quelque part la terrible accusation de Tilly selon laquelle il a violé Guillemette), mais en même temps il demeure l'homme que nous avons aimé, l'homme que nous continuons d'aimer. Je ne sais pas comment nous nous arrangeons pour concilier les deux personnages, mais nous y parvenons, car tandis que nous adhérons au portrait terrifiant que Tilly nous dresse de Jean, nous ne lâchons pas celui que nous avons connu autrefois.

C'est au nom de celui-ci, du père de famille, que François a refusé de le frapper. De la même façon, jamais, pendant toutes ces années, dans notre huis clos à trois, Guillemette, François et moi n'avons dit du mal de Jean. Jamais nous n'avons repris à notre compte les horreurs colportées par Tilly, comme si une petite voix nous murmurait que nous sommes dans un cauchemar et qu'il va venir un jour où nous allons nous réveiller et retrouver le Jean humaniste et lumineux en lequel nous avions placé notre amour, notre confiance.

Après quelque temps, l'intrusion de Jean est oubliée et les semaines recommencent à s'égrener dans ce climat d'attente et de peur que connaissent les innocents dans toutes les guerres du monde. Un jour, nous allons l'emporter, Tilly nous en a fait le serment, un jour nos ennemis vont être confondus, arrêtés – « Jean terminera sa vie en prison, Ghislaine, tu verras ce que je te dis » –, et ce jour-là nous pourrons enfin sortir, courir librement dans la lumière et témoigner devant la France entière du combat que nous avons dû livrer parce qu'on aura voulu notre disparition, notre mort.

D'ailleurs, Tilly n'oublie pas le sens profond de ce combat, si onéreux, puisqu'il me reparle soudain de la Transmission. Si nous sommes menacés par les francs-maçons, c'est parce que nous sommes les derniers disciples des rois de France. À ce titre, il est évident à ses yeux que nous sommes dépositaires d'une partie de leur immense trésor.

— Réfléchis, Ghislaine, pourquoi les francs-maçons vous pourchasseraient-ils si vous ne représentiez pas un danger pour eux ? Et ce danger, c'est la Transmission, car cette fortune vous donnerait largement les moyens de les écraser.

— Ah... je n'y avais pas pensé.

— C'est l'analyse que nous faisons avec mon patron.

Quel projet secret poursuit donc Tilly en revenant à ce prétendu legs qui nous a déjà valu trois semaines d'enfer ?

— Je comprends, dis-je, mais tu as pu constater que ni Christine ni Charles-Henri n'ont le moindre souvenir de cette Transmission.

— C'est sans doute qu'ils ne savent rien.

— Alors qui pourrait savoir quelque chose ?

— Tu ne devines pas, Ghislaine ?

— Non, je ne vois vraiment pas...

— Mais ta mère, bien entendu !

Croit-il sincèrement que nous dissimulons encore de l'argent dans une banque ? S'est-il soudain rendu compte qu'une seule d'entre nous a échappé à son interrogatoire – maman –, prenant conscience dans le même temps qu'il la tient justement sous la main ?

Mon idée est qu'il poursuit deux objectifs en me mettant en condition de martyriser ma propre mère, comme nous avons martyrisé Christine : s'assurer une dernière fois que nous n'avons pas de comptes à l'étranger (après tout, maman aurait pu garder ce secret pour elle seule) et, par la même occasion, précipiter la fin de la doyenne de la famille dont il ne sait que faire.

J'ai honte de l'avouer, mais une fois de plus, je lui obéis. J'obéis au diable – je ne trouve pas d'autres mots pour qualifier cet homme et pour alléger ma culpabilité.

Avec le concours de Charles-Henri, de Diane, de Guillemette, d'Amaury et de François, j'organise donc l'interrogatoire de maman. Tilly nous a bien fait comprendre que la seule façon de la faire parler est de la pousser au bout de ses forces, à cette extrémité que connaissent bien les policiers – pour ne pas dire les tortionnaires – où n'importe quel être humain est prêt à avouer à peu près n'importe quoi pour que le supplice soit interrompu.

Le supplice, pour maman qui se trouve à la veille de ses quatre-vingt-seize ans, c'est de ne pas pouvoir s'abandonner au sommeil. Durant vingt-quatre heures, nous la maintenons donc assise dans un fauteuil, la harcelant de questions et la secouant par les épaules aussitôt que ses paupières tombent.

— Maman, je t'en supplie, réfléchis, papa t'a forcément mise au courant !

— Je fais tout mon possible, mais je ne vois pas.

— Souviens-toi, un jour tu nous as dit que tu partirais en emportant tes secrets. De quels secrets voulais-tu parler ?

— Oh, ce sont des choses que les enfants n'ont pas à connaître !

— Mais nous ne sommes plus des enfants, maman, Charles-Henri vient d'avoir soixante ans et j'en ai soixante-deux.

— Je ne sais plus à quoi je faisais allusion... Je ne sais plus...

— Réfléchis, maman, aujourd'hui notre survie dépend de ces secrets que tu ne veux pas dire. Tu ne peux pas nous traiter comme ça.

— Si seulement je m'en souvenais, je vous le dirais.

— Veux-tu qu'on repasse toutes les années depuis ta rencontre avec papa ?

— Oh mes pauvres enfants, je suis si fatiguée...

— Après, tu pourras te reposer. Fais un effort, rassemble toutes tes forces, et tu pourras dormir.

— Laissez-moi, je n'en peux plus.

— Non maman, tu ne dois pas t'endormir ! Maman ! Maman ! Réveille-toi, s'il te plaît ! Réveille-toi !

— Quoi ? Qu'arrive-t-il ? Mais où sommes-nous ?

— Maman, il est très probable que papa et toi ayez reçu un legs venant des rois de France...

— Des rois de France ?

— Oui, un legs. De l'or, des métaux précieux, énormément d'argent. Tu n'as pas pu oublier une chose pareille. Où est-il, ce legs ? Dans quelle banque l'avez-vous placé ? Dans quel pays ?

— Oh...

— Maman, maman, réponds s'il te plaît !

Vingt-quatre heures sans interruption... jusqu'à ce que nous aussi tombions d'épuisement et renoncions.

Tilly n'a atteint aucun de ses deux objectifs. À l'issue de ce cauchemar, il n'a pas le moindre indice sur un hypothétique compte à l'étranger, et il abandonne donc le thème de la Transmission. Nous n'en reparlerons plus.

Puis maman, par bonheur, se remet de cette épreuve.

Ce qui me fait écrire que Tilly a espéré sa mort, c'est qu'il trouve une autre façon de la mettre en péril quelques semaines plus tard. Cette fois, son plan est plus insidieux et présenté comme un nouveau départ dans la vie pour la femme que je suis devenue : divorcée, sans plus aucun enfant à charge et sans plus d'attaches nulle part, une sorte d'apatride.

— Ghislaine, un nouveau cycle commence pour toi, me dit-il un jour, tu vas partir t'installer en Irlande.

— En Irlande ! Mais pourquoi en Irlande ?

— Parce que là-bas tu ne risqueras plus rien, mes services sont formels, tu pourras reprendre une vie normale, te faire des amis, vivre à nouveau librement.

— Mais il est hors de question que je laisse maman !

— C'est prévu, Diane va s'occuper d'elle.

— Diane ! Mais Diane est une toute jeune fille, elle a sa vie à construire, tu ne vas pas l'enfermer avec sa grand-mère !

— Il n'y aura aucun problème, et si Diane a besoin d'aide…

— C'est hors de question ! Je suis la seule à pouvoir m'occuper de maman, il faut l'habiller, la déshabiller, lui faire sa toilette, la porter… D'ailleurs, maman ne supporterait pas qu'une autre que moi la voie dans son intimité.

— Écoute, réfléchis tranquillement et on en reparle.

C'est tout réfléchi, j'ai la conviction que maman ne survivrait pas plus de quelques semaines à ma disparition.

Mais Tilly insiste, et il convainc Guillemette et François de me pousser à partir. L'un et l'autre me présentent l'Irlande comme le pays où je vais renouer avec la vie – retourner au cinéma, au théâtre, aux concerts, reprendre goût à m'habiller, à recevoir des amis à dîner (tout cela avec quel argent, le sujet n'est pas abordé).

Puis constatant que ma position est inébranlable, Tilly abandonne du jour au lendemain son projet irlandais après un mois d'une campagne acharnée. C'est la première fois que je lui tiens tête et je ne peux m'empêcher de penser, aujourd'hui, à l'ultime catastrophe qu'aurait entraînée mon départ : le déclin rapide de maman, puis le mien, rongée par la culpabilité, minée par la solitude et par le sentiment d'avoir décidément tout raté, tout perdu.

Dans ces ténèbres où nous sommes plongés depuis tant d'années, ce n'est pas en Irlande que la vie nous refait soudain signe, mais à Bristol où Guillemette habite toute seule, loin de nous et de Tilly.

En ce printemps 2008, tandis que je vis cloîtrée auprès de maman dans la triste petite maison d'Oxford, ne sachant plus exactement ce que j'attends ni ce que je peux espérer, Guillemette m'apprend… qu'elle vient de tomber amoureuse ! Je crois que c'est la première bonne nouvelle depuis son mariage avec Sébastien, près de sept ans plus tôt. La première fois que je revois sur son joli visage le sourire qui l'illuminait ce jour-là.

Comment est-ce possible ? Comment a-t-elle pu, en dépit de toutes nos difficultés, se sachant menacée, sans un sou en poche puisque Tilly lui prend les trois quarts de son salaire pour la protéger, trouver l'espace pour regarder un garçon, se laisser regarder par lui, penser à elle tout simplement ? C'est cela le miracle, me dis-je, aujourd'hui encore, pleine de gratitude envers la jeunesse de Guillemette, envers son ardent désir de vivre qui a su balayer tous les obstacles.

L'homme de son cœur s'appelle Giuseppe, c'est un solide Napolitain aux yeux sombres, homme de devoir et de confiance. Il est chef cuisinier dans le restaurant italien où Guillemette est entrée comme serveuse.

Giuseppe a été d'emblée amical et généreux avec elle. Constatant qu'elle habitait très loin du restaurant, il s'est arrangé pour lui trouver une chambre dans l'immeuble où lui-même habite. Puis ils ont appris à se connaître, sont devenus amis, jusqu'au jour où ils sont tombés dans les bras l'un de l'autre.

Ils songent à se marier, à avoir des enfants, et en entendant Guillemette m'exposer tous leurs projets, je suis à la fois folle de joie et glacée d'effroi : elle semble oublier que

nous sommes en guerre, qu'à tout moment les équipes de
Tilly peuvent être débordées et l'un d'entre nous tué – comment vais-je pouvoir la marier dans la clandestinité où nous
survivons ?

18

Ghislaine

Ma réclusion cesse brutalement à l'automne 2008, avec la découverte que Guillaume a trahi notre confiance et celle de Tilly.

C'est Tilly lui-même qui m'annonce la nouvelle.

— Ghislaine, j'ai ici toutes les preuves : Guillaume, auquel j'avais demandé de gérer votre argent, vous a volés !

— Mais comment est-ce possible ?

— Les faits sont là : les produits de toutes les ventes que vous avez effectuées sont bien arrivés sur son compte en banque, mais aujourd'hui l'argent a disparu.

À ce moment-là, je me revois chez le notaire de Valence-d'Agen avec Guillaume, le jour où nous avons signé la vente de Martel. Guillaume expliquant au notaire que l'argent devra être versé sur son compte, et moi réconfortée à l'idée que Tilly le touchera rapidement pour financer notre protection.

— Mais attends, je ne comprends pas, Guillaume ne t'a pas reversé les 460 000 euros de Martel par exemple ?

— Guillaume ne m'a jamais rien versé du tout, Ghislaine. Tu m'entends ? Rien du tout. Je ne sais pas ce qu'il a fait de ces sommes, mais les faits sont là : il a tout pris et vous n'avez plus rien.

— Je n'arrive pas à concevoir une chose pareille. Comment Guillaume a-t-il pu voler ses propres parents ? Sa propre famille ? Trahir ta confiance ?

— J'ai bien du mal à le concevoir également, même si dans mon métier nous sommes habitués à ce genre d'événement : un agent qui change de camp, qui passe à l'ennemi, ça arrive malheureusement. Ça faisait des années que je me reposais sur lui, c'est une catastrophe.

— Nous le considérions tous comme ton bras droit !

— Il l'était, il ne l'est plus. Je viens de le mettre dehors. Mais maintenant il faut réagir, Ghislaine, et vite !

— Qu'est-ce que nous pouvons faire ?

— Déposer plainte devant la justice britannique. Et le plus vite possible. Si vous avez une chance de récupérer les fonds, c'est avec l'aide de la justice.

— Oui, oui, bien sûr… Mon Dieu, quelle histoire ! Déposer plainte contre Guillaume…

— J'ai réfléchi à la meilleure façon de procéder : c'est toi qui vas prendre en charge tous les dossiers pour que ça ne parte pas dans tous les sens. Tu vas rédiger chacune des plaintes, pour Charles-Henri, pour Diane, pour Amaury, pour Guillemette et François, et pour toi naturellement. Et puis nous irons les déposer ensemble, tu auras à la fois la caution et le soutien de mes services.

— Ah, très bien.

— Et pour la rédaction, je serai là pour te conseiller, ne t'en fais pas.

— Mais tout ça va nécessiter des démarches… est-ce que je ne risque pas…

— Mes équipes assureront ta protection. De toute façon, je voulais te le dire, Oxford est désormais sécurisée et tu peux donc circuler librement, tu ne te feras pas agresser, il n'y a plus aucun risque.

Après huit mois d'enfermement, je me retrouve enfin libre d'aller et venir.

C'est une bonne nouvelle, malheureusement ternie par la trahison de Guillaume et le travail monumental que va me demander la constitution de six dossiers de plainte en langue anglaise alors que mon anglais est loin d'être parfait et que je n'ai aucune connaissance des termes juridiques.

De plus, Tilly a raison, il faut aller très vite car je me rends compte à ce moment-là, en mettant le nez dans nos papiers, que tous nos baux locatifs ont été passés par Guillaume, lui-même s'engageant à payer nos loyers. Or nous sommes tous menacés d'expulsion car les loyers n'ont pas été versés depuis des mois. Comment éviter d'être mis à la porte ? En arguant que nous venons d'être victimes d'une monumentale escroquerie et en demandant à la justice, saisie de nos plaintes, d'intervenir en notre faveur auprès de notre logeur d'Oxford.

Je m'attelle à ces dossiers de plainte sans mettre en doute un seul instant la version de Tilly, et donc sans éprouver le moindre état d'âme à l'égard de Guillaume contre lequel je nourris au contraire mépris et colère.

« Depuis plusieurs mois, dira-t-il au juge d'instruction, Tilly me mettait en garde contre ma famille en m'affirmant qu'ils me préparaient des coups tordus. Finalement, le 21 octobre 2008, il me téléphone sur mon lieu de travail (le centre Oxford Archeology). Il est hystérique. Il me dit que j'ai jusqu'à la fin de la semaine pour rapporter tout ce que j'ai volé. Je le rappelle en lui disant que je n'ai rien à rapporter puisque je n'ai rien volé. Et là, il me donne rendez-vous. "Maintenant tu dégages, me lance-t-il, je ne veux plus jamais te voir parce que ça commence à bien faire." »

« C'est à partir de ce jour que j'ai reçu une flopée de mises en demeure de ma famille concernant de l'argent que j'aurais volé suite à des ventes immobilières. C'était terrifiant, et je me posais la question : "Est-ce que Tilly ne m'a pas trompé ?" Mais je chassais cette idée, je préférais continuer de croire qu'il allait m'aider face à toutes ces plaintes, puisque c'est lui qui m'avait averti qu'ils me préparaient des coups tordus. Ces procédures étaient incohérentes et, dans mon esprit, il allait me protéger de l'acharnement des miens, notamment de Ghislaine qui les avait rédigées. »

Guillaume aurait pu devenir fou, ou attenter à ses jours, pris d'un côté dans le piège diabolique de Tilly qui monte évidemment toute cette opération pour lui faire endosser les escroqueries qu'il a lui-même commises, et de l'autre rejeté et traîné devant les tribunaux par sa propre famille pour des vols qu'il n'a pas commis.

La disgrâce de Guillaume fait de moi le bras droit de Tilly. Du jour au lendemain, je passe de la réclusion auprès de maman, dans la clandestinité et la peur, à l'existence trépidante d'une femme d'affaires, courant aux quatre coins de la ville pour remplir dans les règles les dossiers de plainte contre mon neveu. Je m'arrange avec Diane pour que maman ne reste pas trop longtemps seule, et bien que notre situation n'ait rien d'enviable j'éprouve tout de même le sentiment de renouer avec la vie.

Jamais je n'ai tant parlé avec Tilly qui souhaite être tenu au courant de l'avancée de chaque dossier et m'appelle plusieurs fois par jour. À ma grande honte, je dois avouer que ce regain d'intérêt à mon égard me remplit de fierté, ce qui est une façon de constater que son emprise sur moi est intacte, en dépit de toutes les souffrances, de tous les revers que nous avons endurés.

Son emprise *sur nous* est intacte, devrais-je dire, la meilleure preuve en est l'engouement que nous éprouvons tous à charger Guillaume, sans le moindre début de preuve mais suivant à la lettre les indications de Tilly. Il nous répète chaque jour que Guillaume finira en prison (comme il le dit de Jean), que ce jour-là nous aurons franchi un grand pas vers la fin de nos ennuis, et nous le croyons, nous attendons ce jour comme une libération. Même Charles-Henri, son père, le croit. Charles-Henri que je ne suis pas choquée d'entendre dire : « Si Guillaume doit aller en prison, eh bien qu'il y aille ! Il n'aura que ce qu'il mérite. »

Guillaume a complètement disparu de notre vie, nous n'aurons plus aucune nouvelle de lui durant ces mois abominables où nous le condamnons sans même l'avoir entendu. Nous apprendrons plus tard qu'il a trouvé une petite chambre à louer et a tenté de faire front contre nous tous, dans une immense solitude.

Arrive enfin le jour où les six dossiers de plainte sont prêts et où nous devons les déposer au tribunal.

Je suis inquiète, je crains de ne pas savoir répondre aux questions, de ne même pas les comprendre, de me perdre dans les dizaines de formulaires que j'ai dû remplir.

— Ne t'en fais pas, m'a rassurée Tilly, je serai évidemment là pour tout t'expliquer.

Je patiente dans la salle en attendant qu'on m'appelle, la pile des dossiers sur mes genoux, de plus en plus nerveuse car Tilly n'arrive pas.

Quand vient mon tour, il n'est toujours pas là et je dois me débrouiller seule avec mon mauvais anglais. Je réponds aux questions comme je le peux, j'acquitte la somme demandée, et je sors du tribunal épuisée.

C'est à ce moment-là que surgit Tilly, costume impeccable, légèrement haletant, mais le regard froid :

— Excuse-moi, Ghislaine, j'ai dû neutraliser en chemin un des tueurs de Jean.

— Mon Dieu !

— Ne t'affole pas, celui-là ne te fera plus aucun mal. Comment ça s'est passé au tribunal ?

— Je me suis débrouillée, tout est en ordre.

— Parfait. Alors je te laisse, je n'ai pas une minute, on m'attend au bureau pour une réunion capitale et je suis déjà en retard.

J'avale tout ce que me dit Tilly. Je peux croire qu'il vient de neutraliser un tueur, en d'autres termes de le faire ceinturer par ses équipes, peut-être même de le tuer, en pleine rue, à Oxford, au beau milieu de la journée. Et je suis si crédule, si conditionnée à admettre tout ce que me dit cet homme qu'il ne me vient même pas à l'esprit de le prendre en défaut : ne m'a-t-il pas dit trois mois plus tôt qu'Oxford était désormais « sécurisée » et que je pouvais y circuler sans risque d'être agressée ? Un peu plus, s'il n'avait pas été là, je me faisais donc tuer à la sortie du tribunal.

C'est de nouveau défaite et tremblante que je regagne la maison où m'attendent maman et Diane.

En ce début d'année 2009, Charles-Henri a trouvé un emploi de jardinier, tandis que Christine est parvenue à se faire embaucher comme cuisinière chez un traiteur. L'un et l'autre remettent les trois quarts de leur maigre salaire à Tilly en échange de sa protection.

Écrivant cela, j'éprouve a posteriori une sorte d'effroi en me remémorant le médecin que fut Charles-Henri, mais sur le moment, anesthésiée, je ne suis pas surprise de le croiser en ouvrier au service d'un couple de bourgeois anglais, et de savoir Christine enfermée toute la journée dans les cuisines d'un restaurant. Je ne suis pas surprise car j'ai dû admettre tant de monstruosités depuis près de dix années, digérer tant de désillusions que j'ai perdu toute capacité d'analyse, de recul.

De sorte que, lorsque survient l'événement majeur à partir duquel Tilly va petit à petit perdre pied – la fuite de Christine, sa « trahison » –, je ne vais rien comprendre, rien entrevoir de la terrible réalité, et continuer de m'accrocher à Tilly comme s'il n'y avait pas de salut en dehors de lui.

C'est Charles-Henri qui me prévient par téléphone. Je le sens bouleversé, il n'a presque plus de voix :

— Ghislaine, Christine a disparu !

— Comment ça, disparu ?

— Ce matin, je l'ai accompagnée comme d'habitude à son travail. En milieu d'après-midi elle m'a téléphoné pour me dire qu'elle partait, qu'elle avait besoin de prendre du recul. Et ce soir elle n'est pas rentrée.

— Appelle immédiatement Tilly.

— Je l'ai fait, il ne répond pas...

Mais moi je parviens à joindre Tilly qui m'autorise à courir chez Charles-Henri.

Je découvre mon frère en larmes, complètement perdu, sanglotant comme un enfant.

— Où est-elle ? Qu'est-ce que je vais devenir si elle ne revient pas ?

— C'est peut-être un enlèvement, Charles-Henri, les équipes de Tilly vont se mettre à sa recherche.

— Non, elle m'a dit qu'elle partait. Pourquoi ? Pourquoi ?

Tilly a fait de nous des êtres décérébrés, de pitoyables marionnettes, des poupées de chiffon, et la détresse de Charles-Henri, son incapacité à réagir, donne la mesure de son pouvoir diabolique.

Mais comment Christine, soumise au même traitement que nous tous, a-t-elle pu trouver la force de s'enfuir ?

Jean

Le 6 mars 2009 n'a peut-être pas changé la face du monde, mais il a rebattu les cartes du mien et de celui de la famille.

Je suis au *Hyper U* de Douvres-la-Délivrande quand mon téléphone sonne. C'est dans cette petite cité active du Calvados, à quatre pas de Caen, que j'ai installé mon nouveau festival lancé à Courseulles en juillet 2008, Musique en Côte de Nacre. Des stages, des concerts tout alentour, des musiciens d'une dizaine de pays, des élus et des amis qui me soutiennent, une congrégation religieuse qui nous accueille généreusement, tout cela m'a arrimé à cette Normandie où j'ai débarqué par hasard quatre ans auparavant. C'est ma nouvelle oasis. Retrouver sa lumière et ses hommes me redonne courage.

La sonnerie du téléphone me surprend en train de faire des courses. Au bout du fil, Marie-Hélène, une amie intime de Christine. Depuis 2002, nous nous téléphonons souvent, elle m'accueille à Bordeaux et se préoccupe beaucoup du sort de son amie. Sa voix tremble d'émotion. « Jean, me dit-elle, je viens d'avoir Christine. » Je m'arrête, très ému moi aussi. Les clients, nombreux à cette heure, doivent se demander pourquoi ce type reste cloué entre deux rayons, son mobile à l'oreille, comme si plus rien d'autre n'existait pour lui. Ils ne se trompent pas. Le temps s'est arrêté. Que se passe-t-il ? Christine est-elle aussi en train de quitter le groupe ? Est-ce enfin le déclic que j'attends depuis huit ans ?

En quelques phrases fiévreuses, Marie-Hélène me rapporte ce que son amie lui a dit et qu'elle va me raconter en détail ensuite. Le patron de Christine, un traiteur français installé à Oxford, chez qui Tilly lui a trouvé un emploi de cuisinière, s'inquiète de son état. Il la trouve sombre, triste, elle parle peu. Il la questionne. Elle craque. Elle lui raconte ce qu'elle vit. Il n'en croit pas ses oreilles. « Allez donc voir sur Google, lui dit-elle, vous comprendrez. » En un clic, il découvre l'histoire, les articles, les émissions, le calvaire de son employée. Et il se souvient. Il a fait la connaissance de Tilly lorsque ce dernier a accompagné Christine le premier jour. Il l'a trouvé insignifiant. Et quand l'homme lui a proposé ses services, se targuant de gérer la fortune d'un millier d'aristocrates dans le monde, il l'a vite jugé : ce petit personnage pontifiant et plutôt ridicule avec sa cravate en plastique, c'est du toc.

Christine doit quitter Oxford sans attendre. Dehors, elle pourra agir, se battre, comme moi. Son patron, comme beaucoup d'autres l'auraient fait à sa place, est prêt à organiser son retour en France. Pourtant, elle hésite : comment partir sans en parler à son mari, sans lui dire au revoir ?

Notre réaction est unanime et je le clame au téléphone à Marie-Hélène : si Christine prévient Charles-Henri, autant avertir Tilly lui-même. Son plan sera éventé, sa fuite impossible. Elle risque d'être séquestrée, pire peut-être. Elle a déjà subi assez de sévices en janvier 2008, lorsque son mentor a montré son vrai visage, celui d'un tortionnaire cruel, pour la contraindre à révéler enfin où se trouve le fameux magot soi-disant transmis par mon beau-père.

Il n'est plus temps de tergiverser. Christine se décide. Ce matin-là, elle part travailler comme d'habitude, pour ne pas éveiller les soupçons. Mais elle ne rentrera pas le soir, laissant Charles-Henri en larmes, à la merci des représailles de Tilly, puisque le voilà devenu l'époux d'une traîtresse, dans le même sac que Philippe un an plus tôt.

À Londres, Marie-Hélène est venue la chercher. Une brève escale à Paris pour retrouver des proches et la voilà à Bordeaux, sa ville, où elle n'a pas remis les pieds depuis sept ans.

C'est là que je la retrouve dès le lendemain, chez l'avocat qui se comporte comme le mien, même s'il n'a jamais travaillé ni plaidé pour moi, et qui va aussitôt devenir le sien. Il a prévu de la recevoir, puis de nous réunir. Je l'attends dans un petit bureau, impatient, ému. En vain : elle ne veut pas me voir. Je suis stupéfait, déçu, mais je me raisonne : depuis huit ans, à ses yeux, je suis le diable, l'ennemi, un danger. Il faut plus de quelques heures pour éloigner ce spectre. Nous nous verrons brièvement tout de même, juste avant que je ne reparte pour Paris. C'est la première fausse note. Il y en aura d'autres, pires.

Le retour de Christine a un effet immédiat. Le juge Lorentz la reçoit sans délai. Il tient enfin une victime directe, qui se constitue partie civile et porte plainte. L'instruction rebondit. Elle ne s'arrêtera plus.

Le 10 avril, le magistrat accélère. Il lance un mandat d'arrêt contre Tilly. Il va partir pour Londres. Il va perquisitionner chez lui. Tout ce que j'attends depuis si longtemps.

La tension est à son comble, mais il ne se passe rien. Il faut attendre. L'étape décisive est toujours pour demain. Le juge travaille, le dossier est himalayen et il faut le laisser travailler, ce qui implique, me glisse-t-on, une trêve médiatique. En clair, la presse est priée de faire silence. Je transmets ce qui ressemble à une consigne à ceux de mes confrères que je connais le mieux et d'abord à Dominique de Laage, de *Sud-Ouest*, le meilleur connaisseur de notre affaire, devenu un ami. Ils pourront se rattraper le moment venu. Et, bien que je n'aie pas plus que d'autres la maîtrise de la presse, les médias, faute de faits nouveaux, se font plus discrets.

L'écueil principal sur lequel bute la justice, c'est la passivité des Britanniques. Ils ne coopèrent pas. Un inspecteur de Scotland Yard qui a pris contact avec moi le déplore lui aussi. Certes, Tilly doit remettre son passeport et se soumettre à une sorte de contrôle judiciaire : chaque lundi, il pointe au poste de police le plus proche, où il se fait accompagner par Ghislaine. Mais il n'est pas vraiment inquiété. Le mandat d'arrêt reste lettre morte. Quant au déplacement du juge français à Oxford, c'est toujours pour plus tard.

Pendant ce temps, l'avocat de Christine prend les choses en mains. L'ancien élu a bien compris tout le potentiel de cette affaire unique en son genre, pour sa croisade contre les sectes, pour son objectif d'un renforcement de la législation.

Alors en avril, il nous réunit en séminaire, les trois qui sont sortis, des membres de son équipe et moi. Une véritable cellule de crise où l'on discute, réfléchit et où l'on s'efforce de préparer la suite. L'initiative ne serait pas mauvaise si elle débouchait sur l'action.

L'été arrive. Toujours rien. J'attends. Je m'impatiente. Je m'inquiète. À tort sans doute puisque le juge d'instruction travaille. Mais le suspense continue et les échéances sont toujours repoussées. Ce peut être d'un jour à l'autre. À tel point que, pendant mon festival de musique, en juillet, je préviens mon ami Olivier : si je dois partir d'urgence, répondre à une convocation ou filer en Angleterre, je lui confierai les rênes. C'est un musicien et un patron de festival de talent, il saura me remplacer. Ce ne sera pas nécessaire. L'été cède la place à l'automne sans aucune avancée.

Nous ne savons pas tout et c'est normal. Pendant que nos nerfs sont mis à rude épreuve, le magistrat progresse. Il fait restituer à Tilly ses papiers. Il fait mettre les deux complices sur écoute. Leurs conversations sont rudes et sans ambiguïté sur leur volonté de dépouiller la famille jusqu'au dernier euro. Le souffle du boulet s'éloigne pour les malfrats qui se croient désormais hors d'atteinte. Tilly n'a plus besoin de pointer au poste de police. Plus besoin de se méfier. La voie est libre.

19

Ghislaine

Le départ de Christine au mois de mars 2009, un an après celui de Philippe, agit comme un coup de pied dans une fourmilière : il faut aussitôt se remobiliser, se serrer les coudes face à l'ennemi, réparer les dégâts et trouver la parade.

En moins de quarante-huit heures Tilly écrit tout le scénario et nous le livre.

À Charles-Henri, il explique que Christine ne l'a jamais aimé, qu'elle est partie parce qu'elle n'en pouvait plus et que la première chose à faire est de divorcer.

Puis il le convainc que Guillaume n'est pas son fils, mais le fruit d'un inceste entre Christine et son père, preuve, s'il en fallait une, que Christine n'a cessé de trahir sa confiance.

Pour clore le tableau, il convainc Diane qu'elle a été victime d'attouchements de la part de sa mère et qu'elle doit impérativement porter plainte. Si Charles-Henri se faisait encore des idées sur sa femme, ce dernier épisode devrait y mettre un point final.

Le plus impressionnant, c'est de constater à quelle allure et avec quelle ferveur nous adhérons à ce que nous raconte Tilly. À l'instant où il nous révèle que Guillaume n'est pas l'enfant de Charles-Henri, *nous le croyons*. À l'instant où il nous dévoile que Diane a été victime d'attouchements de la part de sa mère, *nous le croyons*. Une telle foi, un tel aveuglement, dit mieux que des mots dans quel état de détresse intellectuelle, d'apathie, de perte d'identité nous a précipités cet homme.

Quelques jours seulement après le départ de Christine – sa « trahison », comme nous le répétons d'une seule voix derrière Tilly –, j'ai ce souvenir, qui me fait froid dans le dos aujourd'hui encore, d'entendre Diane dire à son père : « Je ne reverrai jamais maman, je ne veux plus lui parler. » Et Amaury, faisant écho à sa sœur : « Maman nous a laissé tomber, je ne veux plus entendre parler d'elle. »

Charles-Henri adorait sa femme, il ne dort plus et ne mange plus depuis son départ, mais puisque Tilly lui demande de divorcer, il se jette à corps perdu dans la procédure.

Je l'aide à monter le dossier, un véritable casse-tête puisqu'il faut dans un premier temps récupérer tous les documents français, livret de famille, acte de naissance, etc., avant de les faire traduire pour formuler la demande en anglais auprès d'un juge. C'est ce dernier qui devra, par la suite, transférer les pièces à un juge français.

Pour appuyer sa demande de divorce, Charles-Henri accuse officiellement Christine de son comportement envers Diane. Nous savons que de telles accusations, qui atterriront sur le bureau d'un juge d'instruction en France, peuvent conduire Christine en prison, mais ni Charles-Henri ni moi n'avons d'états d'âme à son égard : nous sommes *certains* qu'elle s'est livrée à de tels gestes et nous souhaitons qu'elle soit condamnée.

Durant tout ce printemps 2009, nous consacrons donc l'essentiel de notre temps à constituer des dossiers contre Christine qui a ainsi succédé à Guillaume dans nos pensées noires et vengeresses. Nous étions onze au départ, « tillystes » de la première heure, nous ne sommes plus que sept après le passage de Philippe et Brigitte à l'ennemi, la trahison de Guillaume et la fuite de Christine.

Dans mon aveuglement, je n'établis aucun lien entre les désertions de Christine et de Philippe et la nervosité grandissante de Tilly. Certains jours, je le sens tout près d'exploser. Si je n'accours pas dans la minute où il m'appelle, il semble sur le point de me frapper, le regard un peu fou, la mâchoire tendue, le corps agité de soubresauts.

— Ghislaine, tu crois que je n'ai que ça à faire ?

— Excuse-moi, j'ai dû m'occuper de maman.

— Vous êtes impossibles, tous autant que vous êtes, je ne sais pas ce qui me retient de vous laisser tomber, des incapables, une famille de dégénérés…

Il lui arrive de plus en plus souvent d'envoyer un coup de pied ici ou là pour se défouler.

Bien sûr, aujourd'hui je peux l'expliquer : il se doute bien que Philippe et Christine ont rejoint Jean, que la justice française va finir par s'émouvoir de notre disparition, de la liquidation de tous nos biens, et qu'il pourrait avoir assez vite de très gros ennuis.

Il s'en doute si bien que, tandis que nous montons les dossiers contre Christine, lui rédige, ou fait rédiger, des conventions destinées à établir que nous avons pris seuls toutes les décisions concernant les ventes de nos biens immobiliers et que nous sommes les seuls à savoir où a été placé l'argent, son rôle à lui, Tilly, n'ayant jamais excédé celui de conseiller et d'ami.

Je me souviens de ma surprise le jour où je découvre ces documents. On doit être en juillet 2009 et il me demande de passer chez lui pour signer « une série de conventions », me dit-il.

Quand j'arrive, il me fait aussitôt descendre dans son salon-salle à manger qui se trouve légèrement en sous-sol et je vois sur la table des chemises rouges parfaitement disposées pour la signature, le rabat ouvert, les feuilles proprement agrafées au dos de la chemise.

— Voilà les conventions, Ghislaine, me dit-il : elles sont établies en cinq exemplaires. Assieds-toi et signe-les.

— Parfait.

Puis, comme je commence machinalement à lire, il m'interrompt :

— Ne lis pas à haute voix, s'il te plaît, il y a des micros dans la pièce.

— Ah, pardon.

— Si tu veux les lire, lis-les silencieusement... Mais c'est une perte de temps, tu vois bien que ce sont des documents juridiques préparés par des hommes de loi, tout a été fait selon les règles, tu t'en doutes bien.

— Bien sûr, bien sûr... alors montre-moi simplement où je dois parapher.

Et je signe sans lire. Je n'imagine pas une seconde que, sentant l'étau se resserrer, il prépare déjà sa défense, espérant pouvoir se dédouaner de ses escroqueries grâce à ces attestations qu'il va faire signer à chacun d'entre nous et qui s'ajouteront aux plaintes que nous avons déposées contre Guillaume.

Aujourd'hui, j'éclaterais de rire si un émule de Tilly me racontait qu'il y a des micros dans sa salle à manger, mais à ce moment-là j'éprouve un respect sans faille pour cet homme, une véritable dévotion, et je ne trouve rien d'extravagant à ce que sa maison soit équipée de micros dissimulés dans les plafonds, sachant les hautes fonctions qu'il occupe à la tête de services qui font trembler les chefs d'État.

Nous sommes si confiants qu'il ne nous vient pas à l'esprit de l'interroger sur l'état de notre fortune, ou plutôt de notre ruine. C'est aujourd'hui seulement, sidérée par ma propre

354

apathie, que j'essaie de me remémorer ce que je pouvais bien avoir dans la tête à ce moment-là. J'ai entendu que Guillaume nous avait volés, j'ai parfaitement compris qu'une partie de notre argent a été dépensée pour financer notre protection, mais je dirais que j'ai la certitude, enfouie quelque part dans mon inconscient, qu'une bonne moitié de notre argent, placée par Tilly, nous reviendra lorsque la guerre sera finie (je précise tout de suite que c'est une illusion et qu'à ce jour pas un euro ne nous a été retourné).

Tilly a raison de se faire du souci, il vit ses dernières semaines de liberté puisqu'il va être arrêté le 21 octobre 2009 alors qu'il tente d'entrer en Suisse.

Durant les semaines qui précèdent son arrestation, cet homme que nous prenons pour un démiurge des services secrets internationaux ne sort plus guère en réalité de sa modeste maison d'Oxford.

Pour tenter d'approcher le pitoyable petit personnage qu'il est en vérité, il faut se plonger dans les écrits de sa compagne, Jessica. Sollicitée par le juge d'instruction, elle dressera avec un mélange d'effroi et d'ingénuité le portrait d'un « tyran domestique » qu'elle s'est efforcée d'aimer et de comprendre tout en ayant très tôt le sentiment qu'il les précipitait dans un gouffre, elle et leurs enfants.

« J'exprime bien des difficultés à écrire ce mémoire, commence-t-elle, car me demander de résumer en quelques pages plus de treize années de vie commune, d'une vie chaotique qui m'a échappé, n'est pas facile. Mon réveil est profondément pénible et douloureux, d'autant plus que l'on m'a constamment fait croire que je ne comprenais rien, que j'étais l'empêcheuse de tourner en rond, la "conasse", pour reprendre l'insulte préférée de Tilly à mon égard. Maintenant que j'apprends peu à peu l'énorme mensonge dans lequel il a engagé nos vies, je constate que j'ai eu constamment les bonnes analyses : j'étais celle qui comprenait trop bien, en réalité. Depuis des années, j'avais le sentiment de marcher seule dans un long corridor sans lumière, sans personne à qui me confier – je savais quelque part que tout cela allait finir dans un mur. »

20

Ghislaine

Il est entendu que Guillemette et Giuseppe se marieront le 6 juin de ce printemps 2009, et plus la date approche plus je sens l'angoisse et la tristesse me déborder.

Tilly distille des sous-entendus inquiétants sur Giuseppe – « N'oublie pas, Ghislaine, que c'est un Italien, un Napolitain... » –, des propos sur lesquels je me garde bien de le relancer mais qui me replongent dans les événements horrifiants qui avaient suivi le premier mariage de Guillemette, quand nous avions découvert que Sébastien était un complice de Jean et des francs-maçons.

Au fond de mon cœur, je ne peux pas penser le moindre mal de Giuseppe, qui m'a immédiatement plu et inspiré une grande confiance. Mais je sens Tilly terriblement nerveux et j'ai la crainte que tout recommence comme à l'automne 2001 : il avait alors attendu que Guillemette soit mariée pour nous donner des informations de plus en plus affolantes sur Sébastien. Que sait-il en réalité de Giuseppe ? Quels renseignements lui sont remontés par ses services ? Je n'ose rien demander, j'ai peur, tout me fait mal.

Aujourd'hui, bien sûr, je vois parfaitement clair et je sais que la nervosité de Tilly n'a aucun rapport avec le mariage de Guillemette. S'il est agité de tics et a le regard de plus en plus fou, c'est qu'il se doute que la justice française est au travail et que le combat de Jean va finir par conduire la police jusque devant sa porte. À cela s'ajoute son agacement de n'avoir pas pu maîtriser la vie privée de Guillemette, comme il maîtrise la nôtre. Il a su trop tard qu'elle avait rencontré un garçon et ses mises en garde ont alors glissé sur Guillemette qui avait déjà une confiance absolue en Giuseppe. Pour une fois, la perversité de Tilly s'est retournée contre lui : il avait installé Guillemette seule à Bristol pour la couper de nous et la fragiliser, or c'est justement cet éloignement qui l'a sauvée en lui permettant de nouer des liens à l'abri de son regard.

À cette peur constante de l'inconnu qu'il nous insuffle, se mêle la peine de ne pas pouvoir participer dignement au mariage de ma fille. Je n'ai pas un sou, je dois les laisser porter seuls toute la réception. J'ai promis à Guillemette de lui offrir son bouquet de mariée, et même cela j'ai à peine de quoi le payer. Par chance, la veille au soir, j'ai repéré une petite fleuriste dans un couloir du métro.

— Ma fille se marie demain. Vous sauriez me faire un joli bouquet ?

— Mais bien sûr ! À quelle heure le voulez-vous ?

Et le lendemain matin, mon bouquet m'attendait.

La peine aussi que Jean ne soit pas là. Certes, nous tremblons à la seule évocation de son nom, certes, Tilly m'a assuré que toutes ses équipes seraient mobilisées pour nous protéger car Jean aurait l'intention de perturber gravement le mariage, et cependant Jean me manque, son absence le jour du mariage de sa fille me semble d'une infinie cruauté. Comment est-ce possible ? Comment puis-je, dans le même instant, être terrifiée à l'idée qu'il apparaisse et pleurer silencieusement son absence ? C'est que je ne peux pas chasser de ma mémoire l'image si belle de Guillemette entrant à son bras dans l'église, huit ans plus tôt. Oui, c'est le souvenir de cette image qui me bouleverse. Nous étions alors une vraie famille et les liens qui nous unissaient me semblaient indestructibles.

Cette fois, c'est au bras de son frère que Guillemette entre dans la mairie de Londres pour dire « oui » à Giuseppe. Elle est radieuse et ravissante dans sa robe de mariée, et le bouquet fait un effet charmant.

Pour le repas, Guillemette et Giuseppe ont réservé un grand restaurant italien. C'est ici que nous tremblons secrètement à la pensée que les tueurs de Jean pourraient surgir. Tilly m'a prévenue qu'il avait mis ses hommes en état d'alerte maximum, et comme pour signifier à tous que je suis sous sa protection, qu'il nous tient tous dans sa main, il s'installe à ma droite, à la place qu'aurait dû occuper Jean. Sa compagne, Jessica, est présente, ainsi que leurs trois enfants et, avec le recul, je devine combien elle a dû être blessée de le voir plastronnant à mon côté.

Tilly éprouve une jouissance manifeste à placer les gens dans des situations douloureuses. Il oblige Charles-Henri, encore effondré par le départ de Christine, à assister au mariage de sa nièce et à participer au repas, alors qu'il n'avait qu'une envie, rester au lit à pleurer. En revanche, il interdit à maman de venir, et il punit également Diane, qui souhaitait être présente, en la priant de garder sa grand-mère.

Guillemette et Giuseppe lui ont échappé, il semble cette fois impuissant à les dresser l'un contre l'autre, mais il s'est vengé et a repris une partie de son pouvoir sur eux en sabotant leur voyage de noces. Ils avaient prévu de partir une semaine à New York, avaient acheté les billets et réservé l'hôtel, or huit jours avant le mariage Tilly passe me voir, feignant l'effondrement :

— Ghislaine, j'ai pu organiser toute la sécurité pour que le mariage se passe sans problèmes, aucun des tueurs de Jean ne devrait pouvoir atteindre le restaurant, mais je n'ai pas les moyens de les protéger s'ils partent pour New York. Il faut qu'ils sachent qu'ils seront attendus à leur descente d'avion et arrêtés. Les informations qui me parviennent sont très inquiétantes : ils seront séparés, elle française d'un côté, lui italien de l'autre...

— Mais ils ne parlent que de ce voyage...

— Tu dois comprendre que s'ils partent, il n'est pas certain que nous les revoyions un jour. Je te dis les choses comme elles sont, et encore, je ne te dis pas tout.

Je passe la nuit sans dormir, morte d'angoisse à l'idée de ne pas réussir à les convaincre de renoncer à ce voyage.

Mais j'y parviens.

La mort dans l'âme, à leur tour gagnés par la peur, ils renoncent. Ils perdent le prix des billets d'avion alors qu'ils n'ont déjà pas beaucoup d'argent, mais ils font contre mauvaise fortune bon cœur et ils partiront en voyage de noces à Brighton, évidemment sous la surveillance des équipes de Tilly.

Nous traversons l'été dans un étonnant silence. Aucune menace de mort, aucune nouvelle des réseaux de Jean ni des francs-maçons. Aucune nouvelle non plus des deux traîtres, Christine et Philippe, dont nous évitons de prononcer les noms.

Tous les jeunes travaillent dur et continuent à reverser les trois quarts de leurs salaires à Tilly en échange d'une protection qui nous semble d'autant plus remarquable qu'ils vont tous bien, que nous n'avons à déplorer aucun blessé, aucune agression. De mon côté, les jours s'égrènent lentement en compagnie de maman qui supporte privations et clandestinité avec un formidable courage. La seule petite alerte est un jugement d'expulsion pour non-paiement de loyers qui nous est signifié le 31 juillet. Elle doit avoir lieu le 14 décembre, mais d'ici là nous avons bon espoir que Guillaume aura été condamné et que notre statut de victimes nous protégera.

À la mi-octobre, Tilly me fait part de son intention de partir en Suisse pour quelques jours. La police anglaise, qui lui avait saisi son passeport pour des raisons que j'ignore, vient de le lui rendre et il m'explique qu'il a une mission importante à remplir là-bas.

Puis le lendemain, ou le surlendemain, il me demande de venir chez lui pour être témoin d'un grave conflit qui l'oppose à Jessica. J'ignore de quoi il peut s'agir, je n'ai toujours eu que des rapports aimables mais assez artificiels avec elle, qui est une femme, me semble-t-il, plutôt réservée et sensible.

À ma profonde stupeur, j'assiste à une scène d'une violence insupportable au cours de laquelle il traîne sa compagne dans la boue, l'insulte, la bouscule, lui hurle à la figure, pour finalement la jeter dehors. Il prétend qu'elle est « une traînée », qu'elle couche avec tous les hommes qu'elle rencontre, qu'elle a d'ailleurs été la maîtresse de Guillaume, qu'elle est un exemple déplorable pour leurs enfants dont elle est, par ailleurs, incapable de s'occuper correctement.

— Tu sors de cette maison ! lui lance-t-il. Tu as cinq minutes pour prendre tes affaires et tu sors ! Tu n'es pas chez toi, ici. Dehors ! Dehors !

Plus tard, me repassant cette scène effrayante, je la rapprocherai de la façon dont mes frères et moi avons mis Jean à la porte de Bordeneuve huit ans plus tôt, obéissant à Tilly comme de bons petits soldats.

Jetée à la rue et privée de ses enfants, Jessica va d'abord au commissariat demander du secours. Puis elle revient chez eux, et c'est Natacha, sa fille aînée, dix-sept ans, qui me rapportera la suite des événements puisque entre-temps je suis retournée auprès de maman. Jessica revient donc seule, sans doute partagée entre la colère et la peur, pour ses enfants comme pour elle-même, et c'est dans ce contexte, de nouveau insultée et bousculée par Tilly, qu'elle en vient à casser une porte derrière laquelle il a enfermé les enfants.

C'est probablement ce qu'il espérait. En tout cas, il saisit ce prétexte pour appeler la police qui, cette fois, se déplace.

— Voyez comme ma femme est violente, explique-t-il aux policiers, elle vient de briser la porte de mon bureau. Je ne peux pas garder chez moi une telle furie, c'est dangereux pour les enfants.

L'argument porte puisque la police embarque Jessica qui va être gardée à vue durant plusieurs heures au commissariat.

Entre-temps, Tilly s'envole pour la Suisse.

Il est interpellé à Zurich quelques heures plus tard, le 21 octobre 2009, grâce au mandat d'arrêt délivré par le juge d'instruction Stéphane Lorentz, du tribunal de Bordeaux.

Ce jour-là, Natacha me téléphone :

— Je suis inquiète, maman n'est pas là et je n'ai pas de nouvelles de Thierry. Est-ce que vous savez quelque chose ?

— Rien du tout. Tu es seule avec les petits ?

— Oui, j'ai un peu peur. Je peux venir chez vous pour les attendre ?

— Bien sûr.

J'installe Erwan devant un film, je donne une leçon de tricot à Loreena pendant que Natacha se détend, et c'est alors qu'on sonne à la porte.

C'est un policier.

— Vous êtes madame de Védrines ?

— Oui.

— Savez-vous où se trouvent les enfants de M. Tilly ?

— Ici même.

— Leur mère les réclame, elle est au commissariat.

— Ah, très bien. Mais nous sommes sans nouvelles du père...

— Nous en avons, nous, des nouvelles : il vient d'être arrêté.

— Arrêté ! Mais pour combien de temps ?

— Ça, je ne peux pas vous le dire, madame.

Dans mon esprit, l'arrestation de Tilly est évidemment un malentendu, ou plus vraisemblablement une « couverture » mise au point par ses services pour lui permettre de remplir une mission particulièrement délicate. Il va donc être très vite libéré et nous revenir, aussitôt sa mission accomplie.

Toute une journée s'écoule sans un coup de fil de Tilly, ce qui ne nous était jamais arrivé. Aucun signe, aucune nouvelle. Puis une deuxième journée et, cette fois François, maman et moi commençons à nous inquiéter. Par sécurité, nous avons l'interdiction de nous appeler entre nous, mais le troisième jour je décide malgré tout de transgresser la consigne et de téléphoner à Charles-Henri.

— Tu as entendu ? me dit-il. Ils parlent de l'arrestation de Tilly à la radio.

— Non !

— Il serait en prison à Gradignan. Il paraît qu'un juge d'instruction va venir en Angleterre pour nous rencontrer...

— Mais Charles-Henri, c'est une couverture ! Si les services de Tilly ont monté toute cette opération, tu te doutes bien que c'est dans l'idée d'atteindre un objectif qui nous échappe complètement.

— C'est ce que je crois aussi. Et les journaux racontent ce qu'on leur dit de raconter, comme d'habitude.

Oui, nous croyons de toutes nos forces que tout cela est une opération montée en haut lieu, utilisant la justice française et manipulant les journalistes pour atteindre un objectif supranational dont nous apprendrons peut-être un jour les dessous. En attendant, Tilly nous sera revenu en héros discret, égal à lui-même.

Mais son retour tarde et notre inquiétude grandit. Sommes-nous toujours protégés en son absence ? Qu'arriverait-il si les tueurs du réseau de Jean, évidemment mis au courant par les radios et les journaux, profitaient de l'événement pour nous atteindre ? Le patron de Tilly, Gonzalez, est-il conscient de notre exposition, de notre solitude ?

Et justement, le quatrième jour, nous avons des nouvelles de Gonzalez par Natacha. Il l'a appelée pour la prévenir que Tilly n'allait pas rentrer tout de suite, et comme Natacha s'inquiétait de n'avoir plus un sou pour payer les factures en retard et nourrir la famille, il lui a conseillé d'aller me demander du secours.

— Combien te faut-il ? dis-je.

— Je ne sais pas, ce que vous pouvez, maman dit que Tilly est parti avec tout l'argent qui était à la banque.

Après tout ce que Tilly a fait pour nous durant près de dix ans, il me semble évident que nous devons aider sa compagne et ses enfants. Je rassemble le peu d'argent que nous avons à la maison et je lui en remets la moitié, 1 000 ou 2 000 livres dans mon souvenir.

Puis les jours continuent de s'égrener dans une angoisse croissante. Nous nous appelons sans arrêt avec Charles-Henri pour nous rassurer et, finalement, en violation de toutes les consignes de sécurité, je lui propose de venir vivre avec nous. Nous nous regroupons instinctivement face à un danger qui nous semble palpable. En vérité, nous sommes complètement perdus car pour la première fois depuis des années plus personne ne dirige nos vies.

Soudain, le 12 novembre, après vingt et un jours d'attente et d'angoisse, Jessica me téléphone :

— Ghislaine, Christine est à Oxford !

— Quoi !

— Je l'ai vue ! Faites très attention.

Mes jambes ne me portent plus. J'appelle immédiatement les jeunes à leur travail :

— Christine est à Oxford ! Soyez très prudents, c'est certainement le début d'une opération.

Je tremble à l'idée que l'un d'entre eux soit appréhendé en rentrant du travail. Si Christine est là, c'est que le réseau de Jean est derrière tout ça... C'est épouvantable, terrifiant. Est-ce que les équipes de Tilly sont bien en alerte ? Je ne peux pas téléphoner à Gonzalez pour m'en assurer, je n'ai personne à qui me raccrocher.

Puis je vérifie que portes et volets sont bien fermés et je me poste à l'étage, embusquée derrière la petite fenêtre qui offre une vue plongeante sur la rue. Après un moment, je repère les allées et venues d'une femme en loden beige. Ce pourrait être Christine, mais ce n'est pas elle. Elle passe une première fois devant la maison, une deuxième, une troisième, puis finalement se décide à sonner.

Mon sang se glace.

Je ne descends pas ouvrir.

Après un long moment de réflexion – et un second coup de sonnette très appuyé –, je me résous à ouvrir la fenêtre à l'étage :

— Qu'est-ce que c'est ? Que voulez-vous ?

— Pardonnez-moi, je viens de la part de la Mutualité sociale agricole dont votre maman dépend, n'est-ce pas ?

— La MSA, oui.

— Un décret vient d'être publié concernant les retraites et j'aurais besoin de voir votre maman pour lui faire signer des papiers.

— Je suis désolée mais vous ne la verrez pas. En revanche, vous pouvez glisser les papiers sous la porte et je vous les renverrai signés.

— Non, j'ai impérativement besoin de voir votre mère.

— Vous ne la verrez pas, je ne vous ferai pas entrer. Glissez les papiers et donnez-moi l'adresse de la MSA.

Elle me donne alors l'adresse de la MSA à Orléans.

— Depuis quand maman dépend-elle d'Orléans ? dis-je. À ma connaissance, elle a toujours été à la MSA d'Agen.

C'est alors que mon regard est attiré par un mouvement au bout de la rue, et je reconnais Philippe !

— Madame, dis-je, la ficelle est un peu grosse, partez immédiatement ou j'appelle la police.

Je referme vivement la fenêtre et je m'effondre. Je m'effondre au sens propre du mot, je tombe au sol comme sous le coup d'une syncope, terrassée par la peur. Mes jambes ne me portent plus. Cette fois ça y est, ils sont là, le piège est en train de se refermer sur nous, ils ont trompé les équipes de Tilly et nous sommes à leur merci.

Je rappelle François, Diane, Amaury et Charles-Henri, je leur annonce que Philippe est là en plus de Christine, qu'une femme inconnue a tenté de s'infiltrer chez nous, d'atteindre maman, preuve qu'ils sont soutenus par tout un réseau. Je les supplie de redoubler de prudence.

Pour l'énième fois, je vérifie que tout est bien fermé dans la maison et je retourne à l'étage faire le guet derrière la petite fenêtre. C'est novembre, la nuit tombe tôt, je peux prendre par moments le risque d'ouvrir et de me pencher pour m'assurer qu'il ne se passe rien de suspect dans notre rue.

C'est comme cela que sur le coup de 18 heures j'aperçois un groupuscule, plusieurs ombres sous un lampadaire parmi lesquelles je reconnais Christine, son amie Marie-Hélène ainsi que le mari de cette dernière. Les jeunes vont se retrouver nez à nez avec eux ! Vite, vite, je rappelle tout le monde.

— Méfiez-vous, ils sont dans la rue, ils vous attendent !

— On ne va pas se laisser prendre comme ça, me rétorque François. S'ils nous empêchent de passer, je préviens immédiatement la police.

Et il arrive ce que nous redoutions : les jeunes tombent dans une véritable embuscade. De loin, je suis témoin de l'échauffourée, les ombres se croisent et se bousculent. François me racontera que le mari de Marie-Hélène tente de lui arracher son vélo, qu'il se défend, que quelques coups partent, mais qu'il parvient à prévenir la police qui, par bonheur, arrive aussitôt et les sépare.

À peine entré dans la maison, François, essoufflé et livide, m'annonce que son père est dans le groupe. Il l'a vu, il en est certain, et c'est pour nous la preuve, s'il nous en fallait encore, que la guerre est bel et bien déclarée et que les hommes de Tilly ont été débordés, ou pire, qu'ils nous ont abandonnés.

Nous passons une nuit épouvantable, claquemurés, recroquevillés sur nos peurs, nous demandant ce que nous devons décider, quelle initiative nous devons prendre, et si le lendemain, vendredi 13 novembre, les jeunes vont pouvoir sortir pour aller au travail.

Au matin, la rue est vide, et ils sortent.

Quelques heures plus tard, je découvre une lettre glissée sous la porte, et je reconnais immédiatement l'écriture de Philippe :

« Ma chère maman et à vous tous,

« Suite à notre rencontre d'hier nous vous écrivons pour vous expliquer notre présence près de votre domicile. Vous savez tous que Tilly est maintenant en prison à Gradignan. Cette nouvelle a été tenue secrète le plus longtemps possible afin de permettre à tous ceux qui vous aiment de venir vous voir pour parler avec vous tous, calmement et sereinement, de ces huit années extravagantes que nous avons tous vécues sous l'emprise de ce sinistre manipulateur. Dans sa déposition au juge bordelais, sachez que Thierry vous accuse, entre autres, d'être des individus gluants, de l'avoir ruiné et d'en avoir assez de cette famille collante... etc.

« Cette situation tragique, outrageusement médiatisée, fait que notre nom traîne partout, et pourtant nous sommes tous là parce que nous vous aimons et que nous voulons vous rendre votre liberté.

« Pardonnez-nous de vous avoir sans doute causé des soucis, des peurs, des inconvénients, du fait de notre passage à Oxford où nous avons tout fait pour vous rencontrer dans de bonnes conditions.

« Nous ne perdons pas, en aucun cas, l'espoir de reprendre contact très vite avec vous et vous laissons, ci-dessous, nos coordonnées téléphoniques.

« Nous vous embrassons tous et, bien sûr, tout particulièrement mamie, en souhaitant que, cette fois-ci, vous ne mettiez plus en doute notre sincérité. »

La lettre est signée de Brigitte, Christine et Philippe. Mais curieusement, la signature de Jean n'y figure pas, alors que tous les jeunes confirment sa présence la veille au soir.

L'absence de Jean, sa mise à l'écart renforcent notre sentiment que tout cela est un piège et nous décidons de n'accorder aucun crédit à cette lettre. Philippe est tout de même l'homme qui a essayé de me tuer vingt mois plus tôt. Quant à Christine, elle a prouvé sa déloyauté à notre égard en s'enfuyant du jour au lendemain sans même prévenir Charles-Henri, et elle incarne donc à nos yeux la tromperie, la ruse, la traîtrise.

Nous passons de nouveau une très mauvaise nuit, nous serrant les coudes derrière nos volets clos, assiégés, terrorisés, espérant de toutes nos forces un signe de Gonzalez ou de l'un des collaborateurs de Tilly.

Jean

À la minute où, le 22 octobre, j'apprends l'arrestation de Tilly, la veille, à Zurich, l'émotion me submerge. Je ne sais pas si j'ai envie de rire ou de pleurer de joie. Depuis plus de huit ans, je m'acharne à secouer la cage dans laquelle il a enfermé ma famille. Depuis quatre-vingt-dix-huit mois, je travaille à sa chute. Incapable de savoir quand et comment elle se produira, mais sans cesser d'y croire. Et voilà, c'est maintenant. C'est fait.

La stratégie du juge Lorentz a été la bonne. Il a relâché la bride, pas la surveillance. Le serial pilleur a récupéré son passeport. Il s'est cru hors de danger. Ce n'était qu'une feinte. Il doit se **rendre** à Genève, il n'en fait pas mystère au téléphone et le juge le sait aussitôt puisqu'il est sur écoute. La fille de sa femme devait y aller à sa place, mais bouger lui fera du bien, il ira lui-même. Dans quel but ? Pour quelque nouvelle **transaction** financière ? Ou pour se débarrasser de la famille dépouillée, désormais encombrante, et s'installer en Suisse, comme certains le pensent ?

La police helvétique a une autre conception de la coopération judiciaire que les Britanniques. À peine l'avion a-t-il touché le sol que les policiers montent à bord. Tilly est arrêté, entendu, reconduit à la frontière et remis aux autorités françaises. Le 26 octobre, il est incarcéré à la prison de Gradignan, près de Bordeaux. Le 29, il est mis en examen. Le nombre et la nature des chefs d'accusation donnent le tournis : blanchiment, organisation frauduleuse d'insolvabilité, abus de confiance, escroqueries, séquestration accompagnée d'actes de torture ou de barbarie, extorsion de fonds, abus de l'état de faiblesse de personnes en état de sujétion psychologique ou physique, complicité par aide ou assistance, complicité par instigation, recel. Les charges sont lourdes et relèvent des assises.

Tilly enfin pris, je ne veux pas attendre. Je dois partir pour Oxford séance tenante, reprendre contact avec ceux qui y sont toujours, retrouver les miens, les sortir de ce cloaque où ils croupissent depuis trop longtemps, les ramener à la vie, à notre vie. Leur mentor est sous les verrous, il est temps de faire sauter les leurs.

Ce n'est pas aussi simple. Surtout, je vais commettre plusieurs erreurs qui peuvent se résumer à une seule : je vais faire confiance et bien mal la placer.

Depuis la sortie de Christine, en mars, l'avocat qui, à la fin de 2008, me disait son découragement est métamorphosé. Il a désormais une « vraie » victime pour cliente. Il se sent pousser des ailes. Je me suis abstenu de communiquer davantage, afin de laisser le juge en paix, mais quelques articles sont publiés et il y participe, comme il me suit dans l'émission de Jacques Pradel sur Europe 1. Nous poursuivons bien le même objectif ! Alors, quand il me demande d'accepter une convention, j'hésite d'autant moins qu'il se désole des ratiocinations mesquines de proches de sa cliente qui, me dit-il, discutent âprement chaque point de celle qu'il leur propose. Je ne veux pas tomber dans les mêmes errements au moment où, si près du but, nous avons besoin de toutes nos forces. Je signe sans même la lire cette convention qui m'est présentée « aux résultats », c'est-à-dire conditionnée aux sommes que nous pourrions récupérer. C'est une erreur que je vais payer cher, à tous égards.

Le vendredi 6 novembre, un coup de fil d'un quotidien parisien précipite les événements. Mon confrère m'annonce un article pour le lendemain matin. Je lui expose notre situation délicate, nos craintes et lui demande s'il peut attendre le lundi. Il n'y est pas opposé. Mais un appel de l'avocat à sa hiérarchie met le feu aux poudres : il ne demande pas, il exige. Tout ce qu'il ne faut pas faire avec un journaliste. L'article paraîtra donc.

Cette fois, plus question d'attendre. Cet article peut en annoncer d'autres, avec le risque de cabrer ou de désespérer les huit qui sont toujours en Grande-Bretagne, sans Tilly, sans leur guide, et dont nous ne savons rien. Ma crainte porte un nom : le risque d'un suicide, que les experts n'excluent pas – il y a des précédents célèbres. Je décide de partir pour Oxford. Il faut attendre, me conseille l'avocat, préparer, organiser. Je me rends à cet argument. Nous partons le mardi 10 novembre.

Au pied de l'Eurostar, ma surprise est totale : c'est une vraie délégation qui s'embarque. Outre l'avocat, Christine et moi, je retrouve Dominique de Laage et un photographe de *Sud-Ouest,* avec qui nous avons passé un accord : discrétion pendant des mois contre exclusivité le jour J. Mais il y a aussi Philippe et sa compagne, Marie-Hélène et son mari, une psychologue et une jeune femme que je n'ai jamais vue et que l'on me présente comme une spécialiste en exfiltration, pardon en *exit counselling* – une sorte de James Bond girl hiératique et hautaine. Onze personnes, dont un bon tiers n'a rien à faire là. Les surprises ne font que commencer.

Pendant le trajet, mon confrère de *Sud-Ouest* s'entretient avec Christine pour préparer les articles qu'il publiera au retour. Il l'interroge sur ce qu'elle a vécu, sur ses années de cauchemar, les sévices qu'elle a subis, sur les péripéties de sa sortie. Il lui demande son objectif désormais. Sa réponse nous sidère : je veux restaurer l'honneur de la famille. À chacun ses priorités, mais est-ce bien la plus urgente quand un mari et trois enfants sont encore dans la toile cruelle tissée par Tilly, quand on ne sait ni comment ils vont ni comment les récupérer, quand tant de risques demeurent ? L'honneur, quel que soit le sens que l'on donne à ce mot, ne me paraît pas le premier des enjeux en pareille circonstance. Est-il d'ailleurs perdu parce qu'on s'est fait abuser ? La petite phrase est révélatrice. Le gourou avait décidément tout compris.

Le lendemain matin, mercredi 11 novembre, tout commence. L'hôtel est sinistre, mais à la hauteur de nos moyens et il est bien placé, à quelques pas du centre-ville. Nous sommes là pour travailler, pas en visite touristique. Alors, on travaille, on planifie les opérations, le repérage des lieux où sont les nôtres. On se répartit les tâches. La seule personne que je ne connais pas dans le groupe se présente : elle est psychologue, criminologue, familière des exfiltrations dont elle nous brosse à grands traits la méthode.

Pendant ces journées de fièvre, où tout nous paraît possible, nous avançons à l'aveuglette. Nous ne savons pas grand-chose des lieux où se trouvent les nôtres, de leur état depuis l'arrestation de Tilly quinze jours plus tôt. La fameuse préparation qui a justifié de ne pas partir plus vite ne montre guère son efficacité. Les spécialistes qui nous accompagnent et en fait nous gouvernent vont-ils faire la différence ? Chacun s'active. Chaque minute compte. Il faut crapahuter, sous une pluie insistante, pour savoir où sont exactement les nôtres, comment y aller, comment les aborder sans les effrayer, avec l'espoir que peut-être… Je vais sonner à la porte d'Andrew, l'ancien propriétaire de Charles-Henri et de Christine. Et là, surprise : « Je vous attendais », me dit l'homme qui m'a vu à la télévision. Il est blanchisseur et possède plusieurs maisons où il a logé successivement Tilly, Ghislaine, sa mère, François et ses cousins, Charles-Henri et Christine. Il me dit pis que pendre de mon fils, parce qu'il a mal parlé à sa mère, et de mon beau-frère, à qui il reproche non seulement de ne pas avoir payé ses loyers, mais d'avoir dévasté la maison qu'il lui louait. J'apprendrai un peu plus tard que la réalité est bien différente et que ses propos sont à prendre avec précaution. Il a su, lui aussi, bien profiter de la famille, qu'il traîne d'ailleurs en justice.

De son côté, Christine est allée voir Guillaume sur son lieu de travail. Rude épreuve. Il la rembarre. Il ne veut plus entendre parler de sa mère. Pourtant, il n'est plus sous la coupe de Tilly. Fini la grande époque du bras droit starisé. Son maître l'a sèchement évincé un an plus tôt. Il lui a fait jouer un dernier rôle sidérant en lui enjoignant de passer le permis de conduire à la place de Gonzalez, mais, grossièrement grimé, le jeune homme s'est fait prendre. Ensuite, dehors ! Il n'en a plus besoin et commence à s'en méfier.

Guillaume est diabolisé lui aussi. Personne n'a le droit de le voir. Tilly vient même d'exiger, en octobre, que son propre père et tous les autres, y compris son frère et sa sœur, lui fassent un procès pour récupérer les biens et l'argent disparus.

Le jeune homme a perdu de sa superbe mais non point de sa hargne. Il est désemparé. Il se laissera finalement convaincre de rencontrer la petite équipe à notre hôtel, où nous devrons nous enfermer pour qu'il ne nous voie pas et ne flaire un complot. J'en sortirai tout de même, encapuchonné, par une porte dérobée, pour aller souffler un peu dans un pub voisin en compagnie de mes confrères de *Sud-Ouest*.

Le plus dur reste à faire : tenter de reprendre contact avec les autres membres du groupe. Nous savons qu'ils sont six à habiter la même maison à l'autre bout de la ville. Là résident ma belle-mère, Ghislaine, Charles-Henri, François, Amaury et sa sœur. Pas question d'y aller la fleur au fusil, sans préparation. C'est une citadelle. Ils ont le nombre pour eux et Ghislaine pour guetteur. Il faut trouver un moyen, une astuce. Un stratagème. Le moment est venu de voir nos spécialistes à l'épreuve. Elles ne sont pas à court d'idées. Mais quelle va être la bonne ?

Le stratagème imaginé, le voici. Une des deux dames va sonner à la porte de la maison. Elle va expliquer à Ghislaine, la seule à être là en permanence pour s'occuper de sa mère, qu'elle vient voir ma belle-mère. Elle représente la MSA, la Mutualité sociale agricole, à laquelle cette dernière a cotisé toute sa vie et qui verse sa retraite. Elle apporte une bonne nouvelle. Un récent décret a revalorisé les droits des personnes de son âge. La caisse n'a pu lui verser le complément et lui doit de l'argent. Quelques papiers à signer et les versements pourront avoir lieu.

À ces mots, à coup sûr, Ghislaine va laisser entrer la dame. Une fois dans la place, elle lui tiendra un autre discours : la vérité, sur Tilly, sur ce qu'il a fait, sur nous, sur moi.

Surtout, par la porte ouverte, les autres membres du groupe entreront dans la maison. Je fermerai la marche, pour n'effrayer personne, puisque je suis le diable. Nous tomberons dans les bras les uns des autres. Ce sera merveilleux.

Le scénario me consterne. Qui pourrait croire une fable aussi faible ? Ghislaine en est-elle à ce point ? Je ne l'exprime pas aussi nettement, pour ne pas décourager ou mécontenter son auteur, fière de sa trouvaille, mais je dis mes réserves, mes doutes. À tort, bien sûr. Je ne sais rien de telles situations. Je n'ai aucune expérience de l'exfiltration, de l'*exit counselling*, dont j'ignorais jusqu'au mot quelques jours plus tôt. Ces dames, elles, savent. La suite, hélas, va justifier ma crainte.

Nous partons vers 15 heures pour Kenilworth Avenue. Le temps s'est éclairci. Nous nous postons derrière un bosquet, à l'entrée de la rue, une impasse bordée de pavillons modestes. Je distingue la maison à travers le feuillage. Mon cœur bat à tout rompre. La brune psychologue s'élance. Elle porte tous nos espoirs. Elle passe devant la maison, mais – pourquoi donc ? – continue son chemin. Elle revient sur ses pas, repart et sonne enfin. Elle semble maintenant parler à quelqu'un. À Ghislaine ? Quelques minutes et la voilà qui revient. Mauvais signe. Elle nous raconte.

Ghislaine, de son poste d'observation du bow-window au premier étage, l'a écoutée, lui a demandé l'adresse de cette caisse de retraite si généreuse, puis a lancé : « La ficelle est un peu grosse ! » Je suis déçu, mais presque rassuré : ma femme a beau être sous emprise depuis dix ans, elle n'a rien perdu de son bon sens et de sa repartie.

Pour digérer cet échec, nous partons nous affaler dans un pub voisin. Personne n'a vraiment faim. Il faut pourtant réagir, imaginer autre chose, reprendre l'initiative. Retourner à la maison est impossible, nous sommes grillés. Les portables ne vont pas tarder à répandre la nouvelle de notre présence, si ce n'est déjà fait. Mais il reste les jeunes, François, Amaury et sa sœur. Ils ne vont pas tarder à rentrer de leur travail. Il faut les intercepter à l'entrée de leur rue. À cet instant, l'autre groupe nous appelle. Ils les ont vus. Ils vont les bloquer. Il faut courir.

Je n'ai jamais couru aussi vite de ma vie. L'émotion, l'angoisse, l'espoir me donnent des ailes. Au bout de la course, le coup est rude. Là, au bord du trottoir où stationne une voiture de police, un petit groupe parlemente. La haute silhouette de François se détache, un vélo à la main. À côté de lui, Diane et une jeune femme blonde que je ne connais pas. Je veux m'approcher de mon fils, mais un policier s'interpose. « N'avancez pas ! » me jette-t-il rudement. J'appelle François. Il détourne ostensiblement la tête, comme ma nièce, qui veut ignorer sa mère, très émue à côté de moi. Les trois jeunes montent dans la voiture de police, qui embarque aussi le vélo. Ils s'éloignent. La patrouille les raccompagne chez eux. Nous restons là, le cœur en charpie, une fois de plus.

La journée a été éprouvante. Sans avancée décisive. Nous la terminons, volontairement, au poste de police de Cowley, où j'essaye d'expliquer les raisons de notre présence à l'officier qui me reçoit. Autant relater un match de tennis à la Vénus de Milo. Le policier m'écoute avec courtoisie, me conseille de rentrer chez moi et… d'écrire à ma famille. J'ai beau argumenter, mentionner l'instruction en cours en France, le mandat d'arrêt contre Tilly, mon contact avec un inspecteur de Scotland Yard, il m'oppose une fermeté courtoise. Nous parviendrons tout de même à le convaincre d'envoyer une patrouille s'inquiéter de l'état de ma belle-mère, en insistant sur son âge et sur le fait que nous ne savons plus rien d'elle. Est-elle encore en vie ? « Elle va bien », me dira au téléphone le chef de poste quelques heures plus tard, non sans me mettre en garde contre toute action qui se retournerait contre nous.

Pour l'heure, l'image de mon fils évitant mon regard me hante. En mars 2008, il m'avait rejeté. Vingt mois plus tard, il m'a ignoré. Il m'avait menacé d'appeler la police. Cette fois, il l'a fait. Mais qui est cette jolie blonde qui était avec lui ? Je ne sais plus rien de sa vie.

Tilly est sous les verrous et rien n'a changé. Il a toujours gouverné ses adeptes à distance et continue peut-être. Pour eux, quelle différence ? Savent-ils d'ailleurs qu'il est en prison ? Le croient-ils ? James Bond n'est-il pas indestructible ? Il nous reste une journée pour agir.

Pour moi, il n'est pas question de quitter Oxford sur un échec, sans chercher à revoir Ghislaine, seul, sans artifice maladroit, en allant sonner à sa porte, dans cette rue où je suis à peine entré il y a deux jours. Je ne me fais guère d'illusions, mais je dois essayer, la voir, l'entendre, lui parler, lui montrer que je suis là pour elle et pour nos enfants, quoi qu'il arrive.

Le samedi matin, tandis que le groupe se prépare à rentrer en France, j'y vais. Avec une formidable solidarité, Dominique et Fabien, mes deux confrères de *Sud-Ouest*, qui s'en vont eux aussi, me déposent en taxi. Nous entrons dans Kenilworth Avenue. La voiture ralentit. Et là, en passant devant la maison, nous apercevons Ghislaine derrière sa fenêtre, à son poste d'observation du premier étage. Amaigrie, le visage dur, fermé, le regard fixe, les cheveux marron plaqués comme une perruque de misère, elle est méconnaissable. Inhumaine. La voir ainsi me glace. Je ne suis pas le seul. « Je n'oublierai jamais ce regard », me dit Fabien, visiblement troublé, lui qui en a vu d'autres.

Le taxi me dépose un peu plus loin. Je me dirige vers le 7. L'émotion me tenaille. Je frappe. De longues minutes passent avant que la fenêtre du bow-window s'ouvre sur le même visage, le même regard terrible.

— Tu n'as rien à faire ici. Quand le complot contre nous va donc s'arrêter ? me jette-t-elle, furieuse.

— Je suis venu te voir. Je ne voulais pas repartir sans t'avoir vue.

— Pourquoi me harcèles-tu ? Ne reste pas là ou j'appelle la police.

— Ils savent que je suis ici. J'étais avec eux jeudi soir. Mais je ne te harcèle pas, c'est la première fois que je viens. Je voudrais que nous parlions. Tilly est en prison, tu le sais, et il va y rester.

— C'est injuste, explose-t-elle. C'est un homme honnête, le plus honnête. Ce n'est pas lui qui devrait être en prison. Ce sont tous ces gens qui nous ont volés. Toi.

— Ce n'est pas vrai, tu vas le découvrir très vite. Mais je ne suis pas venu te parler de Tilly. Je voudrais te dire que tu me manques, que je t'aime.

Elle ne répond rien, mais ne referme pas la fenêtre. Alors je lui parle de nous, des enfants, de notre vie. J'essaye de capter son regard, mais elle me regarde comme si elle ne me voyait pas. Comme si rien ne pouvait la toucher.

— Va-t'en, lance-t-elle de nouveau.

— Tu n'as pas à te méfier de moi. Je suis là pour t'aider.

— Je suis bien plus heureuse maintenant.

L'émotion est trop forte. Je lâche prise. « Tu n'en as pas l'air. Mais je m'en vais, lui dis-je. Embrasse les enfants pour moi. Nous nous retrouverons bientôt, j'en suis sûr. J'espère que tu ne seras pas en prison. »

Je la regarde une dernière fois et je m'éloigne, incapable de prononcer un mot de plus. Au coin de la rue, Dominique et Fabien m'ont attendu. Le taxi me ramène à l'hôtel avant de les conduire à l'aéroport.

Revoir Ghislaine dans cet état me renverse. Mais au moment où je m'éloigne de la maison, j'ai l'intime conviction que le terme approche. Je n'ai pas mieux réussi que les soi-disant spécialistes, qui se permettront de condamner mon initiative comme s'ils en avaient l'exclusivité, mais j'ai revu ma femme, elle m'a vu elle aussi et c'est cela qui compte. Tilly hors jeu, le temps travaille pour nous. Son absence va finir par les désorienter. La toile infernale dans laquelle il les a enfermés ne peut que se défaire.

Ghislaine

J'en tremble encore. Je n'ai plus de souffle. Ce matin, Jean est venu sonner à ma porte. J'ai fini par ouvrir la fenêtre du premier étage. J'ai entendu ses mots d'amour, ses mots d'autrefois, ses exhortations à l'écouter, à le croire, mais rien n'a pu entamer les convictions et l'effroi que Tilly a su ancrer en moi. Pour toute réponse, je l'ai menacé d'appeler la police s'il continuait à me harceler. Comment la vue de cet homme que j'ai tant aimé, que je continue à aimer, comme la suite le prouvera, peut-elle provoquer en moi cette panique ?

Après son départ, nous sommes de nouveau laissés à nous-mêmes, sans aucune nouvelle ni de Tilly ni de Gonzalez, sans plus aucun signe de l'ennemi. Que signifie ce silence ? Les équipes de Tilly seraient-elles parvenues à neutraliser les réseaux de Jean ? À refouler définitivement Christine et Philippe ? Le temps semble suspendu, et nous vivons comme en apnée, dans l'attente d'un événement qui nous éclaire sur notre avenir. Les choses ne peuvent pas rester en l'état, nous nous en doutons : soit Tilly va revenir et cela signifiera que nous sommes sauvés, soit Christine et Jean vont réapparaître et qu'adviendra-t-il alors de nous ?

Les jours s'écoulent dans cette attente épuisante pour les nerfs. Puis vers la fin du mois de novembre, François et moi tombons par hasard sur l'émission de Jacques Pradel, *Café crimes*, sur Europe 1. Il annonce que l'épisode du jour, dont Jean est l'invité, va être entièrement consacré aux « reclus de Monflanquin » et il énumère en ouverture un certain nombre de pratiques permettant d'identifier une secte. Je me souviens du trouble qui nous a saisis, François et moi, en reconnaissant plusieurs de nos comportements. Mais très vite, nous avons pris le parti de nier.

— Oui, enfin, tout dépend de la façon dont on raconte l'histoire, ai-je dit.

— C'est vrai que Tilly dirige nos vies, mais en même temps il nous laisse penser par nous-mêmes, a renchéri François.

— Absolument ! Et où serions-nous aujourd'hui s'il n'avait pas dirigé nos pas ? Tilly est un militaire, il commande, oui, mais heureusement puisque nous sommes en guerre ! Il ne faut pas confondre l'autorité d'un chef et la mise sous tutelle de la pensée.

Il reste que cette émission de Jacques Pradel, en semant le doute dans notre esprit, entame pour la première fois notre aveuglement. Et si Tilly n'était pas l'homme qu'on imagine ? Et si Jacques Pradel disait vrai ? Mais non, c'est impossible, Pradel, comme les autres journalistes, est manipulé par les services de Tilly pour les besoins d'une mission dont l'objet nous dépasse. Bientôt tous seront contraints de s'excuser, c'est nous qui détenons la vérité, les journalistes ne sont que des marionnettes habilement téléguidées par les agents supranationaux de Tilly.

La preuve que nous sommes ébranlés dans nos certitudes, je la vois, avec le recul, dans l'entretien que nous acceptons de donner à France 2 au début du mois de décembre. Parler devant une caméra de télévision aurait été impensable trois mois plus tôt. Or, cette fois-ci, nous acceptons.

L'équipe de la télévision française vient sonner à notre porte après trois semaines de silence. Les choses seraient-elles en train de bouger ? Est-ce le début du grand événement que nous espérons tout en le redoutant ? En tout cas, sans plus réfléchir, j'ouvre la fenêtre et je demande aux journalistes ce qu'ils veulent.

— Madame de Védrines, accepteriez-vous de nous donner vos impressions après l'arrestation de Tilly ?

François m'a rejointe à la fenêtre. La question fait directement écho au trouble profond qui nous agite depuis plusieurs jours et c'est évidemment pourquoi nous nous faisons aussitôt les avocats de Tilly. Comme si nous devions endiguer nos propres doutes, les habiller de certitudes.

— Tilly n'est pas l'homme que vous croyez, dis-je en substance, penchée à ma fenêtre, tandis qu'on me tend un micro.

— Il est soupçonné de vous avoir ruinés.

— C'est faux ! Il ne nous a pas volé un sou, ce sont des accusations mensongères. M. Tilly est à nos côtés depuis des années pour nous protéger...

— En France, beaucoup d'innocents sont en prison ! lance vivement François.

L'échange est bref, mais il va être diffusé dans les journaux nationaux et avoir un retentissement considérable. Nous y défendons avec fougue un homme suspecté de nous avoir séquestrés, d'avoir torturé Christine, de nous avoir volé plusieurs millions d'euros, un homme qui fait désormais l'objet d'une instruction judiciaire après les témoignages accablants de Jean et les plaintes déposées par Philippe et Christine.

C'est cette interview donnée à la télévision qui précipite, semble-t-il, l'arrivée à Oxford d'une dame se présentant comme l'émissaire du juge d'instruction.

Elle sonne à notre porte le samedi 12 décembre 2009. Je lui ouvre, ce qui constitue déjà un événement puisque depuis des années nous ne laissons plus entrer personne chez nous, à part les gendarmes et les huissiers.

Diane et François ne sont pas encore partis au travail et ils la saluent. Je les invite à assister à notre entretien, puis je fais asseoir tout le monde.

— Eh bien, nous vous écoutons, dis-je.

Dans mon souvenir, les premiers mots de notre visiteuse me glacent le sang :

— Vous savez, madame, que vous risquez la prison ?

— La prison, moi ! Mais pourquoi ?

— Vous défendez un homme qui se trouve sous le coup de très graves accusations et, à ce titre, vous pouvez être considérée comme sa complice.

Ses mots me coupent le souffle.

— Voulez-vous, poursuit-elle, que je vous lise en quels termes ce M. Tilly parle de vous et de votre famille ?

J'acquiesce silencieusement et j'entends que nous sommes des gens « gluants », « collants », que Tilly a voulu mettre à notre service ses compétences, mais que sa bonne volonté s'est finalement retournée contre lui puisque nous l'avons ruiné.

Les propos de Tilly qu'elle nous rapporte confirment au mot près ce que nous écrivaient un mois plus tôt Christine, Philippe et Brigitte dans leur fameuse lettre glissée sous la porte et ce que Jean nous affirmait depuis 2001.

— Et maintenant, reprend notre visiteuse, je vais vous lire les faits tels que votre neveu, Guillaume, les a rapportés au juge d'instruction dans la plainte qu'il vient de déposer contre M. Tilly.

— Guillaume a déposé plainte ! Mais nous ne savions pas...

— Absolument, il est venu tout exprès à Bordeaux pour cela.

Alors elle nous lit le long récit que fait Guillaume des neuf années passées sous la tutelle de Tilly.

Les événements ne sont pas décrits par le menu, bien sûr, mais je reconnais ceux auxquels j'ai pris part.

— Les faits, tels que les relate Guillaume, vous semblent-ils exacts ?

— Oui, si ce n'est que je ne dirais pas comme il l'affirme que l'argent a été volé par M. Tilly. Certainement pas.

— J'entends bien, oui. Et maintenant, je vais vous lire le récit qu'a fait M. Tilly au juge des mêmes événements.

Et c'est au fil de cette lecture que s'opère dans mon esprit – et dans ceux de Diane et de François – la révolution qui va achever de nous ramener à la conscience, à la lucidité, à la vérité.

— Mais Tilly ment ! dis-je, presque dans un cri. C'est Guillaume qui dit la vérité.

— M. Tilly ment, dites-vous ?

— Oui, confirment François et Diane, il ment.

À cet instant, je suis prise de vertige, car soudain plus rien ne tient de ce que nous raconte Tilly depuis dix ans. On dirait que mon cerveau a brusquement pivoté sur lui-même, que tout ce qu'il identifiait comme un geste secourable, il l'interprète maintenant comme un geste pervers, assassin. Comment est-ce possible ? Comment les mêmes faits peuvent-ils donner lieu à un récit intime – celui que nous nous faisons à nous-mêmes – diamétralement contraire ?

C'est effrayant, j'ai le sentiment que je tombe, que le sol se dérobe sous mes pieds, que ce à quoi j'ai tellement cru durant toutes ces années est en train de s'effondrer dans un fracas indescriptible. Mais alors... Mais alors... semble dire mon cerveau, terrifié de n'avoir plus rien à quoi se raccrocher... Mais alors tout était faux ! Car si Tilly n'est pas cet agent secret, membre d'un service supranational avec le grade de général, que reste-t-il de ses « équipes » pour nous protéger, que reste-t-il des tueurs à gages de Jean, des francs-maçons qui voulaient notre ruine, du meurtre de ma sœur par son mari, du viol de Guillemette par son père, de ses quarante maîtresses ? Bref, que reste-t-il de toutes ces horreurs qui ont transformé notre vie, et le monde alentour, en un inépuisable cauchemar ?

Tous nos espoirs et toutes nos peurs s'abîment ensemble au fond d'un précipice et lentement, lentement, nous rouvrons les yeux sur le monde d'avant, celui dont Tilly nous avait petit à petit détournés et qui est toujours là, bien solide, bien vivant, prêt à nous refaire une place pourvu que nous acceptions d'y retourner.

— Je crois que je suis en train de comprendre… C'est affolant, affolant…

François et Diane semblent également assommés.

Notre visiteuse se tait.

Et c'est moi qui reprends, m'adressant à elle :

— Mais alors qu'en est-il de Jean ? Quel a été son rôle dans tout cela ?

— Rien ne l'incrimine d'aucune façon.

— Maintenant, il faut vite prévenir les autres… Maman est dans la pièce à côté, Charles-Henri et Amaury sont à leur travail, et Guillemette habite Bristol avec son mari.

— Voulez-vous que nous allions la chercher ?

— Oui, je vais l'appeler. Je vais appeler les autres également. J'aimerais que nous soyons tous réunis dans cette pièce.

Je parviens à joindre Amaury, auquel je demande de rentrer le plus vite possible. Puis je fais de même avec Charles-Henri. En quelques mots seulement ils comprennent. Tout se passe comme si nous étions arrivés au bout de notre capacité d'aveuglement.

Amaury accepte d'être notre émissaire auprès de Guillemette. C'est lui qui va aller la chercher à Bristol. Elle attend un enfant, nous le savons depuis trois mois, je prends toutes les précautions pour lui épargner un choc.

« 12 décembre 2009 : maman me passe un coup de fil et me dit qu'Amaury est en route pour venir me voir, écrira Guillemette dans son mémoire au juge d'instruction. Elle me demande de me rendre disponible. Je l'attends et le vois arriver avec un chauffeur devant mon lieu de travail. Je suis censée reprendre une demi-heure plus tard. Amaury me tend un mot de maman me disant que je dois me rendre à Oxford. Je ne sais pas ce qui m'attend, le seul indice dont je dispose c'est la voix de maman au téléphone – elle n'était pas mauvaise – et je sais que la chose qu'elle doit m'annoncer est importante.

« Arrivée à Oxford, j'apprends immédiatement la nouvelle et mes premiers mots sont : "J'ai le sentiment de peser quarante grammes." Je suis en effet très très soulagée, rassurée, libérée. »

Oui, tout se passe vraiment comme si nous espérions ce moment, secrètement conscients d'avoir été trompés mais nous raccrochant néanmoins à la fable de Tilly par peur du lendemain, par peur de la terrible vérité et du gâchis monumental.

Il me reste à prévenir maman, et elle a une réaction similaire à celle de Guillemette, presque enjouée – « Merci, Seigneur ! Merci ! Eh bien nous avons été bien crédules, ma chérie, n'est-ce pas ? Mais quel soulagement ! » Comme si le sentiment d'être libérée, enfin libérée, l'emportait largement sur toutes les souffrances endurées.

Voilà, à présent nous sommes tous sortis, sauvés, et comme des naufragés tout juste ramenés sur la terre ferme, nous tombons dans les bras les uns des autres, nous nous serrons fort, nous nous embrassons, balbutiant les premiers mots de réconfort qui nous viennent.

C'est alors que notre visiteuse reprend la parole :

— Et maintenant, nous dit-elle, accepteriez-vous que les autres se joignent à vous ?

— Les autres ? Mais de qui voulez-vous parler ?

— De Christine, de Philippe et de Brigitte...

— Ils sont ici ? Ils sont à Oxford ?

— Oui, j'ai préféré ne rien vous dire au départ, ne sachant pas si je parviendrais à vous faire entendre la vérité sur M. Tilly.

Un mois plus tôt, jour pour jour, nous les avions mis dehors, et François avait même appelé la police pour nous protéger d'eux. Tout est différent désormais.

— Bien sûr, dis-je, faites-les venir.

Un quart d'heure plus tard, ils nous rejoignent. Charles-Henri, Christine et leurs enfants se retrouvent après une séparation de neuf mois durant laquelle Diane a porté plainte contre sa mère et Charles-Henri engagé une procédure de divorce. Philippe, qui a tenté de me tuer, qui a violemment frappé François et mordu Diane, est embarrassé. Nous sommes tous de grands blessés tentant de trouver les mots et les gestes pour renouer des liens en lambeaux.

Mais où est Jean ? Pourquoi, lui qui était présent un mois plus tôt, n'est-il pas là ? Je n'obtiens qu'une réponse confuse : il n'aurait pas voulu venir, il aurait été retenu...

Même si je ne me l'avoue pas, son absence me plonge dans une immense tristesse. Certes, je l'avais menacé un mois plus tôt d'appeler la police s'il s'entêtait à sonner à notre porte, mais il avait eu des mots d'amour, et je me raccroche soudain à ces mots-là pour espérer. Espérer quoi ? Je ne sais pas. Je suis incapable de me projeter au-delà des quelques heures à venir, mais en dépit de ces neuf années de guerre et de défiance, je sens bien que Jean n'a pas quitté mon cœur.

La vérité, je la découvrirai quelques semaines plus tard, quand Jean me racontera qu'il a été volontairement écarté de ce voyage à Oxford, et que notre visiteuse n'était pas l'envoyée du juge, comme elle l'avait prétendu. Il est probable que je ne l'aurais pas laissée entrer sans ce pieux mensonge. Mais l'absence de Jean s'explique par l'origine même de ce voyage : Christine ne veut pas reconnaître le combat que Jean a mené seul durant toutes ces années pour dénoncer Tilly et nous libérer de son emprise. Elle rejette le rôle décisif qu'a joué la médiatisation, elle n'accepte pas qu'elle ait placé la famille sous les projecteurs. Elle considère Jean comme n'importe quel autre journaliste prêt à trahir nos secrets de famille. C'est elle qui s'est opposée à ce qu'il les accompagne.

Au milieu de la nuit, après avoir partagé des pizzas, nous posons le premier acte officiel de notre sortie : dans une lettre au juge, nous nous constituons chacun partie civile dans l'instruction en cours contre Tilly.

21

Ghislaine

Triste Noël 2009. Guillemette, François et moi avions rêvé de le passer avec Jean, or nous n'avons aucune nouvelle de lui douze jours après être sortis de l'emprise de Tilly.

Le dimanche 13 décembre, Christine et Charles-Henri sont repartis pour Bordeaux, me laissant seule à Oxford avec maman et François, Diane et Amaury. Guillemette a rejoint le même jour son mari à Bristol.

Livrée à moi-même, sans aucun soutien psychologique, je me sens alors sombrer dans un profond désespoir. Au fil des heures, puis des jours, je prends conscience de l'étendue du désastre – le mal que nous avons fait à nos enfants, la destruction de mon couple, de notre famille, le cauchemar que nous avons infligé à maman, et tout cela parce que nous avons cru en cet escroc, tout cela parce que *j'ai été la pre-mière à croire en cet escroc*.

Le poids de ma culpabilité m'anéantit et durant ces jours qui précèdent Noël, j'erre d'une pièce à l'autre, me cachant pour sangloter, tentant d'entourer maman, de la réconforter comme je le peux. François, qui a repris son travail, est le seul à qui je peux parler. Nous nous confions mutuellement notre désarroi, notre détresse. Quelle sera notre vie demain ? Qui allons-nous retrouver après ces dix années d'enfermement ? Plus rien ne sera comme avant, et cependant il va bien falloir puiser en nous la force de vivre, la force de reconstruire sur les ruines de nos vies.

À chaque instant je pense à Jean, au mal que je lui ai fait. Comment ai-je pu croire Tilly *contre* lui, l'homme que je n'ai jamais cessé d'aimer ? Comment ai-je pu le croire capable de vouloir nous tuer, ses enfants et moi ? Capable de violer notre fille ? C'est odieux, insupportable, terrifiant, et cependant je l'ai cru. Peut-on, sous l'emprise du diable, accabler ainsi ceux que nous aimons ? Sommes-nous fragiles à ce point ? Influençables et malléables à ce point ? J'aurais répondu non, trois fois non, dix ans plus tôt, et cependant je suis devenue malgré moi l'auxiliaire d'un monstre, relayant avec zèle les pires accusations, les pires horreurs, et semant ainsi la souffrance et la désolation autour de moi. Je suis honteuse.

C'est pourquoi j'essaie de ne pas me faire d'illusions, dans le secret de mon cœur, sur le regard que doit porter Jean sur moi en cette veille de Noël, sans pouvoir cependant m'empêcher d'espérer. Espérer qu'il va revenir puisqu'il sait où nous sommes, espérer qu'il nous fera la surprise d'être là pour Noël.

Notre visiteuse du 12 décembre m'a défendue d'entrer en contact avec lui, sous le prétexte qu'il est journaliste, qu'il pourrait donner aux médias des informations qui ne regardent que nous et je n'ose pas transgresser cet interdit. Aujourd'hui, terminant ce livre, je suis en colère contre moi-même car j'ai bien conscience d'avoir accepté que cette femme joue le rôle de Tilly, passant en somme d'un gourou à un autre, encore incapable de prendre mon destin en mains et d'envoyer promener ceux qui entendent me dicter ma conduite. Je lui ai obéi comme j'obéissais à Tilly, et je le regrette amèrement car Jean et moi avons perdu un temps précieux par sa faute – et par la mienne, bien sûr !

Charles-Henri et Christine reviennent à Oxford pour passer Noël avec nous autour de maman. Son dernier Noël – maman s'éteindra onze mois plus tard, le 26 novembre 2010. Triste Noël, puisque lorsque j'ose demander à Christine si elle a des nouvelles de Jean, elle me rétorque sèchement : « Aucune ! Il est injoignable. Et quand on a la chance de tomber sur sa messagerie, il ne rappelle pas. »

À peu près à la même époque, Philippe me laisse entendre que Jean a refait sa vie. Je suis partagée entre douleur et compréhension : comment n'aurait-il pas refait sa vie après avoir été si violemment rejeté, si injustement sali ? Je me dis que c'est une belle preuve de vitalité de sa part et, en même temps cela me renvoie à mon désert sentimental, à l'effrayant gâchis dont je suis l'unique responsable. Quelle sera ma vie sans Jean ? Je ne sais pas, je ne parviens plus à me projeter dans rien.

Le 16 janvier 2010, nous nous retrouvons tous à Oxford, cette fois pour fêter les quatre-vingt-dix-sept ans de maman. De façon inexplicable à mes yeux, Charles-Henri et Christine arrivent accompagnés de notre visiteuse du 12 décembre et d'une de ses collègues. Nous sommes donc « sous le contrôle » de ces deux femmes, du moins est-ce comme cela que je ressens leur présence.

Je m'enquiers de nouveau de Jean – voilà tout de même un mois que nous sommes libérés de l'emprise de Tilly et nous n'avons toujours aucune nouvelle de lui, aucun signe.

— Qu'espères-tu donc ? me répète Philippe. Je te l'ai dit : il a refait sa vie.

— J'ai bien compris, mais il n'en reste pas moins le père de mes enfants.

L'indifférence, voire l'hostilité des miens à l'égard de Jean, me précipite soudain dans une colère noire, sans doute décuplée par la façon dont les deux femmes semblent leur souffler leur conduite.

— Maintenant ça n'est plus possible, dis-je, je dois savoir ce que pense Jean, nos enfants doivent pouvoir retrouver leur père !

— Il est journaliste, c'est encore beaucoup trop tôt pour le contacter, me rétorque calmement l'une des deux femmes.

Cette fois, cependant, je n'accepte pas son autorité et nous nous accrochons frontalement. Je lui rappelle que Jean est père avant d'être journaliste, que durant ces dix années, il n'a jamais oublié l'anniversaire de ses enfants, leur adressant chaque fois une lettre pleine de tendresse en dépit des insultes et des actions en justice dont il était l'objet, je lui rappelle qu'il est venu plusieurs fois à Oxford pour tenter de nous parler et qu'il devient insultant de ne pas faire le premier pas vers lui maintenant que nous sommes libres.

Ma colère est telle qu'elle cède, à court d'arguments.

— Très bien, dit-elle, vous allez le joindre, tenter de le joindre du moins, mais nous allons contrôler les choses de façon à ne prendre aucun risque pour préserver la confidentialité à laquelle chacun a droit.

En fait de confidentialité, mon téléphone est placé sur haut-parleur et c'est en présence de tout le monde que je compose le numéro de Jean.

Chacun s'attend sans doute à ce qu'il ne réponde pas, or il décroche.

— Allô Jean ? C'est Ghislaine.

— Je t'ai reconnue.

J'aimerais lui dire un mot, un mot tendre, un mot qui traduise la profondeur de mon émotion – « Jean, je suis tellement désolée, j'attends ce moment-là depuis un mois, accepterais-tu qu'on se rencontre ? » –, mais je parle au milieu de dix personnes, dix paires d'yeux et d'oreilles rivées sur moi, et je ne laisse rien filtrer de la tendresse qui me submerge.

Que nous disons-nous ? J'ai effacé de ma mémoire le script exact de cette première conversation abominable, tellement décevante. Sans doute est-ce que je lui demande comment il envisage les choses, s'il compte revenir à Oxford, s'il aimerait voir d'abord les enfants… Jean me dira plus tard qu'il est resté abasourdi par la froideur de mon ton – « un ton de maîtresse d'école » – et qu'il a pensé en raccrochant que tout était décidément perdu. « J'attendais depuis un mois d'avoir de vos nouvelles, je ne m'expliquais pas votre silence, et quand enfin tu te décides à m'appeler je n'entends pas dans ta voix la plus petite nuance d'affection, de tendresse. J'étais effondré. »

C'est cet effondrement qui explique que dix jours s'écoulent de nouveau dans un silence désespérant. Jean ne me rappelle pas et, de mon côté, je n'ose plus rien tenter.

Enfin, un soir, vers 23 h 30, arrive un texto de Jean : « Comment vas-tu ? Que fais-tu ? »

Jamais je n'oublierai ma joie. Je bondis, je suis folle de bonheur, j'appelle aussitôt François qui est déjà monté dans sa chambre :

— François ! François ! Papa vient de m'envoyer un texto !

Et pendant qu'il accourt, je téléphone à Guillemette à Bristol :

— Papa vient de m'écrire, ma chérie ! Papa, oui ! Écoute, je te lis son message…

« Je me suis dit qu'on ne pouvait pas en rester là, me racontera Jean. J'ai réfléchi. Te téléphoner risquait de me laisser de nouveau en miettes – je ne pouvais pas deviner que, la première fois, tu étais surveillée par toute ta famille. Je me suis rabattu sur un sms, et pour le texte j'ai fait le plus neutre possible. C'était une bouteille à la mer, juste pour voir si tu allais l'attraper, ou si au contraire tu ne voulais plus entendre parler de moi, de nous. »

Cette fois, je réponds avec mon cœur, les premiers mots qui me viennent :

« Quel bonheur de te lire ! J'attendais un signe de toi. »

« Et moi de même. Je pense beaucoup à toi, à vous. »

Ça y est, nous nous sommes reconnus, je ne sais rien, je ne veux croire en rien, mais Jean ne nous a pas tourné le dos, c'est immense, et cette nuit-là je me surprends à revisiter timidement notre vie d'avant comme si tout n'avait pas été anéanti par cette décennie de guerre.

Le lendemain, je m'assieds devant mon ordinateur, et j'ose envoyer un premier mail à Jean – neuf mots, pas un de plus :

« J'avais juste envie de t'embrasser très fort. Ghislaine. »

« C'est une excellente envie que j'ai souvent eue depuis cent un mois, me répond-il dans la minute. Il ne faut pas résister à ces envies-là. Je t'embrasse fort. Jean. »

Quelle émotion de renouer avec cette familiarité ! Rien n'est oublié, bien sûr, mais on dirait que le premier sms de Jean est venu fermer délicatement la parenthèse ouverte par Tilly, et qu'à présent nous reprenons la conversation où nous l'avions laissée en 1997-1998, tandis que je m'investissais avec enthousiasme dans le destin de La Femme Secrétaire.

Avec quelle facilité nous retrouvons les mots justes ! J'ai conservé tous nos mails, et je vois que dès le lendemain de ce premier échange, j'ose commencer mon message par « Mon chéri » :

« Mon chéri, c'est un vrai bonheur de recevoir un message de toi. (…) Je pourrais taper sur le clavier de mon ordinateur pendant des heures pour rester avec toi. Mais mon souhait le plus cher est de pouvoir parler avec toi. Je t'embrasse très fort. Ghislaine. »

« Je n'ai que le temps de t'embrasser très fort ! Je tâcherai de faire mieux ce soir. Jean. »

Et quelques jours plus tard :

« Mon chéri, Guillemette, à qui j'avais transmis le dernier mail que je t'ai envoyé, vient de m'appeler pour me faire remarquer que j'avais fait une faute de grammaire. Voici la phrase corrigée : "Tout cela met du temps, mais ma détermination à effacer cet horrible cauchemar est animée par le souhait profond de te retrouver." Je t'embrasse. Ghislaine. »

« Ma chérie, je t'avais comprise malgré cette erreur... Je t'embrasse très fort. Jean. »

Se parler, entendre sa voix, je ne rêve maintenant que de cela, lisant et relisant nos échanges par mail. Impossible de l'appeler depuis mon portable, je n'ai pas d'argent pour m'offrir des recharges, et comment avoir une conversation sereine quand on se sent pressé par les minutes ? C'est alors que j'ai l'idée d'utiliser une cabine téléphonique. J'en ai repéré une dans une rue voisine, Jean me précise que son forfait lui permet d'appeler un poste fixe à l'étranger autant de temps qu'il le souhaite. Et voilà comment cette cabine rouge va devenir durant quelques jours le refuge de notre reconstruction. Aujourd'hui encore, une intense émotion me saisit lorsque je la revois dans mon souvenir, lorsque je me revois courant pour la rejoindre, le cœur gonflé, bouleversée comme si j'avais dix-sept ans, composant en tremblant le numéro de Jean, et à l'instant où je reconnais sa voix :

— C'est moi, mon chéri ! C'est moi !

— Oui, raccroche vite, je te rappelle !

Des mots, il nous faut des millions de mots, des torrents de mots pour raccommoder dix années de déchirures, de folie, d'horreur. Tous les soirs, nous refaisons le chemin en arrière, nous revivons ensemble ces scènes épouvantables où je ne m'appartenais plus et où Jean avait le sentiment, en m'écoutant, en m'observant, que le sol se dérobait sous ses pas. « Qui étais-tu devenue ? Je ne reconnaissais plus la femme que j'aimais. » Je lui dis ma honte et ma tristesse, il me dit sa détresse, son désespoir, le désir qu'il a pu ressentir certaines nuits de ne pas se réveiller le lendemain matin, d'abandonner.

Jean

Le 16 janvier, le téléphone sonne. C'est Ghislaine, mais une Ghislaine étrange, autoritaire, distante, comme lors de notre dernière conversation à l'automne 2001. Ce n'est pas ainsi que j'imaginais notre premier contact, que j'attendais sans comprendre depuis plus d'un mois que je les savais sortis de l'emprise, et je le lui dis. Je ne peux me douter qu'elle m'appelle sous haute surveillance, haut-parleur à pleine puissance – ils ont même apporté une sono pour l'occasion ! –, sous les yeux et surtout les oreilles de la psychologue, de la criminologue, de Philippe et de Charles-Henri, revenus à Oxford fêter l'anniversaire de leur mère.

Il lui faudra plusieurs semaines pour comprendre qu'elle n'a rien à attendre d'eux, malgré leurs promesses qui ne seront jamais tenues. Pour se souvenir qu'ils l'ont laissée, désemparée, tout juste sortie de l'emprise, avec sa mère et nos enfants, le soir de leur libération, pour aller fêter l'événement au restaurant, au risque de tout compromettre. Il lui faudra du temps pour prendre conscience qu'ils sont prêts à tout pour que nous ne nous retrouvions pas ou le plus tard possible. C'est moi, lui disent-ils, qui ai le plus à perdre à un procès, à ses révélations, où l'on apprendra des choses très graves…

Un jour pourtant, un petit message va faire bouger les choses. Ghislaine m'appelle, je la rappelle. Sms, mails, téléphone, bientôt tout nous est bon pour se parler des heures entières. Elle déniche une cabine au bas de sa rue où je peux l'appeler sans contrainte. Mais je n'ai toujours pas de nouvelles de nos enfants et je m'en étonne.

Un soir, un samedi, le téléphone sonne à Fontenay.
— Papa, c'est moi.
— Je n'ai pas oublié la voix de mon fils, dis-je à François.
Et nous parlons, de tout, de son travail, de sa vie, comme si nous nous étions quittés la veille. Quelques jours encore et Guillemette, pressée par sa mère et par son frère, se jette à l'eau à son tour, elle qui avait si peur de rater nos retrouvailles.

Il ne reste plus qu'à nous retrouver pour de bon. Le plus tôt possible, bien sûr, mais pas n'importe comment. Le 2 mars, Guillemette a fait un saut à Paris pour un rendez-vous médical. Je travaille, elle reprend son avion. Nous ne voulons pas nous voir à la sauvette. Nous allons trouver mieux. Justement, Ghislaine et François sont convoqués, l'une à Bordeaux par le nouveau juge d'instruction, l'autre par la police à Nanterre, où j'ai passé de longues heures des mois auparavant. C'est dans quelques jours, le 7 mars. Une date splendide, l'anniversaire de Guillemette...

Ghislaine

Désormais mes journées à Oxford sont rythmées par ces rendez-vous téléphoniques qui me permettent petit à petit de me réincarner telle que j'étais. Par son amour, son intelligence, sa loyauté, Jean m'allège du fardeau de la culpabilité et m'autorise à me réconcilier avec moi-même. Oui, j'ai été « l'instrument aveugle » de Tilly, mais Tilly ne m'a pas tuée, il n'a fait que m'anesthésier, et Jean me réveille à la vie avec cette sensibilité et cette bienveillance qui me touchent tellement chez lui.

Tandis que nous renouons les fils entre nous, François traverse des jours très pénibles, hanté par le souvenir des mots violents qu'il a jetés à son père, terriblement soucieux de le retrouver mais torturé à l'idée que leur relation puisse être abîmée pour toujours.

— Maman, je n'ose pas l'appeler.

— Tu as tort, je peux te dire qu'il n'attend que cela.

— Et si ça se passe mal ? Si nous ne trouvons pas le moyen de nous parler ?

— Fais-toi confiance et fais-lui confiance, ça ne se passera pas mal, je le sais.

Un soir, finalement, François se décide.

Je ne sais pas ce qu'ils se disent, mais dix minutes après avoir raccroché, le visage complètement illuminé, François rappelle son père :

— Tu sais, tout à l'heure, j'ai oublié de te dire...

Je les laisse, ils repassent une demi-heure au téléphone.

Aussitôt après avoir raccroché, François appelle sa sœur à Oxford :

— Guillemette, appelle papa ! Tu vas voir, il trouve tout de suite les mots qu'il faut, c'est incroyable, incroyable...

Je sais que ce soir-là ou le lendemain, Guillemette appelle son père, et qu'elle se trouve ensuite dans la même ivresse que son frère, tellement heureuse et soulagée d'avoir pu renouer en quelques minutes des liens qu'elle craignait durablement rompus.

Durant ce mois de février où notre famille renaît de ses cendres, l'une des deux spécialistes qui m'avaient interdit d'appeler Jean refait soudain surface :

— Ghislaine, nous avons bien réfléchi, nous pensons que vous pouvez maintenant reprendre contact avec Jean Marchand.

— Merci, mais je ne vous ai pas attendue : c'est déjà fait depuis trois semaines.

Au début de mars, je reçois une convocation du juge d'instruction : il m'attend dans son bureau du palais de justice de Bordeaux le mardi 9 mars. Toute la journée, je pense à cette convocation, à mon retour en France... Comment les choses vont-elles s'organiser ?

Le soir venu, c'est la première nouvelle que je donne à Jean, enfermée dans ma cabine téléphonique :

— Jean, je suis convoquée par le juge à Bordeaux le 9 mars...

— Alors le moment est venu de nous retrouver, ma chérie.

— C'est aussi ce que je me disais, mais qu'imagines-tu ?

— Tu vas passer par Paris, avec François bien entendu. Vous pourriez arriver le dimanche 7 pour déjeuner...

— Eh bien oui, et je reprendrai le train pour Bordeaux en fin d'après-midi pour être à pied d'œuvre le lendemain matin.

— Absolument ! Et nous déjeunerons à Fontenay, à la maison.

— Mon Dieu ! Juste d'y penser...

— Moi aussi, tu t'en doutes. Nous allons tous être... très émus.

Le 7 mars, c'est l'anniversaire de Guillemette, elle ne sera pas là, mais le symbole est fort. Et puis c'est également un 7, le 7 septembre 2001, que mes frères et moi avons chassé Jean de Bordeneuve, avec la violence que l'on sait. Si seulement ce 7 mars 2010 pouvait effacer le 7 septembre 2001 !

Ça y est, les dés sont jetés, le dimanche 7 mars au matin François et moi roulons vers Jean à bord de l'Eurostar.

François est très inquiet à la perspective de passer la soirée seul avec son père puisqu'il est entendu que je les laisserai en fin d'après-midi pour gagner Bordeaux.

— Revoir papa, retrouver la maison, c'est déjà énorme... qu'est-ce qu'on va se dire après ton départ ?

— Ça va venir très naturellement, ne t'en fais pas.

— Tu te souviens comme on avait du mal à communiquer avant tout ça ? J'avais toujours peur de décevoir papa…

— Je sais, mon chéri. Mais nous avons tous beaucoup changé, beaucoup mûri. Nous ne sommes plus exactement les mêmes, n'est-ce pas ?

Quand le train entre en gare, je crois que nous pourrions entendre battre nos cœurs, en dépit du grincement des freins, des annonces du contrôleur, du brouhaha des voyageurs. Jean nous attend-il au bout du quai ? C'est une telle émotion que nous nous taisons, la gorge sèche, les jambes un peu flageolantes.

Mais non, Jean n'est pas au bout du quai. Alors nous continuons d'avancer silencieusement à travers l'immense hall de la gare du Nord, fendant la foule, le cherchant des yeux, tendus, essoufflés comme si nous venions de parcourir un 3 000 mètres.

Et soudain il est là, sous notre nez, hors d'haleine lui aussi, et nous n'avons pas de mots, nous nous abattons sur sa poitrine, moi d'abord, je crois, puis François. Jean nous ouvre grand ses bras, il nous enlace, il nous presse tous les deux contre son cœur et il me semble qu'à ce moment-là nous pleurons silencieusement tous les trois, sans nous lâcher, comme si nous voulions rattraper par cette étreinte toutes les années perdues.

Près de neuf années se sont écoulées, mais notre maison n'a pas changé. Son ameublement, ses objets… Jean a tout conservé comme nous l'avions disposé ensemble, lui et moi, comme s'il savait qu'un jour je reviendrais, comme s'il n'avait jamais douté.

Il me précède, puis me regarde entrer, poser mon sac de voyage, promener mon regard sur les photos encadrées, Guillemette le jour de son mariage avec Sébastien, François, moi, nous tous dans le jardin de Bordeneuve…

— Tout va bien, tu es de retour chez toi, ma chérie.

Les mots que j'avais besoin d'entendre.

398

Je voudrais lui dire merci, le serrer dans mes bras, mais je n'ose pas, François se tient immobile dans le vestibule, bouleversé et silencieux.

— Et toi aussi, François, ajoute Jean, ce sera toujours ta maison même si désormais ta vie est ailleurs.

Il avait vingt ans quand Tilly est entré dans nos vies, aujourd'hui il en a trente. Il vient embrasser son père et du coup j'ose à mon tour les étreindre.

— Merci d'être toujours là, Jean, dis-je tout bas.

Et puis nous passons à table. Le couvert est mis, comme tous les dimanches à cette heure-ci. Le repas est prêt, il n'y a qu'à monter un peu le four, le temps de boire un verre de vin et ce sera chaud.

Avec quelle simplicité, l'émotion passée, nous retrouvons les chemins d'autrefois. Cette maison de Fontenay-sous-Bois, c'est notre mémoire vivante – nous y avons construit notre vie, les enfants y ont grandi, nous y avons partagé nos plus beaux moments en famille, et dans notre soif de nous retrouver, tout nous revient. François parle, Jean lui fait aussitôt écho, et déjà je souris – quel bonheur de se souvenir, de faire revivre le passé, de rire ! Quel bonheur de revisiter notre histoire commune, de nous réconforter de tous ces moments où nous nous sommes tant aimés.

— À quelle heure est ton rendez-vous mardi ? s'enquiert Jean tout en apportant le dessert.

— Quatorze heures, quelque chose comme ça...

— Alors tu ne vas pas partir ce soir, tu vas dormir ici et je te conduirai au premier train pour Bordeaux demain matin.

— Mais bien sûr ! Et tu vois, je ne l'avais même pas imaginé.

— Moi non plus, même dans mes plus beaux rêves...
Nous rions.

Et voilà comment nous nous sommes retrouvés, voilà comment nous nous sommes repris par la main, non pas comme si rien n'était arrivé, oh non, mais au contraire avec la conscience aiguë de notre fragilité.

Jean

C'est devant une gare, celle d'Agen, que les débris de ma vie avaient achevé leur course le 7 septembre 2001, lorsque ma femme et ses frères m'avaient jeté comme un sac après m'avoir expulsé de notre maison. C'est devant une autre gare, à Paris cette fois, que notre vie va reprendre son cours, le 7 mars 2010. Très exactement cent deux mois plus tard.

Depuis près d'un mois, nous nous parlons de plus en plus, avec Ghislaine d'abord, puis avec mon fils et ma fille. Les mots ont pu être difficiles au début, l'abîme est si profond. Ils ne l'ont pas été longtemps. Les fils se renouent à une allure lumineuse, comme s'ils ne s'étaient jamais vraiment rompus. Comme si, parce qu'ils ont été forts et riches pendant vingt-cinq ans, ils avaient juste été laissés en jachère, pour un temps, trop long bien sûr, mais dont le terme ne faisait aucun doute.

En ce début de mars, je suis prêt à repartir pour Oxford, seul cette fois. Mais aucun de nous n'en a vraiment envie. Les lieux sont encore trop lourds d'épreuves douloureuses. Les trois derniers mois ont été durs, minés par l'attitude de ceux qui nous les ont fait perdre. Je ne me vois pas débarquer à Kenilworth Avenue, dans cette maison où a eu lieu leur réveil dont j'ai été privé et à laquelle reste attachée la vision de Ghislaine, méconnaissable, vociférant à sa fenêtre, m'enjoignant de passer mon chemin. Une image ineffaçable que j'ai retrouvée dans un reportage du *Monde* et qu'une chaîne de télévision est venue me montrer fin novembre, pour me faire réagir à sa première interview tout aussi agressive.

Il y a un meilleur lieu pour nous retrouver. Un seul sans doute pour réussir ce long dimanche de retrouvailles : chez nous, à Fontenay. La convocation de Ghislaine à Bordeaux et de François à Nanterre nous donne le tempo. Le 7, ils arriveront par l'Eurostar en fin de matinée et j'irai les chercher. J'étais fou de joie le 7 mars 1977 à la naissance de ma fille. Je vais l'être de nouveau trente-trois ans plus tard pour la renaissance de notre famille.

Il fait beau ce dimanche matin à Paris, mais j'ai peur. De ce que je m'apprête à vivre ? Non ! Je suis sottement coincé dans un énorme embouteillage entre la porte de Vincennes et la Nation. Vais-je arriver en retard à la gare du Nord un jour pareil ? Pourtant, je n'ai rien laissé au hasard. Depuis la veille je brique la maison. J'ai préparé un déjeuner qui peut attendre. C'est moi qui en suis incapable. L'émotion et l'impatience se disputent mes nerfs.

J'arrive enfin devant la gare. Inutile de chercher une place, ils sont là, à quelques mètres. Je les vois avant eux. Ils ont l'air inquiets, ils me cherchent des yeux. Nos regards se croisent. Nos bras se trouvent. Pas un mot, pas une larme. C'est trop tôt. C'est trop fort. Les voyageurs pressés qui contournent l'obstacle ne peuvent se douter que ce corps à six bras clôt une tragédie.

Nous rentrons à la maison comme d'une promenade. Les voilà chez nous, chez eux, naturels et encore hésitants. Leur trouble est palpable. Les mots viennent peu à peu en déjeunant. Les digues sauteront plus tard. La maison n'a pas changé. Leurs affaires les attendent là où ils les ont laissées le 11 juillet 2001, à notre départ pour Monflanquin.

Ghislaine doit repartir le soir même pour Bordeaux afin d'être le lendemain à son rendez-vous. Je la conduirai au premier TGV du matin. La soirée nous appartient. Pas question de se séparer si vite, même pour deux petits jours.

Le lundi, pendant que je suis au journal, François est à Nanterre, entendu par les enquêteurs. Je sais combien c'est lourd, je suis passé par là. Le soir, nous nous retrouvons tous les deux. Et là, plus de digues, le flot emporte tout.

Nous parlons pendant des heures, jusque tard dans la nuit. Mais ce n'est pas assez. Lorsque nous montons nous coucher, nous continuons sur le palier, debout, épuisés, incapables de nous arrêter, même pour aller dormir. François me raconte ces années cauchemardesques, ces années volées, gâchées, la férule de Tilly, ses oukases, ses missions et ses brimades, la peur inoculée, le froid, la faim, la violence du huis clos familial entre des gens qui n'ont rien en commun. Neuf années d'esclavage, entre vingt-deux et trente ans, à l'âge où l'on bâtit sa vie. Parfois, il s'arrête, l'émotion est trop forte et sa gorge se noue. Jamais je n'ai autant parlé avec mon fils.

Il faut tout de même dormir un peu, car demain, une nouvelle joie nous attend, l'arrivée de Guillemette.

Nous allons la chercher à Roissy. L'avion de Bristol est en avance. Je n'ai pas le temps de préparer mon cœur, ma fille est devant moi. Je ne l'ai pas revue depuis le 2 septembre 2001, le lendemain de son mariage, à son départ en voyage de noces. Elle est toute ronde. Elle se faisait une joie de me l'annoncer, mais une indiscrétion distillée avec fiel à l'automne m'a appris en même temps son mariage et sa grossesse. Ce qui aurait dû être une joie a été, sur le coup, une peine : ma fille s'est remariée en juin 2009, sans que je le sache, sans que je sois auprès d'elle. Tilly régnait encore, il était là, lui. Mais au moins, elle a retrouvé le bonheur, avec un beau Napolitain, net et droit comme un gressin, chef cuisinier au restaurant où elle travaille – plus pour longtemps. Que de choses à nous dire ! Et Ghislaine revient de Bordeaux. Nous voilà réunis, savourant chaque instant.

Guillemette rentrée à Bristol, où elle a refait sa vie, et François à Oxford, où il reconstruit la sienne, Ghislaine et moi retrouvons notre couple, avec neuf ans de plus et tant de cicatrices. Mais nos amis sont là, plus que jamais. Deux festivals de musique nous attendent l'été suivant, à Villefranche-de-Rouergue, que je tâche de relancer après vingt-deux ans de pause, et en Normandie, mon dernier-né, depuis 2008. Nous sautons à Douvres-la-Délivrande, où une attention inoubliable de la mère supérieure, qui accueille chaque année Musique en Côte de Nacre avec sa congrégation, nous touche profondément : sur la porte de notre chambre, elle a indiqué « M. et Mme Marchand ». Nous ne le sommes plus depuis juillet 2003. Il faudra y penser.

En attendant, il faut réparer les dégâts des années Tilly, désamorcer les bombes à retardement qui peuvent encore faire mal : des dettes, une voiture que Ghislaine a achetée sur ordre pour le fameux Gonzalez, des points de permis en moins parce que ce dernier se savait hors d'atteinte, des forfaits de mobiles dont seuls les téléphones haut de gamme devaient l'intéresser…

Il faut surtout retourner à Oxford chercher ses affaires et à Bristol faire la connaissance de mon nouveau gendre. La maison de Kenilworth Avenue ne m'impressionne plus. Je vais même y dormir et, afin de l'exorciser une fois pour toutes, Ghislaine se réinstalle à la fenêtre du bow-window pour m'accueillir, avec le sourire cette fois.

Trois jours plus tard, avec d'autres yeux, je retrouve Bristol, où j'ai vécu une journée de chien en mars 2008. Giuseppe, mon gendre, m'invite dans son restaurant où une surprise nous attend : sur le trottoir, devant la porte du *San Carlo*, le directeur et sa brigade se sont rassemblés pour nous accueillir. Plus question de me retenir pour laisser à Guillemette le temps de s'esquiver, comme il l'aurait fait deux ans plus tôt si je ne m'étais pas trompé d'auberge. Le champagne et la succulence du déjeuner font oublier ce qui a failli être un mauvais souvenir de plus.

Luigi est né le 4 juin 2010. Inès, sa sœur, l'a suivi le 1er mars 2012. Me voilà comblé, moi qui pensais ne jamais avoir de petits-enfants. Tous deux – Luigi a déjà commencé – parleront bientôt français avec leur mère, italien avec leur père et anglais à l'école. Le 30 octobre 2010, Ghislaine et moi nous sommes remariés, à la date anniversaire de notre mariage en 1976, avec nos enfants pour témoins. « C'est le plus beau cadeau que vous puissiez nous faire », se sont exclamés Guillemette et François. La vie a repris ses droits. Le bonheur s'efforce d'en faire autant.

Mais les spectres ne sont pas très loin. Le procès de Tilly et sa promesse d'aller jusqu'au bout de tous les recours possibles vont venir par deux fois nous le rappeler. On sait que celle-là, il la tiendra.

Ghislaine

En sortant de chez le juge à Bordeaux, j'ai appris par François que Guillemette était dans un vol Bristol-Paris pour retrouver son père le soir même. Je ne suis pas rentrée. J'ai pensé que Jean serait heureux de passer cette soirée seul avec ses deux enfants.

« Malgré toutes les attaques faites contre mon père sur ordre de Tilly, écrira sobrement Guillemette en conclusion de son rapport au juge d'instruction, je n'ai jamais perdu l'espoir de le retrouver. Il me paraissait impossible qu'il disparaisse de ma vie. »

Le 14 mars 2010, Jean et moi repartons pour Oxford. C'est un beau dimanche, annonciateur du printemps. Je vais franchir pour la dernière fois le seuil de cette maison, rassembler mes affaires puis fermer la porte sur ces années terrifiantes. Oui, mais comment réparer le mal fait à Jean devant cette même maison ? Comment lui permettre d'entrer avec moi tout en lui signifiant combien je regrette ?

Le 14 novembre 2009, quatre mois plus tôt jour pour jour, il s'était présenté devant cette même porte. Je l'avais vu s'approcher depuis la petite fenêtre à l'étage, puis sonner.

Quand il avait levé les yeux sur la façade, étonné de n'avoir aucune réponse, il avait croisé mon regard.

Alors j'avais ouvert la fenêtre comme une furie :

— Va-t'en, lui avais-je crié, ou j'appelle la police !

Et lui :

— Ghislaine, ma chérie, c'est fini, c'est fini... Tilly est en prison.

— Va-t'en tout de suite !

Comment effacer ces mots-là ?

Voilà, je sais.

Lorsque nous arrivons devant la maison, je demande à Jean de patienter dans l'allée, à trois pas de la porte.

— Dans cinq minutes, lui dis-je, tu vas t'approcher et sonner, exactement comme tu l'as fait la dernière fois. Puis comme personne ne va venir t'ouvrir, tu lèveras les yeux vers la fenêtre.

J'entre seule, je lui ferme la porte au nez, je grimpe à l'étage, j'écarte le rideau : Jean se tient immobile au milieu de l'allée. Je goûte ces quelques minutes où je peux l'observer, le cœur gonflé.

Puis il s'avance et sonne.

Et comme personne ne répond, il lève le menton pour embrasser la façade, et soudain il me voit.

Son visage s'illumine.

— Ghislaine ! crie-t-il.

Alors j'ouvre la fenêtre :

— Mon chéri ! Quel bonheur de te découvrir là ! Attends, je descends t'ouvrir.

Et quand il entre, je lui saute au cou.

Deux mois plus tard, nous nous promenons dans les rues du vieux Troyes. C'est un week-end de mai, nous renouons avec la vie telle que nous l'aimons – les concerts ici ou là, les festivals, les expositions, les églises... et un bon restaurant de temps en temps.

Entre le fromage et le dessert, Jean me prend soudain la main :

— Tu ne sais pas ? J'ai eu une idée pour fêter le 30 octobre prochain.

Le 30 octobre, c'est l'anniversaire de notre mariage – 30 octobre 1976. Oui, mais nous sommes divorcés. Comment fêter un événement qui n'existe plus ?

Je suis sur le point de parler quand Jean me vole la parole :

— Et si on se remariait ?

— Oh Jean, quelle idée magnifique !

ÉPILOGUE

Jean

L'effervescence des grands jours règne au palais de justice de Bordeaux en cette fin de septembre 2012. L'intérêt pour cette affaire hors norme et très médiatisée a été curieusement sous-estimé et la salle est trop petite pour contenir tous ceux qui sont venus assister à ce procès étrange. Pourquoi étrange ? Parce que ce ne sont pas de simples criminels qui comparaissent pour répondre à eux deux d'une demi-douzaine de charges dont certaines, les plus graves, auraient pu relever des assises, ce sont des fantômes.

Tilly est l'ombre de lui-même, avec sa silhouette amaigrie de chevalier errant, le regard fiévreux et les traits émaciés, bien loin du matamore poupin de notre première rencontre treize ans plus tôt. Comme jadis pourtant il pérore, il dénonce, il fabule, mais ça ne marche plus et il faut se souvenir qu'il s'agit d'un procès et d'une tragédie pour s'empêcher de rire.

Jacques Gonzalez ne vaut guère mieux. Défait par la maladie, recroquevillé dans un fauteuil roulant, la voix éteinte, il s'empêtre dans ses mensonges et ses contradictions, nie l'évidence, charge Tilly et se réfugie derrière un « je ne savais pas » qui convainc du contraire. Pour tenter de justifier les sommes extravagantes qui sont passées entre ses mains, il brandit, comme il l'a fait auprès de ses victimes, l'alibi d'une fondation humanitaire fantoche, la Blue Light Foundation, qui n'a jamais servi qu'à financer son train de vie. Voilà donc les individus qui ont anesthésié, dépouillé et asservi si longtemps une famille entière ! À les voir ainsi pantelants, dérisoires, il faut se souvenir de tout ce qu'ils ont fait pour les imaginer convaincants, dominateurs, pervers, impitoyables, capables de s'approprier onze cerveaux et près de 5 millions d'euros.

Le spectacle est dans le box et bientôt à la barre, avec le défilé de leurs anciens acolytes, souvent impliqués mais fort peu inquiétés, puis des parties civiles. Il est dans le hall avec le ballet des caméras et des photographes. Il est aussi dans la salle d'audience. Il ne manque que les tables de bridge, entre colliers de perles et jolis foulards, pour transformer en salon mondain ce procès où se jouent la sanction des uns et la réparation de la souffrance des autres. Certains sont venus voir l'homme qui a dévasté une famille de la bonne société aquitaine. D'autres sont là pour soutenir les leurs, faute d'avoir été plus actifs pendant les années noires.

Pour moi, le verdict est tombé dix jours avant le procès : je ne suis pas une victime. Seuls les « reclus » le sont aux termes de la loi. Tant pis pour tous ceux qui ont souffert de voir leur monde s'écrouler brutalement et que je serai le seul à évoquer à la barre : Sébastien, sa famille, mes parents, l'ancien associé de Charles-Henri, Agnès, Martine et les professeurs de La Femme Secrétaire... Mon inexistence judiciaire n'est pas totalement une surprise, mais entendre mon avocat me le confirmer est tout de même une gifle. Oubliées les neuf années volées, gâchées, pendant lesquelles mes enfants, privés de tout, ont vieilli loin de moi. Ignorées la guerre harassante que m'ont faite Ghislaine et les autres, ma vie professionnelle saccagée, les peurs, les pertes et les blessures ineffaçables. Balayé le combat que j'ai mené seul, sans relâche, en butte à l'hostilité. C'est pourtant ce combat qui a interdit l'oubli, alerté les médias, secoué les pouvoirs publics, provoqué puis attisé l'instruction, ouvert la voie à l'arrestation de Tilly, à leur libération enfin.

J'en ai tiré les conséquences. Mon statut de partie civile n'ayant plus de sens, je me suis retiré de ce procès que j'avais tant attendu. J'ai demandé à mon avocat de prendre auprès de Ghislaine et de nos enfants la place que personne n'occupait vraiment. Maître Martial connaît le dossier par cœur et son talent va faire le reste. Mais il me fait citer comme témoin et il me faut donc, dès le premier matin, à peine arrivé, quitter la salle d'audience, sous des regards goguenards, en attendant de témoigner trois jours plus tard, où pendant plus de deux heures, mon fils en larmes derrière moi, je vais revivre cent deux mois de calvaire.

Ce procès, conduit d'une main ferme par une magistrate dont la sécheresse à mon égard contraste avec son empressement auprès d'autres, n'a pas apporté de vraies réponses aux questions centrales que pose cette affaire, malgré la pertinence des rapports des experts. Qui est réellement Tilly ? Que cachent son délire, ses outrances ? Quel a été le rôle exact de Gonzalez, qui s'en tirera avec quatre ans de prison et ne fera pas appel ? Où sont passés les millions dérobés, dont on n'a retrouvé chez lui que des miettes ? Les deux compères sont-ils bien les seuls à avoir mené ce hold-up mental ?

Tilly, en tout cas, ne déçoit pas son public. Il récidivera, en plus violent, en avril 2013. Car comme il l'avait annoncé, le gourou déchu a fait appel de sa condamnation à huit ans de prison. De sa geôle, il n'a cessé de bombarder de lettres la terre entière, et d'abord les magistrats. À l'audience, il se déchaîne encore. Il tempête, il hurle, il vocifère, le doigt menaçant comme le pistolet psychologique qu'il a pointé pendant toutes ces années sur la tempe de ses fidèles, éludant les questions et imposant son rythme, au point d'exténuer tout le monde, la cour, le public et son défenseur, dont le talent ne suffit plus. Son délire ne connaît pas de bornes. L'agent secret aux vingt nationalités, descendant de deux dynasties royales, se dit aussi chirurgien, architecte, commissaire de police à Nevers au temps de Pierre Bérégovoy, affirmant à chaque fois avoir la preuve de ce qu'il prétend. Au président qui lui fait remarquer que ces carrières multiples supposent plusieurs vies, il répond sans se démonter : « Dans les services secrets, nous sommes formés pour avoir plusieurs vies. »

Tilly a réponse à tout. Il occupe l'espace de sa parole, dira un des experts qui l'ont examiné. Il creuse sa condamnation en appel et récolte dix ans, mais qu'importe ! Demain, à sa sortie de prison, qui ne tardera pas grâce aux remises de peine, il ira récupérer ce qu'il lui reste d'argent. Puis, je le crains, il regarnira sa bourse auprès d'autres candides, à qui il promettra monts et merveilles. Il ne reculera devant rien pour les convaincre que tout ce qui les entoure est danger et qu'il faut mettre en sécurité leurs biens et leur personne. Auprès du seul homme capable de les protéger, lui.

**

Ce livre s'arrête ici, pas l'histoire qu'il raconte. La bourrasque a été trop violente, trop longue, trop dévastatrice. Ce n'est pas une page qu'il faudrait pouvoir tourner, c'est une bibliothèque ! Les dégâts sont multiples et pas d'abord matériels, les blessures profondes, certaines indélébiles. Après nous être retrouvés tous les quatre en mars 2010, après l'euphorie des premiers mois, nous avons reçu de plein fouet la morsure du temps, de ces neuf années destructrices et irrattrapables, comme on sort d'un coma, d'une vie entre parenthèses pendant laquelle le monde a changé sans nous. Nous avons changé nous aussi, plus fragiles et plus vulnérables, la tête pleine de projets mais le pas parfois moins sûr, malgré le succès de notre nouveau festival de musique, malgré surtout la force des amitiés et des solidarités admirables.

Pourtant Tilly a échoué. Il voulait nous détruire, nous séparer pour toujours et il le clamait ainsi. C'est le contraire qui s'est produit : nous sommes, tous les huit, avec nos enfants, leurs familles et nos petits-enfants, plus unis que jamais, plus attentifs au moindre instant partagé. Conscients que nous avons sauvé l'essentiel, que Luigi et Inès nous comblent d'une lumière et d'un élan nouveaux. Assurés qu'il faut à tout prix faire le choix de la vie, de l'avenir et même du bonheur, quelle qu'en soit la difficulté à l'automne de notre existence, en se gardant de la méfiance, de la rancœur et du regret, ces poisons insidieux, ces fauteurs de malheur, qui corrompent l'esprit et empêchent tout retour à la sérénité. Convaincus, surtout, qu'il n'y a, face à un tel séisme, qu'une attitude possible.

Rien ne sert de se lamenter, de pleurer les trésors perdus, de reporter la faute sur les autres sans se remettre en question. À quoi bon tant de souffrance si l'on n'en retire pas un supplément d'âme, d'humanité, de hauteur, si l'on n'en sort pas grandi ? Ce n'est pas la voie la plus simple et la tentation de la révolte ou de la colère montre parfois son nez ; c'est pourtant la plus salvatrice et la plus digne. La seule capable d'aider ceux qui vivent un cauchemar comparable au nôtre à garder confiance, espoir, à se battre sans jamais se résigner. Si notre témoignage pouvait les en convaincre et décupler leur force, il aurait atteint son but. Le seul qui vaille.

Jean et Ghislaine Marchand
À Fontenay-sous-Bois,
le 7 février 2014

Remerciements

Nos remerciements et notre gratitude vont à tous ceux de nos parents et amis qui ont aidé, soutenu et entouré Jean pendant ces années de plomb : Suzanne, Dominique et leur famille, Marie-Thérèse, Jean-Yves et leur enfants, Dorothée et Frédéric, Yveline et Alain, Janine et ses enfants, Solange et Robert, Blandine et Christian, Evelyn et Renaud, Éliane et Jacques-Hervé, Anne et Peter, Helen et Olivier, Jean-Paul, Josette et Bernard, Micheline, Andrée, Marie-Jeanne et Bertrand, Marie-Laure et Jean-Pierre, Jean-Louis, Laurent, Annette, Denise et Jean-Bernard, Laurence et Michel, Nadine et Bertrand, Nicole et Rémi, Sabine et Nicholas, Violaine et André, Raditja, Maria Lourdes et Fernando, Claire et ses parents, Christine et Gilles, Myriam et Olivier, Micheline et Jean-Claude, Denise et Régis, Annie, Béatrice et Dominique, Hans-Josef, Nadine et Philippe, Brigitte et Patrick, Mère de Reviers, Mère Koller, Sœur Simonart et sœur Myriam, et la communauté Notre-Dame-de-Fidélité.

Notre reconnaissance va aussi aux avocats de Jean, Delphine David, Pascale Lalère, ainsi qu'à Édouard Martial. Elle va enfin à tous les journalistes qui ont suivi et traité cette tragédie avec tact et professionnalisme, et tout particulièrement à Dominique de Laage, qui a d'emblée pris la mesure du séisme qui dévastait notre famille.

Impression réalisée par

La Flèche
en février 2014

N° d'édition : 2624/01 – N° d'impression : 3004301
Dépôt légal : mars 2014

Imprimé en France